ÉTUDES TACTIQUES

SUR LA

CAMPAGNE DE 1806

(Saalfeld — Iéna — Auerstedt)

PAR

Pascal BRESSONNET

CAPITAINE D'INFANTERIE BREVETÉ

PARIS

LIBRAIRIE MILITAIRE R. CHAPELOT et Cⁱᵉ

IMPRIMEURS-ÉDITEURS

30, Rue et Passage Dauphine, 30

1909

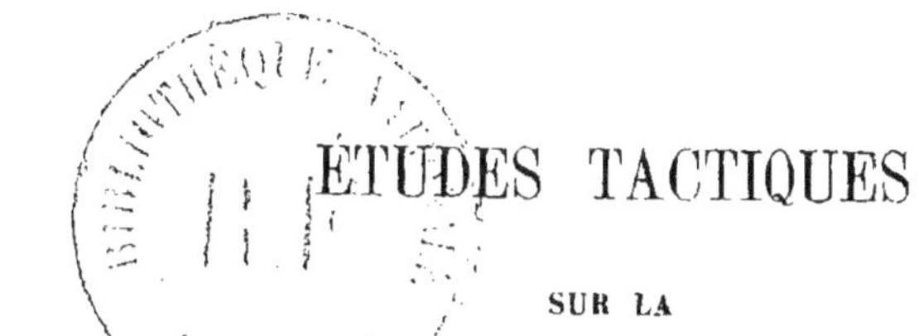

ÉTUDES TACTIQUES

SUR LA

CAMPAGNE DE 1806

(Saalfeld — Iéna — Auerstedt)

PARIS. — IMPRIMERIE R. CHAPELOT ET C°, 2, RUE CHRISTINE.

PUBLIÉ SOUS LA DIRECTION

DE LA

SECTION HISTORIQUE DE L'ÉTAT-MAJOR DE L'ARMÉE

ÉTUDES TACTIQUES

SUR LA

CAMPAGNE DE 1806

(Saalfeld — Iéna — Auerstedt)

PAR

Pascal BRESSONNET

CAPITAINE D'INFANTERIE BREVETÉ

PARIS

LIBRAIRIE MILITAIRE R. CHAPELOT ET Cie

IMPRIMEURS-ÉDITEURS

30, Rue et Passage Dauphine, 30

—

1909

Tous droits réservés

La mort frappe en aveugle, sans considérer l'âge ni le mérite.

C'est ainsi qu'au mois d'octobre dernier, la Section historique a été privée brusquement d'un de ses collaborateurs les plus estimés, dans la personne du capitaine d'infanterie breveté P. Bressonnet, dont les excellentes études sur la Campagne de 1806 étaient à ce moment en cours de publication.

Les lecteurs de la *Revue d'Histoire* n'ont pas manqué de s'en convaincre, l'auteur de ces pages substantielles était un écrivain de rare valeur, un esprit des plus solides, dont la précision dans le détail n'avait d'égale que la hauteur de vues, la compréhension de la guerre et le sens des réalités.

Entré en 1887 à l'École spéciale militaire, d'où il sortit troisième avec les galons de sergent-major, P. Bressonnet fut nommé sous-lieutenant au 43ᵉ de ligne en 1889 et capitaine moins de neuf ans après. A l'École supérieure de guerre, il se distingua de suite et fut classé dans les premiers rangs. C'est là sans doute qu'il prit le goût de ces travaux historiques que Napoléon considérait comme le *substratum* indispensable d'une forte éducation militaire ; dès qu'il s'y fut essayé, de suite, il y excella.

Le 1ᵉʳ octobre 1908, une fin prématurée vint ravir ce brillant officier à l'estime de tous ses camarades, et la Section historique, par un pieux devoir, tint à honneur de continuer la publication de ses belles études.

L'auteur regretté de ces pages n'a pu malheureusement mettre la dernière main à son œuvre, dont la mise au point a été assurée par M. le lieutenant P. Boudot, détaché à la Section historique. On pourra constater, en lisant les *Études tactiques sur la Campagne de 1806*, combien cet ouvrage présente de valeur, au double point de vue historique et militaire. On jugera de ce qu'on était en droit d'attendre, dans l'avenir, du capitaine P. Bressonnet, et l'on rendra un hommage ému à la mémoire du soldat et de l'écrivain.

La Direction de la Section historique.

ÉTUDES TACTIQUES

SUR LA

CAMPAGNE DE 1806

SAALFELD

I

SITUATION GÉNÉRALE.

On sait par quelles discussions, quelles hésitations, quels revirements sans fin les chefs de l'armée prussienne ont préludé aux opérations décisives de 1806. Le commandant de l'armée d'aile gauche, le prince de Hohenlohe, et son chef d'état-major, le colonel Massenbach, eurent une part de responsabilité considérable dans ces tergiversations funestes.

Le prince de Hohenlohe, très vigoureux malgré ses soixante ans, excellent cavalier, esprit très vif, très séduisant, avait en outre une grande expérience de la guerre. Il avait servi d'ailleurs avec distinction pendant la guerre de Sept Ans et dans les campagnes de 1792 à 1794. Mais, s'il parlait bien, il aimait à parler beaucoup ; très bienveillant, il faisait bon accueil à tous les plans qu'on lui présentait, surtout aux élucubrations de son chef d'état-major, le brouillon Massenbach, qui, non seulement trouvait toujours à reprendre aux dispositions ordonnées par le généralissime, mais répudiait chaque jour ses propres idées de la veille, si elles avaient reçu la sanction officielle. Enfin, le prince de Hohenlohe, aigri, non sans quelque raison, par la manière très insuffisante dont on avait récompensé ses brillants services dans la dernière guerre, cherchait sans cesse dans celle-ci à se mettre en lumière, à se donner plus d'indépendance, à agir pour son compte en relâchant le lien qui le rattachait à l'armée principale.

Venu de Silésie avec les troupes qui tenaient garnison dans cette province, Hohenlohe devait y joindre la plus grande partie de l'armée saxonne, ainsi que le petit détachement avec lequel le général Tauentzien occupait le pays de Bayreuth.

Son armée, une fois complète, devait avoir la composition suivante :

Avant-garde (prince Louis-Ferdinand de Prusse) :

    10 escadrons de hussards prussiens;
     8   —   —   saxons;
     2 compagnies de chasseurs à pied prussiens;
     5 bataillons prussiens;
     4 bataillons saxons;
     2 batteries prussiennes;
     1 batterie saxonne.

1re division (général von Grawert :

    10 escadrons de hussards prussiens;
     5   —   de dragons prussiens;
    10   —   de cuirassiers prussiens;
    11 bataillons prussiens;
     3 1/2 batteries prussiennes.

2e division (général von Zezschwitz) :

     8 escadrons de chevau-légers saxons;

OPÉRATIONS AVANT SAALFELD.

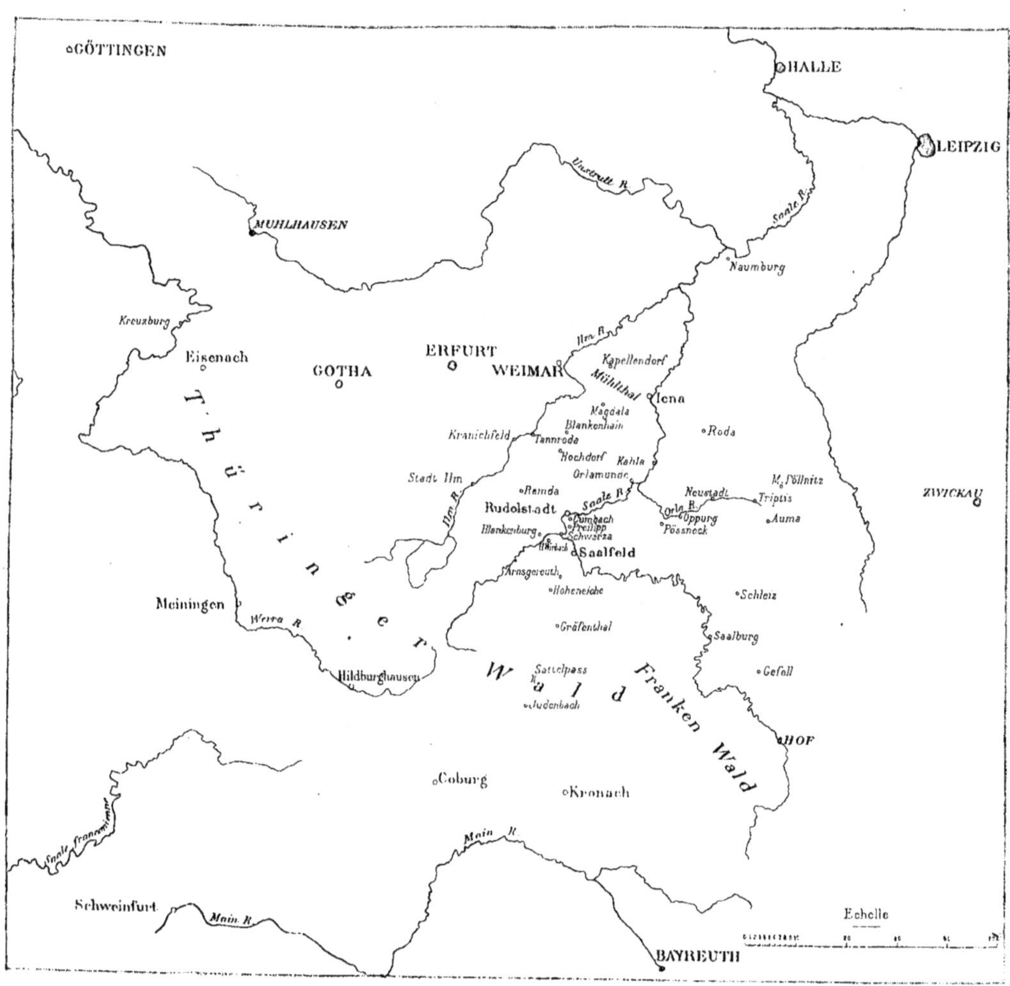

8 escadrons de carabiniers saxons;

4   —   de cuirassiers saxons;

11 bataillons saxons;

1 bataillon prussien;

4 batteries saxonnes;

1/2 batterie prussienne.

Division de réserve (général von Prittwitz, brigades Sanitz et Cerrini):

5 escadrons de dragons prussiens;

4   —   de chevau-légers saxons;

3 1/2 bataillons de grenadiers prussiens;

5   —   —   saxons;

3 batteries saxonnes.

Corps de Tauentzien:

5 escadrons de hussards prussiens;

4   —   de chevau-légers saxons;

2 compagnies de chasseurs prussiens;

3 1/2 batteries de chasseurs prussiens;

5 bataillons saxons;

1 batterie saxonne.

Le 7 octobre, le gros de l'armée principale et de l'armée d'aile droite est déployé entre Göttingue et Erfürt. Les troupes prussiennes d'Hohenlohe sont un peu dispersées entre Erfürt, Iéna et Rudolstadt, leur avant-garde à Stadt-Ilm; les Saxons, en marche pour rejoindre, passent à Roda; le petit corps de Tauentzien part de Hof pour Schleiz, où il sera le 9.

A cette date, le duc de Brunswick rapprochait de la Saale toutes les forces prussiennes, et prenait ses mesures pour que, le 10 octobre, elles fussent disposées sur la rive gauche de manière à pouvoir immédiatement franchir la rivière, au cas où Napoléon la franchirait lui-même au débouché des montagnes. Dans ce but, l'armée principale devait se resserrer le 9 octobre autour de Gotha et d'Erfürt, et gagner le 10 la région comprise entre

Kranichfeld, Tannroda, Blankenhayn et Magdala. Rüchel resterait entre Eisenach et Gotha.

Hohenlohe reçut l'ordre de se rassembler le 9 à Hochdorf, et de border, le 10 octobre, la Saale entre Kahla et Rudolstadt.

Tauentzien devait se rapprocher d'Hohenlohe (1).

Ces ordres, comme on le voit, étaient le reflet de l'indécision du duc de Brunswick qui, sentant bien qu'au cas ou l'Empereur déboucherait dans les plaines de la rive droite de la Saale, la solution militaire était de franchir cette rivière pour marcher à sa rencontre, se contentait toutefois de s'y préparer lentement, comme s'il n'était pas bien sûr que les Français franchissaient réellement le Franken-Wald avec toutes leurs forces.

Et cependant il écrira encore le 9 à Hohenlohe : « Je n'ai nullement l'intention d'attendre l'ennemi sur cette rive (la rive gauche) de la Saale (2). »

Dans la nuit du 8 au 9, après la réception des ordres du 8, qui viennent d'être résumés, Hohenlohe écrit au duc de Brunswick la lettre suivante, qui expose ses intentions à ce moment :

Je m'empresse d'avoir l'honneur d'informer Votre Altesse que je serai certainement concentré le 10 au matin aux environs de Kahla avec tout mon corps d'armée (3) et prêt à exécuter tout ordre ultérieur de Votre Altesse.

Mon avant-garde ..... sera placée en m'inspirant de l'esprit de l'ensemble des dispositions, de telle sorte qu'elle observe exactement les chemins passant par Gräfenthal et Saalfeld, ainsi que ceux de Schleiz à Neustadt, Auma et Triptis. En outre, je laisserai encore en place le 10 mes petits postes détachés à Hildburghausen, jusqu'à ce que Votre Altesse en ait envoyé de semblables.

---

(1) Lettow-Vorbeck. *Der Krieg von 1806-1807, I. Band,* p. **160** et suiv., **192** et suiv., **202** et **203**.

(2) Lettow-Vorbeck, p. **204**.

(3) Y compris les Saxons.

Comme ceux de Votre Altesse ..... occuperont bientôt Ilmenau, ... ma chaîne d'aile droite commencera encore aujourd'hui au Sattelpass et à Gräfenthal; mais ensuite ces postes, Saalfeld inclus, devront être occupés par les troupes légères de l'armée principale.

..... Me concentrer encore plus à Hochdorf aujourd'hui serait contraire au but poursuivi, puisque aujourd'hui tout le corps prend déjà les quartiers assignés dans la position d'Hochdorf et que les troupes de mon aile gauche cantonnent aujourd'hui déjà à Rudolstadt, Orlamunde et Kahla.

Je m'arrange de manière à faire demain les mouvements prescrits sur Kahla (1).

Quelques instants après l'envoi de cette lettre, il se fit un changement dans l'esprit du Prince. Le colonel Massenbach lui écrivit, dans la nuit même, qu'il n'existait aucune place de rassemblement entre Kahla et Rudolstadt, et fit observer que le duc de Brunswick, par l'ordre « de se porter le 10 avec tout son corps entre ces deux points », n'avait rien voulu dire d'autre que ceci, à savoir que le corps d'Hohenlohe devrait camper par colonnes aux points de Rudolstadt, Orlamunde et Kahla, pour être en mesure de passer immédiatement sur la rive droite de la Saale. Les mouvements rapides de l'ennemi paraissaient, aux yeux de Massenbach, nécessiter dès le 9 l'abandon du rassemblement sur la Saale et lui inspiraient les propositions suivantes (2) :

Placer l'avant-garde du prince Louis autour de Rudolstadt de manière qu'elle pût marcher le 10 par Pössneck sur Neustadt et Triptis ;

Rassembler la division Grawert à Orlamunde, la cavalerie de cette division à Kahla, la brigade prussienne de réserve Sanitz à Iéna, de manière à marcher le 10 sur Mittel-Pöllnitz ;

---

(1) Von Lettow-Vorbeck. *Der Krieg von 1806-1807, 1. Band,* p. 205-206.

(2) Lettow-Vorbeck, p. 206.

Envoyer immédiatement le régiment de hussards Gettkandt (division Grawert) à Iéna et le bataillon Boguslawski avec la demi-batterie à cheval Strednitz (de la division Zezschnitz), de Kahla sur Neustadt pour servir de repli à Tauentzien ;

Enfin arrêter sur place les troupes qui se trouvaient encore sur la rive droite de la Saale, avec ordre de procéder le lendemain à la marche offensive.

Pendant que le prince Hohenlohe hésitait en face de ces propositions, survint un avis du prince Louis-Ferdinand qui, de Stadt-Ilm, rendait compte de la marche des Français sur Gräfenthal et de l'abandon forcé du Sattelpass. En même temps, Tauentzien faisait connaître que, le 8, l'ennemi avait occupé Saalburg, que lui-même se trouvait à Schleiz, et qu'il se proposait de se porter sur Neustadt le 9 au matin.

Le prince adopta les propositions de son chef d'état-major ; mais, estimant nécessaire de constituer un fort repli à Tauentzien, en outre du détachement de Neustadt, il fit diriger sur Mittel-Pöllnitz, au lieu de les arrêter sur place, les troupes qui se trouvaient encore sur la rive droite de la Saale (1).

Bien que les ordres eussent été expédiés aussitôt, ils ne parvinrent pas assez vite pour que l'exécution des nouvelles dispositions eût lieu avant le commencement de l'exécution des anciennes. Aussi une partie seulement des troupes atteignit-elle le 9 les points fixés.

Les Saxons furent particulièrement défavorisés et complètement disloqués, sans égard pour l'ordre de bataille.

Le régiment d'infanterie Xavier (destiné à la 2ᵉ division) fut envoyé renforcer l'avant-garde du prince Louis ; le bataillon Bevilaqua et la batterie Ernst, qui avaient

---

(1) Lettow-Vorbeck, *I. Band*, p. 206-207.

déjà atteint la rive gauche de la Saale, furent rattachés à la 1re division à Kahla au lieu de rejoindre la 2e. Le régiment de chevau-légers Polenz fut adjoint à Neustadt au détachement du colonel Boguslawski.

Le reste des Saxons reçut l'ordre de faire demi-tour et de se porter à Mittel-Pöllnitz, où 6 bataillons, 8 escadrons, 1 batterie devaient arriver le 9, et être rejoints le 10 par le complément, 7 bataillons, 12 escadrons et 2 batteries (1).

A 5 heures du matin, après le départ des ordres, le prince Hohenlohe adressa un compte rendu au duc de Brunswick, disant en particulier : « Il ne saurait certainement être question d'attendre l'ennemi derrière la Saale, car il n'existe aucun point de rassemblement entre Kahla et Rudolstadt..... C'est donc, sans aucun doute, l'opinion de Votre Altesse que je dispose tout de manière à pouvoir me mettre en marche demain de bonne heure sur les hauteurs d'Ober et de Mittel-Pöllnitz près Triptis...... Dans cette position, je puis rallier à moi le général Tauentzien (2). »

Le capitaine Valentini, de l'état-major général, avait été envoyé à Stadt-Ilm, à l'avant-garde, où le prince Louis-Ferdinand de Prusse était arrivé la veille.

« Je reçus l'ordre du colonel Massenbach dans la nuit du 9, dit Valentini dans son rapport à la Commission d'enquête, de me rendre aussitôt près du prince Louis-Ferdinand, de l'aviser du nouveau passage de la Saale, en un mot, de le mettre au courant de tout ce qui m'était connu par mes fonctions de service (3) »

Le capitaine Valentini apportait en même temps au Prince l'ordre écrit « de conserver les postes de Blan-

---

(1) Lettow-Vorbeck, *I. Band*, p. 206-207.
(2) *Ibid.*, p. 288.
(3) *Ibid.*, p. 231.

kenburg et de Rudolstadt jusqu'à l'arrivée du lieutenant général Blücher, qui commandait la (nouvelle) avant-garde du Roi, de remettre ces postes audit général, de se retirer alors à Pössneck et d'y porter le général-major Schimmelpfennig (1) pour y former ensemble l'avant-garde de la droite du corps d'Hohenlohe, le général Tauentzien devant former l'avant-garde de la gauche (2) ».

Le Prince apprenait donc que l'armée d'Hohenlohe se rassemblerait le 9, en quatre colonnes, dans la vallée de la Saale, à Iéna, Kahla, Orlamunde et Rudolstadt, mais qu'il « fallait considérer ces quatre détachements comme des colonnes de marche avec lesquelles on chercherait, le 10, à atteindre le terrain de Neustadt—Mittel-Pöllnitz, pendant que l'armée principale gagnerait la position d'Hochdorf ».

Le prince Louis accueillit avec joie la nouvelle de cette offensive imminente et lança immédiatement les ordres relatifs au rassemblement de ses troupes autour de Rudolstadt.

II

L'AVANT-GARDE DE HOHENLOHE LE 9 OCTOBRE.

L'avant-garde de l'armée d'Hohenlohe, sous les ordres du prince Louis-Ferdinand de Prusse, avait exactement la composition suivante :

Les troupes légères de l'avant-garde étaient commandées par le général-major von Schimmelpfennig et comprenaient :

---

(1) Aux avant-postes.

(2) Rapport fait par M. de Mümpfling, ingénieur de S. M. le roi de Saxe sur l'affaire de Saalfeld. (*Campagne de 1806*, capitaine Foucard p. 464 à 473.)

3 bataillons de fusiliers (Pelet, Rühle, Rabenau);

2 compagnies de chasseurs ;

8 escadrons de hussards saxons ;

Le régiment de hussards prussiens de Schimmelpfennig (10 escadrons) ;

La batterie à cheval Gause (8 pièces).

Le gros de l'avant-garde, sous le général Bevilaqua,
comptait 6 bataillons et 2 batteries :

Régiment prussien Müffling (2 bataillons);

Régiment saxon Clémens (2 bataillons);

Régiment saxon Électeur (2 bataillons) ;

Batterie prussienne de 6 Riemann (12 pièces);

Batterie saxonne de 4 Hoyer (8 pièces),

soit environ 6,100 fusils, 2,700 sabres, 28 pièces d'artillerie et 12 canons de bataillon (1).

L'arrivée du régiment saxon Xavier, envoyé par
Hohenlohe pour renforcer l'avant-garde, porta ces
chiffres à 7,500 fusils, 2,700 sabres, 28 pièces de batterie
et 16 canons de bataillon.

Comme on l'a vu par la lettre d'Hohenlohe au duc de
Brunswick, les avant-postes s'étendaient d'Hildburghausen à Saalfeld.

Le poste d'Hildburghausen est maintenu, comme on
sait. Mais tous les autres sont rappelés, sauf ceux de Gräfenthal et de Saalfeld, et le général Schimmelpfennig
rejoint l'armée le 9.

A Gräfenthal, il y avait un poste de 30 hussards, auxquels une compagnie de chasseurs servait de repli à
Hoheneiche.

A Saalfeld, rive gauche, le bataillon de fusiliers Rabenau (dont une compagnie en grand'garde), trois esca-

---

(1) Lettow-Vorbeck et Höpfner (*Der Krieg von 1806-1807, I. B.*).
Tableaux d'ordre de bataille. Effectifs, voir Lettow-Vorbeck, chap. III,
p. 56.

drons de Schimmelpfennig-hussards, et la moitié de la batterie à cheval Gause.

A la suite des ordres donnés par le prince Louis, l'avant-garde se rassembla dans la journée du 9 octobre autour de Rudolstadt, en arrière des postes qui viennent d'être cités.

Elle prit les emplacements suivants :

A Pössneck, le général Schimmelpfennig avec 5 escadrons ;

A Rudolstadt, les régiments Clemens, Électeur, Xavier, la batterie Hoyer ;

A Schwarza, la batterie Riemann ;

A Ober et Unter-Preilipp, cinq escadrons de hussards ;

A Blankenburg, le général Pelet avec le bataillon de fusiliers Pelet, trois escadrons de hussards saxons, une demi-batterie à cheval Gause ;

A Unter-Wirbach, une compagnie de chasseurs ;

A Remda, le régiment Müffling.

En outre, le détachement du colonel Rabenau, à Saalfeld, fut renforcé du bataillon de fusiliers Rühle et de deux escadrons de Schimmelpfennig-hussards (1).

Le prince Louis se rendit à cheval de Stadt-Ilm à Rudolstadt, où il arriva à 7 heures du soir.

En route, il reçut du colonel Rabenau, qui commandait à Saalfeld, l'avis qu'une colonne ennemie forte de 16,000 à 20,000 hommes avait traversé Cobourg le 8 dans la direction de Saalfeld ; le poste de hussards avait été chassé de Gräfenthal dans la journée, et la compagnie de chasseurs qui le soutenait avait dû reculer jusqu'à Arnsgereuth. Le colonel ajoutait que, selon toute apparence, Saalfeld serait sérieusement attaqué le lendemain 10 octobre (2).

---

(1) Lettow-Vorbeck, *I. B.*, p. 233.
(2) Höpfner, *I. B.*, p. 260.

Mais, avisé dans la soirée par le général Schimmel-pfennig que le jour même, le général Tauentzien avait éprouvé un échec à Schleiz et avait dû battre en retraite, et que les Français avançaient de toutes parts sur la rive droite de la Saale, le prince Louis douta de l'importance des forces signalées sur la route de Cobourg, se persuada que leur marche dans la direction de Saalfeld ne constituait qu'un accessoire de l'opération sur Schleiz (1), et que l'ennemi devait diriger par ce dernier point ses forces principales contre l'aile gauche de l'armée prussienne, en utilisant les routes de la Saale (2).

Il savait, d'autre part, que le corps d'Hohenlohe devait franchir la Saale le 10 octobre, et se porter de Rudolstadt, Orlamunde, Kahla et Iéna vers Mittel-Pöllnitz; il avait été informé aussi par ses reconnaissances, qu'aucun chemin praticable ne menait de Rudolstadt à Pössneck (3), objectif qui lui était assigné à lui-même, et que le seul chemin carrossable passait par Saalfeld; il jugea donc que l'ennemi, s'emparant des ponts de Saalfeld, non seulement lui interdirait de franchir la rivière en ce point et le séparerait du gros d'Hohenlohe, mais pourrait encore tomber, par le chemin de Saalfeld à Neustadt, dans le flanc droit des colonnes qui se rendaient à Mittel-Pöllnitz.

Il en conclut qu'il était de toute importance de ne pas laisser prendre Saalfeld. Il lui sembla nécessaire, en conséquence, de se porter lui-même sur ce point et de s'en saisir à temps pour assurer son propre mouvement sur Pössneck.

On ne peut nier que ces réflexions du prince Louis ne fussent justes. La situation créée par l'ordre d'Hohen-

---

(1) Lettow-Vorbeck, *I. B.*, p. 234.
(2) Höpfner, *I. B*, p. 260.
(3) Lettow-Vorbeck, *I. B.*, p. 236.

lohe obligeait, en effet, le Prince à conserver un détachement à Blankenburg et Rudolstadt jusqu'à l'arrivée de l'armée royale et, lui assignant ensuite Neustadt comme objectif, le mettait dans la nécessité de tenir en même temps Saalfeld pour rester maître de l'unique pont sur la Saale qui lui permît d'exécuter ce mouvement. Cet ordre, qui ne tenait d'ailleurs pas compte de l'ennemi, était en réalité à peu près inexécutable, et créait deux conditions contradictoires entre lesquelles il fallait faire choix, sous peine d'un désastre, en raison de la proximité immédiate de l'adversaire, que l'on signalait.

Le prince Louis résolut de se porter sur Saalfeld ; mais, inquiet pour le flanc droit de l'armée d'Hohenlohe et pour son propre flanc droit au cas où la colonne française venue de Cobourg aurait réellement l'effectif annoncé, inquiet également pour le magasin de Rudolstadt et retenu autour de ce dernier point par les ordres de son chef, il crut pouvoir tout accommoder, et écrivit au Roi pour se faire relever le jour suivant à Rudolstadt par l'armée principale. Cette dernière couvrirait le flanc droit de l'armée d'Hohenlohe pendant son mouvement sur Mittel-Pöllnitz, en envoyant un détachement sur Gräfenthal. Lui-même, prince Louis, resterait le 10 à portée de Rudolstadt jusqu'à l'arrivée du corps de l'armée royale, tout en se rapprochant suffisamment de Saalfeld pour pouvoir soutenir Rabenau, si ce dernier était attaqué.

Ce souci de couvrir à la fois Saalfeld et Rudolstadt, de concourir en même temps au mouvement de l'armée d'Hohenlohe sur Mittel-Pöllnitz, et de rester à portée de ces deux points jusqu'à l'arrivée d'un corps de l'armée royale ; le tout joint à la conviction que la colonne française de Cobourg n'avait pas l'importance qu'on lui attribuait et qu'elle n'était destinée qu'à faire une démonstration, explique les dispositions que le prince Louis prendra dans la matinée du 10 octobre. C'est aussi la cause essentielle de son désastre.

Sa lettre au Roi était ainsi conçue :

J'ai l'honneur de rendre compte à Votre Majesté que, sur l'ordre du prince Hohenlohe, je concentre cette nuit tout mon corps d'avant-garde ici à Rudolstadt pour me rendre, d'après les intentions du prince à Neustadt, sur Orla. Un poste avancé du bataillon de fusiliers Rabenau et une compagnie de chasseurs sont à Saalfeld et Hoheneiche. De ce poste, il m'est rendu compte que les Français ont occupé Cobourg et font mine de marcher sur Saalfeld par Judenbach. Dans tous les cas, cette opération me semble un accessoire de celle plus importante contre Schleiz, où le général Tauentzien a déjà été forcé de se replier devant un ennemi supérieur. Mais, afin que le mouvement arrêté pour l'armée du prince Hohenlohe ne soit pas gêné par la marche des Français sur Saalfeld, je voulais demander humblement à Votre Majesté si une partie de l'armée principale, arrivant à portée de Blankenhayn, ne pourrait pas gagner la vallée de la Saale et s'avancer vers Gräfenthal, ce qui couvrirait le flanc droit de l'armée combinée marchant sur Neustadt, et en même temps le magasin qui se trouve à Rudolstadt (1).

A 9 heures du soir, le prince Louis adresse au prince Hohenlohe copie de la lettre précédente, et écrit ce qui suit :

..... D'après ma lettre de ce matin, Votre Altesse a dû constater que j'avais tout disposé pour une rapide concentration de mon avant-garde, que les circonstances me faisaient regarder comme imminente, et par suite j'ai pu concentrer les troupes qui se trouvent sous mon commandement à Rudolstadt et aux environs, où j'attendrai les ordres de Votre Altesse. Des rapports du général Schimmelpfennig et du colonel Rabenau exposeront le reste à Votre Altesse. La marche des Français par Cobourg, Judenbach et Saalfeld, si elle se produit avec la masse et les effectifs que lui attribuent les nouvelles fournies par le duc de Cobourg, rendrait difficile le passage de la Saale ainsi que l'arrivée jusqu'aux hauteurs de Neustadt, et l'ennemi pourrait s'avancer de Saalfeld sur Rudolstadt si nous ne sommes pas remplacés ici par une division de l'armée du Roi, ce qui me paraît d'autant plus facile que j'ai su par le

---

(1) Lettow-Vorbeck, *I. B* , p. 235.

capitaine von Valentini que le quartier général du Roi doit s'installer à Blankenhayn, et que l'armée doit avoir un camp sur les hauteurs de Hochdorf. J'ai en conséquence envoyé à Sa Majesté le Roi la lettre ci-jointe dont je soumets la copie à Votre Altesse, et par laquelle je crois avoir d'autant plus répondu aux intention de Votre Altesse, que par là les mouvements de l'armée de Votre Altesse vers Neustadt sont assurés, son flanc droit couvert, et qu'en outre la menace projetée par la queue des colonnes ennemies semblait s'orienter dans cette direction (1).

Le Prince envoya ensuite au colonel Rabenau, à Saalfeld, l'ordre de se tirer d'affaire aussi bien qu'il le pourrait jusqu'à la matinée du 10, où lui-même viendrait le soutenir, et de défendre énergiquement les ponts de Saalfeld au cas où il serait attaqué par la rive droite. Il avait, comme on sait, renforcé le détachement Rabenau du bataillon de fusiliers Rühle et de deux escadrons de Schimmelpfennig-hussards.

Le Prince expédia ensuite à ses troupes l'ordre de se trouver au rassemblement le lendemain matin 10 octobre, au point du jour, entre Schwarza et Rudolstadt. Les généraux Pelet et Schimmelpfennig, détachés, le premier sur le flanc droit à Blankenburg, le second à Pössneck, furent avisés du projet du Prince de marcher sur Saalfeld, et avertis d'avoir à conserver leurs positions.

« Le prince Louis ne connaissait point le terrain autour de Saalfeld ; il savait seulement par le capitaine Valentini qu'en ce point la route de Cobourg débouchait de la montagne, et qu'au pied même de celle-ci la vallée de la Saale était plus large qu'en aval. Du château de Rudolstadt on pouvait apercevoir les feux de bivouac des Français. Le Prince était très gai. La perspective de repousser une attaque de l'ennemi sur Saalfeld, puis, après avoir passé la Saale, de se jeter à l'encontre des

---

(1) Lettow-Vorbeck, *I. B.*, p. 235.

Français qui arrivaient par Schleiz, remplissait de joie toute son âme (1). »

Il est évident que le prince Louis n'avait pas une connaissance complète, ni un sentiment exact de la situation. Celle-ci d'ailleurs se modifia dans la soirée du 9 : l'offensive fut abandonnée, ainsi que le projet de passage de la Saale. Le prince Louis aurait dû, comme le remarque Lettow-Vorbeck, être avisé de cette nouvelle situation dans la soirée même ou dans la nuit. Ce n'est que le lendemain 10, vers 11 heures et sur le champ de bataille, qu'il en eut connaissance. Cette faute, imputable à l'état-major d'Hohenlohe, est une des causes les plus graves du désastre, car il semble difficile de croire que le prince Louis, sachant qu'il n'y avait plus lieu de franchir la Saale, eût attaché à la possession de Saalfeld la même importance.

Peut-être, cependant, étant donné son caractère, eût-il cru devoir attaquer quand même, et par la vallée ?

Quoi qu'il en soit, dans l'hypothèse d'une marche de l'armée d'Hohenlohe vers Neustadt, qui est celle où s'est placé le prince Louis, la résolution de se porter à Saalfeld était justifiée. Il était urgent d'occuper cet unique point de passage avant l'arrivée de la colonne française de Cobourg. Les troupes, après quelques heures de repos, auraient dû s'y porter par une marche de nuit, mettre la Saale entre elles et l'adversaire, et disputer le lendemain le passage dans des conditions toutes différentes, ayant dans tous les cas la retraite assurée sur le gros de l'armée d'Hohenlohe.

Des postes sur la Schwarza eussent suffi pour conserver les points de Blankenburg et de Rudolstadt, conformément aux ordres d'Hohenlohe.

Au lieu d'agir ainsi, le Prince voulut tout à la fois

---

(1) Höpfner, *I. B.*, p. 262.

couvrir Rudolstadt et Saalfeld, et se mettre à portée de secourir Saalfeld tout en demeurant à proximité de Rudolstadt jusqu'à l'arrivée problématique d'un corps de l'armée royale, arrivée dont un simple calcul de distances lui eût démontré l'impossibilité.

III

LE PRINCE LOUIS DE PRUSSE A SAALFELD.

Nous avons vu que le gros de l'avant-garde commandée par le prince Louis était réuni à Rudolstadt (6 bataillons et 1 batterie), Schwarza (1 batterie), Remda (2 bataillons) et O. et U.-Preilipp (5 escadrons), sous la protection du détachement Pelet (1 bataillon, 2 escadrons, une demi-batterie) à Blankenburg, du détachement Rabenau (2 bataillons, 5 escadrons, une demi-batterie) à Saalfeld et Alt-Saalfeld. En outre, une compagnie de chasseurs était à Unter-Wirbach et une autre compagnie sur la route de Gräfenthal; le général Schimmelpfennig était à Oppurg, à l'Est de Pössneck.

Il résultait de ces dispositions que le prince Louis disposant de 11 bataillons, 2 compagnies de chasseurs, 12 escadrons et 3 batteries, dispersait ses forces en trois détachements éloignés les uns des autres de 7 kilomètres en moyenne.

Sur la route de Cobourg, le poste de 30 hussards placé à Gräfenthal en avait été chassé dans la journée du 9 par l'avant-garde française. La compagnie de chasseurs Valentini, placée à Hoheneiche, avait été attaquée à son tour. Elle repoussa d'abord l'adversaire, mais celui-ci s'étant rapidement renforcé, les chasseurs durent se retirer jusqu'à Arnsgereuth, où ils furent rejoints par une compagnie de fusiliers envoyée de Saalfeld pour les soutenir. Dans la nuit, le capitaine

Gneisenau, qui commandait cette dernière compagnie, s'aperçut par l'emplacement des feux de bivouac ennemis qu'il était débordé sur ses deux ailes, et, en ayant rendu compte, il reçut l'ordre de se retirer jusqu'auprès de Saalfeld. Les deux compagnies de fusiliers et de chasseurs passèrent la nuit en avant de Saalfeld sur le Lerchenhügel, au bivouac, ainsi que le reste du bataillon Rabenau, avec un poste de chasseurs en grand'garde à Garnsdorf (1).

Le 10 octobre, conformément aux ordres donnés la veille, les troupes du général Bevilaqua, cantonnées à Rudolstadt, se formèrent à 7 heures du matin sur la route de Schwarza. Une compagnie du régiment saxon Xavier avait été laissée à la garde du pont de Rudolstadt.

Le Prince n'étant pas au rendez-vous, le général Bevilaqua se rendit au château pour prendre ses ordres. Le Prince n'était pas encore levé ; il fit dire au général de se mettre en route dans la direction de Schwarza et de Saalfeld (2). Bevilaqua retourna près des troupes et, au moment de rompre, il reçut un avis du colonel Rabenau, annonçant que ses avant-postes étaient attaqués et qu'en raison de la supériorité numérique de l'ennemi, il allait se trouver dans l'obligation de les soutenir. Le général Bevilaqua adressa le message au Prince et attendit de nouveaux ordres (3).

Bientôt le prince Louis arriva à son tour et prescrivit la mise en marche immédiate. Il était alors 8 h. 30 du matin (4).

La colonne se porta sur Schwarza dans l'ordre ci-après (5) :

____

(1) Höpfner, *I. B.*, p. 267.
(2) Lettow-Vorbeck. *I. B.*, p. 238.
(3) *Ibid.*
(4) Lettow-Vorbeck, p. 239.
(5) Höpfner, p. 269.

Avant-garde : 5 escadrons de hussards saxons ; les tirailleurs des 6 bataillons saxons, soutenus par la 1re division du régiment Électeur.

Gros : Le régiment saxon Électeur (2 bataillons, moins une division) ; le régiment saxon Xavier (2 bataillons) ; la batterie à pied Hoyer ; le régiment saxon Clémens (deux bataillons).

Le régiment Müffling (prussien) n'était pas encore arrivé de Remda, et la batterie Riemann s'était déjà portée par erreur sur Saalfeld.

De Rudolstadt, le prince Louis avait envoyé au point du jour le capitaine Valentini auprès du colonel Rabenau pour s'orienter sur la situation (1). Cet officier trouva le colonel déjà engagé avec les premiers détachements français.

Au lever du jour, des patrouilles et éclaireurs de la cavalerie légère du 5e corps étaient apparus au débouché de la route de Cobourg, en face de Garnsdorf. Ces premiers éléments furent repoussés par le poste de chasseurs prussiens qui tenait le village et qui leur fit un prisonnier. Interrogé, celui-ci déclara que la colonne qui s'avançait par la chaussée de Cobourg était l'avant-garde du maréchal Lannes, qui la suivait avec 30,000 hommes et avait ordre d'attaquer, et que les Français avaient reconnu un chemin qui, de la crête de la montagne, conduit à gauche, au-dessus de Garnsdorf (2).

Au bruit des coups de feu, le colonel Rabenau avait déployé son détachement, le plaçant en quelque sorte en seconde ligne et à droite des deux compagnies Gneisenau et Valentini qui occupaient le Lerchenhügel, mais séparé d'elles par le vallon du Siegenbach et par des jardins. Le bataillon de fusiliers Rabenau, comprenant seulement

---

(1) Lettow-Vorbeck, p. 239.
(2) Höpfner, p. 267-268.

trois compagnies après le détachement de la compagnie Gneisenau, avait son aile gauche appuyée à la ville. A sa droite, les douze pièces de la batterie de 6 Riemann et la demi-batterie Gause ; les trois escadrons de Schimmelpfennig plus à droite et en avant, à portée du débouché de la montagne (1).

Le bataillon de fusiliers Rühle et les deux escadrons de Schimmelpfennig demeuraient à Alt-Saalfeld et sur les hauteurs de la rive droite de la Saale. Quant au magasin à fourrages de Saalfeld, on en préparait l'évacuation en chargeant les denrées sur des voitures à bœufs (2).

Le capitaine Valentini, s'étant rendu compte de la situation, retourna près du Prince, qui avait précédé la colonne du général Bevilaqua, et qu'il rencontra au village de Graba.

Cependant la colonne était arrivée entre Crösten et Woehlsdorf, et elle y fit halte vers 9 heures. Sur l'ordre que le Prince avait laissé, elle se déploya face aux hauteurs dominant le débouché de la route de Cobourg. « Chaque bataillon fit insensiblement une évolution à droite, et se trouva dans la position inverse suivante, à partir de la droite : 2e bataillon Clémens ; 1er bataillon Clémens ; la batterie à pied ; 2e bataillon Xavier ; 1er bataillon Xavier ; 1er bataillon Électeur ; 2e bataillon Électeur. Les deux bataillons du régiment Müffling (arrivé enfin) en deuxième ligne derrière les deux bataillons de Clémens. Les cinq escadrons de hussards, en troisième ligne ; le village de Crösten en avant et à droite, le village de Graba à gauche de côté et en arrière de l'aile gauche, de sorte que la ligne faisait front aux bois élevés et épais de la hauteur qui descend en pente douce vers Saalfeld, Crösten et Schwarza, et forme un large bassin

____

(1) Höpfner, p. 268.
(2) *Ibid.*

avec la rive droite montueuse de la Saale. La Saale était en ligne parallèle derrière cette ligne (1). »

En résumé, le déploiement s'effectua à droite par inversion, le régiment prussien Müffling en seconde ligne derrière la droite, les hussards saxons en troisième ligne.

Le Prince recevait pendant ce temps à Graba le rapport du capitaine Valentini, qui lui signala la présence d'éléments de cavalerie française se renforçant de plus en plus au débouché de la route de Cobourg, en face des avant-postes du colonel Rabenau, et lui présenta en particulier comme très périlleuse la situation de l'artillerie en avant de Saalfeld (2).

Le prince Louis, ne voulant pas ébranler le moral de ses troupes en rappelant l'artillerie, persuadé d'ailleurs que, sur ce terrain, les Français utiliseraient de préférence leur cavalerie, envoya l'ordre à trois escadrons de hussards de la 3ᵉ ligne de traverser Saalfeld en vue de soutenir les fusiliers (3). En même temps, il prescrivit au régiment Électeur de se rapprocher de Saalfeld, de couvrir la batterie lourde « postée près du débouché du chemin de fer de Crösten » et d'observer le ravin plat qui descend de la montagne entre Saalfeld et Wœhlsdorf (4).

Pendant l'exécution de ces mouvements préparatoires (car seuls, jusqu'alors, des détachements de cavalerie, lesquels, il est vrai, se renforçaient sans cesse, s'étaient présentés au débouché de la route de Cobourg, et tiraillaient avec les avant-postes), le prince Louis expédia au duc de Brunswick un rapport où il disait qu'il s'était porté sur Saalfeld, et exposait les motifs qui l'y avaient

---

(1) Mumpfling.
(2) Höpfner, p. 269.
(3) *Ibid.*
(4) Mumpfling.

déterminé en voyant l'ennemi déboucher des montagnes; il ajoutait qu'il ne voyait là qu'une simple reconnaissance, qu'il pourrait occuper le défilé dès qu'il serait attaqué sur son front, et faisait ressortir combien par suite il était nécessaire que l'armée principale, d'Hochdorf, couvrît son flanc droit (1).

Il déclara, en outre, au prince de Hohenlohe qu'il se voyait obligé de combattre par les circonstances ; il chargea l'officier porteur de sa lettre d'exposer sa situation et de demander des renforts (2).

Il envoya ensuite un officier au général Pelet à Blankenburg pour le mettre au courant et lui ordonner de tenir le défilé de la Schwarza, de couvrir son aile droite et de faire observer et reconnaître la route de Gräfenthal (3).

Le Prince se rendit ensuite à Saalfeld, où il désigna, à la droite de la batterie Riemann, les emplacements à occuper par les troupes qu'il avait appelées du corps Bevilaqua.

A ce moment, les voitures à bœufs chargées des fourrages du magasin de Saalfeld commençaient leur mouvement sur Rudolstadt par la route de la rive gauche de la Saale (4).

Le régiment Électeur, arrivant sur ces entrefaites, fut placé sur le flanc du bataillon de fusiliers Rabenau, en arrière de la batterie Riemann, de sorte qu'il faisait front vers les hauteurs Ouest de la vallée. Les deux compagnies d'aile gauche du régiment se portèrent sur la droite de la batterie ; les tirailleurs dans le vallon situé en avant du Gibet.

---

(1) Höpfner, p. 269. — Lettow-Vorbeck, p. 240.
(2) Mumpfling.
(3) Höpfner, p. 270.
(4) Höpfner, p. 270. — Lettow-Vorbeck, p. 240.

Le Prince se porta ensuite aux avant-postes du colonel Rabenau, qui s'engageaient avec les premiers éléments d'infanterie française. Il était alors environ 9 h. 45 du matin. La tête du 5e corps, partie de Gräfenthal à 5 heures du matin, avait dû atteindre Arnsgereuth vers 8 h. 30 (1) (la distance était de 14 kilomètres, et pendant une heure et demie la marche s'était faite de nuit). D'Arnsgereuth au débouché de la montagne, il y a environ 5 kilomètres. C'est donc vers 9 h. 45 que l'avant-garde se présenta devant Garnsdorf, occupé par un faible poste des chasseurs Valentini.

Cette avant-garde était formée d'une compagnie de chasseurs, du bataillon d'élite, du 17e léger (3 bataillons) et de deux pièces d'artillerie légère (lieutenant Simonnet) de la division Suchet. Avec elle marchaient le général commandant la division et le maréchal Lannes. Les renseignements envoyés le 9 par Napoléon avaient appris à ces deux généraux la présence de l'ennemi aux environs de Saalfeld, présence confirmée par la prise de contact de la cavalerie, dont le gros était resté abrité dans un tournant de la route, non loin de Garnsdorf.

Arrivée vers Arnsgereuth, l'avant-garde de la division Suchet fit halte et lecture fut donnée aux troupes des proclamations de l'Empereur.

A partir de ce point, les gorges qui mènent à Saalfeld sont très profondes et traversent des hauteurs à pic couvertes de forêts (2). Le Maréchal ordonna alors au général Suchet de faire gagner les crêtes des hauteurs dominant la route par deux compagnies de voltigeurs du 17e léger (3). Les deux flancs ainsi couverts, le reste de

---

(1) Lettre du maréchal Lannes à l'Empereur (Saalfeld, 10 octobre, 7 heures soir).

(2) Journal d'opérations du 5e corps.

(3) Rapport du général Suchet.

l'avant-garde, c'est-à-dire la compagnie de chasseurs, soutenue par les deux pièces d'artillerie légère, le bataillon d'élite et le 17ᵉ léger, s'engage à son tour dans les gorges.

Un peu avant 10 heures, sa tête se présente devant Garnsdorf. « Au débouché, dit le général Suchet, nos tirailleurs furent reçus par le feu de l'ennemi et le canon nous annonça bientôt que sa résolution était de combattre. »

C'était le poste de chasseurs Valentini, établi à Garnsdorf, qui accueillait à coups de fusil l'avant-garde du 5ᵉ corps, que la batterie Riemann prit bientôt à son tour pour objectif.

IV

OFFENSIVE DE L'AVANT-GARDE FRANÇAISE.

Le maréchal Lannes, qui avait entendu, le matin, une fusillade assez vive du côté du corps du centre, où se trouvait l'Empereur, s'était déterminé à attaquer, pensant que son mouvement ferait une diversion (1).

Une reconnaissance rapide lui montra le corps du prince Louis prématurément déployé dans la plaine, sa gauche appuyée à la ville de Saalfeld et son flanc droit complètement découvert.

« Le Maréchal, après s'être convaincu que les ennemis voulaient combattre, donna l'ordre à la cavalerie et à la division Suchet d'avancer, de prendre position, la cavalerie à la gauche du village de Garnsdorf, le bataillon d'élite en avant et à droite pour le soutenir avec deux pièces d'artillerie légère commandées par le lieutenant

---

(1) Lettre du maréchal Lannes à l'Empereur, 10 octobre.

Simonnet. Le reste de la division, ayant le 17ᵉ léger en tête, longeait la montagne et se portait vers la gauche, pour s'emparer de la communication de l'ennemi (1). »

En exécution de ces ordres, la brigade de cavalerie du 5ᵉ corps (21ᵉ chasseurs, 9ᵉ et 10ᵉ hussards), le bataillon d'élite et les deux pièces d'artillerie légère entrèrent dans la plaine.

Cependant les deux compagnies de voltigeurs du 17ᵉ léger qui avaient flanqué la marche, et la compagnie de chasseurs de l'avant-garde, s'étaient déployées en tirailleurs et, soutenues par des piquets de cavalerie (2), ces tirailleurs avaient chassé de Garnsdorf le poste de chasseurs Valentini. Derrière eux, le bataillon d'élite occupa le village.

Les chasseurs Valentini, recueillant leur poste avancé, n'abandonnèrent le terrain que pied à pied et soutinrent un combat très vif avec les tirailleurs français supérieurs en nombre (3).

Le prince, espérant attirer ceux-ci à portée de sa cavalerie, donna l'ordre aux chasseurs de se retirer jusqu'à la hauteur du corps principal. En même temps, les trois escadrons de hussards saxons appelés par lui, qui avaient traversé la ville, se plaçaient avec la demi-batterie à cheval en arrière de l'aile gauche du détachement Gneisenau, à côté des deux escadrons de Schimmelpfennig ramenés de la rive droite, les deux pièces devant l'aile gauche. Deux autres escadrons de hussards saxons furent placés près de la batterie Riemann. Le prince appela en outre sur la rive gauche le bataillon des fusiliers Rühle, resté jusque-là sur la rive droite, et lui donna l'ordre de se porter sur la ligne des chasseurs

_____

(1) Journal des opérations du 5ᵉ corps.
(2) Höpfner, p. 271.
(3) *Ibid.*

Valentini et des fusiliers Gneisenau, qui étaient fortement engagés sur le Lerchenhügel avec les tirailleurs français. Le bataillon Rühle, en se déployant, prit de grands intervalles pour occuper toute la largeur du terrain qui lui était assigné (1).

L'artillerie légère et la batterie Riemann tiraient pendant ce temps sur les tirailleurs français et sur les groupes qui se montraient aux abords de la route de Cobourg. Les chasseurs Valentini et les deux bataillons de fusiliers se maintenaient solidement devant Saalfeld, et le combat s'immobilisa de ce côté (2).

Cependant la ligne des tirailleurs français s'étendait peu à peu à gauche de Garnsdorf. Le bataillon d'élite occupait le village et prolongeait par ses tirailleurs ceux qui étaient engagés avec les compagnies Valentini et Gneisenau, pendant que les deux pièces à cheval de l'avant-garde, s'installant à droite de Garnsdorf, ouvraient le feu sur ces derniers bataillons (3).

A son tour, le 17ᵉ léger, longeant la montagne au milieu des bois et des taillis, détacha des tirailleurs sur son flanc droit, et la ligne de tirailleurs française, mélangée d'éclaireurs de hussards (4), s'étendit peu à peu vers sa gauche. « La cavalerie française s'était portée entre le village de Garnsdorf et celui de Beulwitz. A droite de ce dernier s'installa une batterie légère (de trois pièces, commandée par le capitaine Sibille). Bientôt, entre ces deux villages, apparurent des lignes claires de tirailleurs à la lisière des bois. En arrière, on pouvait distinguer des groupes compacts d'infanterie cachés dans les bois et dans les fonds, avec la cavalerie en colonne. L'objet de l'armée française était de tenir en

____

(1) Höpfner, p. 271.
(2) *Ibid.*
(3) Höpfner. — Suchet, p. 272.
(4) Höpfner, p. 272.

respect les troupes postées au-dessus de Saalfeld et d'occuper par ses tirailleurs tout le front de la position du Prince, tirant toujours sur la gauche afin d'envelopper le Prince et le couper de Schwarza (1). »

Il pouvait être environ 10 h. 30.

La situation respective des deux adversaires était alors la suivante :

Du côté du 5ᵉ corps, une ligne de tirailleurs était engagée avec les défenseurs de Saalfeld. Cette ligne était soutenue par deux pièces d'artillerie légère à droite de Garnsdorf, par le bataillon d'élite occupant Garnsdorf, et par une batterie de trois pièces d'artillerie légère, sous les ordres du capitaine Sibille, installée à droite de Beulwitz. En arrière de cette batterie, la cavalerie du 5ᵉ corps, en colonne, à la tête du Siegenbach et du Kesselbach, dissimulée dans les fonds et dans les bois (2).

Sous la protection de cette première ligne, le reste de la division, c'est-à-dire le 34ᵉ et le 40ᵉ formant la brigade Reille, le 64ᵉ et le 88ᵉ formant la brigade Vedel, se portait vers la gauche par les chemins forestiers, à travers bois, et par la route d'Arnsgereuth à Wittmannsgereuth, pour s'emparer de la communication de l'ennemi avec Schwarza, tandis que le 17ᵉ léger, à travers bois et taillis, longeait la lisière à l'intérieur et cherchait à atteindre « à la dérobée » le point d'appui de Beulwitz.

Du côté des Prussiens, le corps du prince Louis était, comme on l'a vu, déployé la gauche vers Saalfeld, la droite vers Crösten, la première ligne formée de quatre bataillons saxons, le régiment prussien Müffling en seconde ligne derrière la droite.

La cavalerie saxonne (cinq escadrons) qui formait la

---

(1) Mumpfling.
(2) Mumpfling. — Suchet.

troisième ligne, venait d'être appelée par le Prince pour soutenir le détachement Gneisenau devant Saalfeld.

En avant et à la gauche du corps principal, se trouvaient deux compagnies Électeur, la batterie Riemann, et trois compagnies du bataillon de fusiliers Rabenau ; elles avaient en seconde ligne, la droite au Gibet, la gauche à Saalfeld, le régiment Électeur, derrière lequel se trouvaient enfin deux escadrons saxons, attachés depuis un instant à la batterie Riemann.

En avant de cette batterie, dans le ravin du Siegenbach, les tirailleurs du régiment Électeur, et à leur droite, en plaine, trois escadrons de Schimmelpfennig-hussards.

Plus au Sud, sur le Lerchenhügel, les chasseurs Valentini, la compagnie de fusiliers Gneisenau, le bataillon de fusiliers Rühle, ayant deux pièces à cheval devant l'aile gauche et cinq escadrons en seconde ligne (deux de Schimmelpfennig et trois saxons).

Le général Pelet occupait toujours Blankenburg, couvert par la compagnie de chasseurs Masars et trois escadrons de hussards à Unter-Wirbach.

La cavalerie d'aile gauche, exposée au feu de l'artillerie et des tirailleurs français, subit rapidement de grosses pertes. Son chef, le général Trützschler, qui voyait d'ailleurs l'impossibilité d'agir en cet endroit, fit demander au Prince l'autorisation de revenir en avant de Saalfeld, espérant y être plus utile. Le Prince crut devoir le maintenir en place. Il quitta ensuite les chasseurs Valentini et se rendit à la batterie Riemann (1).

Arrivé là, il assista à l'installation d'une batterie de trois pièces françaises entre Garnsdorf et Beulwitz, et au développement croissant de la ligne de tirailleurs. Mais n'étant pas encore convaincu du danger de sa situation

____

(1) Höpfner, p. 272.

et pensant toujours n'avoir affaire qu'à une démonstration, il ne songeait qu'à une action de cavalerie. Voyant les hussards placés en avant du bataillon Rabenau subir des pertes sensibles, il les rappela derrière l'infanterie et fit porter en même temps l'ordre au général Trützschler de ramener dans Saalfeld la cavalerie de l'extrême gauche, et de la placer dans la rue, la tête à la porte de la ville, au débouché de la route de Garnsdorf, prête à tomber sur l'ennemi si celui-ci s'aventurait dans la plaine. Les deux pièces à cheval de l'extrême gauche, qui avaient épuisé leurs munitions, suivirent la cavalerie (1).

V

LE PRINCE LOUIS ESSAIE DE SE RETIRER SUR RUDOLSTADT.

Le prince Louis n'avait cru jusqu'alors, ainsi qu'il l'avait mandé au duc de Brunswick, qu'à une forte démonstration de la part des Français. Il commença bientôt à comprendre, en présence du développement de la ligne française, « qu'il avait affaire à des forces supérieures et qu'il n'était pas prudent de continuer le combat dans une position trop étendue pour son faible corps, à moins de compter sur de prompts renforts (2). »

A ce moment, vers 11 heures, le lieutenant saxon von Egydi « lui apporta un ordre verbal du prince Hohenlohe de rester dans la position de Rudolstadt, comme il le lui avait prescrit, et de se garder d'attaquer. Il lui fit dire en outre que lui, prince de Hohenlohe, il avait ordre de soutenir la ligne qui couvrait le fond de la Saale, et espérait, en conséquence, que le prince Louis

---

(1) Höpfner, p. 272.
(2) Lettow-Vorbeck, p. 242. — Rapport de Mumpfling.

n'aurait pas abandonné les avant-postes d'Ilmenau, ce qui ferait une percée dans l'armée du Roi; que le Roi avait fixé le 9 son quartier général à Blankenhayn, où s'appuyait l'aile droite; que l'aile gauche de l'armée du Roi touchait à Ilm et que lui, prince de Hohenlohe, il comptait placer son quartier général à Kahla le 10, aller le même jour à Neustadt visiter toute la ligne et voir le prince Louis à cette occasion (1) ».

Apprenant ainsi l'abandon du projet d'offensive et du passage de la Saale, voyant en même temps les Français manœuvrer vers sa droite, le prince Louis résolut de se dégager (2) et de battre en retraite sur Rudolstadt.

Pour ne pas être coupé de Schwarza et assurer l'exécution de sa retraite, le prince détacha le 2ᵉ bataillon Müffling avec les pièces du régiment sur le village de Schwarza, pour en tenir les ponts (3).

Le 1ᵉʳ bataillon Müffling fut dirigé en même temps sur Aue, village situé au pied de la montagne; il se réunit à la batterie à pied Hoyer, à laquelle fut affecté un soutien spécial de deux compagnies du 2ᵉ bataillon Clémens, et tous deux occupèrent la hauteur du Sandberg, qui s'étendait entre ce village d'Aue et Unter-Wirbach, et qui permettait de battre les environs jusqu'à Beulwitz par-dessus les faibles ondulations situées plus au Sud (4).

Le général Bevilaqua, avec le régiment Clémens, suivit le 1ᵉʳ bataillon Müffling pour occuper entre Aue et Crösten les hauteurs d'Oberhayn, couvertes de buissons, et relier ainsi les troupes qui occupaient le Sandberg aux régiments Xavier et Électeur (5).

---

(1) Mumpfling.
(2) Lettow-Vorbeck, p. 242.
(3) Höpfner, p. 274. — Mumpfling.
(4) *Ibid.*
(5) *Ibid.*

Pensant avoir assuré ainsi la sécurité de son flanc droit et sa ligne de retraite, le prince Louis, avec les régiments Xavier et Électeur, réduits de trois compagnies (une compagnie Xavier laissée à Rudolstadt, deux compagnies Électeur à la batterie Riemann) se détermina à prendre l'offensive dans la plaine, entre le Siechenthal et le Kesselthal (1).

Il espérait ainsi gagner encore quelque temps et tenir jusqu'à l'arrivée des troupes de l'armée royale, sur laquelle il comptait toujours ; peut-être même par la simple menace d'une offensive sur la lisière du bois, arrêter le mouvement constant des Français vers leur gauche, et tout au moins chasser les tirailleurs qui pouvaient gêner considérablement la retraite (2).

« Il ne vint pas à l'esprit du Prince de marcher à l'at« taque des hauteurs (3). » Tout ce qu'il cherchait, c'était que l'ennemi se laissât entraîner à arrêter son mouvement et à faire front, convaincu d'ailleurs que s'il ne se laissait pas troubler dans sa marche, il serait encore temps de penser à la retraite (4).

Pour l'exécution du mouvement offensif, les régiments Xavier et Électeur, rapprochés l'un de l'autre, furent formés en échelons par bataillon, à 100 pas de distance, l'aile droite en avant, obliquant d'abord à droite pour appuyer le flanc droit au Kesselbach, et marchèrent sur la lisière de la forêt dans cette formation, les tirailleurs du régiment Électeur longeant le Siechenbach sur le flanc gauche (5).

Toute la cavalerie, sauf un escadron laissé au colonel

---

(1) Lettow-Vorbeck, p. 242.
(2) Höpfner, p. 274.
(3) *Ibid*.
(4) *Ibid*.
(5) Höpfner, p. 275. — Mumpfling.

Rabenau, soit neuf escadrons, reçut l'ordre d'appuyer l'attaque en se déployant à larges intervalles entre Wöhlsdorf et Saalfeld. Les deux pièces à cheval se placèrent à la droite de cette cavalerie (1).

Dans son rapport, le général Suchet écrit : « Six batail- « lons prussiens et saxons en bataille sur le front et « quatre en colonne sur le flanc gauche, après avoir fait « la première décharge de mousqueterie, marchèrent « pour enlever les hauteurs. » Ce passage correspond très nettement à l'ensemble des mouvements du prince Louis. Les deux bataillons Rühle et Rabenau, les quatre bataillons Électeur et Xavier constituent les six batail- lons en bataille sur le front. Les quatre bataillons en colonne sur le flanc gauche de Suchet sont les deux bataillons Clémens et les deux Müffling en colonne de marche, se rendant aux positions qui leur étaient assi- gnées.

« Cependant les troupes françaises s'étaient avancées à la dérobée jusqu'à Beulwitz (2). » Ce village est en effet complètement caché dans les arbres, et étalé à ce point dans le vallon, que l'arrivée des Français jusqu'à lui ne pouvait pas être remarquée du côté prussien (3).

La ligne saxonne, s'avançant sous le feu des tirailleurs français, s'approchait peu à peu de la hauteur de Beul- witz. La batterie française du capitaine Sibille, établie entre ce village et Garnsdorf, prenait d'écharpe le régi- ment Xavier. Le peu de tirailleurs existants dans les bataillons saxons avaient déjà été détachés (4). Les tirailleurs français étaient trop loin pour qu'un feu de bataillon fût efficace. Il ne restait donc aucun autre moyen d'éteindre leur feu que le tir à mitraille des

---

(1) Höpfner, p. 275.
(2) Mumpfling.
(3) Lettow-Vorbeck, p. 242.
(4) Höpfner, p. 276.

pièces de bataillon (1) et le premier échelon du régiment Xavier, en couronnant la hauteur de Beulwitz, se prépara à y recourir. Mais, en même temps, les tirailleurs du 17ᵉ léger qui, parmi les arbres, les buissons, les levées de terre et les jardins, venaient de pénétrer dans Beulwitz, se glissèrent le long du ruisseau et ouvrirent tout à coup un feu violent sur le flanc droit et dans le dos du régiment Xavier, tandis que la batterie française du capitaine Sibille continuait à le prendre d'écharpe sur le flanc gauche (2). Recevant des feux de tous côtés, sans pouvoir riposter, ce régiment fit halte, ramena instinctivement son aile droite en arrière et ouvrit le feu à son tour (3).

A ce moment, deux bataillons du 34ᵉ, débouchant du bois, arrivèrent en colonne dans Beulwitz. Sans attendre le troisième bataillon, le général Suchet « les conduisit sur le flanc droit de l'ennemi, en ordonnant de battre la charge. Ce mouvement fut à peine décidé que l'infanterie prussienne fit demi-tour (4) ». Le régiment Xavier, en effet, devant cette attaque, se mit en désordre, se rompit en se traversant et se rejeta en arrière dans la plaine jusqu'au delà de Crösten (5).

Le régiment Électeur, dans la pensée que cette retraite avait lieu par ordre, fit également demi-tour, mais, s'apercevant de son erreur, il s'arrêta et se reporta aussitôt en avant, cherchant à se couvrir contre les tirailleurs, qui le pressaient vivement, en constituant un crochet défensif de deux compagnies sur l'aile droite et un autre d'une compagnie sur l'aile gauche (6).

---

(1) Höpfner, p. 276.
(2) Mumpfling.
(3) Höpfner, p. 276.
(4) Suchet.
(5) Höpfner, p. 276. — Lettow-Vorbeck, p. 242.
(6) Höpfner, p. 276. — Mumpfling.

C'est en vain qu'on cherchait à remettre de l'ordre dans le régiment Xavier et à le ramener en arrière avec calme et au pas accéléré. Enfin le Prince parvint à reformer un front de bataillon et, se plaçant en tête et faisant battre la marche, il réussit à rallier le régiment et à le reporter en avant de quelques pas sous un feu meurtrier. Mais il lui fallut faire halte de nouveau (1).

En effet, le 17e léger, continuant ses avantages, s'était porté par le Kesselthal jusqu'à Crösten et s'y était installé (2).

Devant ce nouveau succès des Français, le Prince, qui venait de rallier avec peine le régiment Xavier, recourut au régiment Électeur et lui envoya l'ordre de chasser l'ennemi de Crösten et de rétablir ainsi la liaison avec le général Bevilaqua.

Le régiment Électeur qui, en suivant la retraite des bataillons Xavier, était revenu aux environs de Graba, et qui reculait dans la direction de ce village pour reprendre sa place en échelon par rapport à ces bataillons, reçut l'ordre du Prince pendant l'exécution de son mouvement (3).

Il fit aussitôt demi-tour à gauche par section, passa devant le régiment Xavier qui se réorganisait et, marchant sur Crösten dans le plus grand ordre, il y pénétra à la baïonnette par un chemin creux qui ne pouvait être suivi que par file, repoussa le 17e léger et, malgré sa vigoureuse résistance, le rejeta hors du village. Il le poursuivit pendant quelques centaines de pas dans la direction de Beulwitz, où le 34e le recueillit (4).

Le régiment Électeur s'établit vers midi (5) dans

---

(1) Höpfner, p. 276.
(2) Mumpfling. — Höpfner, p. 277. — Lettow-Vorbeck, p. 242.
(3) Höpfner, p. 177. — Mumpfling.
(4) Höpfner, p. 177.
(5) Mumpfling.

Crösten, ayant trois pelotons et une pièce à droite du village, dans la direction de Aue, le reste du corps dans le village et à sa gauche, le long et en arrière du chemin creux (1). Le régiment Xavier, enfin rallié, détacha des volontaires pour couvrir son propre front et le flanc du régiment Électeur (2).

A ce moment, il se produisit une accalmie d'une heure environ, due au retard que faisaient éprouver aux 40ᵉ, 64ᵉ et 88ᵉ les difficultés de la marche dans de mauvais sentiers forestiers et à travers la forêt, puis au temps nécessaire pour placer les 34ᵉ, 40ᵉ et 64ᵉ sous bois en face du Sandberg, que le maréchal Lannes se proposait de faire attaquer pour s'emparer de la communication de l'ennemi.

Le 17ᵉ léger fut maintenu dans Beulwitz.

Seuls, les tirailleurs et l'artillerie continuaient le combat.

A son arrivée, le 88ᵉ fut placé au Sud de Beulwitz, dans la forêt, en soutien de la cavalerie.

Le prince Louis voulut profiter pour battre en retraite du temps d'arrêt qui se produisait, et donna les ordres suivants :

« 1º Le général Bevilaqua se défendra dans la position qu'il occupe, contre toute attaque de l'ennemi. Le régiment Müffling et le batterie Hoyer serviront de soutien au régiment Clémens. Le village au pied des hauteurs (Aue) sera occupé par un bataillon ;

« 2º Les autres bataillons saxons battront en retraite immédiatement sur les pentes, où ils prendront position l'aile droite au village occupé (Aue), l'aile gauche à la Saale. Ils y recueilleront l'artillerie. Les dix escadrons couvriront dans la plaine cette nouvelle position (3). »

---

(1) Höpfner, p. 177.
(2) Mumpfling.
(3) Höfner, p. 177, 178.

L'exécution de ces derniers ordres est confiée au général
Trützschler par le Prince, qui se porte ensuite à Saalfeld
pour savoir où en sont les choses de ce côté.

Là, comme au centre, la situation était sérieusement
compromise. Les tirailleurs français descendant du
Lerchenhügel, soutenus par le bataillon d'élite et par
les deux pièces du lieutenant Simonnet, avaient pénétré
dans Saalfeld par le Sud, repoussant les chasseurs
Valentini, la compagnie Gneisenau et le bataillon de
fusillers Rühle, dont les compagnies, séparées par de
larges intervalles, ne pouvaient se prêter mutuellement
un appui suffisant. Les fusiliers n'eurent pas l'idée de
défendre la ville, entourée cependant d'un rempart et d'un
fossé. Après avoir barricadé la porte derrière laquelle
un petit groupe se maintint quelque temps, la majeure
partie des fusiliers contourna la ville par le chemin couvert (1). La batterie Riemann, les trois compagnies
Rabenau et l'escadron de hussards saxons qui les accompagnaient firent alors leur retraite sur Wöhlsdorf par la
rive gauche du ruisseau du Gibet, et la batterie s'engagea dans le chemin creux qui mène à Wöhlsdorf, tandis
que les fusiliers de la compagnie Gneisenau et une partie
de ceux du bataillon Rühle franchissaient à leur tour le
ruisseau en désordre, et que quelques groupes du bataillon Rühle résistaient dans le faubourg de Graba et ne
reculaient qu'en combattant (2).

Le prince Louis, qui s'était porté au galop sur Saalfeld,
se heurta aux fusiliers qui se retiraient. Son attitude et
son sang-froid rétablirent rapidement le calme et l'ordre
parmi ces hommes. Il prescrivit d'évacuer entièrement
le faubourg et d'établir les fusiliers sur la rive gauche
du ruisseau du Gibet, puis, se portant plus au Nord, il

---

(1) Höpfner, p. 278.
(2) *Ibid.*

rencontra la batterie Riemann, engagée avec ses deux compagnies de soutien du régiment Électeur dans le chemin creux près de Wöhlsdorf, et immobilisée par une pièce brisée (1). Il s'occupa de la remettre en marche, et après une perte de temps notable, il y réussit. Il la confia alors au bataillon de fusiliers Rühle, aux trois compagnies Rabenau et à l'escadron de hussards saxons, rattaché en dernier lieu au bataillon Rabenau, en prescrivant à ce détachement de s'établir à Wöhlsdorf afin d'y former un échelon pour recueillir ensuite les deux compagnies Valentini et Gneisénau, qu'il laissa en face de Graba, et constituer un soutien pour l'arrière-garde (2).

Pendant ce temps, dans la plaine, les deux bataillons du régiment Xavier, mal orientés sur les hauteurs que l'ordre du Prince entendait désigner, « tournoyaient avec incertitude et ne gagnaient pas de terrain ». La cavalerie n'avait pas bougé et se trouvait encore déployée à larges intervalles entre Wöhlsdorf et Saalfeld. Le régiment Électeur occupait toujours Crösten (3).

A l'extrême gauche, les deux compagnies Gneisenau et Valentini arrêtaient les tirailleurs français qui cherchaient à déboucher de Saalfeld.

VI

ATTAQUE DE SUCHET SUR LA GAUCHE PRUSSIENNE.

C'est alors (un peu avant 1 heure) que le maréchal Lannes donna le signal de l'offensive. Dès l'occupation

---

(1) Höpfner, 278-279.
(2) *Ibid*.
(3) *Ibid*.

de Beulwitz par le 34ᵉ, vers 11 h. 30, il avait fait part au
général Suchet « de la résolution où il était de faire charger le 34ᵉ dans le bois, en lui recommandant de toujours
assurer sa gauche ». Voyant les régiments de la division
disposés pour l'attaque (1), il en donna l'ordre.

La situation du 5ᵉ corps était la suivante :

Le bataillon d'élite, la compagnie de chasseurs et deux
compagnies du 17ᵉ léger, soutenus par les deux pièces
du lieutenant Simonnet, s'étaient emparés de Saalfeld et
se heurtaient sur le ruisseau du Gibet, au débouché du
faubourg de Graba, aux chasseurs de Valentini et à la
compagnie Gneisenau, devant lesquels ils s'immobili-
saient.

Sur le terrain découvert et mollement ondulé qui s'étend
entre le Siegenbach et le Kesselbach, « la plaine »,
quelques tirailleurs du 17ᵉ légers et des éclaireurs de
cavalerie, ayant en arrière d'eux, dans les fonds en avant
de la lisière des bois, les trois régiments de cavalerie
du 5ᵉ corps.

A Beulwitz, le 34ᵉ et le 17ᵉ léger, dont les tirailleurs
avaient épuisé leurs munitions.

En face de cette première ligne, le régiment saxon
Électeur occupait Crösten, le régiment Clémens la hau-
teur d'Ober-Hayn ; le 1ᵉʳ bataillon Müffling, la batterie
Hoyer et deux compagnies du 2ᵉ bataillon du régiment
Clémens occupaient la hauteur du Sandberg. En arrière
de cette droite, le 2ᵉ bataillon Müffling tenait Schwarza.

A l'aile gauche, le régiment Xavier, à l'Ouest du
régiment Électeur tenant Crösten, se rassemblait entre
ce village et Wöhlsdorf ; la batterie Riemann, les bataillons Rühle et Rabenau se reconstituaient à l'Est de
Wöhlsdorf, près du chemin creux. Les compagnies Valentini et Gneisenau tenaient le débouché de Graba. Entre

____

(1) Mumpfling. — Suchet.

Crösten et Graba, la cavalerie était déployée à larges intervalles.

La division Suchet, vers 1 heure, est donc lancée à l'attaque de la droite du prince Louis.

Le 17ᵉ léger, précédé des tirailleurs du 64ᵉ qui ont relevé les siens, se portera sur Crösten par les deux rives du Kesselbach. Les trois pièces du capitaine Sibille appuieront ce mouvement.

A sa gauche, le 34ᵉ se dirigera sur Aue et le Sandberg. Le 40ᵉ le suivra en échelons à gauche, tandis que le 64ᵉ « renforcera la gauche et suivra le mouvement par lequel la droite de l'ennemi ne cessera d'être débordée et rejetée sur la Saale (1) ».

A droite du 17ᵉ léger, la cavalerie, soutenue par le 88ᵉ de ligne, opérera dans « la plaine » entre le Siegenbach et le Kesselbach, et reliera le détachement qui vient d'occuper Saalfeld au reste de la division.

Vers 1 heure, les tirailleurs du 64ᵉ et une partie de ceux du 34ᵉ attaquent Crösten et Oberhayn, en même temps que le reste des tirailleurs du 34ᵉ et ceux du 40ᵉ, à travers bois, se portent sur le Sandberg contre le 1ᵉʳ bataillon Müffling et les deux compagnies du régiment Clémens qui soutiennent la batterie Hoyer (2).

En raison sans doute de la nature plus difficile du terrain et de ce fait que les bataillons Müffling et Clémens s'engageaient pour la première fois, l'action durera plus longtemps de ce côté que du côté de Crosten et Wöhlsdorf ; ce ne sera qu'après la défaite des troupes groupées autour de ce dernier point que celle des régiments Müffling et Clémens deviendra définitive.

Les tirailleurs du 64ᵉ, soutenus par le 17ᵉ léger, attaquent donc Crösten vers 1 heure, en le débordant par le

---

(1) Rapport de Suchet.
(2) Mumpfling.

Nord. Les trois pelotons du régiment Électeur, postés à la droite du village, enveloppés par leur droite, se rejettent en désordre en arrière et, vigoureusement abordés, se dispersent entièrement. Le reste du régiment fait une résistance énergique dans le village et sur sa gauche, le long du petit chemin creux qu'il bordait, mais tourné bientôt par sa droite, il se trouve dans l'obligation de battre en retraite, est rejeté vers sa gauche à l'Est de Wöhlsdorf et se replie jusqu'à la Saale, où il se reforme en arrière du village et de la cavalerie (1).

La retraite un peu précipitée du régiment Électeur découvrit le régiment Xavier, qui cherchait encore dans la plaine au Sud de Wöhlsdorf la direction qu'il devait adopter définitivement pour exécuter l'ordre de retraite du Prince. Vivement attaqué à son tour, il suivit l'exemple du régiment Électeur et se jeta dans les jardins de Wöhlsdorf. Il trouva près de ce village les deux compagnies Électeur détachées en soutien de la batterie Riemann et qui avaient pris position à gauche de Wöhlsdorf, derrière le chemin creux de Graba (2).

La cavalerie saxonne, déployée jusque-là entre Wöhlsdorf et Saalfeld, suivit le mouvement des deux régiments Xavier et Électeur. Le général Trutzschler, attirant à lui les escadrons de Schimmelpfennig-hussards qui avaient évacué les abords de Saalfeld, ramena les dix escadrons du prince Louis en arrière de Wöhlsdorf, derrière le chemin de Graba, les hussards de Schimmelpfennig derrière les hussards saxons (3).

A ce moment, la cavalerie du 5ᵉ corps (21ᵉ chasseurs, 9ᵉ et 10ᵉ hussards), derrière laquelle le 88ᵉ s'avançait en masse entre Crosten et Saalfeld, se forme en bataille sur

---

(1) Mumpfling. — Höpfner, p. 279.
(2) Höpfner — Mumpfling, p. 279.
(3) *Ibid.*

deux lignes et se porte au trot à l'attaque de la cavalerie saxonne.

Pendant ce temps, les fusiliers Rühle et Rabenau et la batterie Riemann se ralliaient en arrière de Wöhlsdorf, cherchant à former l'échelon qui leur avait été prescrit par le prince Louis.

Celui-ci, voyant arriver la cavalerie française, envoie le capitaine Valentini chercher les deux pièces à cheval qui se tenaient à la droite de sa propre cavalerie, ordonnant de tirer à mitraille sur l'ennemi qui se déployait. Mais ni prières, ni menaces ne purent déterminer le sous-officier qui les commandait à les mettre en batterie (1).

La première ligne de la cavalerie française, c'est-à-dire le 21ᵉ chasseurs, arrivée près du chemin de Graba, est surprise à petite distance par un feu violent des deux compagnies du régiment Électeur, en position au chemin creux. Mise en désordre, elle se retire (2).

Le prince Louis, croyant devoir utiliser ce moment favorable pour attaquer à son tour, se met à la tête des cinq escadrons de hussards saxons, et se jette dans le flanc de la première ligne française, qu'il bouscule comme elle se repliait (3). Mais à peine a-t-il obtenu ce succès « que la seconde ligne, comprenant les 9ᵉ et 10ᵉ hussards, marche contre lui, développe la colonne qui suivait l'aile de son front et enveloppe les deux flancs de la ligne de cavalerie du Prince (4) ».

La seconde ligne de cavalerie prussienne, les escadrons de Schimmelpfennig-hussards, dont trois seulement sur cinq étaient rassemblés, voulut intervenir, mais arriva

---

(1) Höpfner — Mumpfling p. 279.
(2) *Ibid.*
(3) Höpfner, p. 280. — Suchet.
(4) Mumpfling.

trop tard et fut entraînée dans le désordre de la première ligne (1).

Le Prince chercha à arrêter les fuyards qui se répandaient de tous côtés. Mais les hussards français poursuivaient la cavalerie vaincue avec la dernière énergie. Chaque groupe que le Prince reformait péniblement était dispersé par la mêlée des fuyards et des vainqueurs (2).

En même temps le village de Wohlsdorf est assailli par les tirailleurs du 64e, précédant le 17e léger. Le désordre est à son comble.

La cavalerie du prince Louis est repoussée au delà des dernières maisons de Wöhlsdorf. Saxons, Prussiens, hussards français, tout se trouve mélangé. La masse de la cavalerie allemande se jette dans la Saale, réussit à la passer et à se rallier sur la rive droite.

La cavalerie française ne la poursuit pas, mais se tourne contre l'infanterie et l'artillerie. Coupés de Schwarza par le 17e léger, attaqués par les hussards victorieux, les régiments Électeur, Xavier, les bataillons Rühle et Rabenau, débandés, confondus, tourbillonnent entre le village de Wöhlsdorf et la Saale et finissent par tenter le passage de la rivière. Quelques hommes s'y noyèrent, mais un plus grand nombre fut tué par les tirailleurs ou sabré par les hussards. Les colonels Rühle et Rabenau furent faits prisonniers (3).

En même temps, les deux compagnies de soutien de la batterie Riemann étaient taillées en pièces ; cette batterie elle-même et la demi-batterie Gause tombaient, sauf un seul canon, entre les mains des Français (4). Le

---

(1) Höpfner, p. 280. — Suchet. — Mumpfling.
(2) Höpfner. — Lettre du maréchal Lannes, p. 280.
(3) Höpfner, p. 281.
(4) *Ibid.*

21ᵉ chasseurs, en outre, était détaché de Wöhlsdorf et se portait dans la direction du combat livré par le gros de la division.

Le prince Louis, après l'échec subi par sa cavalerie, se rendit compte, en présence du désordre qui régnait, que la journée était irrémédiablement perdue, et qu'il n'avait plus qu'à songer à sa propre sûreté. Se fiant à la qualité de son cheval, il chercha à gagner Schwarza par la rive gauche de la Saale ; mais à la traversée d'une haie, dans les vergers de Wöhlsdorf, son cheval fut immobilisé pendant quelques instants par des branchages qui lui prirent le pied. Rejoint, grâce à cet incident, par le maréchal des logis Guindet, du 10ᵉ hussards, il fut tué par lui.

La défaite de l'aile gauche du prince Louis par la cavalerie française avait demandé une demi-heure (1).

Les fractions des troupes allemandes qui avaient pu s'échapper à travers la Saale, se rassemblèrent sur la rive droite et se mirent en retraite sur Rudolstadt.

Le bataillon d'élite et plusieurs compagnies du 17ᵉ léger, conduits par le général Victor, passèrent la Saale à leur tour et entamèrent la poursuite.

Le reste du 17ᵉ léger marcha sur Schwarza, à la suite du 21ᵉ chasseurs.

VII

DÉFAITE DE LA DROITE PRUSSIENNE.

A l'aile droite des Prussiens, le combat avait pris éga lement une tournure fâcheuse.

En même temps que le 17ᵉ léger, précédé des tirail-

---

(1) Lettre du maréchal Lannes.

leurs du 64ᵉ, marchait sur Crösten et s'engageait avec le
régiment Électeur, les tirailleurs du 34ᵉ et du 40ᵉ se portaient sur le Sandberg et les hauteurs d'Oberhayn.
Débouchant par les bois, par Aue et par le petit vallon
qui passe entre Aue et Oberhayn, ils attaquent le
1ᵉʳ bataillon Müffling, la batterie Hoyer et ses deux compagnies de soutien, à peu près au moment où le 17ᵉ léger
obligeait le régiment Électeur à évacuer Crösten. Comme
on l'a vu plus haut, une partie des tirailleurs du 64ᵉ et
du 34ᵉ avait marché contre le régiment Clémens, établi
sur la hauteur d'Oberhayn, et se heurtait à la résistance
énergique des tirailleurs de ce régiment (1).

Sur le Sandberg, les tirailleurs du 1ᵉʳ bataillon Müffling, soutenus par une compagnie, et les deux compagnies de soutien de la batterie Hoyer contenaient l'attaque des tirailleurs des 34ᵉ et 40ᵉ de ligne (2).

En même temps, ce dernier régiment se voyait dans
l'obligation de détacher un bataillon dans la direction de
Blankenburg, d'où le général Pelet avait envoyé, comme
on sait, une compagnie de chasseurs et trois escadrons
à Unter-Wirbach.

Malgré la résistance du 1ᵉʳ bataillon Müffling, le général Bevilaqua se rendit compte de l'importance de l'attaque et envoya au régiment Clémens l'ordre de se porter en soutien de la position du Sandberg, en arrière et
à droite de la batterie Hoyer.

Le régiment Clémens reçut cet ordre comme l'engagement de cavalerie autour de Wöhlsdorf se terminait par
la déroute des alliés, et comme le 21ᵉ chasseurs était détaché de la brigade du 5ᵉ corps pour contribuer à l'attaque
du gros de la division.

---

(1) Höpfner, p. 282. — Mumpfling.
(2) *Ibid.*

Laissant ses tirailleurs sur la hauteur d'Oberhayn, soutenus par une compagnie, le 2ᵉ bataillon Clémens, qui occupait la droite, se porta directement sur le Sandberg, tandis que le 1ᵉʳ bataillon, se formant en colonne de marche, fit un détour pour aller prendre en arrière et à droite du plateau la position indiquée par le général Bevilaqua (1).

Ce général ayant appris sur ces entrefaites le désastre de Wöhlsdorf, fit évacuer le Sandberg au 1ᵉʳ bataillon Müffling et à la batterie Hoyer, pour se retirer sur Schwarza. La batterie, gênée par la raideur des pentes et la nature pierreuse du terrain, resta en arrière. Les tirailleurs français se jetèrent sur elle et s'en emparèrent, au moment où le 2ᵉ bataillon Clémens atteignait le bord Est du plateau. Celui-ci battit en retraite immédiatement et, sur l'ordre du général Bevilaqua, chercha à se joindre au 1ᵉʳ bataillon Müffling, qui gagna Schwarza.

Pendant ce temps, le 1ᵉʳ bataillon Clémens, formé en colonne de marche, avait été attaqué tout à coup par le 21ᵉ chasseurs, qui le chargea à plusieurs reprises, le mit en désordre, en prit une partie et dispersa le reste (2).

Le 21ᵉ chasseurs, apercevant alors le 2ᵉ bataillon du même régiment qui descendait du Sandberg, l'assaillit à son tour, le bouscula, et le mit en fuite vers la Schwarza, où il en fit une partie prisonnière (3).

Puis il se jeta sur le 1ᵉʳ bataillon Müffling que le général Bevilaqua conduisait lui-même à Schwarza. Ce bataillon, vigoureusement chargé, entouré par le 21ᵉ chasseurs, fut bousculé, rompu, dispersé et le général Bevilaqua fait prisonnier (4).

---

(1) Höpfner, p. 282. — Lettow-Vorbeck, p. 245.
(2) Höpfner, p. 282. — Mümpfling. — Suchet.
(3) *Ibid.*
(4) *Ibid.*

Les fuyards, coupés du village de Schwarza par la cavalerie française, poursuivis par elle et par les tirailleurs descendant du Sandberg, se jetèrent dans le lit de la Schwarza, franchirent la rivière à gué et se rassemblèrent tant bien que mal sur la rive gauche. Ce qui restait du 1ᵉʳ bataillon Müffling et du 2ᵉ bataillon Clémens se mit en retraite sur Remda (1).

Pendant ce temps, le 17ᵉ léger et le 34ᵉ marchaient sur le village de Schwarza, occupé par le 2ᵉ bataillon Müffling qu'avaient rejoint la compagnie de chasseurs Valentini et quelques fractions prussiennes et saxonnes, échappées au désastre de Wöhlsdorf et venues par les bords de la Saale. Il se livra près de Schwarza un dernier et violent combat auquel mit fin l'intervention de quatre compagnies du 17ᵉ, qui se jetèrent à l'eau pour tourner les défenseurs. Le 1ᵉʳ bataillon Müffling et les unités qui s'étaient jointes à lui battirent alors en retraite vers Rudolstadt tout en combattant, suivis par la brigade de cavalerie du 5ᵉ corps qui s'était réunie devant Schwarza (2).

Plus à l'Ouest, en même temps que le gros de la division Suchet s'emparait du Sandberg et poussait l'ennemi sur la Schwarza, les chasseurs Masars du détachement Pelet étaient aux prises à Unter-Wirbach avec les tirailleurs du 40ᵉ soutenus par un bataillon de ce régiment, que renforcèrent ensuite d'autres fractions du même corps.

La compagnie de chasseurs Masars se replia rapidement devant la supériorité numérique des Français, et se retira sur Blankenburg. Le général Pelet en était sorti avec le reste de son détachement.

Son bataillon de fusiliers prit position dans des buis-

---

(1) Höpfner, p. 282. — Mümpfling. — Suchet.
(2) Höpfner, p. 283.

sons sur le chemin de Unter-Wirbach non loin des ponts, et recueillit les chasseurs. Les trois escadrons de hussards saxons et la seconde demi-batterie Gause, affectés à son détachement, s'établirent auprès du bataillon, de manière à en cacher la force aux Français (1).

Ceux-ci, débouchant des bois, attaquèrent le général Pelet dans cette situation, amenèrent du canon (2) et, devant sa vigoureuse résistance, cherchèrent à l'obliger à la retraite en menaçant son flanc droit par la rivière.

Le général Pelet, malgré les pertes que lui faisait subir le feu de l'artillerie et des tirailleurs, tint bon pendant une demi-heure ; mais, instruit alors du désastre de Wöhlsdorf, apercevant l'issue malheureuse du combat du Sandberg, il se décida à la retraite. Sous le feu du canon français, son détachement repassa les ponts ; son arrière-garde tint quelque temps dans le cimetière, qui fut enlevé brillamment par la compagnie de voltigeurs du 40e. Les hussards saxons couvrirent sa retraite (3).

Le général Pelet se retira sur Stadt-Ilm, où il arriva à 10 heures du soir. Le 11 octobre, il coucha à Blankenhayn, et le 12, il rejoignit l'armée à Capellendorf. Il ne fut pas poursuivi. La brigade de cavalerie du 5e corps se lança, en effet, sur la route de Rudolstadt, à la suite du 2e bataillon Müffling. L'infanterie ne dépassa pas la Schwarza (4).

Sur la rive droite de la Saale, l'infanterie alliée qui, après la défaite de Wöhlsdorf, avait traversé la rivière, se retira rapidement sur Rudolstadt par Preilipp et Kumbach. La cavalerie saxonne et les hussards de Schimmelpfennig suivirent au contraire le pied des hauteurs.

---

(1) Höpfner, p. 283.
(2) *Ibid.*
(3) Höpfner. — Suchet, p. 283.
(4) Suchet.

Cavalerie et infanterie purent atteindre Rudolstadt avant l'arrivée de la brigade de cavalerie du 5ᵉ corps. Celle-ci fut rejointe en ce point par le bataillon d'élite et les compagnies du 17ᵉ léger, qui avaient talonné les fuyards sur la rive droite de la Saale (1).

La poursuite ne dépassa pas Rudolstadt.

Les différents corps prussiens et saxons se rassemblèrent aux environs de cette ville; ils gagnèrent ensuite Orlamunde, avant la fin du jour, et atteignirent Kahla pendant la nuit. Le prince de Hohenlohe s'y trouvait. Il dirigea sur Iéna tout ce qui venait de Saalfeld.

Il réunit ainsi à Iéna, le 11, avec le corps saxon venu de Mittel-Pöllnitz et le corps de Tauentzien, tout ce qui restait de la division du prince Louis, à l'exception du détachement Pelet qui ne devait rejoindre que le lendemain, et des débris du 1ᵉʳ bataillon Müffling et du 2ᵉ bataillon Clémens; ces derniers, après s'être échappés à travers la Schwarza, s'étaient retirés sur Remda et avaient atteint Erfürt le 11 octobre. La nuit du 11 au 12 octobre fut passée par la division du prince Louis dans le Mühlthal, près d'Iéna; elle prit, le 12 au soir, des cantonnements de repos dans les villages situés autour de Capellendorf.

A la suite du combat de Saalfeld, le 10 octobre au soir, le corps du prince Louis était complètement dispersé. Il avait perdu 5 officiers tués, 24 blessés, environ 1,700 hommes tués, blessés ou pris, 34 pièces de canon avec leurs caissons attelés, presque tous les bagages des troupes, 4 drapeaux (2). Les magasins de Saalfeld et de Rudolstadt étaient tombés aux mains des Français.

---

(1) Höpfner, p. 284.

(2) Höpfner, p. 284. — Lettow-Vorbeck, p. 245. — Suchet. — Maréchal Lannes.

Les pertes n'étaient pas excessives, eu égard au nombre d'hommes engagés, mais le nombre de disparus était bien plus considérable. La plus grande partie des troupes était hors d'état de combattre. Le 13 octobre, chacun des régiments d'infanterie saxonne ne pourra pas encore présenter plus de 400 ou 450 hommes pour deux bataillons. Des 24 canons amenés sur le champ de bataille par les batteries Hoyer et Riemann, un seul était sauvé. Sur les 16 pièces d'infanterie, 11 étaient restées aux mains des Français.

En un mot, c'était la dislocation complète de cette avant-garde.

La division Suchet avait 172 hommes hors de combat et 10 chevaux tués.

IÉNA

I

PREMIÈRES OPÉRATIONS.

« C'est souvent dans le système de la campagne, dit Napoléon, que l'on conçoit le système d'une bataille » ; et jamais il n'en a donné d'exemple plus frappant que dans sa première campagne de 1806. Les mouvements de l'armée, les marches des différentes colonnes, aboutissent si naturellement à la solution du 14 octobre, qu'on ne peut avoir une pleine intelligence de celle-ci sans se rappeler en même temps les projets et les opérations de l'Empereur dans les six semaines qui précèdent.

Dès que la guerre avec la Prusse paraît inévitable, Napoléon arrête son plan de campagne, besogne fort simple suivant les principes qu'il s'est fixés. Prenant l'offensive, et voulant la bataille en tout cas, puisqu'il se sent toujours sûr de vaincre, il va marcher droit sur le centre de la monarchie prussienne, sur Berlin (1). Dès

---

(1) « Mes premières marches menacent le cœur de la monarchie prussienne, et le déploiement de mes forces sera si imposant et si rapide, qu'il est probable que toute l'armée prussienne de Westphalie se ploiera sur Magdebourg, et que tout se mettra en marche à grandes journées pour défendre la capitale. » (Correspondance de Napoléon, nº 10920.)

Dès le 6 septembre, Napoléon a ordonné à Berthier de le renseigner sur les chemins qui conduisent de Bamberg à Berlin, sur le pays à traverser, les cours d'eau à franchir, etc. (Correspondance de Napoléon, nº 10744.)

lors, ou bien l'ennemi essaiera de lui barrer la route, et
la bataille s'ensuivra aussitôt; ou bien les Prussiens res-
teront en dehors de la direction prise par l'armée française, et elle dépassera les positions qu'ils occupent;
dans ce cas, comme elle suivra la ligne la plus courte
qui mène à Berlin, elle les devancera, se trouvera en
état de les couper en se rabattant sur eux. Ce sera non
seulement la bataille, mais l'anéantissement du vaincu.

Cette seconde solution est naturellement celle que
Napoléon préfère. Pour avoir plus de chances de se
trouver d'abord sur le flanc des ennemis, et de ne pas
les rencontrer sur sa route, il choisit le point de départ
de son offensive à une extrémité du théâtre des opérations. Dans ses premières marches, la Grande Armée
appuiera sa droite à la frontière autrichienne, se glissant,
pour ainsi dire, entre cette frontière et les.positions pré-
sumées des Prussiens (1).

Napoléon ne peut réussir une pareille manœuvre que
par surprise : la Grande Armée s'étale d'abord dans
toute la vallée du Main, de Baireuth à Mayence, pour se
ployer subitement sur sa droite, derrière le rideau formé
par ses avant-postes dans les massifs boisés de la Hesse et
de la Thuringe. C'est seulement après le franchissement
du Thuringerwald que la réunion de l'armée française
sera révélée aux Prussiens. Napoléon suppose que ce
sera le 12 octobre (2).

---

(1) « Mon intention est de concentrer toutes mes forces sur l'extrémité de ma droite, en laissant tout l'espace entre le Rhin et Bamberg
entièrement dégarni ..... La nature des événements qui peuvent avoir
lieu est incalculable, parce que l'ennemi, qui me suppose la gauche au
Rhin et la droite en Bohême, et qui croit ma ligne d'opérations parallèle à mon front de bataille, peut avoir un grand intérêt à déborder ma
gauche, et qu'en ce cas je puis le jeter sur le Rhin. » (Napoléon au roi
Louis, 30 septembre 1806; Correspondance de Napoléon, n° 10920.)

(2) « Je ne compte sur votre corps que comme sur un moyen de diver-

Toutes ces opérations sont projetées avant d'avoir reçu aucun renseignement sur la réunion de l'armée prussienne, dont les colonnes sillonnent encore toute la région qui s'étend de Dresde et Hof jusqu'à la Westphalie. C'est seulement le 2 octobre, sur la route de Mayence à Würzbourg, que Napoléon reçoit un rapport de Murat d'après lequel toute l'armée prussienne doit se réunir autour d'Erfurt (1). Cette nouvelle, d'abord un peu vague, est précisée quelques heures plus tard par d'autres avis plus positifs (2). A partir de ce moment, et jusqu'à la bataille, tous les renseignements reçus confirment que l'armée prussienne est aux environs d'Erfurt, depuis Weimar jusqu'à Göttingen et Gotha. Napoléon a donc raisonné juste, et sa manœuvre s'accomplit telle qu'il l'a projetée.

En se portant ainsi sur la gauche de l'ennemi, l'Empereur découvre sa communication avec Mayence ; il en prend une autre sur Augsbourg par Forchheim. Ce changement de ligne d'opérations met la « route de l'armée » à l'abri des partis ennemis ; mais elle laisse subsister tout entier le danger d'avoir la retraite coupée en cas de défaite. A vrai dire, Napoléon ne croit pas une défaite possible, et c'est la première cause de la détermination qu'il adopte.

Pour éviter que la gauche de son armée n'aille se heurter au gros des forces prussiennes, Napoléon laisse en dehors de sa zone de marche toutes les routes qui conduisent vers le front Weimar-Erfurt-Gotha ; ses colonnes traversent le Frankenwald par les trois seuls chemins qui débouchent entre Hof et Saalfeld.

---

sion et pour amuser l'ennemi jusqu'au 12 octobre, qui est l'époque où mes opérations seront démasquées. » (Napoléon au roi Louis, 30 septembre 1806 ; Correspondance de Napoléon, n° 10920.)

(1) Foucart, p. 244.

(2) *Ibid.*, p. 253.

Il se trouve ainsi obligé de placer deux corps d'armée l'un derrière l'autre sur chaque route, mais il espère cependant déployer le tout en un jour. Il écrit le 5 octobre au maréchal Soult : « Vous êtes à la tête de ma droite, ayant à une demi-journée derrière vous le corps du maréchal Ney... Le maréchal Bernadotte est à la tête de mon centre ; il a derrière lui le corps du maréchal Davout, la plus grande partie de la réserve de cavalerie et ma Garde. Le 5ᵉ corps est à la tête de ma gauche ; il a derrière lui le corps du maréchal Augereau... *Le même jour que vous arriverez à Hof, tout cela sera arrivé dans des positions à la même hauteur* (1). »

Les renseignements recueillis confirment toujours que les Prussiens sont aux environs d'Erfurt (2). Napoléon pourrait donc continuer sa marche en avant et son déploiement ; par malheur, il est trop bien servi par ses espions, et il apprend que les généraux ennemis ont eu l'intention de déboucher sur la rive droite de la Saale (3). Il se prépare donc à recevoir le choc aux environs de Schleiz au lieu de procéder au déploiement pur et simple

---

(1) Napoléon à Soult, 5 octobre 1806 ; Correspondance de Napoléon, nᵒ 10941.

(2) Par exemple, Murat écrit le 5 octobre : « Tout porte à croire qu'ils se réunissent sur Erfurt et Naumburg. » (Foucart, p. 337.) Napoléon écrit à Lannes, le 7 : « D'après tous les renseignements que j'ai pu me procurer, il paraît que les principales forces de l'ennemi sont sur Naumbourg, Weimar, Erfurt et Gotha. » (Foucart, p. 367.) La lettre de Soult à l'Empereur, du 7 octobre, suppose admis que les Prussiens se concentrent vers Erfurt. (Foucart, p. 378.) Lannes écrit le 8 octobre : « D'après tous les renseignements que j'ai pu me procurer, il paraît que la ligne de l'ennemi est à Weimar, Erfurt et Gotha, et que le corps que Votre Majesté veut faire attaquer à Saalbourg n'est que pour observer les mouvements de notre droite. » (Foucart, p. 404.)

(3) L'Empereur à Soult, le 10 octobre : « Voici ce qui me paraît le plus clair : il paraît que les Prussiens avaient le projet d'attaquer, que leur gauche devait déboucher par Iéna, Saalfeld et Cobourg. »

de son armée dans la plaine, et le 10 octobre, il ébauche une concentration autour de cette ville.

Le retard du 7e corps, dû à une erreur, l'allongement des colonnes, qui dépasse les prévisions de l'Empereur, le forcent d'ailleurs à ajourner encore ce déploiement et la continuation de la marche directe : « Je ne puis marcher, j'ai trop de choses en arrière », dit-il à Soult.

Cependant les combats de Schleiz et de Saalfeld, ainsi que les reconnaissances de la cavalerie, ont éclairci la situation. Décidément, l'ennemi n'a pas bougé. Pour être absolument fixé, Napoléon se hâte de pousser sa droite sur Gera et d'y couper la route de Weimar à Dresde, c'est-à-dire la communication entre les Prussiens et les Russes. Le 11 octobre, l'armée se trouve à peu près alignée sur la route de Gera à Saalfeld, c'est-à-dire suivant une direction intermédiaire entre celle de l'offensive française et la ligne de retraite possible des Prussiens vers la Saxe et la basse Silésie, où se dirigent les Russes.

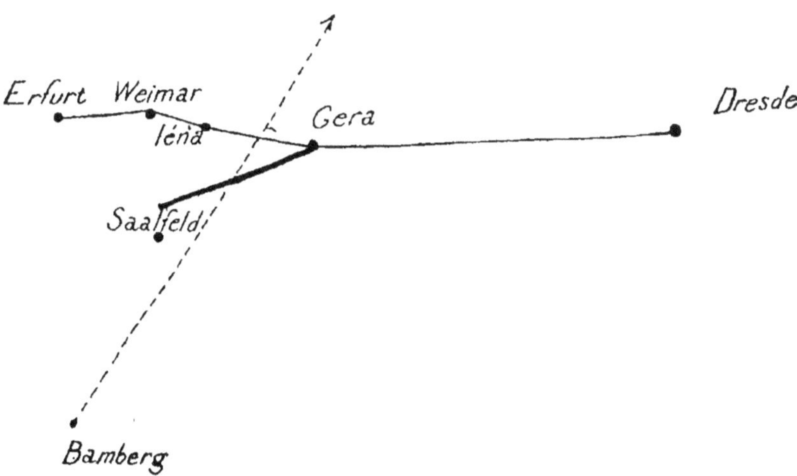

Pour achever de couper les Prussiens, il ne reste qu'à gagner au plus vite la route de Weimar à Berlin par la vallée de la Saale, à Naumbourg.

La mainmise sur ce point critique ne laissera plus à l'ennemi que des chemins détournés pour battre en retraite. Un contrefort du Harz, qui aboutit près de Weissenfels et détermine le dernier coude de la Saale, forme en effet une véritable barrière, et limite les communications entre le bassin de l'Unstrutt et la vallée de l'Elbe. Il ne s'y trouvait en 1806 que trois passages : celui de Naumbourg, menant à Leipzig et Halle ; ceux de Sangerhausen et de Nordhausen, conduisant à Magdebourg par Eisleben ou par le revers occidental du Harz.

La principale armée prussienne, réunie dans la région d'Erfurt, ne pouvait donc regagner Berlin que par les routes qui, de Naumbourg, mènent à Halle ou à Leipzig, ou par celles qui, au Nord-Est et au Nord, conduisent à Magdebourg.

En marchant dans la direction de Gera, l'Empereur s'élevait seulement sur le flanc de l'armée prussienne et s'interposait entre elle et ses renforts ; mais, en mettant la main, à Naumbourg, sur les routes qui conduisent dans la région de Leipzig, il ne lui laissera le choix qu'entre la bataille sur la Saale (ou l'Unstrutt) et la retraite sur Magdebourg et Berlin par les routes au Nord d'Erfurt et de Weimar.

Aussi, dès le 11 octobre, tout en prenant ses précautions pour le cas où, suivant un renseignement erroné, une bataille pourrait avoir lieu entre Schleiz et Gera, Napoléon porte-t-il l'armée de la ligne Saalfeld-Gera sur celle que forme la Saale entre Iéna et Naumbourg.

Les 1er et 3e corps sont poussés en toute hâte sur Naumbourg, que leurs avant-gardes occupent dès le 12.

A l'aile droite, Murat couvrira la conversion. Le 1er corps l'appuiera le cas échéant.

« L'Empereur ordonne, mon Prince, écrit Berthier à Murat, que vous partiez sur-le-champ de Gera pour vous rendre à Zeitz ; vous jetterez des coureurs sur Leipzig et Naumbourg. De Zeitz, si vos renseignements portent que l'ennemi est toujours du côté d'Erfurt, l'intention de l'Empereur est que vous vous portiez sur Naumbourg, où est le maréchal Davout (1). »

Ainsi l'Empereur a paré à tout.

Sur la rive gauche de la Saale, en face des rassemblements prussiens signalés, Lannes et Augereau sont à Iéna et Kahla, en état de se soutenir réciproquement, et pouvant être renforcés rapidement par le 4ᵉ corps venu de Gera et le 6ᵉ venu de Mittel-Pöllnitz, si l'armée prussienne les attaque. A 30 kilomètres de là, les 1ᵉʳ et 3ᵉ corps atteignent aussi la Saale, et Murat est tout près d'eux.

Napoléon peut écrire alors dans son 2ᵉ *Bulletin :* « Dresde ni Berlin ne sont couverts par aucun corps d'armée. Tournée par sa gauche, prise en flagrant délit au moment où elle se livrait aux combinaisons les plus hasardées, l'armée prussienne se trouve dès le début dans une position assez critique : elle occupe Eisenach, Gotha, Erfurt, Weimar. Le 12, l'armée française occupe Saalfeld et Gera, et marche sur Naumbourg et Iéna. » Il dit à Lannes et à Murat, le même jour : « Mon armée est réunie, et je leur barre le chemin de Dresde et de Berlin. J'enveloppe complètement l'ennemi. *Mais il me faut des renseignements sur ce qu'il veut faire* (2). »

Il n'y a plus, en effet, qu'une journée de marche entre les deux armées et, dès lors, il faut des renseignements d'un genre nouveau. Jusqu'ici, il pouvait suffire à l'Empereur de savoir *à peu près* où se trouvait son adversaire ; mais maintenant, le moindre mouvement des corps ennemis peut modifier tout à fait la situation et les

---

(1) Auma, 12 octobre 1806, 4 heures du matin. — Foucart, *Campagne de Prusse,* p. 517.

(2) Napoléon à Lannes et à Murat, 12 octobre. (Foucart, p. 516 et 517.)

mesures à prendre. Marcher droit sur lui, c'est le moyen de ne rien atteindre ; il ne manquerait pas de se dérober. Il faut savoir où il veut aller pour se mettre en travers. « Il serait possible, dit Napoléon, que l'ennemi exécutât son mouvement de retraite derrière l'Ilm et la Saale, car il me paraît qu'il évacue Iéna » ; mais peut-être aussi se concentre-t-il simplement à Weimar ou Erfurt, pour se retirer sur Magdebourg. Les reconnaissances du 13 doivent élucider la question.

Napoléon suppose que, si l'ennemi ne bouge pas, la Grande Armée atteindra le 14 les positions suivantes :

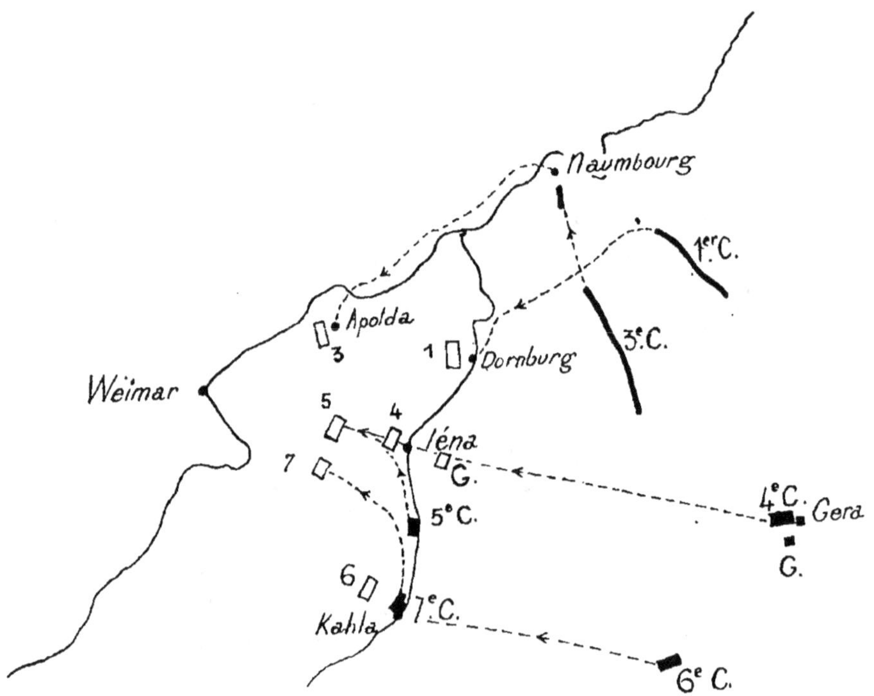

Davout à Apolda, Bernadotte à Dornbourg ; Lannes et Augereau entre Iéna et Weimar ; Soult et la cavalerie à Iéna ; Ney à Kahla ; la Garde en arrière d'Iéna (1).

---

(1) Note sans date de la main de l'Empereur. (Foucart, p. 512.)

La note qui résume ce projet n'envisage pas le cas où les Prussiens se dirigeraient sur Naumbourg et Leipzig ou Halle. Il est bien évident qu'alors, toute l'armée serait dirigée le plus promptement possible vers Naumbourg, soit pour barrer la route s'il en est encore temps, soit pour tomber dans le flanc des colonnes ennemies.

C'était beaucoup demander, que de vouloir connaître un jour d'avance ce que devaient faire les Prussiens : ils ne le savaient pas eux-mêmes !

Groupés d'abord très largement depuis la Westphalie jusqu'aux confins de la Bohême, les 130,000 hommes dont disposait le roi de Prusse à l'armée principale s'étaient peu à peu rapprochés et, vers le 7 octobre, le gros était rassemblé autour d'Erfurt; le corps de Rüchel était à Eisenach; Hohenlohe à Iéna et Roda; les Saxons, qui devaient renforcer ce dernier, arrivaient de Dresde par Gera. Le petit corps de Tauentzien, qui avait tenu garnison à Baireuth, s'était replié sur Hof. Le projet d'offensive vers le Sud-Ouest, que Brunswick avait conçu en premier lieu, avait été abandonné forcément par suite de la rapidité de l'offensive française.

Sans s'arrêter encore à un parti bien déterminé, le roi de Prusse avait reporté ses troupes insensiblement vers l'Est. Il avait décidé que Tauentzien rejoindrait Hohenlohe, qui borderait la Saale entre Kahla et Rudolstadt à partir du 10 octobre. Le gros de l'armée serait concentré le 9 vers Erfurt pour se rapprocher de la Saale et se trouver dès le 10 dans les plaines de Magdala (entre Iéna et Weimar) d'où il déboucherait dans le flanc des colonnes françaises.

Le 9, Tauentzien a été bousculé à Schleiz; le 10, c'est l'avant-garde de Hohenlohe, commandée par le prince Louis-Ferdinand, qui a été battue à Saalfeld.

Le 11, Hohenlohe est à Iéna; le gros de l'armée à l'Est de Weimar, et Rüchel à l'Ouest. Leurs positions ne changent guère dans la journée du 12.

II

RENSEIGNEMENTS SUR L'ENNEMI.

Depuis le débouché dans la plaine saxonne, le front de la Grande Armée s'est couvert d'un vaste réseau de reconnaissances.

Lannes envoie des partis sur Weimar, Augereau sur Magdala.

D'Iéna à Naumbourg, les deux divisions de dragons Beaumont et Sahuc éclairent le cours de la Saale.

La brigade Lassalle explore la plaine de Leipzig. Le 12 octobre au soir, elle parvient à Mölsen et envoie dans la nuit trois détachements sur Leipzig.

Bientôt les renseignements arrivent à l'Empereur.

« S'il faut s'en rapporter à ce que disent les habitants du pays où nous passons, écrit le maréchal Lannes, il y aurait 80,000 hommes sur la ligne de Gotha, Erfurt et Weimar. Pour moi, je ne crois pas que l'ennemi soit resté sur cette ligne; je pense qu'il se retirera sur Leipzig (1). »

Dans la nuit du 12 au 13 octobre, d'autres rapports parviennent à l'Empereur.

Le maréchal Augereau écrit de Kahla :

L'ennemi était à Iéna, mais on m'assure qu'il est parti et qu'il se porte sur Weimar (2).

Le maréchal Davout annonce son arrivée à Naumbourg.

Le général Viallannes, ajoute-t-il, s'est emparé de plusieurs voitures de pain et de bagages ; mais *une prise plus importante est celle de*

---

(1) Foucart, p. 528.
(2) *Ibid.*, p. 530.

12 pontons en cuivre parfaitement attelés; cette dernière prise a été faite entre Naumbourg et Freybourg .....

Des reconnaissances ont été envoyées du côté d'Iéna .....; il a été entendu quelques coups de canon de ce côté.....

Tous les rapports des déserteurs, des prisonniers et des gens du pays se réunissent à annoncer que l'armée prussienne se trouve à Erfurt, Weimar et environs. Il est certain que le Roi est arrivé hier à Weimar. On assure qu'il n'y a point de troupes entre Naumbourg et Leipzig.....

P.-S. — Il me paraît constant que les troupes prussiennes se réunissent du côté de Weimar (1).

En même temps arrivait un rapport de Murat ainsi conçu :

Zeitz, 12 octobre 1806.

Sire, je m'empresse d'envoyer à Votre Majesté un agent du général Savary parti ce matin de Leipzig, qui était le 7 à Erfurt, le 8 à Naumbourg ; il a donc par conséquent traversé toute l'armée ennemie. Il a rencontré à Fulde les postes avancés prussiens ; de là, il en a trouvé à Gotha, Erfurt, Weimar et Naumbourg. Le roi et la reine se trouvaient à Erfurt. *Il a rencontré, le 8, un équipage de ponts de 80 chariots près de Weissenfels descendant sur Erfurt* ..... (2).

De tous ces rapports, il résultait que l'armée prussienne, qui, depuis le début de la campagne, avait rétrogradé d'Eisenach, Hof et Saalfeld sur Erfurt, Roda et Iéna, continuait à se retirer devant l'armée française et qu'après avoir évacué la rive droite de la Saale, elle se réunissait à Erfurt, Weimar et Apolda. La Saale elle-même semblait faiblement défendue ; tout ce que l'on savait de l'ennemi donnait lieu de croire à une concentration vers le Nord sur Weimar et Erfurt ; l'attention était fixée surtout par le mouvement de cet équipage de pont qui, marchant le 8 de Weissenfels dans la direction d'Erfurt, était pris le 12 entre Naumbourg et Freybourg, comme rétrogradant sur l'Elbe du côté de Mag-

---

(1) Foucart, p. 531.
(2) *Ibid.*, p. 534.

debourg et non de Leipzig. Enfin, à Iéna même, il y avait eu des coups de canon.

Le maréchal Lannes y avait pris le contact de l'ennemi.

C'est là le point important; Napoléon va s'y rendre.

Mais, voulant attendre les rapports de la cavalerie sur les événements de la nuit, il envoie à Iéna, dès 7 heures du matin, Scherb, son officier d'ordonnance, pour « voir ce qui s'y passe, prendre des renseignements sur l'ennemi et venir en rendre compte. Il rapportera des nouvelles du maréchal Lannes et des mouvements de l'ennemi (1) ».

En même temps, il annonce son arrivée pour 1 heure à Iéna et avertit Lannes que le 6e corps a reçu l'ordre de se rendre dans la journée à Roda (2) pour se rapprocher du 5e.

En outre, toujours à 7 heures du matin, il donne ordre à son aide de camp, le général Lemarois, de se rendre au 3e corps.

« M. le général Lemarois se rendra en toute diligence à Naumbourg. Il y verra la situation du maréchal Davout. A Naumbourg, il prendra des renseignements sur l'ennemi. Il verra si l'on a passé la rivière d'Unstrutt et où se trouve l'ennemi. Après, il viendra en toute diligence me rapporter les renseignements qu'il aura, à Iéna, où je serai à midi (3). »

Puis il écrit à Murat la lettre suivante, où il expose sa pensée complète à ce moment de la campagne et de la journée :

Gera, 13 octobre 1806, 7 heures matin.

Vous avez reçu les ordres de l'état-major pour ne faire aucun mouvement aujourd'hui, afin de donner un peu de repos aux troupes. Si le prince de Wurtemberg venait à Leipzig, ce serait une bonne occa-

---

(1) Foucart, p. 577.
(2) *Ibid.*
(3) *Ibid.*, p. 578.

sion de le rosser. J'ai son état de situation exact. Il n'a pas plus de 10,000 hommes. Je n'ai pas de nouvelles d'Iéna, ni de Naumbourg; j'en recevrai sans doute dans une heure. Reposez vos dragons afin que, selon l'ordre que je donnerai cette nuit, ils arrivent à Iéna demain. *Mon intention est de marcher droit à l'ennemi* ..... Je partirai d'ici à 9 heures du matin pour être rendu à midi ou 1 heure à Iéna. *Si l'ennemi est à Erfurt, mon projet est de porter mon armée sur Weimar et de l'attaquer le 16.*

Le général Klein et la grosse cavalerie sont arrivés à Auma, où je les fais cantonner. J'attends ma Garde demain (1).

III

ORDRES DE CONCENTRATION.

Après l'envoi de cette lettre, Napoléon, dans la matinée, reçoit un rapport que le chef d'escadrons Méda a adressé de Weissenfels, à 5 heures du matin, au général Lassalle, et que ce dernier a immédiatement transmis. Il y a 40 kilomètres de Weissenfels à Iéna.

Weissenfels, 13 octobre 1806, 5 heures matin.

Je suis entré à Weissenfels à 3 h. 30 du matin.......

Je suis entré ici comme Saxon; j'ai reçu des renseignements assez positifs; *l'armée ennemie se retire en hâte sur Mersebourg, Halle et Magdebourg.* La perte du prince Ferdinand a jeté la terreur dans l'armée prussienne. A Leipzig, on ne fait que parler de la prise du parc et des équipages saxons; il y a fort peu de troupes dans cette ville.

Ce n'est que des débris des corps qui n'ont pu rejoindre la Grande Armée et quelques partis de dragons et de chevau-légers qui courent la plaine et que je vais chercher à mon tour.....

J'ai reçu tous les renseignements ci-dessus par les voyageurs de la diligence de Leipzig et Francfort (2).

La lecture de ce rapport lève les dernières hésitations

(1) Foucart, p. 578-579.
(2) *Ibid.*, p. 538.

de l'Empereur. La retraite annoncée de l'armée prussienne, c'est la conclusion attendue de ses manœuvres ; c'est la conséquence logique de tous les renseignements reçus depuis douze heures ; c'est la confirmation de toutes ses déductions. Immédiatement il en adopte l'idée. Elle s'impose à son esprit, et, allant plus loin que le rapport de Méda, il n'en retient qu'un seul mot : « Magdebourg », estimant que la route de Mersebourg et Halle est coupée à l'ennemi par l'aile droite de son armée. Et alors, à ses yeux, c'est ou bien la bataille au delà d'Iéna vers Weimar, ou bien la poursuite des Prussiens battant en retraite sur Magdebourg par les routes du Nord et du Nord-Est.

Dans les plaines de Leipzig, aucune trace d'ennemi, rien que des débris de troupes. Le prince de Wurtemberg est loin, vers Halle ou Magdebourg, peut-être.

Davout reste à Naumbourg, à l'extrême droite, à 30 kilomètres d'Iéna, son rôle sera, suivant le cas, de se porter par Apolda dans le flanc ou sur les derrières des Prussiens postés en avant de Weimar, ou de marcher sur Weimar par la rive gauche de l'Ilm, ou enfin de précéder l'ennemi sur la route de Magdebourg par Buttelstaedt.

Le 1er corps et Murat, désormais inutiles de ce côté, sont rappelés à Dornbourg, à 13 kilomètres d'Iéna, en face et à 14 kilomètres du camp prussien d'Apolda, en mesure de manœuvrer sur la droite de la Grande Armée.

Tout le reste de la cavalerie est appelé à Iéna, là où le contact a été pris avec l'ennemi.

C'est alors la fameuse lettre de l'Empereur :

Gera, 13 octobre 1806, 9 heures du matin.

Enfin le voile est déchiré ; l'ennemi commence sa retraite sur Magdebourg. Portez-vous le plus tôt possible avec le corps de Bernadotte sur Dornbourg, gros bourg situé entre Iéna et Naumbourg.

Venez-y surtout avec vos dragons et votre cavalerie.

Toute la grosse cavalerie et celle du général Klein marchent sur Iéna. Je crois que l'ennemi essayera d'attaquer le maréchal Lannes à Iéna ou qu'il filera. S'il attaque le maréchal Lannes, votre position à Dornbourg vous permettra de le secourir. Je serai à 2 heures après midi à Iéna. Vous savez déjà que les magasins de l'ennemi qui étaient à Naumbourg sont pris, que le bel équipage de pontons est également pris. Il paraît que cet équipage se dirigeait sur Halle. S'il n'y a rien de nouveau, venez de votre personne cette nuit à Iéna (1).

En même temps, l'ordre est porté par M. de La Marche aux généraux d'Hautpoul, Nansouty et Klein d'être rendus le plus tôt possible à Roda et de se hâter s'ils entendent le canon.

Il est ensuite prescrit au maréchal Soult d'envoyer sa cavalerie et une division à Roda. Ses deux autres divisions seront prévenues qu'elles partiront deux heures après minuit si les circonstances l'exigent.

Après l'envoi de cet ordre, l'Empereur se met en route pour Iéna. C'est là que tout s'éclaircira.

A 10 h. 30 du matin, Napoléon parvient à Köstritz, à l'embranchement des routes de Naumbourg et d'Iéna. De là, il fait expédier une dépêche au maréchal Soult, lui prescrivant de porter le soir-même en ce point de Köstritz ses deux dernières divisions ; puis il repart dans la direction d'Iéna (2).

En arrivant à 1 lieue et demie d'Iéna, l'Empereur reçoit le rapport suivant du maréchal Lannes.

Iéna, 13 octobre 1806.

Je suis arrivé hier avec mon corps d'armée devant Iéna. L'ennemi y était au nombre de 12,000 à 15,000 hommes. Après nous avoir tiré quelques coups de canon, il s'est retiré sur Weimar ; je n'ai pu le poursuivre la nuit, le pays étant abominable. J'ai placé la division Suchet à 1 lieue en avant sur la route de Weimar ; celle du général Gazan reste en position en arrière de la ville.

---

(1) Foucart, p. 579.
(2) *Ibid.*, p. 583.

D'après les renseignements donnés par les habitants, le roi était encore avant-hier à Erfurt ; je ne sais s'il veut nous livrer bataille ou bien se retirer ; il y a un camp d'environ 20,000 à 25,000 hommes entre Iéna et Weimar. Je vais pousser des reconnaissances pour savoir au juste où l'ennemi se trouve. Je désirerais savoir si l'intention de Votre Majesté est que je marche avec mon corps d'armée sur Weimar. Je n'ose prendre sur moi d'ordonner ce mouvement par la crainte que j'ai que Votre Majesté ne veuille me donner une autre direction. Il paraît que le plus grand désordre règne dans l'armée ennemie. Ils ont laissé ici quelques caissons et une pièce de canon. J'ai poussé un fort détachement sur la route de Naumbourg pour chercher à communiquer avec le maréchal Davout.

Je prie Votre Majesté de me faire connaître le plus tôt possible ses intentions.

P.-S. — J'apprends à l'instant même que l'ennemi a un camp de 30,000 hommes à 1 lieue d'ici, sur la route de Weimar. Il serait très possible qu'il voulût nous liver bataille (2).

En même temps qu'il reçoit cette dépêche, l'Empereur entend le bruit du combat que livrait en avant d'Iéna la division Suchet.

Napoléon est désormais complètement fixé. Il ordonne immédiatement la concentration de l'armée en vue de la bataille.

En exécution de ces ordres, l'armée doit se disposer ainsi qu'il suit :

A Iéna, 4ᵉ, 5ᵉ, 6ᵉ, 7ᵉ corps, la Garde impériale et la grosse cavalerie ;

A Dornbourg, le 1ᵉʳ corps et Murat ;

A Naumbourg, le 3ᵉ corps.

L'ordre adressé au maréchal Davout et qui devait être communiqué au maréchal Bernadotte était ainsi conçu :

L'Empereur, Monsieur le Maréchal, apprend, à 1 lieue d'Iéna, que l'ennemi est en présence du maréchal Lannes avec près de 50,000 hommes.

---

(1) Foucart, p. 583.

Le Maréchal croit qu'il sera attaqué ce soir. *Si vous entendez une attaque ce soir sur Iéna, vous devez manœuvrer sur l'ennemi et déborder sa gauche.* S'il n'y a pas d'attaque ce soir à Iéna, vous recevrez cette nuit les dispositions de l'Empereur pour la journée de demain (1).

Ainsi la Grande Armée est disposée pour une amnœuvre préparatoire à une bataille vers Weimar ou pour une bataille immédiate en avant de Weimar.

Au contact des avant-postes ennemis, en face des camps signalés à Apolda, Weimar et Erfurt, se trouve la masse principale de l'armée, quatre corps d'armée, la Garde impériale, la Réserve de cavalerie.

L'Empereur n'attend guère la bataille qu'à Weimar. D'Erfurt à Weimar, en effet, il y a la même distance que de Weimar à Iéna. C'est à Weimar que peuvent se concentrer le plus rapidement les trois corps prussiens d'Apolda, Weimar et Erfurt, derrière les avant-postes demeurés près d'Iéna.

Napoléon marchera d'Iéna sur Weimar avec la plus grande partie de l'armée, tandis que les 1er et 3e corps, maîtres des lignes de retraite de l'armée prussienne vers l'Est, continueront à manœuvrer par la droite, en cherchant à se saisir des routes de Weimar à Magdebourg, ou à couper l'adversaire de ces routes.

Dès le 12 octobre, l'Empereur s'attendait à ce que la bataille eût lieu devant Weimar. Cela résulte de la note écrite tout entière de sa main, le 11 ou le 12 octobre (2).

Mais depuis le 12 octobre, l'ennemi, qui était resté d'abord entre Gotha et Weimar, paraît s'être déplacé vers le Nord. Le 13 octobre, tandis que les Français interceptent à Naumbourg les routes de Weissenfels et de Halle, les Prussiens ont poussé un corps à Apolda et le bruit public annonce leur intention de se replier sur Magdebourg.

____

(1) Foucart, p. 586.
(2) Voir plus haut, p. 60.

La retraite sur Magdebourg ne peut se faire que par Buttelstedt. Le corps d'Apolda est à portée de ce point.

Aussi Davout est-il maintenu à Naumbourg à la tête d'une route menant à Buttelstedt par la rive gauche de l'Ilm, tandis que Bernadotte et Murat sont appelés à Dornbourg, à 14 kilomètres d'Apolda.

Les 1er et 3e corps, disposés ainsi pour toutes les combinaisons, l'un à 13 kilomètres, l'autre à 34 kilomètres d'Iéna, ne recevront d'instructions définitives qu'après la reconnaissance de l'armée prussienne que va faire l'Empereur.

Napoléon arrive à 4 heures du soir sur les hauteurs d'Iéna. Il y trouve le maréchal Lannes engagé avec les Prussiens.

IV

COMPOSITION DES DEUX ARMÉES.

Le 13 octobre 1806, les deux armées prussienne et française se trouvent donc à la veille d'une action décisive.

Avant d'étudier les mesures adoptées par le commandement prussien pour répondre à la manœuvre de l'Empereur, il convient de donner la composition des forces en présence, leur répartition et leurs effectifs.

L'armée prussienne était divisée en trois masses principales : l'armée du Roi, celle du prince Hohenlohe-Ingelfingen et le corps de Rüchel.

La première était sous le commandement direct du feldmaréchal duc de Brunswick, avec le colonel Scharnhorst pour quartier-maître.

Elle comprenait les éléments suivants (1) :

---

(1) Cf. von Höpfner, *Der Krieg von 1806 und 1807. Ein Beitrag*

1° *Division d'avant-garde* (général de cavalerie duc de Saxe-Weimar).

Cette division, poussée jusqu'à la Weser, ne pourra pas rejoindre à temps et ne prendra part ni à la bataille d'Iéna, ni à celle d'Auerstedt.

2° *Division d'aile droite* (lieutenant général prince d'Orange) :

1re brigade (colonel VON LÜTZOW) :
Bataillon de grenadiers Knebel ;
Régiment Möllendorf (2 bataillons) ;
Régiment Wartensleben (2 bataillons) ;
Batterie de 12 Lehmann.

2e brigade (colonel VON SCHIMONSKI) :
Bataillon de grenadiers Rheinbaben ;
Régiment Puttkamer (2 bataillons) ;
Régiment Prince-Ferdinand (2 bataillons) ;
Batterie de 12 Riemer.

Brigade de cavalerie (prince WILHELM K. H.) :
Leib-cuirassiers (5 escadrons) ;
Leib-carabiniers (5 escadrons) ;
Batterie à cheval Willmann.

Troupes légères (général-major VON OSWALD) :
1er bataillon des hussards de Würtemberg (5 escadrons) ;
Bataillon de fusiliers Oswald.

Total : 11 bataillons, 15 escadrons, 3 batteries.

3° *Division du centre* (lieutenant général von Wartensleben) :

1re brigade (général-major VON RENOUARD) :
Bataillon de grenadiers Alt-Braun ;

---

zur Geschichte der preussischen Armee nach der Quellen der Kriegs-Archiv bearbeitet, et **von** Lettow-Vorbeck, *Der Krieg von 1806 und 1807*.

Régiment Duc de Brunswick-Luneburg (2 bataillons) ;
Régiment Louis-Ferdinand (2 bataillons) ;
Batterie de 12 von Heuser ;
Batterie de 12 Lange.

2ᵉ brigade (général-major VON WEDELL) :

Bataillon de grenadiers Hanstein ;
Régiment Renouard (2 bataillons) ;
Régiment Kleist (2 bataillons) ;
Batterie de 12 Wilkens.

Brigade de cavalerie (général-major VON QUITZOW) :

Quitzow-cuirassiers (5 escadrons) ;
Reitzenstein-cuirassiers (5 escadrons) ;
Batterie à cheval Merkatz.

Troupes légères (colonel VON KOCH) :

Irwing-dragons (5 escadrons) ;
Bataillon de fusiliers Koch.

Total : 11 bataillons, 15 escadrons, 4 batteries.

4º *Division d'aile gauche* (lieutenant général comte von Schmettau) :

1ʳᵉ brigade (général-major VON ALVENSLEBEN) :
Batterie de grenadiers Krafft ;
Régiment Malschitzky (2 bataillons) ;
Régiment Schimonski (2 bataillons) ;
Batterie de 12 Stankar.

2ᵉ brigade (général-major VON SCHIMONSKI) ·
Bataillon de grenadiers Schack ;
Régiment Prince-Henri (2 bataillons) ;
Régiment Alvensleben (2 bataillons) ;
Batterie de 12 Röhl.

Brigade de cavalerie (général-major VON BÜNTING) :
Heising-cuirassiers (5 escadrons) ;
Bünting-cuirassiers (5 escadrons) ;
Batterie à cheval Schorlemmer.

Troupes légères (général-major VON GREIFFENBERG) :
2ᵉ bataillon de hussards de Würtemberg (5 escadrons) ;

Bataillon de fusiliers Greiffenberg ;
Bataillon de tirailleurs Weimar.

Total : 12 bataillons, 15 escadrons, 3 batteries.

5° *La réserve* (général comte von Kalkreuth ; chef d'état-major, major von Lossau) :

1re division de la réserve (lieutenant général VON KUNHEIM).

1re brigade (général-major VON HIRCHFELD) :
Bataillon de grenadiers de la Garde ;
Régiment du Corps (1 bataillon) ;
Régiment de la Garde (2 bataillons) ;
Batterie de 12 Faber.

2e brigade (général-major VON ZASTROW) :
Bataillon de grenadiers prince Auguste ;
Bataillon de grenadiers Rabiel ;
Régiment du Roi (2 bataillons).
Batterie de 7 Alkier.

Brigade de cavalerie (général-major VON BEEREN) :
Régiment Garde du corps (5 escadrons) ;
Régiment Gendarmes (5 escadrons) ;
Beeren-cuirassiers (5 escadrons) ;
Batterie à cheval Scholten.

Total : 8 bataillons, 15 escadrons, 3 batteries.

2e division de la réserve (lieutenant-général VON ARNIM).

1re brigade (général-major VON ZENGE) :
Bataillon de grenadiers Gaudy ;
Bataillon de grenadiers Osten ;
Régiment Arnim (2 bataillons) ;
Régiment Pirch (2 bataillons) ;
Batterie de 12 Heiden.

2e brigade (général-major VON MALSCHITZKY) :
Bataillon de grenadiers Hülsen ;
Bataillon de grenadiers Schlieffen ;
Régiment Zenge (2 bataillons) ;
Batterie de 12 Bychelberg.

Cavalerie (général-major VON IRWING) :

    1ᵉʳ bataillon des dragons de la Reine (5 escadrons) ;
    2ᵉ bataillon des dragons de la Reine (5 escadrons) ;
    Batterie à cheval Graumann.

Total : 10 bataillons, 10 escadrons, 3 batteries.

A l'exception de la division d'avant-garde, toutes les divisions de l'armée principale prendront part à la bataille d'Auerstedt.

En 1806, chaque bataillon d'infanterie prussienne ou saxonne constituait sur son propre effectif un dépôt de 106 hommes (1).

L'effectif des bataillons était dès lors le suivant et comprenait de 16 à 18 artilleurs et de 8 à 10 charpentiers par bataillon :

Bataillons de la Garde (821 — 106)	715 hommes.
Bataillons d'infanterie (793 — 106)	687 —
Bataillons de grenadiers (783 — 106)	677 —
Bataillons de fusiliers (661 — 106)	555 —

Les escadrons de hussards ou chevau-légers étaient de 150 sabres, les escadrons de dragons et de cuirassiers de 160.

L'armée principale comptait donc :

4 bataillons de la Garde	2,860 hommes.
32 bataillons d'infanterie	21,984 —
12 bataillons de grenadiers	8,124 —
4 bataillons de fusiliers	2,220 —
10 escadrons de hussards	1,500 —
60 escadrons de dragons et cuirassiers	9,600 —

Soit environ 46,300 hommes avec 16 batteries.

____

(1) En ce qui concerne les effectifs prussiens, cf. Höpfner, p. 50 et suiv.

L'armée qui allait être aux prises entre Iéna et Weimar avec Napoléon lui-même, était sous les ordres du prince Hohenlohe-Ingelfingen, avec le colonel von Massenbach pour quartier-maître.

Avant l'échec de son avant-garde à Saalfeld, cette armée comptait les forces suivantes :

1° *Division d'avant-garde* (lieutenant général prince Louis-Ferdinand de Prusse) :

Troupes légères (général-major VON SCHIMMELPFENNIG) :
  Bataillon de fusiliers Rabenau ;
  Bataillon de fusiliers Rühle ;
  Bataillon de fusiliers Pelet ;
  2 compagnies de chasseurs ;
  Hussards saxons (8 escadrons) ;
  Schimmelpfennig-hussards (10 escadrons) ;
  Batterie à cheval Gause.

Général-major VON BEVILAQUA :
  Régiment Müffling (2 bataillons saxons) ;
  Régiment Clémens (2 bataillons saxons) ;
  Régiment Électeur (2 bataillons saxons) ;
  Batterie de 6 Riemann (saxons) ;
  Batterie de 4 Hoyer (saxons).

Total : 9 bataillons 1/2, 18 escadrons, 3 batteries.

2° *Division d'aile droite* (lieutenant général von Grawert) :

1re brigade (général-major VON MÜFFLING) :
  Bataillon de grenadiers Hahn ;
  Régiment Hohenlohe (2 bataillons) ;
  Régiment Sanitz (2 bataillons) ;
  Batterie de 12 Glasenapp.

2° brigade (colonel VON SCHIMONSKI) :
  Bataillon de grenadiers Sack ;
  Régiment Grawert (2 bataillons) ;
  Régiment Zastrow (2 bataillons) ;
  Batterie de 12 Wolframsdorf.

Cavalerie (lieutenant général VON HOLTZENDORFF) :

    Colonel von Heister : Krafft-Dragons (5 escadrons) ;

    Général-major Henkel : Henkel-cuirassiers (5 escadrons) ; Holt-
zendorf-cuirassiers (5 escadrons) ;

    Batterie à cheval Steinwehr.

Troupes légères (colonel VON ERICHSEN) :

    Bataillon de fusiliers Erichsen ;

    Régiment de Geltkandt-Hussards (10 escadrons) ;

    Demi-batterie à cheval Studnitz.

Total : 11 bataillons, 25 escadrons, 3 batteries 1/2.

3° *Division d'aile gauche* (saxonne) (commandant en chef, général de cavalerie von Zezschwitz I.).

Lieutenant général von Niesemeuschel, commandant la division.

1ʳᵉ brigade (général-major VON BURGSDORF) :

    Régiment Thümmel (2 bataillons) ;

    Régiment Prince-Xavier (2 bataillons) ;

    Régiment Prince-Frédéric-Auguste (2 bataillons) ;

    Batterie de 8 Hausmann ;

    Batterie de 8 Ernst.

2ᵉ brigade (général-major VON DYHERRN) :

    Régiment Bevilaqua (1 bataillon) ;

    Régiment Low (2 bataillons) ;

    Régiment Niesemeuschel (2 bataillons) ;

    Batterie de 12 Bonniot.

Cavalerie (lieutenant général VON ZEZSCHWITZ II et général-major VON KOCHTITZKY) :

    Carabiniers (4 escadrons) ;

    Chevau-légers Albrecht (4 escadrons) ;

    Kochtitzky-cuirassiers (4 escadrons) ;

    Batterie à cheval Grossmann.

Troupes légères (colonel BOGUSLAWSKI) :

    Bataillon de fusiliers Boguslawski ;

    Chevau-légers Polenz (4 escadrons) ;

    1/2 batterie à cheval Studnitz.

Total : 12 bataillons, 16 escadrons, 4 batteries 1/2.

4° *Corps Tauentzien* (général-major comte Tauentzien) :

Général-major von ZWEIFFEL :
>   1/2 bataillon grenadiers Herwarth ;
>   Régiment Zweiffel (2 bataillons).

Général-major von SCHÖNBERG :
>   Régiment Rechten (2 bataillons) ;
>   Régiment Prince-Maximilien (2 bataillons) ;
>   Bataillon de grenadiers Winkel ;
>   Batterie de mortiers Kotsch.

Troupes légères (général-major von BILA) :
>   Bataillon de fusiliers Rosen ;
>   2 compagnies de chasseurs ;
>   Bila-hussards (5 escadrons) ;
>   Chevau-légers Prince-Jean (4 escadrons).

Total : 9 bataillons, 9 escadrons, 1 batterie.

5° *Division de réserve* (lieutenant général von Prittwitz) :

Général-major von SANITZ :
>   1/2 bataillon grenadiers Kollin ;
>   Bataillon grenadiers Borcke ;
>   Bataillon grenadiers Dohna ;
>   Bataillon grenadiers Losthin ;
>   Batterie de 12 Schulenburg.

Général-major von CERRINI :
>   Bataillon grenadiers Thiollaz ;
>   Bataillon grenadiers Lecoq ;
>   Bataillon grenadiers Lichtenhayn ;
>   Bataillon grenadiers Metzsch ;
>   Bataillon grenadiers Hundt ;
>   Batterie de mortiers Tullmann.

Cavalerie (général-major von KRAFFT) :
>   Chevau-légers Clémens (4 escadrons) ;
>   Prittwitz-dragons (5 escadrons) ;
>   Batterie à cheval Hahn.

Total : 8 bataillons 1/2, 9 escadrons, 3 batteries.

En se reportant aux effectifs précédemment indiqués,
l'armée de Hohenlohe devait compter :

12 1/2 bataillons de grenadiers.............	8,462	hommes.
6 bataillons de fusiliers..................	3,330	—
31 bataillons d'infanterie.................	21,297	—
2 compagnies de chasseurs...............	340	—

Soit 33,400 fusils et 11,800 sabres donnant un total de 45,000 environ avec 15 batteries.

A la veille d'Iéna, le 12 octobre, les batteries Riemann, Hoyer et la demi-batterie Gause, de la division d'avant-garde, avaient disparu. Les pertes avaient été d'environ 3,000 hommes à Schleitz et à Saalfeld, sans compter le déchet produit par la désertion ni les traînards que ramassait la cavalerie française.

On peut donc admettre avec vraisemblance que, le 12 octobre, l'armée de Hohenlohe ne comptait pas plus de 40,000 hommes avec 12 batteries.

Le corps de Rüchel était composé des forces suivantes :

Avant-garde.

Régiment de cuirassiers Bailliodz (5 escadrons) ;
3 escadrons de Katte-dragons ;
4 escadrons Köhler-hussards ;
Batterie à cheval Néander.

Gros.

Colonne de droite :

Régiment d'infanterie Alt-Larisch ;
Régiment d'infanterie Winning ;
Régiment d'infanterie Wedel.

Colonne de gauche :

Régiment d'infanterie Strachwitz ;
Régiment d'infanterie Tschepe ;
Bataillon de fusiliers Sobbe.

Réserve.

Droite :

2° bataillon Treuenfels ;
30 cuirassiers du régiment Bailliodz ;
Batterie de 12 Kirchfeld.

Centre :
>> Bataillon de grenadiers Borstell ;
>> Bataillon de grenadiers Hallmann.

Gauche :
>> Régiment d'infanterie Schenck ;
>> 1 escadron de Köhler-hussards ;
>> Batterie de 12 Schäfer.

Le régiment Treuenfels avait formé trois bataillons sur deux rangs avec ses deux bataillons normaux ; chaque nouveau bataillon n'avait donc que les deux tiers de l'effectif d'un bataillon normal.

En outre, le corps de Rüchel comptait deux autres bataillons de Treuenfels, l'un resté à la garde de Weimar, l'autre à celle du parc d'artillerie et avait aux avant-postes, sous le général Wobeser :

>> Le bataillon de fusiliers Ernst ;
>> La compagnie de chasseurs Kalckreuth ;
>> Le régiment de dragons Wobeser ;
>> La demi-batterie à cheval Lehmann.

Ces dernières forces ne rejoindront pas le corps de Rüchel sur le champ de bataille le 14 octobre et ne pourront atteindre que Weimar.

En dehors d'elles, le corps de Rüchel comptait donc :

1 bataillon de fusiliers......................	555 hommes.
2 bataillons de grenadiers.................	1,354 —
12 bataillons 3/4 d'infanterie..................	8,700 —
13 escadrons................................	2,000 —

Soit 10,600 fusils, 2,000 sabres et 3 batteries.

L'armée principale prussienne, le corps de Rüchel et l'armée de Hohenlohe réunis, pouvait donc présenter sur un même champ de bataille l'effectif maximum de 98,000 hommes avec 28 batteries. Les corps du duc de Weimar et du prince de Würtemberg étaient trop éloignés pour intervenir.

L'armée française qui allait écraser les forces prussiennes à Iéna et Auerstedt avait conservé l'organisation qu'elle avait en 1805, mais de nombreux changements avaient eu lieu dans la répartition des troupes entre les corps d'armée.

Le 12 octobre 1806, la Grande Armée comprenait les corps suivants, sous le commandement direct de l'Empereur :

1ᵉʳ CORPS (maréchal BERNADOTTE).

1ʳᵉ division (général DUPONT), 9ᵉ léger, 32ᵉ et 96ᵉ de ligne	7,000 hommes.
2ᵉ division (général DROUET D'ERLON), 27ᵉ léger, 94ᵉ et 95ᵉ de ligne	5,600 —
3ᵉ division (général RIVAUD), 8ᵉ, 45ᵉ et 54ᵉ de ligne	5,800 —
Brigade de cavalerie (général TILLY), 2ᵉ et 4ᵉ hussards, 5ᵉ chasseurs	1,500 sabres.

Soit environ 18,500 hommes d'infanterie et 1,500 sabres avec 34 pièces de canon.

3ᵉ CORPS (maréchal DAVOUT).

1ʳᵉ division (général MORAND), 13ᵉ léger, 17ᵉ, 30ᵉ, 51ᵉ et 61ᵉ de ligne	9,000 hommes.
2ᵉ division (général FRIANT), 33ᵉ, 48ᵉ, 108ᵉ et 111ᵉ de ligne	7,000 —
3ᵉ division (général GUDIN), 12ᵉ, 21ᵉ, 25ᵉ et 85ᵉ de ligne	8,000 —
Brigade de cavalerie (général VIALANNES), 1ᵉʳ, 2ᵉ et 12ᵉ chasseurs	1,500 sabres.

Soit environ 24,000 fusils, 1,500 sabres et 46 pièces de canon.

4ᵉ CORPS (maréchal SOULT).

1ʳᵉ division (général SAINT-HILAIRE), 10ᵉ léger, 36ᵉ 43ᵉ et 55ᵉ de ligne	7,700 hommes.
2ᵉ division (général LEWAL), 24ᵉ léger, 4ᵉ, 28ᵉ, 46ᵉ et 57ᵉ de ligne	10,300 —
3ᵉ division (général LEGRAND), 26ᵉ léger, 18ᵉ et 75ᵉ de ligne, 1ᵉʳ bataillon de tirailleurs corses, 1 bataillon de tirailleurs du Pô	7,700 —

Brigade de cavalerie (général GUYOT), 8ᵉ hussards,
   11ᵉ et 16ᵉ chasseurs...................... 1,400 sabres.
Soit environ 25,700 fusils, 1,400 sabres et 48 pièces de canon.

5ᵉ CORPS (maréchal LANNES).

1ʳᵉ division (général SUCHET), 17ᵉ léger, 34ᵉ, 40ᵉ,
   64ᵉ et 88ᵉ de ligne...................... 11,500 hommes.
2ᵉ division (général GAZAN), 21ᵉ léger, 100ᵉ et
   103ᵉ de ligne........................ 7,500 —
Brigade de cavalerie (général TREILHARD), 9ᵉ et
   10ᵉ hussards, 21ᵉ chasseurs............... 1,500 sabres.
Soit environ 19,000 fusils, 1,500 sabres et 28 pièces de canon.

6ᵉ CORPS (maréchal NEY).

2ᵉ division (général MARCHAND), 6ᵉ léger, 39ᵉ,
   69ᵉ et 76ᵉ de ligne...................... 9,000 hommes.
3ᵉ division (général MARCOGNET), 25ᵉ léger, 50ᵉ,
   27ᵉ et 59ᵉ de ligne...................... 9,400 —
Brigade de cavalerie (général COLBERT), 3ᵉ hussards, 10ᵉ chasseurs...................... 1,100 sabres.
Soit environ 18,500 fusils, 1,100 sabres et 24 pièces de canon.

7ᵉ CORPS (maréchal AUGEREAU).

1ʳᵒ division (général DESJARDIN), 16ᵉ léger, 14ᵉ,
   44ᵉ et 105ᵉ de ligne..................... 7,000 hommes.
2ᵉ division (général HEUDELET), 7ᵉ léger, 24ᵉ et
   63ᵉ de ligne, 2 bataillons Darmstadt, 1 bataillon
   Nassau .... 8,500 —
Brigade de cavalerie (général DUROSNEL), 7ᵉ et
   20ᵉ chasseurs........................ 1,000 sabres.
Soit environ 15,500 fusils, 1,000 sabres et 36 bouches à feu.

GARDE IMPÉRIALE.

Infanterie (maréchal LEFEBVRE) :
   2 régiments de grenadiers à pied............ ⎫
   2 régiments de chasseurs à pied .... ⎬ 5,000 fusils.
   1 régiment de dragons à pied.............. ⎭

Cavalerie (maréchal BESSIÈRES) :
   2 régiments de dragons à cheval............., ⎫ 2,400 sabres.
   2 régiments de chasseurs à cheval .... ⎭

   Artillerie............................. 36 pièces.

La cavalerie et l'artillerie ne rejoindront que le 18 octobre. Jusque-là, l'Empereur a fait affecter à la Garde 26 pièces se composant des 8 pièces de l'artillerie Oudinot, 12 pièces données par le parc d'artillerie, et 6 pièces venant de Mayence.

RÉSERVE DE CAVALERIE (prince MURAT).

Brigade de hussards LASSALLE, 5ᵉ et 7ᵉ hussards, 13ᵉ chasseurs..........................	1,100 sabres.
Division NANSOUTY, 1ᵉʳ et 2ᵉ carabiniers, 2ᵉ, 3ᵉ, 9ᵉ et 12ᵉ cuirassiers	2,900 —
Division d'HAUTPOUL, 1ᵉʳ, 5ᵉ, 10ᵉ et 4ᵉ cuirassiers.	1,900 sabres.
Division KLEIN, 1ᵉʳ, 2ᵉ, 14ᵉ, 20ᵉ et 26ᵉ dragons..	2,500 —
Division BEAUMONT, 5ᵉ, 8ᵉ, 9ᵉ, 12ᵉ, 16ᵉ et 21ᵉ dragons.....................	2,600 —
Division SAHUC, 17ᵉ, 27ᵉ, 18ᵉ, 19ᵉ, 15ᵉ et 25ᵉ dragons.....................	2,600 —

Soit environ 13,600 sabres et 27 pièces à cheval.

Le 12 octobre l'Empereur pouvait donc disposer pour la bataille des forces suivantes :

	Fusils.	Sabres.	Pièces.
1ᵉʳ corps (3 divisions)	18,500	1,500	34
3ᵉ corps (3 divisions)	24,000	1,500	46
4ᵉ corps (3 divisions)	25,700	1,400	48
5ᵉ corps (2 divisions)	19,000	1,500	28
6ᵉ corps (2 divisions)	18,500	1,100	24
7ᵉ corps (2 divisions)	15,500	1,000	36
Garde impériale................	5,000	»	26
Réserve de cavalerie...........	»	13,600	27

Soit au total 126,200 fusils, 21,600 sabres et 269 bouches à feu, sans compter les canons de bataillon.

V

L'ARMÉE PRUSSIENNE AVANT LA BATAILLE.

Pendant que la Grande Armée s'engageait sur les trois routes qui permettaient de franchir le Franken-

wald, le commandement prussien, pour couper la ligne
de retraite des Français sur Mayence, avait résolu de se
porter sur le bas Mein.

A la fin de septembre, les armées alliées étaient en
voie de concentration, les Saxons entre Dresde et
Leipzig; le corps de Hohenlohe entre Chemnitz et
Zwickau; Tauentzien à Hof; l'armée du Roi entre Hall,
Leipzig et Naumbourg, ayant Blücher à Göttingen et
Rüchel autour de Mülhausen, avec des détachements à
Eisenach, Gotha et Erfurt. Enfin le prince Eugène de ·
Würtemberg, commandant un corps de réserve, était à
Magdebourg.

Dès le début d'octobre, ces forces s'étaient portées
vers l'Ouest, et le 7 octobre Rüchel atteignait Kreuz-
bourg sur la Werra; l'armée principale s'étendait entre
Eisenach et Gotha, le corps de Hohenlohe d'Erfurt à la
Saale, les Saxons arrivaient à Roda. Tauentzien occupait
Hof et Saalburg.

La ligne des avant-postes s'étendait de Hof à Kreuz-
bourg par Saalburg, Saalfeld, Gräfenthal, Hildburghausen.

A la nouvelle, parvenue dans la soirée du 7 et confirmée le 8, que les Français, rassemblés à Bamberg,
s'étaient engagés dans les montagnes et avaient occupé
Cronach, le duc de Brunswick prescrivit de rapprocher
de la Saale toutes les forces prussiennes; il prit ses
mesures pour que, le *10 octobre*, elles fussent disposées sur la rive gauche, de sorte qu'il fût possible de
passer immédiatement la rivière, au cas où Napoléon
la franchirait lui-même au débouché des montagnes (1).

Pour donner cependant à l'armée française « de la
jalousie » sur ses communications, l'avant-garde de l'armée royale (duc de Weimar) dut se porter sur Meiningen

---

(1) Lettow-Vorbeck, p. 202-203.

et faire un détachement sur Schweinfurt, tandis que Rüchel devait, dans le même but, envoyer un détachement sur Würzburg par Fulde et Brückman (1).

Le 9, l'armée principale revient à Erfurt, Rüchel se porte à Eisenach et Gotha ; l'armée d'Hohenlohe doit se rassembler sur la rive gauche de la Saale à Kahla.

Mais Hohenlohe, sous l'inspiration de son chef d'état-major Massenbach, songe à franchir la Saale immédiatement et à se porter le 10 octobre sur Mittel-Pöllnitz avec toutes ses forces, pour tomber dans le flanc des colonnes françaises. Il dispose dès le 9 son corps le long de la rivière à Rudolstadt, Orlamunde, Kahla et Iéna (A.-G. prince Louis de Prusse), pousse un détachement (Boguslawski) (2) à Neustadt et les Saxons à Mittel-Pöllnitz pour servir de repli à Tauentzien, battu à Schleiz le jour même. Il annonce ensuite à tous les généraux que son corps d'armée se concentrera sur Mittel-Pöllnitz le lendemain, 10 octobre (3).

Le duc de Brunswick donne l'ordre formel à Hohenlohe d'attendre l'armée principale. Mais cet ordre est transmis trop tard à l'avant-garde, qui est écrasée à Saalfeld, où le prince Louis trouve la mort.

Le 10 octobre, l'armée principale vient à Weimar, Kranichfeld et Blankenhain ; Rüchel à Erfurt, Blücher à Gotha forment l'arrière-garde. L'armée d'Hohenlohe se concentre sur la rive gauche de la Saale.

Les combats de Schleiz et de Saalfeld ont ouvert les yeux de Brunswick sur le danger que court l'armée prussienne. Il songe à se rapprocher de l'Elbe.

Les trois divisions de l'armée royale de Tannroda,

---

(1) Lettow-Vorbeck, p. 202-203.

(2) Bataillon Boguslawski, demi-batterie à cheval Studnitz, régiment Gettkandt-hussards, régiment chevau-légers Polenz.

(3) Lettow-Vorbeck, p. 205, chap. VIII.

Kranichfeld et Blankenhain sont rappelées à Weimar, et doivent camper sur le plateau d'Umpferstedt (3).

La division Grawert, de l'armée d'Hohenlohe, est rappelée d'Orlamunde sur Magdala, et la division saxonne de Roda sur Iéna.

Quant à Tauentzien, qui était arrivé vers Mittel-Pöllnitz, il lui fut prescrit de se porter sur Leipzig pour assurer la sûreté de l'armée sur la rive droite de la Saale et éclairer de ce côté, ainsi que pour entrer en liaison avec le corps du prince Eugène de Wurtemberg.

Mais le prince Hohenlohe, méconnaissant ce dernier ordre, attira Tauentzien sur la Saale et le chargea de constituer ses avant-postes de Dornbourg à Burgau.

Il en résulta que l'armée prussienne ignora tout des mouvements de l'armée française sur la rive droite de la Saale et vers les plaines de Leipzig.

L'exécution des ordres du duc de Brunswick prit toute la journée du 11 octobre et une partie de la nuit suivante ; certains mouvements ne furent même terminés que le 12 octobre.

Une importante fraction de l'armée principale ne parvint qu'à la nuit, le 11 octobre, sur le plateau d'Umpferstedt. Ce plateau était trop étroit pour l'effectif qui devait y bivouaquer. Aussi la cavalerie ne s'y installat-elle pas. Elle alla, de sa propre autorité, cantonner dans les localités comprises entre le camp d'Umpferstedt et le Dornberg et se répandit même jusqu'aux environs de Nerkewitz ; elle s'établit plus particulièrement au village de Cappellendorf et dans les hameaux environnants.

La division Grawert arriva le 11 au soir sur les hauteurs de Coppanz, où elle passa la nuit (2).

Blücher vint, par Erfurt, cantonner le même soir

______

(1) Lettow Vorbeck, p. 274, chap. X.
(2) Höpfner, p. 305, 306, 307, 308 et 309.

auprès de Weimar. Il devait, le lendemain, fournir les avant-postes sur le front de l'armée principale. Rüchel coucha le 11 à Erfurt (1).

Tous ces mouvements se faisaient sous la protection des détachements qui avaient formé les avant-postes les jours précédents.

Le colonel Boguslawski, avec le détachement envoyé préalablement le 9 à Neustadt et renforcé le 10 sur la Saale (2), occupait Kahla. Il reçut l'ordre d'y demeurer jusqu'à ce que le dernier élément de l'armée eût franchi la rivière.

Le général Schimmelpfennig, avec les troupes légères, fut chargé de couvrir la division Grawert.

Le colonel Boguslawski, après avoir couvert à Kahla le passage de la Saale, renvoya ses chevau-légers à Iéna, puis il fit occuper pour la nuit Geschwitz et Maua par Gettkandt-hussards et les hauteurs de Maua par son infanterie.

A son détachement se joignit l'infanterie du détachement Schimmelpfennig, tandis que les hussards Schimmelpfennig entraient dans le système d'avant-postes sur la Saale.

A la gauche de Boguslawski, le long de la Saale, se développèrent les avant-postes que le prince Hohenlohe avait chargé Tauentzien d'organiser, et qui furent disposés ainsi qu'il suit le 11 au soir et dans la journée du 12 octobre (3) :

---

(1) Höpfner, p. 305, 306, 307, 308, 309 et 310.

(2) Bataillon Boguslawski, compagnies de chasseurs Kronhelm, Masars et Valentini, quatre escadrons de Bila-hussards, deux escadrons Gettkandt-hussards ; demi-batterie ; les quatre escadrons de chevau-légers Polinz.

(3) Höpfner, p. 306.

1° *De Kahla à Burgau :*

Cavalerie (général BILA) :
    Régiment Bila-hussards (5 escadrons) ;
    1 bataillon de Schimmelpfennig-hussards (5 escadrons).

Colonel ERICHSEN, à Burgau :
    Bataillon de fusiliers Rosen ;
    Une compagnie de chasseurs ;
    Demi-batterie Stüdnitz.

Colonel ERICHSEN, à Lobeda :
    Bataillon de fusiliers Erichsen ;
    Une compagnie de chasseurs.

2° *De Burgau à Cambourg :*

Cavalerie : Des piquets de Prittwitz-dragons à Cambourg, Dorndorf,
Ziegenhayn.

Cavalerie (général SENFT) :
    Chevau-légers Clémens (4 escadrons) ;
    Chevau-légers Johann (3 escadrons).

A Iéna, corps de TAUENTZIEN :
    Régiment Zweiffel ;
    1er bataillon Frédéric-Auguste ;
    1er bataillon Rechten ;
    2e bataillon Clémens ;
    Demi-bataillon de grenadiers Herwarth ;
    Demi-batterie à cheval Stüdnitz.

A Dornbourg et Nachhausen : demi-bataillon de grenadiers Kollin.

Le corps battu à Saalfeld le 10 avait fait sa retraite le
long de la Saale et avait atteint Iéna le 11. Il fut envoyé
en arrière de la ville pour se reconstituer.

La nuit du 11 au 12 octobre fut employée à débar-
rasser les défilés du Mühlthal et de la Schnecke, par où
passait la route d'Iéna à Weimar, des convois qui les
encombraient.

Le 12 au matin, conformément à de nouveaux ordres
du duc de Brunswick, le colonel von Massenbach, chef
d'état-major d'Hohenlohe, se rendit à Cappellendorf dans

le but de tracer aux environs de ce village un camp pour son armée.

C'était là que se concentreraient, près de Weimar, les armées du Roi et d'Hohenlohe, c'est-à-dire 85,000 hommes (que Rüchel pouvait rapidement renforcer) sous la protection des avant-postes de Blücher à Bechstedt, Isserode, Holzdorf, Hetschburg et Ottern et ceux du colonel Boguslawski et de Tauentzien le long de la Saale. Le général Pelet (1) qui, le 9 octobre, avait été détaché à Stadt-Ilm et qui, après le combat de Saalfeld, s'était retiré le 11 sur Blankenhain et avait marché le 12 vers Iéna, fut arrêté par Tauentzien à Dobritschen près de Magdala, et compléta le réseau des avant-postes.

Le brouillard qui régnait dans la vallée de la Saale, et qui s'étendit sur les plateaux ; le désordre de la retraite s'effectuant sur des routes déjà parcourues en sens inverse et encombrées par les convois ; enfin l'absence de vivres, firent que les troupes de la division Grawert, parties de Coppanz, n'arrivèrent au camp de Capellendorf que tard dans la soirée du 12 octobre, presque en pleine nuit, en passant par Iéna et le Mühlthal.

L'infanterie campa en première ligne, ayant devant son front la chaussée d'Iéna, l'aile droite à Cappellendorf, l'aile gauche vers la Schnecke, faisant face au Sud-Ouest.

La cavalerie s'établit en deuxième ligne.

La réserve devait camper en troisième ligne, mais le camp de la division Grawert ayant été modifié et reporté derrière le Werlitzgrabe, elle s'établit en première ligne.

Les villages en arrière du camp étaient attribués aux troupes battues à Saalfeld, mais celles-ci les trouvant

---

(1) Höpfner, p. 315.

occupés par l'armée principale, s'installèrent au bivouac près de la division saxonne.

En entrant dans le détail, nous voyons le corps d'Hohenlohe réparti au bivouac de la manière suivante (1) :

Derrière Kotschau, la réserve, comprenant la brigade Sanitz et la brigade Cerrini.

Le long de la chaussée, à quelque distance à gauche de la réserve, l'aile gauche vers la Schnecke, la division saxonne Niesemeuschel et la cavalerie saxonne.

Entre la réserve et les Saxons, un peu en avant et au delà de la chaussée, quatre bataillons du corps de Tauentzien (régiment Maximilien, 2e bataillon Rechten, bataillon de grenadiers Winckel).

En arrière de la réserve, derrière le Werlitzgrabe, sur le Sperlingsberg, l'aile droite vers Cappellendorf, l'infanterie de la division Grawert, la cavalerie en deuxième ligne. A gauche de la division, les débris du corps d'avant-garde disloqué à Saalfeld (1er bataillon Müffling, régiment Électeur, 1er bataillon Xavier, 1er bataillon Clémens, une batterie) réunis en une brigade sous le commandement du général Dyhernn. Trois escadrons de hussards saxons campaient à Hohlstedt. Les cinq autres escadrons cantonnaient à Krippendorf et Stobra.

Le 12 octobre, au point du jour, le colonel Boguslawski reçut l'ordre de se porter à Osmaritz. Il laissa dans la vallée de la Saale les dix escadrons de Gettkandt-hussards, avec la compagnie de chasseurs Valentini et les tirailleurs de son propre bataillon de fusiliers en soutien des hussards, puis se dirigea sur Osmaritz. A midi, sur un ordre de Hohenlohe, il envoya deux bataillons de fusiliers Rühle et Rabenau à Cappellendorf, pour garder le quartier général. Le même ordre le plaçait

---

(1) Höfner, p. 316-317.

sous les ordres du général Bila avec le reste de son détachement (1).

Vers 2 heures de l'après-midi, les escadrons de Gettkandt-hussards furent attaqués en avant de Maua par un corps de cavalerie française (2).

C'était la cavalerie du 5e corps sous les ordres du général Treilhard.

VI

LE 5e CORPS A WINTZERLA.

Le maréchal Lannes avait reçu, comme on sait, l'ordre de se rendre le 12 octobre de Neustadt sur Iéna. C'était le début de la conversion de la Grande Armée vers la Saale.

Au cours de sa marche, qui s'effectua par Kahla et la rive gauche de la Saale, le Maréchal avait appris à Göschwitz la présence d'un corps prussien de toutes armes en avant de Winzerla. Il résolut de l'attaquer (3).

Le général Treilhard bouscula les escadrons de Gettkandt-hussards, leur tua une vingtaine d'hommes, leur fit des prisonniers et, les chargeant jusque sur l'infanterie qui occupait Winzerla, les obligea à se replier en arrière du village (4).

L'interrogatoire des prisonniers apprit que l'armée prussienne était campée entre Iéna et Weimar et que les troupes auxquelles se heurtait le 5e corps en étaient l'avant-garde, forte de 7,000 à 8,000 hommes (5).

---

(1) Höpfner, p. 321.
(2) *Ibid.*
(3) Foucart, p. 529. — Journal des opérations du 5e corps.
(4) Höpfner, p. 321.
(5) Foucart. — Journal des opérations du 5e corps.

Le maréchal Lannes donna alors à sa propre avant-garde l'ordre d'attaquer.

Les voltigeurs du 17ᵉ léger gravirent les hauteurs qui dominent le défilé, tandis que le général Claparède, avec 50 carabiniers, marchait par la grande route sur le village, et que des tirailleurs du 17ᵉ léger se jetaient dans les broussailles des bords de la Saale (1).

Dès l'apparition des Français, le colonel Erichsen, qui commandait à Burgau, avait fait prendre les armes à la compagnie de chasseurs et à son bataillon de fusiliers. Il se porta derrière Wintzerla, appelant à lui la demi-batterie Stüdnitz.

Le village était tenu par la compagnie de chasseurs Valentini et les tirailleurs du bataillon Boguslawski avec du canon de bataillon enfilant la grande route.

Le colonel Erichsen fit occuper à droite le Thiergarten par la compagnie de chasseurs Werner, jeta les tirailleurs de son propre bataillon à gauche du village pour défendre le fond de la vallée, puis déploya son bataillon en arrière du défilé (2).

En même temps, il envoyait l'ordre au bataillon de fusiliers Rosen de faire tenir les ponts de la Saale à Burgau par deux compagnies et une pièce à cheval et de disposer deux autres compagnies entre Burgau et Wintzerla. Il appela en outre à lui les deux pièces restant de la demi-batterie Stüdnitz.

L'attaque du 17ᵉ léger fut d'abord contenue, mais le feu très vif des Prussiens ne put empêcher Claparède de pénétrer dans le village et d'en chasser les défenseurs. Toutefois les dispositions prises en arrière de Wintzerla par le colonel Erichsen brisèrent l'élan du

---

(1) Foucart. — Journal des opérations du 5ᵉ corps.
(2) Höpfner, p. 322.

17ᵉ léger et l'empêchèrent de déboucher du village. L'affaire dégénéra en fusillade (1).

D'ailleurs la nuit approchait.

Le Maréchal arrêta son avant-garde et ordonna au général Claparède de faire inquiéter l'ennemi jusqu'au lendemain (2).

A 8 heures du soir, le 17ᵉ léger s'établit dans Wintzerla, ayant des avant-postes dans la petite plaine au delà du village dans la direction d'Iéna. Le corps d'armée bivouaqua plus en arrière (3).

Cette affaire coûta 30 hommes au 17ᵉ léger.

Au bruit du combat, le général Tauentzien était accouru. Quand l'offensive française se fut arrêtée, il renvoya la demi-batterie à cheval Studnitz et sept escadrons de Gettkandt-hussards sur la Schnecke pour se refaire. Puis, craignant que les Français ne dirigeassent des colonnes sur sa droite, par Schwabhausen, contre les camps de Cappellendorf et d'Umpferstedt (4), il détacha les trois escadrons restants et la compagnie de chasseurs Masars dans la région de Schwabhausen pour éclairer de ce côté et se relier avec les avant-postes de Pelet et de Blücher.

De son côté, le colonel Boguslawski, se voyant, à Osmaritz, coupé de la Saale par le mouvement de l'avant-garde française sur Wintzerla, se retira avec les forces qui lui restaient, c'est-à-dire son bataillon, la compagnie de chasseurs Kronhelm et la demi-batterie sur Coppanz, couvrant jusqu'à 8 heures du soir le mouvement de la division Grawert de Coppanz sur son camp de Cappellendorf, où elle n'arriva, comme il a été dit, qu'à la nuit.

---

(1) Höpfner, p. 322 et Journal des opérations du 5ᵉ corps.
(2) Journal des opérations du 5ᵉ corps. — Foucart, p. 529.
(3) *Ibid.*
(4) Höpfner, p. 322.

A 8 heures du soir, le colonel Boguslawski se retira sur Döbritschen et campa derrière la forêt, en installant des avant-postes dans l'obscurité et se reliant sur sa droite au détachement Pelet, campé près du même point (1).

Cependant l'avant-garde du 5e corps qui, arrivée à Wintzerla, avait l'ordre d'inquiéter les Prussiens toute la nuit, fit un détachement sur la rive droite de la Saale. Celui-ci se présenta vers 9 heures du soir par Lobeda, devant les ponts de Burgau (2).

Ce mouvement, joint au défaut de munitions, détermina le colonel Erichsen à se replier derrière le défilé d'Ammerbach, poursuivi par le feu constant des tirailleurs français. Avec son bataillon et les chasseurs Valentini, il occupa le défilé de la route et les hauteurs en arrière d'Ammerbach. Le bataillon Rosen évacua Burgau et s'établit entre la Saale et la chaussée d'Iéna (rive gauche). Le général Tauentzien amena d'Iéna le 2e bataillon Zweiffel et fit occuper les hauteurs entre le Rasenmühle et la vallée de Magdala par quatre compagnies de ce bataillon, tandis que le 5º barrait le défilé de la route (3).

Pendant toute la nuit, jusque vers 3 heures du matin, des coups de feu furent tirés par les avant-postes français. Les troupes prussiennes ne ripostèrent pas, mais elles demeurèrent toute la nuit sous les armes, sans vivres, sans prendre aucun repos, qu'interdisait d'ailleurs, à la gauche, dans la partie basse de la vallée, la nature marécageuse du sol (4).

---

(1) Höpfner, p. 323.
(2) *Ibid*, p. 322.
(3) *Ibid.*, p. 323.
(4) *Ibid.*, p. 322-323.

VII

TAUENTZIEN PREND POSITION SUR LE PLATEAU.

Tandis que l'avant-garde du 5e corps s'emparait de Wintzerla et de Burgau, obligeant le colonel Erichsen à se replier sur le défilé d'Ammerbach, les Français avaient pris le contact avec l'extrême gauche des avant-postes de Tauentzien à Dornbourg.

Le major Kollin, envoyé à Dornbourg et Nachhausen avec son demi-bataillon de grenadiers, avait rendu compte, dans ce même après-midi du 12 octobre, qu'il avait bien occupé Dornbourg et la rive gauche de la Saale, mais qu'à un mille de lui se trouvait un camp français de 16,000 à 18,000 hommes, dont les avant-gardes avaient chassé ses postes de Dornbourg et s'étaient emparées du pont de Cambourg (1).

Le prince Hohenlohe se trouvait à Iéna quand ce compte rendu y parvint.

Ne craignant rien pour la ville, en dépit d'une panique provoquée le matin par l'apparition de quelques cavaliers français sur la rive droite de la Saale, Hohenlohe courut à la cavalerie du général Senft (quatre escadrons de chevau-légers Clémens et trois escadrons de chevau-légers Johann) et prescrivit à ce général de se porter immédiatement sur Dornbourg pour renforcer le major Kollin, faire reprendre le pont de Cambourg par quelques escadrons et chercher, autant que possible, à ramener quelques prisonniers (2). En même temps, il faisait aviser le major Kollin d'avoir à se replier s'il était

----

(1) Höpfner, p. 323-324.
(2) *Ibid.*, p. 324.

trop vivement pressé. Puis il partit pour son nouveau quartier général de Cappellendorf, où il arriva vers 8 heures du soir (1).

Malgré l'ordre de Hohenlohe, le général Senft ne bougea pas. Il se contenta d'envoyer un escadron à Dornbourg et, avec le reste, s'installa pour la nuit à Zwetzen.

Tauentzien, en rentrant à Iéna après avoir renforcé le colonel Erichsen à Ammerbach, réitéra au général Senft l'ordre de se porter sur Dornbourg. Il n'obtint pas davantage. Ce n'est que le 13 au matin que le général Senft se mit en marche (2).

Rentré à son quartier général de Cappellendorf, Hohenlohe craignit, par suite de la perte des ponts de Cambourg et de Dornbourg et de l'attaque exécutée contre Wintzerla, d'être abordé du côté de la Saale, sur son flanc gauche et même à revers, et il expédia au général Tauentzien l'ordre suivant :

« Au cas où le général Tauentzien serait obligé d'abandonner Iéna, il s'établirait avec toutes les troupes sous ses ordres sur le flanc gauche du camp (de Cappellendorf), dans la position Closewitz-Lützeroda, afin de pouvoir, renforcé de la réserve, faire tête à toutes les attaques venant de Dornbourg et de la Saale (3). »

Vers 11 heures du soir, Hohenlohe reçut de Tauentzien l'avis que le corps français qui avait attaqué Wintzerla comptait environ 20,000 hommes (4).

Il n'en voulut rien croire et envoya l'ordre à Tauentzien de terminer l'affaire, l'issue de ce combat ne devant pas

---

(1) Höpfner, p. 324.
(2) *Ibid.*
(3) *Ibid.*
(4) *Ibid.*, p. 325.

influer sur l'ensemble, car l'ennemi ne pouvait tarder à livrer bataille en terrain découvert (1).

Cependant, au grand quartier général à Weimar, on avait reçu des nouvelles annonçant que le corps d'Augereau, fort de 15,000 hommes, s'était porté de Saalfeld par Rudolstadt vers Orlamunde, que les Français avaient occupé Naumbourg et qu'un détachement ennemi de force inconnue avait marché de Gera sur Zeitz et pris une partie des bagages du corps d'Hohenlohe. En outre, vers 11 heures du soir, arriva la confirmation de l'entrée des Français à Naumbourg. Ces nouvelles déterminèrent, comme on le verra plus loin, le duc de Brunswick à battre en retraite par sa gauche, vers l'Elbe, en franchissant l'Unstrutt (2).

Pendant ce temps, Blücher était arrivé avec ses troupes légères et avait pris les avant-postes en avant de l'armée principale, face au Sud-Ouest, le long de l'Ilm, de Mellingen à Hetschburg et le long de la coupure de Troïstadt (3), de Hetschburg à Holzdorf.

Rüchel qui, dans la journée, s'était transporté d'Erfurt à Buhstädt, fut appelé à Weimar; il y arriva dans le courant de la nuit. Ses avant-postes se relièrent à ceux de Blücher sur la rive gauche de l'Ilm. Croyant à l'imminence d'une action générale, il envoya un ordre de rappel à ses détachements, mais ceux-ci ne pourront pas rejoindre, non plus que le corps du duc de Weimar, qui le 12 au soir s'est installé à Frauenwald, après avoir fait insulter Cobourg par un régiment de cavalerie.

Pendant que la concentration de l'armée principale s'achevait ainsi, le général Tauentzien reçut à Iéna, entre 2 h. 30 et 3 heures du matin, un compte rendu du

---

(1) Höpfner, p. 326.
(2) *Ibid.*
(4) *Ibid.*

major Kollin lui annonçant qu'il était menacé d'être coupé de l'armée, par suite de la perte du pont de Cambourg, et qu'il se décidait à battre en retraite (1).

D'autre part, le colonel Erichsen lui faisait connaître que les tirailleurs français cherchaient à le tourner sur ses deux flancs, par la montagne et par les bords de la Saale, guéable en maints endroits, et que ses munitions étaient presque épuisées (2).

Le général Tauentzien, qui avait déjà reçu les deux ordres d'Hohenlohe, le premier lui précisant une position à occuper au cas où il devrait évacuer Iéna, et le second lui enjoignant de rompre le combat de Wintzerla, estima que la perte des ponts de Dornbourg et Cambourg au Nord d'Iéna, et du pont de Burgau au Sud, le mettait en fâcheuse posture et en situation d'être séparé du gros de l'armée par des colonnes qui franchiraient la Saale en ces différents points. Il résolut en conséquence d'évacuer Iéna au point du jour en se retirant sur la position Closewitz-Lützeroda, que le Prince lui avait assignée.

Il envoya au major Kollin l'ordre de se porter sur les hauteurs de Rödigen, près de Nerkewitz, pour couvrir, le cas échéant, dans la direction de Dornbourg, la retraite du corps d'Iéna sur Closewitz-Lützeroda.

Il donna ensuite les instructions suivantes pour la retraite (3) :

« Les troupes se retireront en deux colonnes.

« La première (1/2 bataillon de grenadiers Herwarth, 1er bataillon Zweiffel et 2 pièces) se portera d'Iéna, à travers pays et par tous les chemins, sur Closewitz par Lobstedt et Zwetzen.

« La deuxième (2e bataillon Zweiffel, compagnies

---

(1) Höpfner, p. 325.
(2) *Ibid.*, p. 340.
(3) *Ibid.*

de chasseurs Werner et Valentini) se retirera par le moulin à papier dans le Mühlthal et de là par Cospeda sur Closewitz.

« La troisième (bataillons de fusiliers Rosen et Erichsen et l'artillerie) par le Mühlthal, contournera le Flohberg et se portera par le Ziskauerthal sur Lützeroda.

« La première colonne occupera aussitôt Lobstedt et Zwetzen, la deuxième Cospeda et le sentier, la troisième colonne le Ziskauerthal et la forêt d'Isserstedt.

« Le général Senft couvrira la retraite du bataillon de grenadiers Kollin, occupera Rödigen et se tiendra à couvert derrière le Lohholz et le Pfarrholz. Le régiment Gettkandt-hussards en réserve à Hermstedt. »

En même temps, le premier bataillon Rechten, arrivé dans la nuit à Iéna, fut placé par Tauentzien sur le Landgrafenberg ; il devait servir de repli aux autres troupes (1) près de Cospeda.

Enfin vers 3 h. 45, Tauentzien envoya à Cappellendorf, au quartier général d'Hohenlohe, un rapport rendant compte de sa résolution d'évacuer Iéna et des mesures prises par lui à cet effet.

Le colonel Erichsen attendit le jour pour commencer la retraite que prescrivait Tauentzien ; puis profitant de l'accalmie qui se produisit à partir de 3 heures du matin, quand les avant-postes du 17e léger cessèrent de tirailler, il fit retirer son bataillon et le bataillon Rosen au Sud d'Iéna, entre le Rasenmühle et le village de Lichtenhain (2).

En même temps, le général Bila faisait porter l'ordre au colonel Boguslawski d'appeler à lui la compagnie de chasseurs Masars et les trois escadrons de Gettkandt-

---

(1) Höpfner, p. 341.
(2) *Ibid.*

hussards détachés la veille au soir vers Schwabhausen, puis de couvrir la retraite du gros de Tauentzien sur Closewitz-Lützeroda, par Schwabhausen et Isserstedt en faisant l'arrière-garde.

Boguslawski exécuta cet ordre et attira en outre à lui quatre escadrons de Bila-hussards qui s'étaient portés également vers Schwabhausen, puis il se dirigea sur Isserstedt. Mais quand, ayant atteint le plateau au Nord de Schwabhausen, il découvrit le camp d'Hohenlohe, il pensa que les ordres étaient modifiés. Il s'arrêta et prit position avec son détachement derrière le Schwabhausergrund, se liant à droite aux avant-postes de Blücher, et à gauche à la division saxonne (1).

En apprenant à Döbritschen le mouvement de retraite de Boguslawski, le général Pelet en fit part à Blücher, et lui annonça son intention de se conformer à ce mouvement. Celui-ci lui ayant répondu qu'il considérait cette retraite comme opportune, le général Pelet se replia et vint camper avec son bataillon de fusiliers et la demi-batterie à cheval Gause près de la réserve d'Hohenlohe (2).

Ainsi donc, au moment où le jour va se lever, le 13 octobre, le gros du corps Tauentzien se prépare à battre en retraite sur Closewitz-Lützeroda ; le détachement Erichsen s'est replié entre le Rasenmühle et Lichtenhain, et la retraite des détachements Boguslawski et Pelet fait qu'entre Schwabhausen et Iéna, il n'y a plus d'avant-postes.

Au Nord, le major Kollin se retire sur Rödigen.

(1) Höpfner, p. 339.
(2) Ib d.

VIII

LE 5ᵉ CORPS ATTAQUE LE LANDGRAFENBERG.

Le 13 octobre, au point du jour, le 5ᵉ corps reprit son mouvement sur Iéna « avec la prudence que le cas exigeait, et qui était d'autant plus nécessaire qu'une brume des plus épaisses dérobait tous les objets, et que les défilés dans lesquels il était engagé offraient des dangers si l'ennemi marchait à lui (1) ».

Les tirailleurs de l'avant-garde française attaquèrent vers 6 h. 30 du matin les bataillons Rosen et Erichsen en position entre le Rasenmühle et le village de Lichtenhain. Des fractions en ordre serré furent dirigées à l'Ouest du village avec mission de déborder par le Magdelthal la droite des Prussiens. D'autres éléments soutenaient les tirailleurs sur la route et dans la vallée; d'autres enfin descendaient la rive droite de la Saale (2).

Le temps nécessaire à l'exécution de ces dispositions montre que les éléments qui progressaient par le Magdelthal n'ont pas dû faire sentir leur action avant 8 h. 30 ou 9 heures du matin.

Tauentzien ordonna la retraite conformément aux dispositions précédemment édictées.

Le 2ᵉ bataillon Zweiffel et les compagnies de chasseurs Werner et Valentini commencèrent le mouvement, et se replièrent sur le Mühlthal pour se diriger sur Lützeroda et Closewitz (3).

Les bataillons Rosen et Erichsen s'engagèrent dans le

---

(1) Journal des opérations du 5ᵉ corps. — Foucart, p. 586-587.
(2) Höpfner, p. 341.
(3) *Ibid.*

Mühlthal derrière eux, suivis pied à pied par les tirailleurs du 5ᵉ corps, qui pénétrèrent dans les gorges à leur suite.

A Iéna, la colonne de gauche de Tauentzien (demi-bataillon de grenadiers Herwarth, 1ᵉʳ bataillon Zweiffel, artillerie et cavalerie) était restée dans la ville, couverte par une arrière-garde qui tenait les portes Neuve et d'Erfurt, et par un détachement qui occupait les ponts.

Quand les fractions du 5ᵉ corps qui suivaient la rive droite abordèrent ces ponts, la colonne sortit d'Iéna par la porte de Zwätzen, la cavalerie en tête, puis l'infanterie et l'artillerie, et gagna Closewitz par Lobstedt, Zwätzen et à travers pays (1).

En même temps que les ponts d'Iéna étaient attaqués par la rive droite, une troupe de tirailleurs du 17ᵉ léger, qui suivait les bataillons Rosen et Erichsen, se heurta aux tirailleurs prussiens qui tenaient les portes Neuve et d'Erfurt. Elle les attaqua vivement, les bouscula et pénétra avec eux dans la ville, les poursuivit dans les jardins et dans les rues. Le détachement prussien qui défendait les ponts, pris à revers, fut fait prisonnier (2).

Le gros de l'avant-garde du 5ᵉ corps poursuivit sa route et s'engagea dans le Mühlthal. Le Maréchal lui fit prendre position sur une hauteur qui domine la vallée à la gauche de la route de Weimar, c'est-à-dire, vraisemblablement, l'éperon qui domine le Neuemühle et le Paraschkenmühle, tandis que Suchet, après avoir ordonné des reconnaissances sur les hauteurs escarpées de la droite, rangeait sa division en colonne par brigade dans la vallée, c'est-à-dire au débouché du Kisstingsthal (3).

____

(1) Höpfner, p. 341.

(2) Journal des opérations du 5ᵉ corps. — Foucart, p. 587 et Höpfner, p. 342.

(3) Journal des opérations du 5ᵉ corps. — Dans la lettre qu'il écrit d'Iéna à Napoléon, le maréchal Lannes dit : « J'ai placé la division

La cavalerie reconnaissait les routes de Naumburg et de Weimar et poussait des partis sur l'ennemi.

La division Gazan est maintenue « en arrière de la ville » et « couvre les montagnes de gauche par ses troupes (1) ». Elle prend donc position au Sud-Ouest d'Iéna, sur les pentes qui descendent de la forêt entre le Magdelthal et le Rasenmühle.

Soudain, une vive fusillade se fait entendre sur les hauteurs escarpées à droite de la route de Weimar.

Ce sont les tirailleurs de l'avant-garde du 5e corps et les reconnaissances ordonnées par Suchet, qui s'engagent avec l'ennemi sur le plateau de Cospeda. Comme les bataillons prussiens Rosen et Erichsen franchissaient les gorges de Cospeda pour gagner Lützeroda et Closewitz, les tirailleurs français gravissaient les pentes de tous côtés et arrivaient en même temps que les Prussiens sur la hauteur (2).

Mais là, ils se heurtent au bataillon Rechten, fractionné judicieusement en plusieurs groupes répartis sur les points les plus élevés pour recueillir les autres troupes, et le combat s'engage.

En entendant le bruit de l'engagement, Suchet envoie sur le plateau le général Reille avec un bataillon du 40e en soutien des tirailleurs. Puis lui-même et le maréchal Lannes gravissent les pentes pour savoir ce que signifie cette fusillade (3).

Le bataillon saxon Rechten était trop faible pour tenir tout le terrain qui s'étend du Rauthal au Flohberg. Les

---

Suchet à 1 lieue en avant sur la route de Weimar. » Cette distance doit être comptée du point de départ du matin, c'est-à-dire de Wintzerla et non d'Iéna, car, dans ce dernier cas, la division Suchet eût été portée à la Schnecke, ce qui est absurde.

(1) Journal des opérations du 5e corps. — Foucart, p. 587.
(2) Journal des opérations du 5e corps. — Höpfner, p. 343.
(3) Journal des opérations du 5e corps.

tirailleurs du 5ᵉ corps, soutenus par le bataillon du 40ᵉ, gagnent de plus en plus du terrain en avant, tournent les différentes fractions du bataillon Rechten et les obligent à la retraite. Celle-ci s'effectue sous la protection du Iᵉʳ bataillon Zweiffel, amené en hâte par Tauentzien (1).

Bientôt les tirailleurs français, poursuivant leurs avantages, se saisissent du bois et du village de Cospeda, ainsi que de la corne occidentale du bois de Closewitz.

Tauentzien, estimant l'occupation du plateau du Landgrafenberg et de Cospeda trop importante pour laisser l'ennemi s'y établir tranquillement, fait alors demander des renforts au prince Hohenlohe (2).

Mais avant qu'aucun de ceux-ci n'ait eu le temps d'arriver, trois escadrons de hussards, un bataillon Frédéric-Auguste et deux pièces à cheval, destinés à couvrir un fourrage prescrit par Hohenlohe, se réunissent à Tauentzien.

IX

L'OFFENSIVE INTERDITE A HOHENLOHE.

Après le rapport de Tauentzien rendant compte de la retraite du major Kollin sur Rödigen et de celle du colonel Erichsen sur Iéna, était arrivée au quartier général d'Hohenlohe à Cappellendorf la dépêche suivante du duc de Brunswick, écrite à 4 h. 30 du matin.

Weimar, 13 octobre.

Les nouvelles reçues cette nuit et la canonnade d'Iéna et de Dorn-

---

(1) Höpfner, p. 342.
(2) *Ibid.*

bourg, ainsi que la marche du corps d'Augereau par Rüdolstadt, qui a eu lieu hier, donnent à penser que l'ennemi concentre toutes ses forces sur la rive droite de la Saale et veut, selon toute vraisemblance, s'emparer de tous ses points de passage. Ces nouvelles exigent de promptes mesures et je vous prie d'envoyer ici le colonel Massenbach pour qu'il soit possible de lui communiquer ce qu'il est indispensable de faire, en ce qui concerne votre armée (1).

Le chef d'état-major d'Hohenlohe reçut donc l'ordre de se rendre à Weimar. Mais, avant son départ, les Saxons vinrent réclamer d'une façon violente des vivres et des munitions, menaçant d'abandonner le lendemain l'armée prussienne pour défendre leur pays, s'ils ne recevaient pas satisfaction. Hohenlohe parvint toutefois à les calmer et chargea Massenbach de concerter des mesures au sujet de leur ravitaillement avec le grand quartier général. Il fit ensuite donner du pain aux Saxons par les troupes prussiennes et prescrivit d'exécuter un fourrage. Puis, comme depuis quelque temps, on entendait la fusillade du côté d'Iéna, il monta à cheval afin de se rendre auprès de Tauentzien (2).

Il était arrivé à hauteur du camp de la cavalerie, quand un « adjudant » de Tauentzien apporta la nouvelle que ses troupes avaient dû évacuer Iéna, qu'elles étaient fortement pressées par l'ennemi et que leur complet épuisement nécessitait leur relèvement et leur renforcement (3).

Hohenlohe prescrivit aussitôt de prélever sur chacun des 10 bataillons de la division Grawert 1 officier, 4 sous-officiers et 40 volontaires et de les envoyer à l'avant-garde sous le commandement d'un officier d'état-major. En quelques minutes, ce détachement se mit en mar-

---

(1) Höpfner, p. 332, 333.
(2) *Ibid.*, p. 535, 336, 337.
(3) *Ibid.*, p. 339.

che sous les ordres du major Lessel. Mais à peine le prince eut-il assisté à son départ, que le bruit du combat augmenta d'intensité ; Hohenlohe se porta sur la hauteur en arrière de Vierzehnheiligen et de là aperçut un développement de feux si intense que la nécessité de mesures plus sérieuses s'imposa immédiatement à son esprit (1).

Il donna des ordres sur-le-champ.

Les régiments de cavalerie réunis pour le fourrage rentrèrent au camp et durent se préparer à marcher.

La brigade de réserve prussienne Sanitz, la brigade de réserve saxonne Cerrini, le bataillon de fusiliers Pelet, le régiment Holtzendorf-cuirassiers, les huit escadrons de chevau-légers saxons Albrecht, la batterie à cheval saxonne Grossmann rompirent immédiatement et se portèrent au secours de Tauentzien (2).

La cavalerie saxonne arriva la première et fut rejointe par les sept escadrons de Gettkandt-hussards qui avaient bivouaqué à la Schnecke. Mais cette cavalerie ne pouvait suffire à enrayer les progrès des Français.

Le brouillard commençait alors à se dissiper. La journée était belle et le maréchal Lannes, du haut du Windknollen, put apercevoir très distinctement les camps de l'armée prussienne, qui occupait « sans intervalles toutes ces hauteurs en amphithéâtre qui sont entre Iéna et Weimar, depuis le village de Gross-Schwabhausen, où sa droite était appuyée, jusqu'aux sources de l'Ilm (?) à la hauteur de Cappellendorf où était sa gauche (3) » c'est-à-dire les camps de la division saxonne, de l'infanterie et de la cavalerie de Grawert, établis sur le plateau compris entre Kötschau, la Schnecke, Isserstedt et le Werlitzgrabe.

---

(1) Höpfner, p. 340.
(2) *Ibid.*, p. 343.
(3) Journal des opérations du 5ᵉ corps. — Foucart, p. 587.

A ce moment, les tirailleurs français avaient dépassé Cospeda et s'avançaient vers Lützeroda et la forêt d'Isserstedt.

Les fusiliers et les chasseurs de Tauentzien, voyant approcher les premiers renforts de Hohenlohe, se reportent en avant et, après un vif combat de feux, parviennent à repousser les tirailleurs de Suchet (1). Le bataillon Rosen et la compagnie de chasseurs Werner s'installent dans la forêt d'Isserstedt, d'où ils chassent les Français qui y pénétraient déjà. Le bataillon de fusiliers Erichsen occupe Lützeroda et le Ziskauerthal, et la compagnie de chasseurs Valentini s'engage dans le bois qui couvre Closewitz au Sud-Ouest, tandis que le régiment Zweiffel, le bataillon Frédéric-Auguste et le Ier bataillon Rechten prennent position entre le Ziskauerthal et Closewitz, « leurs tirailleurs aux prises avec les tirailleurs ennemis », la demi-batterie Studnitz à leur gauche, du côté de Closewitz (2).

Hohenlohe, après avoir assisté au départ de la brigade Sanitz, du régiment Holtzendorf-cuirassiers et de la demi-batterie Hahn, rejoignit la brigade Cerrini, qui avait déjà atteint le terrain entre Vierzehnheiligen et Isserstedt. Il lui fit faire halte sur le Dornberg, pour attendre les troupes prussiennes qu'il venait de quitter et attaquer ensuite « toutes forces réunies (3) ».

Pendant ce temps, au bruit du combat qui se livrait sur le plateau de Cospeda, la division saxonne avait pris les armes. Elle s'était portée le long de la chaussée de Weimar et avait occupé le débouché de la Schnecke, jetant des partis dans le fond d'Isserstedt (4).

---

(1) Höpfner, p. 343.
(2) *Ibid.*
(3) *Ibid.*
(4) *Ibid.*, p. 343, 344.

Le général von Zeschwitz I, qui commandait toutes les troupes saxonnes, avait en même temps fait demander au général Grawert de le soutenir, s'estimant trop faible pour défendre la Schnecke contre une attaque sérieuse. Grawert mit immédiatement à sa disposition le régiment Krafft-dragons, le bataillon de grenadiers Sack et une batterie de douze, l'autorisant en même temps à attirer à lui le détachement du colonel Boguslawski, resté sur le plateau qui domine Schwabhausen.

Il était alors un peu plus de midi.

« Pour l'armée prussienne, c'était un instant décisif; on allait attaquer (1). »

Hohenlohe, sur le Dornberg, à côté de la brigade Cerrini et de la cavalerie saxonne, n'attendait pour le faire que l'entrée en ligne de la brigade de réserve prussienne Sanitz.

Mais le colonel von Massenbach, revenant de Weimar, arriva avant elle sur le Dornberg. Il prit le Prince à part et lui rendit compte des instructions qu'il apportait (2).

A la suite de la communication qu'il lui en fit, les assistants purent voir Hohenlohe entrer dans une vive colère.

Massenbach, en effet, apportait au Prince la « disposition » suivante émanant du quartier général du Roi :

« L'armée principale se portera, aujourd'hui 13 octobre, en une colonne de divisions, avec intervalle de deux heures en deux heures, par la gauche sur Auerstedt. Le 14, après le repas, elle poussera une division sur le défilé de Kösen, et, derrière cette division, continuera à marcher par la gauche sur le pont de Freybourg. Elle y passera l'Unstrutt et prendra position sur les hauteurs

---

(1) Höpfner, p. 344.
(2) Höpfner, p. 344. — Lettow-Vorbeck, p. 331.

en ce point, l'aile droite à l'Unstrutt, le front le long de la Saale. La réserve, sous le général Kalkreuth, rompra en même temps à gauche, passera l'Unstrutt à Laucha et y établira un camp.

« Le général Rüchel marchera d'Erfurt par Weimar sur les hauteurs de Lehnstadt et occupera la position abandonnée par l'armée principale. Le duc de Weimar reçoit l'ordre de se joindre à lui et de relier entre eux les corps de Rüchel et d'Hohenlohe, liaison qui, jusqu'à son arrivée, sera assurée par le colonel Sellin avec 100 chevaux de Köhler-hussards. Le prince Hohenlohe restera provisoirement dans sa position près d'Iéna, mais détachera encore le 13 un corps suffisant vers Dornbourg et Cambourg pour assurer pendant la marche la sécurité du flanc droit de l'armée principale (1). »

A cette disposition, Massenbach avait ajouté l'ordre du duc de Brunswick, à savoir « que le Prince devait par-dessus tout (*durchaus nicht*) ne pas attaquer l'ennemi et qu'il serait sévèrement rendu responsable de la transgression de cet ordre ». Le colonel avait également répété au Prince que le duc de Brunswick lui avait encore dit qu'on avait de grands motifs de croire « que lui, Massenbach, était cause de l'entreprise téméraire du prince Louis à Saalfeld, car il avait toujours l'offensive en tête ; que, par suite, on devait le rendre responsable sur cette même tête de ce qui se passerait à Cappellendorf, où le Prince ne devait pas attaquer l'ennemi, ni donner, sous aucun prétexte, occasion à un combat. »

A la suite de cet entretien, l'attaque projetée par le prince Hohenlohe fut arrêtée.

Inspiration malheureuse et peu justifiée, car tout mouvement des Français pour franchir la Saale et s'élever sur les plateaux de la rive gauche constituait une

____

(1) Höpfner, p. 344.

menace pour la sécurité de la marche de l'armée principale, menace qu'un combat offensif pouvait seul rendre vaine. Nous devons croire qu'après avoir si bien senti la nécessité de ce combat, le prince Hohenlohe n'y a renoncé que devant l'insistance de son chef d'état-major, porteur d'ordres impératifs engageant sa propre responsabilité sur ce qui se passerait devant Iéna.

En effet, un peu plus tard, une reconnaissance revenant de Dornbourg ayant rendu compte que des partis français avaient paru en ce point et avaient commandé des vivres pour 12,000 hommes, le prince Hohenlohe, laissant à Tauentzien le commandement sur le plateau résolut de se porter à Dornbourg avec un fort détachement.

Dans la justification qu'il a fait paraître après les désastres, il explique cette résolution en disant que, d'après ses renseignements, il avait cru l'ennemi déjà maître des défilés et avait voulu l'en chasser à tout prix. Enchaîné devant Iéna par des ordres trop stricts et par l'influence de son chef d'état-major, mis personnellement en cause par le duc de Brunswick, Hohenlohe cherche à remplir à tout le moins une partie du rôle qu'il sent dévolu à ses troupes en se portant sur Dornbourg.

Ajoutons que si la nécessité de rejeter l'ennemi dans la vallée de la Saale paraissait évidente aux Prussiens, ils n'en tiraient pas toutes les conséquences, car, dit l'un d'eux : « Les raisons qui déterminèrent le Prince à adopter ce parti (de suspendre l'attaque) furent que le feu de l'ennemi avait presque entièrement cessé, qu'on ne voyait alors que peu de monde sur le Landgrafenberg, qui, en raison de ses chemins resserrés, absolument impraticables à l'artillerie, ne pouvait être considéré comme le point de départ éventuel d'une attaque sérieuse. » (Von Marwitz) (1).

____

(1) Ap. Lettow-Vorbeck, p. 332.

A l'heure actuelle, en effet, l'aspect du Landgrafenberg justifie encore l'opinion prussienne sur la difficulté d'y amener de l'artillerie. Si, partant d'Iéna, on prend l'affreuse route de Closewitz, on grimpe, en quelque sorte, jusqu'au premier étage du plateau correspondant à la Landgrafenhaus, puis au deuxième (cote 299), à un troisième (cote 312) et enfin à un quatrième (cotes 361 et 363, Napoleonstein et Windknollen). Chacun des étages est abrupt et d'une ascension très pénible. Ces difficultés de terrain expliquent pourquoi Tauentzien n'a pas offert de résistance sérieuse avant Closewitz-Lützeroda et font comprendre l'opinion prussienne sur le Landgrafenberg.

Mais, dès 1793, l'armée d'Italie portait des pièces de 12 sur les pitons des Alpes. Les Prussiens auraient dû s'en souvenir.

X

HOHENLOHE PREND POSITION SUR LE PLATEAU.

Ainsi donc, au moment où le maréchal Lannes prenait pied sur le plateau de Cospeda, le prince Hohenlohe, pénétré de l'importance de ce point et de la nécessité de refouler les Français dans la vallée de la Saale, se décidait à prendre l'offensive et appelait dans ce but la division de réserve de son armée à l'appui du corps de Tauentzien. Il n'attendait que l'arrivée des dernières troupes de cette division pour passer à l'attaque quand la transmission des ordres du duc de Brunswick, interdisant tout combat sans rien connaître de la situation, était venue arrêter Hohenlohe et lui faire abandonner l'attaque.

Enregistrons à cet égard l'aveu de Massenbach lui-même qui, suivant Lettow-Vorbeck, convient qu'il était déjà convaincu le 13 de la nécessité de cette attaque, mais que, connaissant l'ordre donné de ne pas attaquer, il avait été effrayé des conséquences de sa transgression. « Ces raisons m'empêchèrent de proposer au Prince d'attaquer l'ennemi » dit-il dans son Journal (1).

Réduit à l'impuissance devant Iéna, Hohenlohe résolut de se porter sur Dornbourg, où les Français avaient été également signalés, et où l'ordre du grand quartier général prescrivait d'envoyer un détachement, chargé d'assurer la sécurité du flanc droit de l'armée principale pendant sa marche sur Auerstedt.

Vers 3 heures de l'après-midi, laissant le commandement à Tauentzien en face du 5e corps, et lui donnant comme réserve la brigade Cerrini, il se dirige sur Dornbourg ; il emmène avec lui la brigade de réserve Sanitz, les 400 volontaires du major Lessel, le 1er bataillon de Schimmelpfennig-hussards, un escadron de Bila-hussards, 370 chevaux de Holtzendorf-cuirassiers (4 escadrons), la batterie de 12 Schulenburg et la demi-batterie à cheval Gause (2).

A Nerkewitz, le prince Hohenlohe réunit à son détachement le demi-bataillon de grenadiers Kollin et le général Senft avec sa cavalerie (3) ; à Stiebritz, le IIe bataillon de Schimmelpfennig-hussards se joignit à lui, si bien que le Prince eut sous la main à partir de ce moment quatre bataillons et demi, vingt et un escadrons, deux batteries et demie.

Vers 5 heures du soir, on atteignit Dornbourg. Les Français n'occupaient pas ce point et l'on s'empara des vivres préparés pour eux (4).

Convaincu dès lors qu'il n'avait rien à craindre pour le moment des entreprises de l'ennemi de ce côté, le

---

(1) Lettow-Vorbeck, p. 332.

(2) Höpfner, p. 348.

(3) 4 escadrons chevau-légers Clemens, 2 escadrons chevau-légers Johann.

(4) Höpfner, p. 349.

Prince ordonna au plus ancien général présent, le général Holtzendorf, de cantonner le détachement entre Dornbourg et Vierzehnheiligen. Il lui désigna lui-même nominativement les villages à occuper, répartit lui-même les cantonnements, ordonna que les hussards de Bila (un escadron) prissent les avant-postes de Closewitz à Zwätzen et Porstendorf, et les chevau-légers de ce dernier point à Dornbourg ; que les quatre escadrons de cuirassiers Holtzendorf plaçassent une grand'garde à Dornbourg et que les hussards de Schimmelpfennig prolongeassent à gauche les avant-postes et observassent teus les passages de la Saale depuis le confluent de l'Ilm jusqu'à Gross-Heringen. Il prescrivit enfin qu'en cas de nécessité le détachement se rassemblât sur les hauteurs de Rödigen, le front vers Dornbourg, l'aile droite repliée sur Closewitz (1).

Le général Holtzendorf protesta contre cette dispersion de son détachement à proximité de l'ennemi.

Mais à ce moment, un hussard amena un officier français au Prince. C'était M. de Montesquiou, porteur d'une lettre de l'Empereur pour le roi de Prusse. Hohenlohe eut avec lui un long entretien, à la suite duquel il tint au général Holtzendorf des propos rassurants, lui disant « d'avoir à être bien tranquille, qu'il n'avait rien à craindre et qu'il pouvait entrer en cantonnements ».

En conséquence, le général Holtzendorf mit aussitôt ses escadrons en mouvement afin de prendre les emplacements assignés pour la nuit, ainsi que les avant-postes déterminés par le Prince.

Ce n'est qu'entre 8 heures et 10 heures du soir que les troupes atteignirent les villages qui leur étaient attribués (2).

---

(1) Höpfner, p. 349.
(2) *Ibid.*

On voit que, par suite des dispositions du Prince, les défilés de Cambourg et Dornbourg étaient complètement délaissés, malgré les indications du duc de Brunswick. Il résultait de ce fait, ainsi que de l'abandon du plateau de Cospeda, que la marche de l'armée principale, le lendemain 14 sur Auerstedt, serait totalement découverte sur son flanc droit, que la vallée de la Saale échappait tout à fait à l'action des Prussiens et que ceux-ci, Hohenlohe en particulier, allaient ignorer complètement la formation de l'orage qui se préparait à fondre sur eux.

Enfin, le choix du lieu de rassemblement indiqué au détachement d'Holtzendorf entraînait cette conséquence qu'au moment où les Français arriveraient en présence de ce détachement, le corps d'Hohenlohe se trouverait *ipso facto* coupé de l'armée principale.

Cependant l'entretien qu'il venait d'avoir avec M. de Montesquiou n'avait fait qu'accroître la sécurité du prince Hohenlohe.

Celui-ci fit porter à la brigade Cerrini l'ordre de rentrer au camp, puis, emmenant M. de Montesquiou, il regagna son quartier général de Cappellendorf. Il y parvint entre 9 et 10 heures du soir, sans avoir pris d'autres nouvelles de celles de ses troupes qui se trouvaient au contact des Français, et après s'être quelque peu égaré au milieu de la nuit dans la direction d'Apolda (1).

Devant Iéna, entre Cospeda, Closewitz et Lützeroda, le combat de tirailleurs avait continué et les Prussiens avaient riposté même par quelques coups de canon (2).

La fusillade se prolongea jusqu'à la nuit sans que de part et d'autre on gagnât ou perdît du terrain d'une manière sensible.

---

(1) Höpfner, p. 352.
(2) *Ibid.*, p. 357.

Conformément à l'ordre envoyé des environs de Dornbourg par Hohenlohe, les hussards saxons qui accompagnaient la brigade Cerrini rentrèrent à leur canton-
nement d'Hohlstedt.

Mais en dépit des ordres d'Hohenlohe, après entente
entre les généraux Cerrini et Tauentzien, moins rassurés
que le Prince sur les intentions des Français, la brigade
Cerrini elle-même demeura sur le Dornberg. Quand vint
la nuit, Tauentzien fit prendre à ses troupes les dispositions suivantes pour le bivouac sur les pentes du Dornberg.

La première ligne de bivouac fut formée par le bataillon Frédéric-Auguste.

Derrière lui, en seconde ligne, le Ier bataillon Rechten, le régiment Zweiffel et le demi-bataillon de grenadiers Herwarth.

En troisième ligne, la brigade Cerrini.

Ce bivouac était couvert par le bataillon Rosen et la
compagnie de chasseurs Werner à la lisière de la forêt
d'Isserstedt, par le bataillon de fusiliers Erichsen à Lützeroda et dans le Ziskauerthal, enfin par le bataillon
Pelet et les chasseurs Valentini à Closewitz.

Les troupes étaient extrêmement fatiguées. En outre,
les troupes légères avaient presque entièrement épuisé
leurs munitions (1).

Dans le courant de la nuit, Tauentzien remarqua que
les Français se retranchaient sur les hauteurs du plateau
de Cospeda. En outre, le bruit qu'il entendait confirmait
les rapports de ses patrouilles annonçant qu'il se produisait beaucoup de mouvement dans le camp ennemi et
qu'on semblait y travailler comme pour y amener du
canon (2).

---

(1) Höpfner, p. 358.
(2) *Ibid.*

Redoutant un coup de main nocturne que les bois et les ravins eussent facilité, Tauentzien prescrivit aux bataillons bivouaqués de lever le bivouac, de se rassembler en silence et de reprendre leur bivouac à 600 ou 700 pas plus en arrière, tout en laissant les premiers feux allumés et la chaîne des postes en place de manière à paraître plus fort à l'ennemi 1().

A droite de Tauentzien, sur la route de Weimar, la division saxonne était rentrée au camp à la tombée de la nuit. Ordre avait été donné à toutes les unités de se retrouver le 14 à 4 h. 30 du matin aux emplacements qu'on abandonnait (2).

Le vallon d'Isserstedt, la Schnecke et le Schwabhausergrund furent observés par de forts piquets.

Enfin, à droite de la division saxonne, le colonel Boguslawski s'était avancé jusqu'au Schwabhausergrund, qu'il fit surveiller par des grand'gardes (3).

XI

NAPOLÉON SUR LE WINDKNOLLEN. CONCENTRATION
DE LA GRANDE ARMÉE.

Vers 4 heures de l'après-midi, Napoléon vient rejoindre le maréchal Lannes sur le plateau d'où celui-ci observait l'ennemi (4).

En arrivant à une lieue et demie d'Iéna, l'Empereur avait reçu la dépêche que le Maréchal lui avait adressée

---

(1) Höpfner, p. 358.
(2) *Ibid.*, p. 359.
(3) *Ibid.*
(4) Journal des opérations du 5ᵉ corps. — Foucart, p. 588.

après l'occupation de la ville, et qui lui rendait compte des premières mesures prises par lui.

L'occupation d'Iéna avait eu lieu, nous l'avons vu, entre 10 heures et 10 h. 30 du matin. La dépêche du Maréchal, qui ne parle pas de l'engagement des tirailleurs sur le plateau de Cospeda, et dont le post-scriptum signale la présence d'un camp de 30,000 hommes à une lieue d'Iéna, a été écrite et expédiée aussitôt après l'occupation de la ville, c'est-à-dire vers 10 h. 30.

L'engagement des tirailleurs sur le plateau de Cospeda s'est produit en effet vers 10 h. 30, et c'est peu de temps après midi qu'Hohenlohe, sur le Dornberg, attendant la brigade Sanitz pour passer à l'attaque, vit le colonel Massenbach revenir de Weimar et renonça à cette attaque.

Si l'engagement des tirailleurs avait eu lieu avant le départ de sa dépêche, le maréchal Lannes l'eût mentionné.

Cette dépêche fut expédiée sur Roda, conformément aux ordres contenus dans la lettre que l'Empereur avait écrite de Gera à 7 heures du matin au maréchal Lannes.

Mais Napoléon, contrairement à ce qu'il annonçait dans cette lettre, ne passa pas par la petite ville de Roda. Il remonta vers le Nord de Gera par Langenberg sur Köstritz. Là il prit la route qui, de ce village, mène directement à Iéna, en courant plus au Nord que celle qui va de Gera à Iéna par Roda et presque parallèlement à elle pendant la plus grande partie de son parcours. Quels que soient les motifs qui aient amené ce changement d'itinéraire, il est certain qu'un courrier dut être envoyé à Roda pour rabattre sur la route du Nord les dépêches du maréchal Lannes. C'est pourquoi cette lettre, partie vraisemblablement avant 10 h. 30, ne parvint à Napoléon qu'à 3 heures du soir et à 6 kilomètres d'Iéna.

Il serait intéressant, également, de savoir si le capitaine

Scherb, envoyé le matin à Iéna par l'Empereur, est revenu auprès de lui et lui a rendu compte. Il est certain que son retour n'a pas précédé l'arrivée de la lettre du Maréchal, car son rapport eût provoqué, comme elle, la concentration de l'armée. Il est probable, d'autre part, que son arrivée a dû coïncider avec celle de la lettre de Lannes, ou la suivre de très près, car dans les ordres qui sont expédiés aux maréchaux Lefebvre, Soult, Davout, du bivouac à une lieue et demie d'Iéna, le Major général écrit que le maréchal Lannes est attaqué ou s'attend à être attaqué le soir même, détail que la dépêche de Lannes ne donne pas.

Cette impression, à laquelle le rapport du Maréchal ne fait aucune allusion, semble bien le reflet d'un compte rendu verbal qui ne peut émaner que du capitaine Scherb, puisque le porteur de la lettre de Lannes n'avait pas assisté au combat de tirailleurs et que depuis sa lettre du matin, Lannes n'a plus rien écrit.

Au moment donc, où l'Empereur envoie, de son bivouac à une lieue et demie d'Iéna, les ordres de concentration que nous connaissons, il est bien renseigné sur la situation du matin jusqu'à 11 heures par la lettre du maréchal Lannes, et sur celle de l'après-midi par le rapport verbal du capitaine Scherb, qui le met, en outre, au courant des difficultés présentées par le terrain. Il entend enfin le bruit du combat qui se livre sur le Landgrafenberg.

Son premier soin est de soutenir Lannes, qui pense être attaqué le soir même ou le lendemain matin. Il prend ses dispositions dans ce but, et, averti des difficultés qu'offre le débouché d'Iéna, il avise Bernadotte à Dornbourg et Davout à Naumbourg d'avoir à manœuvrer dans le flanc de l'ennemi, si Lannes est attaqué.

De son bivouac à une lieue et demie d'Iéna, il pare au plus pressé. Mais, incertain encore des projets de l'ennemi, il n'engage pas l'avenir : « S'il n'y a pas d'attaque ce soir sur Iéna, vous recevrez cette nuit les dispositions de l'Empereur pour la journée de demain (1). »

Ce n'est qu'après avoir vu, de ses propres yeux, ce qui se passe à Iéna et jugé lui-même la situation, qu'il saura s'il doit s'attendre ou non à une bataille générale et les décisions auxquelles il s'arrêtera.

A 4 heures donc, l'Empereur rejoint le maréchal Lannes sur le plateau de Cospeda. Il s'avance jusque sur la ligne des tirailleurs, fait de minutieuses reconnaissances et passe tout le reste du jour à observer les Prussiens (2).

Dans la soirée et dans la nuit, les corps de la Grande Armée vont, en exécution de ses ordres, affluer sur Iéna. Il s'agit tout d'abord de leur assurer le débouché sur la rive gauche de la Saale.

L'Empereur ordonna que le 5e corps, ainsi que la Garde impériale, « montassent avec toute leur artillerie sur le plateau isolé et fort étroit qu'on venait de conquérir ». Il mena lui-même les généraux à la position qu'il voulait qu'ils occupassent pendant la nuit et leur recommanda de ne la prendre que lorsqu'ils ne pourraient plus être aperçus de la ligne ennemie (3).

Les mouvements prescrits par Napoléon s'exécutèrent pendant la nuit. On sait les difficultés que rencontra l'artillerie du maréchal Lannes engagée dans un ravin que l'obscurité avait fait prendre pour un chemin et qui était tellement resserré que les fusées des essieux portaient des deux côtés sur le rocher.

Le 5e corps fut placé en première ligne sur le plateau. La division Suchet, à droite, occupa la hauteur du Wind-

---

(1) Major général au maréchal Davout. — Foucart, p. 586.
(2) Journal des opérations du 5e corps. — Foucart, p. 588.
(3) Mémoires du général Savary. — Foucart, p. 588, note 1.

knollen, le flanc droit appuyé au Rauthal, le front face à Closewitz (1).

A sa gauche, sur les pentes Ouest du Windknollen, la division Gazan appuyait son flanc gauche au ravin, où passe le chemin du Mühlthal à Cospeda, en arrière de ce dernier village, son front faisant un angle avec celui de la division Suchet. Les deux divisions étaient sur trois lignes, dont une d'infanterie légère, l'artillerie dans les intervalles (2).

En arrière, sur le plateau, la Garde impériale fut rangée en bataillons carrés.

En exécution des ordres envoyés à 3 heures par l'Empereur, l'armée française employa la journée du 13 et la nuit du 13 au 14 octobre à se rapprocher d'Iéna.

Le 7e corps (Augereau) se mit en marche le 13 à 4 heures du soir par échelons de division.

Vers 8 heures, son avant-garde atteignit Iéna. Elle y passa la nuit, ainsi que le Maréchal.

La 1re division (Desjardin) et la cavalerie bivouaquèrent près du village de Lichtenhain, où se trouvait l'état-major du corps d'armée.

La 2e division (Heudelet) campa plus en arrière, séparée de la précédente par un assez grand intervalle que rien ne permet de déterminer.

Le 4e corps, à la réception de l'ordre de Napoléon expédié à 9 heures du matin et prescrivant au maréchal Soult de porter une division à Roda, avait sa 1re division et sa cavalerie à Gera.

Ces troupes en partirent le 13 à midi et arrivèrent seulement vers minuit à Iéna, suivant le mouvement de la Garde impériale.

« La route était extrêmement mauvaise et encombrée

---

(1) Höpfner, p. 356.
(2) *Ibid.*

par une infinité de voitures et de troupes qui obstruaient le passage (1). »

La 1re division (Saint-Hilaire) et la cavalerie bivouaquèrent le long de la route, au Sud d'Iéna.

Quant aux 2e et 3e divisions, parties le 13 de Tinz et Naulitz vers 1 heure, elle atteignirent Weissenborn et Klosterlausnitz vers 7 heures et 7 h. 30 du soir et y bivouaquèrent, pour laisser le débouché se dégager. Avant le jour, elles furent remises en marche et se portèrent sur Iéna.

Elles rejoindront l'armée vers midi sur le champ de bataille.

Le 6e corps, qui avait reçu l'ordre d'être le 30 à Gera, était parti d'Auma à 9 heures du matin. « Mais à son arrivée à Gera, il dut continuer après une courte halte son mouvement sur Roda, où il parvint à la nuit, excédé de fatigue ; malgré la difficulté du chemin, il avait fait dix grandes lieues sans s'arrêter (2). »

« Le maréchal Ney, impatient d'apprendre des nouvelles, devançait son avant-garde que les deux divisions suivaient à une grande distance (3). »

Il arriva le soir même à Iéna.

Son avant-garde, comprenant un bataillon de grenadiers, un bataillon de voltigeurs, le 25e léger, six pièces de canon et la brigade de cavalerie Colbert, arriva à son tour à Iéna entre 10 h. 30 du soir et minuit et campa en arrière de la ville.

Les deux divisions du 6e corps quitteront le 14 octobre leur bivouac de Roda après l'écoulement de la grosse cavalerie et arriveront vers 11 heures du matin sur le Dornberg.

---

(1) Journal des opérations du 4° corps.
(2) Général Roguet.
(3) Montesquiou-Fézensac.

Les trois divisions de grosse cavalerie, d'Hautpoul, Klein, et Nansouty, qui étaient parvenues à Auma le 13 dans la matinée, reçurent entre 11 h. 30 et midi les ordres de l'Empereur apportés par M. de La Marche. Elles se mirent en route vers 1 heure par Triptis et Neustadt. Elles parvinrent à Roda entre 6 et 7 heures du soir et s'y arrêtèrent, au bivouac, autour de la ville. Elles repartirent avant le jour pour Iéna, mais leurs premiers éléments, retardés par l'encombrement de la route, ne déboucheront que vers 1 heure sur le champ de bataille.

Ainsi donc l'Empereur ne disposera immédiatement, le 14 octobre au matin, que des forces suivantes :

	Fusils.	Sabres.	Pièces.
5e corps (en entier).............	19,000	1,500	28
4º corps (division Saint-Hilaire)...	7,700	1,400	14
7º corps (division Desjardin)......	7,000	1,000	12
6e corps (avant-garde)..........	3,400	1,100	6
Garde impériale................	5,000	»	14

Soit : 42,000 fusils, 5,000 sabres et 74 bouches à feu.

XII

INERTIE DE HOHENLOHE.

Le prince Hohenlohe, comme on l'a vu, était rentré le 13 octobre à son quartier général de Cappellendorf, vers 10 heures du soir, ramenant avec lui M. de Montesquiou, envoyé en parlementaire par Napoléon.

A son retour, il reçut une lettre de Rüchel ; ce dernier annonçait son arrivée prochaine sous Weimar ; il déclarait que l'armée principale s'était mise en marche dans la journée pour Auerstedt, que le général Blücher la suivait, que lui, Rüchel, devait suivre Blücher, puis être enfin suivi de l'armée du prince Hohenlohe, afin de pouvoir se soutenir mutuellement en cas de nécessité (1).

Il ajoutait que le colonel Sellin avait relevé les avant-postes de Blücher et qu'en cas de besoin, le Prince pourrait disposer de lui, Rüchel.

En même temps arrivait à Hohenlohe un message du duc de Brunswick ainsi conçu :

Le général Schmettau me mande à l'instant que le maréchal Davout, avec un corps de 16,000 hommes, est à Kösen ; que trois régiments de chasseurs doivent déjà avoir franchi le défilé et que l'Empereur doit se trouver dans le voisinage. Je laisse ici mon bagage et je prie Votre Altesse de se tenir prête à pouvoir soutenir les mouvements futurs le plus promptement possible, suivant les circonstances (2).

Hohenlohe répondit aussitôt à Rüchel en le remerciant de son offre de soutien et lui disant qu'il se pourrait bien qu'il eût l'occasion d'en profiter, car il avait devant lui les maréchaux Augereau et Lannes, « ce dernier mordant volontiers (3) ».

Puis, à 11 heures du soir, il renvoya l'officier du duc de Brunswick, en rendant compte à celui-ci de ce qui était advenu le jour même, faisant connaître que les défilés de Camburg et de Dornburg étaient surveillés ; que, l'après-midi, on avait remarqué, sur les hauteurs d'Iéna, une foule d'officiers français qui avaient observé à la lorgnette, qu'on avait pris M. de Montesquiou et qu'on pouvait compter que lui, Hohenlohe, serait prêt à accourir au premier signal, car ses troupes et lui-même brûlaient de se mesurer avec l'ennemi (4).

Au milieu de la nuit, il reçut une nouvelle lettre du duc de Brunswick :

---

(1) Höpfner, p. 352.
(2) *Ibid.*, p. 352-353.
(3) *Ibid.*, p. 353.
(4) *Ibid.*

L'armée de S. M. le Roi s'est avancée jusqu'à Auerstedt et y bivouaque. L'ennemi a occupé les ponts de Kösen et se trouve à Naumburg et aux environs. Au dire d'un chasseur, le maréchal Davout commande ces troupes; les rapports diffèrent beaucoup sur l'estimation de leurs forces.

L'armée du Roi franchira demain matin l'Unstrutt à Freyburg et Laucha et cherchera ensuite à atteindre Weissenfels avec son avant-garde. Au dire d'un prisonnier, le maréchal Augereau se trouve devant Votre Altesse.

Par suite du mouvement de l'armée du Roi, il est de la plus haute importance que l'ennemi ne franchisse pas la Saale entre les deux armées. L'occupation des passages de Dornburg et Camburg, particulièrement avec de l'artillerie, est donc de la plus haute importance.

En tout cas, que Votre Altesse soit d'accord avec moi pour penser que les mouvements des deux armées doivent tendre à ce qu'elles demeurent dans la plus exacte et la plus sûre liaison l'une avec l'autre. Il serait important pour les mouvements actuels des armées que l'on pût donner à l'ennemi sur plusieurs points de la jalousie et de la crainte à l'égard de notre passage. Votre Altesse faciliterait par là le mouvement de l'armée royale et détournerait peut-être d'elle une partie de l'ennemi, si l'occasion s'en présentait (1).

Une seconde lettre du général Rüchel, écrite à 10 heures du soir, annonça son arrivée au camp de Weimar pour 4 heures du matin, en faisant connaître que le duc de Weimar avait atteint Ilmenau le 13 octobre et pourrait se trouver le 14 à Erfurt (2).

Enfin, également vers le milieu de la nuit, parvint à Hohenlohe un avis du général Tauentzien, annonçant que l'ennemi se fortifiait sur le plateau du Windknollen : lui-même, Tauentzien, avait vu et entendu les mouvements des Français, qui travaillaient à amener des canons sur les hauteurs (3).

Toutes ces nouvelles laissèrent indifférent le quartier général de Cappellendorf et ne provoquèrent aucune

---

(1) Höpfner, p. 353-354.
(2) *Ibid.*, p. 354.
(3) *Ibid.*

mesure de concentration non plus que de sûreté, ni même de précaution.

La lettre du duc de Brunswick, montrant Davout à Naumburg, et attirant l'attention d'Hohenlohe sur Dornburg et Camburg, ne détermine aucune modification dans les dispositions du Prince.

Et cependant il savait déjà, d'après sa lettre à Rüchel, qu'il avait devant lui Lannes et Augereau. L'apparition des corps français sur la Saale, de Naumburg à Iéna, ne lui inspire aucune réflexion salutaire. Il passe la nuit tranquille, sans avoir l'air de se douter que la bataille est imminente, et ne faisant rien pour s'y soustraire ou s'y préparer.

Devant toutes ces contradictions, faut-il croire que, pensant autrement que le duc de Brunswick et profondément blessé par les ordres si restrictifs qui l'ont immobilisé à midi, il se retire sous sa tente, résolu à s'en tenir à la lettre des ordres qu'il reçoit, sans faire désormais plus d'efforts ?

Quoi qu'il en soit, il y a dans le commandement d'Hohenlohe, au cours de l'après-midi du 13 et de la nuit du 13 au 14, des inconséquences et des contradictions graves, dont l'explication fait défaut, mais qui perdront son armée.

XIII

LE CHAMP DE BATAILLE.

De nos jours, la route qui, d'Iéna, conduit à Weimar, s'engage dans le Mühlthal, suit ce vallon jusqu'à Isserstedt, puis se dirige sur Weimar par Kotschau, Frankendorf et Umpferstedt.

En 1806, il n'en était pas ainsi. La route suivait bien le Mühlthal, mais après avoir laissé à gauche le Schwabhausergrund, elle s'élevait directement sur le plateau qui sépare ce ravin de celui d'Isserstedt, en faisant en ce point plusieurs lacets, d'où le nom de « Schnecke » donné à cet endroit.

De là, elle se dirigeait vers l'Ouest en suivant le versant Sud du plateau, se redressait brusquement vers le Nord, atteignait Kotschau et avait ensuite le même tracé qu'aujourd'hui.

Le Mühlthal, suivi par la route, est un ravin profond avec un torrent et de nombreux moulins, dominé par des hauteurs aux versants boisés et escarpés, qui le commandent de 150 mètres en moyenne. Il présente, en conséquence, une suite de gorges d'un parcours difficile, où une colonne ne peut s'engager que si elle est maîtresse des deux lignes de hauteurs.

Au Sud du Mühlthal, la forêt d'Iéna ne permet pas les mouvements de grosses unités.

Au Nord, le caractère du terrain est très différent.

Le secteur Sud-Est du plateau, entre la Saale et le Mühlthal, est entaillé par des ravins parallèles et symétriques de manière à figurer assez exactement, en plan, une feuille d'arbre profondément découpée.

Le Landgrafenberg, petit plateau resserré, quadrangulaire, qui domine Iéna de 150 mètres, en formerait la pointe ; la croupe du Sonnenberg et du Napoléonstein en constituerait les premières nervures, séparées par le Cospedaergrund, le Rosenthal et le Munkethal de la base de la feuille ; celle-ci est représentée par les crêtes, qui, partant du Mühlthal, aboutissent à Löbstedt en passant par Cospeda et le Windknollen.

Ainsi, sur ce terrain, qui, à partir d'Iéna, s'élève en quatre étages successifs suivant une pente moyenne de 10 p. 100, à chaque crête perpendiculaire à l'axe correspond une coupure profonde, isolant d'abord le Landgrafenberg (1er et 2e étages), puis la crête du Sonnenberg et du Napoléonstein (3e étage) et enfin celle de Cospeda et du Windknollen (4e étage).

De ce dernier mamelon, qui domine au loin le plateau, le terrain s'abaisse, d'une part au Nord par une longue pente sur le col formé à la naissance des deux ravins opposés du Ziskauerthal et du Rauthal (col dont l'altitude est inférieure de 20 mètres environ à celle du Windknollen) et d'autre part à l'Ouest vers le village de Cospeda et le Ziskauerthal.

L'accès du plateau est difficile. Les voitures y parvenaient en 1806 par le mauvais chemin qui suivait le Cospedaergrund, quittant le Mühlthal au moulin à papier, et par le chemin encore moins bon qui menait à Cospeda par le Rosenthal, s'embranchant dans le Mühlthal à 1 kilomètre environ plus à l'Ouest que le premier.

Le plateau se termine au Sud et au Sud-Ouest par des pentes brutales, escarpées et couvertes de vignes et de bois. Vers l'Est, les pentes viennent mourir sur la Saale et, en 1806, elles étaient entièrement couvertes par les bois de Closwitz.

Ainsi donc, le plateau que, le 13 octobre 1806, dans la soirée et dans la nuit, Napoléon fait occuper par le 5ᵉ corps et la Garde, constitue une longue plate-forme dénudée, limitée à droite et à gauche par des pentes boisées difficiles et se terminant à hauteur de Cospeda par un mamelon, le Windknollen, qui domine de 20 mètres environ le col formé par le Ziskauerthal et le Rauthal. En outre, son accès, en venant directement d'Iéna par des pentes raides et abruptes, est extrêmement difficile, même aujourd'hui.

Du Windknollen, le terrain s'abaisse doucement vers le Nord, dans la direction du col, présentant une pente de 3 p. 100 environ, puis se relève, immédiatement au delà du col, en une colline qui le domine de 30 mètres environ (cote 375) et dont les pentes Sud, sur un front de 3,700 mètres, de la forêt d'Isserstedt au ravin de Lobstedt, forment comme une barrière opposée à qui veut déboucher par le col, en venant du Sud. Les portes de cette barrière sont les villages de Lutzerode et de Closwitz, ainsi qu'un petit bois qui se trouve entre les deux villages et un peu au Sud, à l'origine du Ziskauerthal.

Cette colline se nomme le Dornberg. Elle présente une forme allongée de l'Ouest à l'Est et se prolonge par les hauteurs de Rödigen jusqu'auprès de Dornburg. Elle est limitée au Nord par un ruisseau qui, prenant naissance au village de Vierzehnheiligen, va se jeter dans la Saale près de Dornburg à Neuen-Gonne en passant par Krippendorf, Alten-Gonne, Lehesten et Nerkwitz. La vallée de ce ruisseau est étroite et profonde. En aval d'Alten-Gonne, elle n'est franchissable qu'en un petit nombre de points et sur des ponts.

Sur le versant Nord du Dornberg, entre Closwitz et Alten-Gonne se trouve un bois, le Pfarrholz, dont les dimensions étaient, en 1806, beaucoup moins considérables qu'aujourd'hui et à l'Est duquel, entre le bois de Closwitz et Lehesten, se trouvait un autre bois, portant le nom de Lohholz.

On voit d'après ce qui précède que c'est vers Krippendorf et Vierzehnheiligen que l'armée, massée sur le Windknollen, devait s'orienter pour déboucher de la zone de bois qui entourait ce plateau.

Arrivé sur le Dornberg, l'Empereur devait être, par suite de l'intervention de l'armée d'Hohenlohe, obligé de converser vers sa gauche pour faire face à cette armée débouchant de Cappellendorf et Kotschau sur Vierzehnheiligen.

Le terrain se présentait alors devant lui sous l'aspect suivant.

A ses pieds, au bas des pentes douces du Dornberg, en contre-bas d'une trentaine de mètres, un vallon, appuyé à gauche à la forêt d'Isserstedt et à droite au ruisseau de Krippendorf et au village de ce nom.

Au delà de ce vallon une longue crête, s'élevant en

pente douce de la forêt d'Isserstedt, se prolonge vers la droite en un vaste demi-cercle jusqu'au moulin qui se trouve au-dessus de Krippendorf.

Au centre du demi-cercle, à la naissance du ruisseau qui forme le ravin de Krippendorf et d'Alten-Gonne, s'élevait le village de Vierzehnheiligen. Bâti dans la conque formée par le terrain à la source du ruisseau, ce village serait légèrement en contre-bas par rapport au plateau au bord duquel il est situé, si la hauteur des maisons ne rachetait la légère différence de niveau. Il est entouré de vastes jardins dont la lisière bat bien le terrain environnant.

De Vierzehnheiligen, l'Empereur voyait sortir deux chemins, celui de Krippendorf qui descend la vallée boisée et un peu marécageuse de ce nom, et le chemin de Lutzerode, qui longe, avant d'arriver en ce point, la lisière de la forêt d'Isserstedt.

Entre les deux chemins, un léger plateau s'avance vers le Dornberg et fait un peu saillie dans le vallon que l'Empereur avait à ses pieds.

Immédiatement en arrière de Vierzehnheiligen se voit une petite élévation d'où la crête se dirige vers la forêt d'Isserstedt. Entre celle-ci et Vierzehnheiligen, un bois taillis se trouvait en 1806 sur les pentes, couronnant la crête par une de ses lisières. Il partageait assez exactement en deux parties égales l'intervalle compris entre le village et la forêt, et appartenait à la principauté d'Altenbourg.

Depuis ce petit bois jusqu'à la forêt, la crête s'abaissait en pente douce, avec une série d'arbres formant rideau.

En arrière de la crête, l'Empereur ne devait pas voir autre chose que la silhouette d'un bois de jeunes sapins, situé en arrière de Vierzehnheiligen, et qui devait former horizon entre le village et le petit bois d'Altenburg. Mais, sur la gauche, on apercevait les plateaux qui dominent Isserstedt.

Dans le fond se profilaient les hauteurs qui environnent Weimar.

De Vierzehnheiligen jusqu'à Kotschau et Gross-Romstadt, le terrain ne présente aucun accident sensible. C'est une plaine légèrement ondulée.

A hauteur de Kotschau et de Gross-Romstedt, le plateau s'abaisse brusquement sur Kappellendorf et forme une coupure d'une centaine de mètres de profondeur, au fond de laquelle coule, du Sud au Nord, le ruisseau qui, tournant bientôt après vers l'Est, se dirige sur Apolda.

Puis le terrain se relève de la même manière brusque sur la rive gauche du ruisseau de Kappellendorf, présentant une crête dominante entre Lehnstedt et Wiegendorf. Au delà, c'est le plateau d'Umpferstedt, sans obstacles jusqu'à Weimar; aux portes de la ville s'élève un plateau avec la promenade boisée du Webicht, dont la possession assure celle du passage de l'Ilm.

La grande route, après avoir franchi le ravin de Cappellendorf et passé à Umpferstedt, vient se heurter à la pointe Est du Webicht et le longe au Sud pour entrer à Weimar.

Enfin d'Umpferstedt, un ravin orienté Sud-Est—Nord-Ouest va se jeter dans l'Ilm à Denstedt, partageant le plateau en deux parties : celle du Sud où passe la grande route menant à Weimar, et celle du Nord et du Nord-Est, comprise entre Umpferstedt et Apolda, et desservie par les ponts d'Ulrichshalben et d'Ossmanstedt.

Dans toute la région, les villages sont assez gros et toujours entourés de haies et d'arbres. Ils se trouvent presque toujours dans les fonds, près de l'eau, très rare sur ces plateaux, et à l'abri des vents; ce sont des points d'appui de grosse valeur.

Tel est le terrain sur lequel va se livrer la bataille d'Iéna.

Ajoutons qu'au mois d'octobre, il s'élève fréquemment le matin, de la Saale et de tous les ravins qui découpent les plateaux situés entre cette rivière et l'Ilm, un brouillard intense qui ne se dissipe qu'assez tard. C'est dans la brume, comme à Austerlitz, que va commencer la bataille d'Iéna.

XIV

ORDRES DE L'EMPEREUR.

Il n'était pas encore 5 heures du matin quand les Maréchaux, appelés par l'Empereur, vinrent prendre ses ordres (1).

Le bivouac de l'Empereur était établi en avant de la Garde, rangée en bataillons carrés derrière le 5e corps.

« Les grenadiers du 40^c, dit le général Suchet, s'empressèrent de lui dresser un abri en paille et furent honorés d'être chargés de la garde de son auguste personne. »

Lannes occupait le Windknollen face à Closwitz, avec la division Suchet, et les pentes Sud de ce même mamelon, face à Cospeda, avec la division Gazan.

Les divisions Saint-Hilaire, du 4e corps, et Desjardins, du 7e, bivouaquaient en arrière d'Iéna, l'avant-garde du 6e autour de la ville. Toutes ces troupes étaient un peu entremêlées. Les routes étaient couvertes de charrois d'artillerie.

Quand les Maréchaux se présentèrent, Napoléon achevait à peine de dicter l'ordre relatif à la bataille :

Au bivouac d'Iéna, 14 octobre 1806.

M. le maréchal Augereau commandera la gauche ; il placera sa

---

(1) Rapport du général Victor. — Foucart, p. 625.

1re division en colonne sur la route de Weimar, jusqu'à une hauteur par où le général Gazan a fait monter son artillerie sur le plateau. Il tiendra les forces nécessaires sur le plateau de gauche, à hauteur de la tête de sa colonne. Il aura des tirailleurs sur toute la ligne ennemie aux différents débouchés des montagnes. Quand le général Gazan aura marché en avant, il débouchera sur le plateau avec tout son corps d'armée et marchera ensuite, suivant les circonstances, pour prendre la gauche de l'armée.

M. le maréchal Lannes aura, à la pointe du jour, toute son artillerie dans ses intervalles et dans l'ordre de bataille où il a passé la nuit.

L'artillerie de la Garde impériale sera placée sur la hauteur et la Garde sera derrière le plateau, rangée sur cinq lignes, la première ligne, composée des chasseurs, couronnant le plateau.

Le village qui est sur notre droite sera canonné avec toute l'artillerie du général Suchet et immédiatement après, attaqué et enlevé.

L'Empereur donnera le signal ; on doit se tenir prêt à la pointe du jour.

M. le maréchal Ney sera placé, à la pointe du jour, à l'extrémité du plateau, pour pouvoir monter et se porter sur la droite du maréchal Lannes du moment que le village sera enlevé, et que, par là, on aura la place de déploiement.

M. le maréchal Soult débouchera par le chemin qui a été reconnu sur la droite et se tiendra toujours lié pour tenir la droite de l'armée.

L'ordre de bataille en général sera, pour MM. les Maréchaux, de se former sur deux lignes, sans compter celle d'infanterie légère ; la distance des deux lignes sera au plus de 100 toises.

La cavalerie légère de chaque corps d'armée sera placée pour être à la disposition de chaque général pour s'en servir suivant les circonstances.

La grosse cavalerie, aussitôt qu'elle arrivera, sera placée sur le plateau et sera en réserve, derrière la Garde, pour se porter où les circonstances l'exigeraient.

Ce qui est important aujourd'hui, c'est de se déployer en plaine ; on fera ensuite les dispositions que les manœuvres et les forces que montrera l'ennemi indiqueront, afin de le chasser des positions qu'il occupe et qui sont nécessaires pour le déploiement.

Par ordre de l'Empereur :

Le Major général,
Maréchal A. BERTHIER.

Il est facile de se rendre compte, en effet, que la première opération ne pouvait guère consister que dans une attaque devant soi pour gagner le terrain nécessaire au déploiement des 42,000 hommes dont pouvait disposer l'Empereur.

Il en résultait que les villages de Lutzerode et de Closwitz devaient constituer les premiers objectifs. Mais comme un succès sur la gauche de l'armée prussienne compromettait la retraite de tout le reste, le village de Closwitz fut assigné comme but au premier effort.

On attendait en outre de ce côté les 1er et 3e corps.

Le 13 octobre, à Naumburg, Murat et Bernadotte recevant le premier à 4 heures, le second à 6 heures du soir communication des premiers ordres donnés par l'Empereur, avaient décidé de se mettre en marche pour Dornburg, quand l'arrivée de la dépêche écrite à 3 heures du soir au maréchal Davout fit suspendre les mouvements commencés par le 1er corps. Bernadotte écrivit au Major général la lettre suivante :

Naumburg, 13 octobre 1806, 8 heures soir.

Le maréchal Davout me communique à l'instant, Monsieur le Duc, votre lettre d'aujourd'hui apportée par M. de Périgord, votre aide de camp; d'après son contenu j'ai cru devoir arrêter le mouvement dont je vous ai rendu compte dans ma lettre de ce soir datée de 6 heures, puisque vous n'ordonnez au maréchal Davout de manœuvrer sur la gauche de l'ennemi que dans l'hypothèse où M. le maréchal Lannes aurait été attaqué ce soir du côté d'Iéna, et que vous ajoutez que, l'attaque n'ayant pas lieu, il recevra les dispositions de l'Empereur pour la journée de demain. Comme je pense que ces dispositions seront générales, j'arrête mes troupes où elles se trouvent et j'attends de nouveaux ordres.

Je suis encore avec tout mon corps dans les environs de Naumburg. Je suis prêt à exécuter les mouvements que l'Empereur ordonnera.

Quant à Murat, ayant reçu à 4 heures les deux dépêches qui lui avaient été adressées à 7 heures et à 9 heures du matin, il n'hésita pas à se porter sur Dornburg, et n'ayant pas été touché par la dépêche qui arrêta Bernadotte, il atteignit Dornburg assez tard et se rendit de sa personne dans la nuit à Iéna.

La nuit du 13 au 14 se passa à Naumburg, pour les deux maréchaux Davout et Bernadotte, à attendre les ordres de l'Empereur. Ces ordres n'ont pas été enregistrés sur le registre du Major général. Nous ne les connaissons que par ce qu'en dit le Journal des opérations du 3e corps, que nous citons textuellement :

Cependant M. le maréchal Davout avait fait appeler à Naumburg, la nuit du 13 au 14, les généraux de division et les commandants des différentes armes pour y recevoir ses ordres, en conformité de ceux que S. M. l'Empereur lui avait annoncés pour cette même nuit. Ils lui furent apportés à 3 heures du matin; ils étaient en date du 13, 10 heures du soir, du bivouac sur les hauteurs d'Iéna. L'Empereur, qui, dans la soirée, avait reconnu une armée prussienne qui s'étendait depuis une lieue en avant et sur les hauteurs d'Iéna jusqu'à Weimar, avait le projet de l'attaquer le lendemain. Il ordonnait à M. le Maréchal de *se porter sur Apolda, afin de tomber sur les derrières de cette armée.* Il laissait M. le Maréchal maître de tenir la route qui lui conviendrait, pourvu qu'il prît part au combat. S. A. S. le Major général ajoutait : « Si le maréchal Bernadotte se trouve avec vous, vous pourrez marcher ensemble, mais l'Empereur espère qu'il sera dans la position qu'il lui a indiquée à Dornburg. »

M. le maréchal Davout donna ses ordres à chacun des généraux, qui partirent de suite pour hâter l'exécution ; et il se rendit chez S. A. S. le prince de Ponte-Corvo, commandant le 1er corps d'armée, qui était effectivement arrivé dans la soirée à Naumburg. M. le Maréchal lui donna communication, par écrit, des ordres qu'il venait de recevoir de Sa Majesté en le priant de lui donner connaissance du parti qu'il prendrait. Le Prince lui dit qu'il partait pour Camburg.

Les deux maréchaux avaient donc reçu l'ordre de se porter par Apolda *sur les derrières de l'ennemi,* en marchant réunis au cas où Bernadotte serait encore à Naumburg. Ce dernier n'a pas reçu d'autres ordres, car il en aurait parlé dans ses lettres explicatives au Major général, du 14 octobre, datée d'Apolda et du 21 octobre, datée de Bernburg. « Ce n'est qu'à 4 heures du matin, écrit-il dans cette dernière, que j'ai eu communication de votre lettre au maréchal Davout, dans laquelle il était dit que l'Empereur tenait beaucoup à ce que je fusse à Dornburg. » La lettre de Berthier au maréchal Davout est bien nette : « Si le maréchal Bernadotte se trouve avec vous, vous pourrez marcher ensemble, mais l'Empereur espère qu'il sera dans la position qu'il lui a indiquée à Dornburg. »

Pour tout esprit n'obéissant qu'à des considérations militaires, il est clair que ce passage veut dire que le 13 octobre, à 10 heures du soir, à Iéna, Napoléon préférait que Bernadotte fût à Dornburg dans la nuit, de manière à l'avoir sous la main pour coopérer à l'action qui doit permettre à l'armée de déboucher en plaine. L'intervention, le 14 au matin, du 1er corps débouchant de Dornburg sur le flanc et les derrières des défenseurs prussiens de Closwitz et Lutzerode eût facilité considérablement l'enlèvement de ces points, assuré à l'Empereur leur possession, et par suite le débouché de l'armée, avec le moindre effort dans le moindre temps.

Mais il était clair que si, à l'heure où l'ordre donné à Davout de marcher sur Apolda lui parviendrait, Bernadotte était encore à Naumburg, celui-ci ne pourrait plus arriver à temps à Dornburg pour coopérer aux premiers combats. Il devenait préférable, dans ce cas, que le 1er corps se joignît au 3e, et que tous deux réunis marchassent ensemble par Apolda sur les derrières de l'armée prussienne engagée avec les forces que l'Empereur avait concentrées à Iéna.

Ces considérations, Bernadotte ne les a-t-il pas comprises ou n'a-t-il pas voulu les comprendre? Il ne nous appartient pas de le décider. Il semble toutefois que le désir de se séparer de son collègue ait primé tout en lui. Et pendant toute la journée du 14, comme plus tard d'Erlon à Ligny, on le verra rester inutile entre deux batailles, mais, au contraire de Drouet d'Erlon, pour des motifs suspects.

XV

LA BRIGADE CLAPARÈDE ENGAGE LE COMBAT.

Revenons sur le plateau où l'Empereur a réuni les maréchaux Lannes et Soult et leur a développé ses ordres pour la bataille. Il s'était réservé de donner le signal.

La nuit avait été fort belle. Mais « nous eûmes, dit le général Savary, une gelée blanche accompagnée d'un brouillard semblable à celui que nous avions eu à Austerlitz », brouillard épais et glacial qui avait remplacé la nuit.

Six heures sonnèrent, et le grand jour ne paraissait pas.

Cependant les circonstances étaient pressantes. L'ennemi pouvait prévenir l'Empereur et, par son attaque, mettre en posture délicate le corps de Lannes et la Garde impériale; ceux-ci, après avoir pris les armes, étaient massés à ce point sur le plateau que la poitrine des hommes de chaque régiment touchait presque le dos des soldats placés devant eux (1).

Aussi Napoléon, sans s'inquiéter du brouillard et des obstacles qui en résulteraient, se détermina-t-il à donner le signal.

Le 5e corps était dans l'ordonnance même où il avait passé la nuit, la division Suchet à droite, la division Gazan à gauche, chaque division sur deux lignes, chacune d'une brigade, sans compter la ligne d'infanterie légère, l'artillerie dans les intervalles.

Au signal de l'Empereur, la brigade légère Claparède, de la division Suchet, reçut l'ordre d'attaquer Closwitz, le reste de la division se tenant prêt à l'appuyer.

---

(1) Mémoires de Marbot.

La brigade Claparède comprenait un bataillon formé avec les compagnies d'élite de la division, le 17e léger et deux pièces d'artillerie.

L'attaque de la division Suchet fut organisée de la manière suivante (1) :

En tête Claparède, avec le bataillon d'élite, le 17e léger et deux pièces de canon;

Derrière cette première ligne, le 34e déployé, ayant à sa droite le 40e en colonne. Ce dernier régiment avait reçu l'ordre de se déployer également dès que le terrain le lui permettrait;

Enfin, à 100 toises en arrière, la brigade Vedel (64e et 88e) en masse.

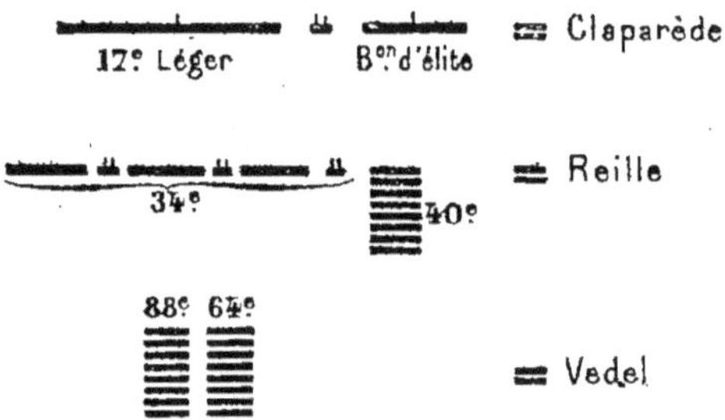

C'est donc, au début, la division Suchet qui prend seule part à l'attaque. Quand elle aura gagné un peu de terrain, la division Gazan formera échelon à sa gauche.

Plus à gauche sur la route de Weimar, la 1re division (Desjardins) du 7e corps est en colonne, échelonnée en arrière de la division Gazan. La division Saint-Hilaire du 4e corps opère au contraire sur la droite de la division Suchet, mais au moment où celle-ci s'ébranle pour l'attaque, elle est en arrière du plateau et cette situation, ainsi que le détour qu'il lui faudra faire, l'amènera à se trouver en échelon en arrière et à droite du 6e corps.

---

(1) Rapport du général Suchet. — Foucart, p. 632-633.

Enfin la Garde impériale est en réserve sur le rebord du plateau, son artillerie couronnant la crête. Quant au 6e corps, son avant-garde s'ébranle pour gravir le Landgrafenberg.

Ainsi donc, la brigade Claparède prend la tête de l'attaque.

Son chef cherche le village de Closwitz à travers le brouillard et ne pouvant, dans l'obscurité, marcher pour ainsi dire qu'à tâtons, il avance au hasard et se dirige trop à droite (1).

Derrière lui, les autres corps de la division changent de direction à droite pour soutenir l'attaque de Claparède; mais, manquant de points de direction dans la brume, ils subissent l'influence de la pente du terrain et sont conduits trop à gauche (2).

Le maréchal Lannes, qui s'en rend compte, fait alors porter au général Claparède l'ordre d'appuyer à gauche. L'aide de camp, chargé de transmettre cet ordre, entendit distinctement, en passant dans le brouillard, des commandements prussiens sur sa gauche. En arrivant auprès du général Claparède, il lui indiqua cette direction. Le général y fit face et donna l'ordre d'ouvrir le feu (3).

On se rappelle que les troupes de Tauentzien avaient passé la nuit sur les pentes du Dornberg, couvertes par des bataillons qui tenaient la lisière de la forêt d'Isserstedt et les villages de Lutzerode et de Closwitz.

A 6 heures du matin, Tauentzien avait fait prendre les armes et porté le bataillon Rechten, le régiment Zweiffel, le demi-bataillon de grenadiers Herwarth et la demi-batterie Studnitz à droite de Closwitz (4).

---

(1) Rapport du général Suchet. — Foucart, p. 632-633. — Rapport du général Victor. — Foucart, p. 625.

(2) *Ibid.* — Ségur, Histoire. T. III, p. 17.

(3) *Ibid.*

(4) Höpfner, p. 372.

Trois bataillons de grenadiers saxons (Lichtenhayn, Thiolay et Lecoq) de la brigade Cerrini reçurent l'ordre de prolonger cette ligne, à droite du bataillon Rechten, entre ce bataillon et Lutzerode (1).

A l'Ouest de Lutzerode furent envoyés trois escadrons de Gettkandt-hussards et une batterie (lieutenant saxon Bose) formée avec les pièces du régiment Zweiffel et du bataillon Rechten (2).

En seconde ligne, le bataillon Frédéric-Auguste, qui bivouaquait en arrière de Lutzerode, fut appelé derrière le premier bataillon Zweiffel (3).

Les bataillons d'avant-postes avaient conservé leurs positions : le bataillon Rosen, appuyé à la lisière de la forêt d'Isserstedt, bordait le Ziskauerthal ; le bataillon Erichsen occupait toujours Lutzerode, détachant deux compagnies de fusiliers et la compagnie de chasseurs Werner sur sa gauche pour se relier aux bataillons saxons de la première ligne de Tauentzien.

Le bataillon Pelet, dans Closwitz, avait jeté vers le Sud-Est et à l'Est deux compagnies de fusiliers et la compagnie de chasseurs Valentini dans les bois de Closwitz et de Zwetzen. Les compagnies restantes se portèrent au Sud de Closwitz, à la lisière du petit bois qui couvre le village au Sud et au Sud-Ouest. Ce n'est, en effet, qu'à cette lisière qu'on peut défendre Closwitz contre une attaque venant du Windknollen, le bois dont il s'agit touchant les premières maisons (4).

Sur sa gauche, Tauentzien détacha deux autres bataillons saxons (grenadiers Metzsch et Hundt) de la brigade Cerrini, avec trois escadrons de Gettkandt-hussards à

---

(1) Höpfner, p. 372.
(2) *Ibid.*
(3) *Ibid.*
(4) *Ibid.*, p. 371-372.

l'Est de Closwitz, surveillant en arrière du bois de Zwetsen la direction de ce dernier village (1).

Si l'on excepte ce dernier détachement, chargé d'un secteur spécial, on voit qu'en face de la division Suchet, Tauentzien disposait ses troupes en une ligne mince de onze bataillons, dont un seul en réserve pour un front de 1,300 mètres environ.

Cette ligne arrivait, dans la brume épaisse, à hauteur de Closwitz-Lutzerode, lorsque le général Claparède, averti de sa présence, lui fit face avec le 17e léger, le bataillon d'élite et ses deux pièces d'artillerie légère.

Les Prussiens, qui venaient d'atteindre la position qu'ils occupaient la veille, furent accueillis à l'improviste par une grêle de balles et de mitraille qui arrêta leur marche en avant. Surpris d'abord, ils y répondirent par un feu vif d'infanterie et d'artillerie qui mit hors de combat un nombre considérable d'hommes du 17e léger.

Mais le combat s'égalisa bientôt, pour durer près de cinq quarts d'heure, « pendant lesquels le 17e léger, en particulier, soutint un feu de mousqueterie et d'artillerie des plus vifs et des plus meurtriers. Combat sanglant et sans résultat, les feux seuls attirant les feux, l'obscurité du brouillard dérobant les objets environnants et s'opposant à toute manœuvre (2) ».

Les troupes prussiennes, en butte au feu des tirailleurs, souffraient beaucoup, autant que le 17e léger. Pour en finir, le général Suchet prescrivit de continuer la marche en avant (3). La charge retentit (4), mais les corps de la division s'étaient resserrés en descendant la pente du

---

(1) Höpfner, p. 371-372.
(2) Rapport du général Suchet. — Foucart, p. 653.
(3) *Ibid.*
(4) Höpfner, p. 373.

Windknollen, et accumulés derrière Claparède dans l'espace restreint formé par le col. L'impossibilité d'agir ainsi, et dans le brouillard, fit que le mouvement en avant prescrit ne se produisit pas.

En entendant battre la charge chez les Français, Tauentzien s'attendit à une attaque et ne voulut pas la recevoir de pied ferme. Il fit battre la charge également et se porta en avant. Mais comme les Français ne paraissaient pas et continuaient le feu dans le brouillard, il arrêta son mouvement, ne voulant pas descendre dans le fond du vallon où le terrain se retrécissait (1).

XVI

Jusqu'alors, le combat n'avait été qu'un combat de mousqueterie, sans résultats de part et d'autre. Mais l'artillerie de la division Suchet entra en ligne à son tour et son feu, très efficace, commença à faire éprouver des pertes sensibles aux trois bataillons saxons placés près de Lutzerode, ainsi qu'aux chasseurs de Werner et aux deux compagnies du bataillon Erichsen qui s'étaient jointes à eux (2).

A ce feu d'artillerie répondit d'abord celui des tirailleurs saxons (bataillon Lichtenhayn) qui, dans le brouil lard épais, ne pouvaient voir que les lueurs des pièces françaises. Puis, vers 7 h. 30 du matin, les trois bataillons saxons ripostèrent à leur tour par des feux d'ensemble sans pouvoir, plus que les autres troupes, distinguer nettement l'adversaire dans la brume (3).

Tauentzien voulait y joindre l'action de la batterie

---

(1) Höpfner, p. 373.
(2) *Ibid.*
(3) *Ibid.*, p. 373-374.

d'obusiers qui avait bivouaqué sur le Dornberg avec la brigade Cerrini, mais cette batterie ne quitta pas son bivouac, et les efforts du général pour l'amener au combat furent absolument vains (1).

Bientôt le régiment Zweiffel, dont l'effectif était déjà très réduit avant le début du combat, dut, en raison de ses pertes, être ramené en arrière et relevé par le bataillon Frédéric-Auguste. Mais celui-ci, éprouvé rapidement par le feu de l'artillerie supérieure des Français, recula bientôt et fut rappelé par Tauentzien auprès du régiment Zweiffel. Le bataillon Rechten, découvert sur son flanc gauche, se replia à son tour sur ce dernier régiment (2). Le demi-bataillon Herwarth et le bataillon Pelet continuèrent à occuper les lisières du petit bois qui couvre Closwitz.

A ce moment, comme le brouillard commençait à s'éclaircir un peu, la ligne française put apercevoir ce petit bois devant le village.

Le général Suchet donna ordre au général Claparède de s'en emparer (3).

Malgré la résistance opiniâtre des Prussiens, Claparède réussit à s'en rendre maître et parvint vers 8 h. 30 du matin à la lisière Nord, poussant devant lui les bataillons Herwarth et Pelet, qui, abandonnant Closwitz, se retirèrent sur la gauche du régiment Zweiffel (4).

Pendant ce dernier combat, le 21e léger, de la division Gazan, s'était engagé à la gauche de Claparède. Il s'était saisi des petits bois qui se trouvent à l'origine du Ziskauerthal et cherchait à déboucher au Nord du vallon, en face des trois bataillons saxons placés en avant et à

----

(1) Höpfner, p. 374.
(2) *Ibid.*
(3) Rapport de Suchet, p. 633.
(4) Rapport de Suchet, p. 633. — Höpfner, p. 374.

l'Est de Lutzerode et déjà fort éprouvés par le feu de l'artillerie française (1).

Tauentzien essaya de rejeter le 21ᵉ léger dans le vallon et chargea ce régiment. Le bataillon de grenadiers Thiolay fit deux attaques heureuses, mais il fut enfin rompu et repoussé au Nord. Il se retira en désordre. Les deux autres bataillons de grenadiers saxons, après des pertes sensibles, furent entraînés dans la retraite du bataillon Thiolay, abandonnèrent le terrain au 21ᵉ léger et se replièrent aussi au Nord, à hauteur du régiment Zweiffel, les trois bataillons sur une ligne, le bataillon Lecoq formant l'aile gauche; à sa droite, la batterie d'obusiers (Tüllmann) entrait enfin en ligne.

Ainsi donc, vers 8 h. 30 du matin, le général Claparède, avec la brigade légère de la division Suchet, venait de se rendre maître de Closwitz tandis que le 21ᵉ léger s'emparait des boqueteaux situés entre Closwitz et Lutzerode.

En un combat meurtrier de deux heures, les points qui interdisaient le débouché immédiat du col étaient conquis. Il s'agissait maintenant de pousser vigoureusement l'adversaire et de se rendre maître du plateau du Dornberg avant qu'il pût être renforcé, afin de permettre à l'armée de se déployer, après qu'elle aurait franchi le col qu'on venait de conquérir.

A la suite de ce combat, les troupes de Tauentzien se rassemblèrent sur le Dornberg en deux groupes, l'un de cinq bataillons et demi, au Nord-Ouest de Closwitz, l'autre de trois bataillons de grenadiers saxons et d'une batterie, plus près de Lutzerode.

Le bataillon Erichsen, avec la compagnie Werner, occupait toujours Lutzerode, et le bataillon Rosen la lisière de la forêt d'Isserstedt, le long du Ziskauerthal.

---

(1) Höpfner, p. 374. — Rapport du général Victor.

Jusqu'alors le général Tauentzien, qui avait expédié plusieurs rapports à Hohenlohe, n'en avait reçu aucune réponse satisfaisante. Plus de la moitié de son effectif était hors de combat. Ses munitions s'épuisaient (1).

Dans ce moment critique, il reçut enfin un ordre du Prince lui prescrivant de battre en retraite et de se porter derrière Klein-Romstedt, où il se formerait en seconde ligne et se ravitaillerait en munitions.

Tauentzien ordonna immédiatement la retraite. Le groupe de cinq bataillons et demi rassemblés au Nord-Ouest de Closwitz entama le mouvement sur Krippendorf et Vierzehnheiligen « par lignes alternatives (2) ».

A ce moment la division Suchet, à la suite de Claparède, débouchait du bois attenant à Closwitz.

Bien que les deux brigades de tête, Claparède et Reille, fussent déployées l'une derrière l'autre, la division se trouvait presque serrée en masse sur sa tête, en raison du tassement qui s'était produit par suite du brouillard et de l'influence de la pente du terrain (3).

En première ligne se trouvaient le 17e léger et le bataillon d'élite, ayant derrière eux, à faible distance, les 34e et 40e déployés. En réserve, immédiatement derrière le 34e, la brigade Vedel, toujours en masse, le 88e à gauche, le 64e à droite (4).

En débouchant du bois, on put apercevoir, à travers le brouillard, des escadrons ennemis sur le Dornberg. C'étaient les hussards de Gettkandt qui se rassemblaient.

Le 17e léger, qui avait mené toute l'attaque et subi des pertes considérables, était épuisé et hors d'état de continuer la lutte. Suchet résolut de le retirer du combat

---

(1) Höpfner, p. 375.
(2) *Ibid.*
(3) Rapport du général Suchet.
(4) *Ibid.*

et donna l'ordre au général Reille de le faire relever par le 34º.

« Ce passage de lignes s'exécuta par bataillon parfaitement (1). »

Le 17º léger n'interviendra plus sur le champ de bataille.

Mais à ce moment, le soleil, commençant à dissiper un peu le brouillard, permit de découvrir les trois bataillons de grenadiers saxons ; Tauentzien, voyant déboucher la division Suchet, les lançait alors contre celle-ci, les appuyant du feu de la batterie d'obusiers.

Suchet ordonna « aux 2º et 3º bataillons du 34º qui presque lentement, l'arme au bras, s'avançaient en bon ordre, de les charger à leur tour avec un feu en avançant, et par un changement de front l'aile droite en avant, de culbuter les grenadiers et d'enlever les pièces (2). »

Ces bataillons exécutent au pas de charge ce changement de direction vers la gauche, auquel se conforment le 1ᵉʳ bataillon du 34º et le bataillon d'élite formant, par suite, échelons à droite. Les grenadiers sont bousculés et 2 pièces prises (3).

Mais les Saxons se retirent avec ordre et la batterie continue le feu en retraite. Suchet prescrit alors à un bataillon du 88º d'achever le succès remporté par le 34º. Cette attaque nouvelle est soutenue par un bataillon en masse du 21º léger, dont les deux autres bataillons étaient engagés autour de Lutzerode (4).

L'action du bataillon du 88º, soutenu par celui du 21º léger, rompit la ligne des grenadiers. Le bataillon

---

(1) Rapport du général Suchet.
(2) *Ibid.*
(3) *Ibid.*
(4) *Ibid.*

Lecoq fut rejeté dans la direction de Krippendorf. Les deux autres bataillons, coupés du premier, furent repoussés au Nord de Lutzerode sur la lisière de la forêt d'Isserstedt.

Mais le gros du 21e léger, qui avait attaqué Lutzerode en le débordant par le Nord, avait fait évacuer ce village au bataillon Erichsen et aux chasseurs Werner, qui s'étaient retirés à travers la forêt sur Isserstedt en ralliant le bataillon Rosen. La batterie saxonne Bose avait pu se replier à temps vers le Nord et battre en retraite sur Vierzehnheiligen, de sorte qu'au moment où les bataillons saxons Lichtenhayn et Thiolay parvinrent à la lisière de la forêt d'Isserstedt, ils furent assaillis par les 2 bataillons du 21e léger, qui avaient chassé jusqu'à cette lisière le bataillon Erichsen. Attaqués par le Sud et par l'Est par tout le 21e léger, désormais réuni, ils perdirent un nombre considérable d'hommes tués, blessés ou faits prisonniers, et rompus, abandonnant leurs canons, ils furent en fin de compte rejetés vers le Nord, sur le bataillon Lecoq (1).

Celui-ci, activement poursuivi par le bataillon du 88e, battait hâtivement en retraite. Parvenu sur l'emplacement du camp de la nuit précédente, non loin de Krippendorf, il pouvait espérer se réunir aux bataillons qui retraitaient avec Tauentzien, quand il fut vigoureusement attaqué sur son flanc droit par les tirailleurs de Claparède.

Ayant épuisé ses munitions dans le combat du Dornberg, il se jeta à gauche dans un boqueteau, où il se rompit et d'où il poursuivit sa retraite sur Vierzehnheiligen et Klein-Rormstedt dans le plus grand désordre à travers la plaine, mélangé aux débris des autres bataillons saxons (2).

---

(1) Höpfner, p. 375.
(2) *Ibid.*, p. 376.

La batterie Tullmann, soutenue par un escadron de hussards, après le combat livré aux grenadiers par les 34° et 88°, avait battu en retraite en continuant le feu. Elle se retira sur le gros de Tauentzien ; mais quand elle traversa le vallon entre Krippendorf et Vierzehnheiligen, elle s'embourba dans les prairies et, abandonnée par l'escadron que décimait le feu des tirailleurs français, elle tomba aux mains de ces derniers (1).

XVII

SAINT-HILAIRE ATTAQUE LA GAUCHE PRUSSIENNE.

Pendant que le 5° corps s'emparait de Closwitz et de Lutzerode et repoussait sur Krippendorf le corps de Tauentzien, la division Saint-Hilaire avait opéré plus à droite.

Le maréchal Soult avait reçu verbalement de l'Empereur l'ordre d'attaquer l'aile gauche de l'ennemi, dont on savait les postes établis au Sud de Closwitz et dans le Zwetzenholz.

« Pour cet effet, le général Saint-Hilaire eut ordre de déboucher par les chemins qui sont à droite du plateau que le maréchal Lannes occupait et qui avaient été reconnus la veille, de diriger sa gauche sur le bois de Closwitz et de s'emparer du bois, et, aussitôt qu'il en aurait chassé l'ennemi, de changer de direction à gauche, afin d'être toujours sur son flanc et même de déborder sa gauche (2). »

L'attaque de Saint-Hilaire, débouchant à droite du Landgrafenberg, se fit en deux colonnes (3) :

(1) Höpfner, p. 377.
(2) Journal des opérations du 4° corps. — Foucart, p. 636.
(3) Levé à vue du capitaine du génie Constantin (16 octobre 1806.) — Foucart, p. 636.

La 1re brigade (10e léger et 33e de ligne) traversa diagonalement les bois de Closwitz et de Zwetzen en coupant le Rauthal assez bas.

La 2e brigade (43e et 55e) marcha sur Closwitz par le bois du même nom, en traversant le Rauthal près de son origine.

Les deux compagnies de fusiliers Pelet qui avaient été, comme on sait, détachées la veille dans le bois de Closwitz, repoussées par les tirailleurs de la 2e brigade, se replièrent sur les deux bataillons de grenadiers saxons Metzsch et Hundt, détachés de la brigade Cerrini pour couvrir en arrière et à l'Est de Closwitz l'aile gauche de Tauentzien.

En voyant, dans le brouillard, les deux compagnies Pelet déboucher du bois, le bataillon Hundt les prit pour une troupe française et se débanda. Mais il fut rapidement rassemblé par ses officiers et ramené en ligne (1).

Entre 8 h. 30 et 9 heures, en même temps que le bataillon Pelet était obligé d'évacuer devant Claparède le village de Closwitz et le bois qui l'entoure, les bataillons Metzsch et Hundt furent attaqués par la brigade de gauche (2e brigade) de la division Saint-Hilaire.

Le bataillon Metzsch se porta bravement au-devant des fractions françaises qui sortaient des bois et fit plusieurs attaques heureuses, pendant lesquelles les deux compagnies Pelet se replièrent sur le Pfarrholz où elles prirent position (2).

Mais bientôt, la supériorité numérique des Français obligea les deux bataillons saxons à battre en retraite, ce qu'ils firent rapidement en mettant à profit le brouillard pour se dérober.

Plus à l'Est, les tirailleurs de la 1re brigade, poussant

____

(1) Höpfner, p. 376.
(2) *Ibid.*

devant eux les chasseurs Valentini, leur firent évacuer le Zwetzenholz et les poursuivirent dans la direction de Lehesten.

Les 2 brigades de la division Saint-Hilaire, ayant conquis les bois, se rejoignirent vers la croisée du chemin de Closwitz à Lehesten avec celui de Lutzerode à Rödigen (1).

Mais la cavalerie du 4e corps et l'artillerie légère qui l'accompagnait (6 pièces) n'avaient pu suivre à travers bois leur infanterie et contournaient le Zwetzenholz par l'Est.

Il était nécessaire que la division Saint-Hilaire attendît leur arrivée avant de pousser plus avant. Elle marqua donc un temps d'arrêt et se forma sur la hauteur, en deux lignes, face à Lehesten, pendant que ses tirailleurs atteignaient le Lohholz et le Heiligenholz. Ce rassemblement eut lieu entre 9 h. 30 et 10 heures du matin.

Tandis qu'il s'effectuait, les tirailleurs de la division sortant des deux petits bois et débouchant en face de Lehesten, furent soudain accueillis à coups de canon et de fusil partant des abords du village.

C'était le détachement que Hohenlohe avait porté la veille au soir sur Dornburg et qui, sous le commandement du général Holtzendorf, avait passé la nuit à Rödigen et débouchait sur le flanc droit des Français, qui ignoraient sa présence.

Au bruit du canon qui s'était fait entendre vers 6 h. 30 du matin dans la direction de Cospeda, Holtzendorf, à Rödigen, avait jugé qu'il devait rassembler ses troupes. La persistance de la canonnade l'ayant bien vite convaincu que Tauentzien devait être engagé dans un combat sérieux, il envoya deux officiers de son état-major pour hâter le rassemblement de son détachement

---

(1) Foucart, p. 636. — Note 2.

à Rödigen et expédia un troisième officier à Hohenlohe pour demander des ordres (1).

Les cantonnements assignés la veille au soir par le Prince au détachement étaient à des distances considérables les uns des autres. La batterie à cheval Hahn et les 4 escadrons de Holtzendorf-cuirassiers furent les premières troupes qui parurent au rendez-vous. Mais elles y demeurèrent longtemps seules.

Le brouillard couvrait tous les environs. Le terrain était complètement inconnu du général, terrain coupé, plateau étroit, bordé de vallons et d'épais bocages. Holtzendorf avait d'ailleurs de sérieuses inquiétudes, s'attendant à être pris à revers par Dornburg ; ses grand'gardes avaient été refoulées dans la nuit même et il avait reçu l'avis que 6,000 Français avaient atteint le pont de Nachhausen. Le retard qui se produisait dans le rassemblement de son détachement rendait d'ailleurs sa situation de plus en plus délicate.

Ses troupes finirent cependant par se réunir, sauf le demi-bataillon de grenadiers Kollin et la demi-batterie Gause, qui, ayant cantonné à Phulsborn, se trompèrent de chemin et aboutirent à Vierzehnheiligen où ils prirent la gauche de la division Grawert.

Lorsque, vers 9 h. 30 du matin, Holtzendorf put reconnaître un peu les environs à travers le brouillard, il constata que des tirailleurs français descendaient du petit plateau situé à l'Est du Pfarrholz et se portaient sur le Lohholz et le Heiligenholz (2).

En arrière, mais nettement plus loin, des colonnes semblaient venir de Closwitz.

Bientôt ces tirailleurs, poussant devant eux les chas-

____

(1) Höpfner, p. 383.
(2) *Ibid.*, p. 384.

seurs Valentini, occupèrent le Heiligenholz au pied même des hauteurs de Rödigen.

La batterie à cheval Hahn ouvrit alors sur eux un tir à mitraille (1).

En même temps, l'infanterie d'Holtzendorf, que le général Sanitz avait rassemblée vers Nerkwitz, arrivait sur les hauteurs de Rödigen en suivant la lisière du bois qui s'étend entre les deux localités.

En débouchant du ravin, le bataillon Borke, qui tenait la tête, se déploya sous le feu des tirailleurs français.

Le général Sanitz lança en avant les tirailleurs du bataillon, les fit soutenir par leur réserve sur trois rangs, et s'empara de l'Heiligenholz, que cette réserve occupa pendant que les tirailleurs poursuivaient les Français (2).

Derrière les grenadiers Borke déboucha le reste du détachement d'Holtzendorf, comprenant au plus 2,500 hommes d'infanterie, 2,000 chevaux avec 22 pièces de canon.

Le déploiement s'opéra pendant l'action des tirailleurs du bataillon Borke sur l'Heiligenholz. Les quatre bataillons Borke, Lessel, Losthin et Dohna se formèrent sur une ligne, ayant le village de Lehesten en avant et à droite de leur aile droite, l'aile gauche vers Rödigen ; le 2e bataillon de Schemmelpfennig-hussards derrière l'aile droite ; Holtzendorf-cuirassiers (4 escadrons) et les chevau-légers derrière l'aile gauche, soit 10 escadrons ; la batterie de 12 Schulenburg à l'aile droite. La moitié de la batterie à cheval Hahn à l'aile gauche devant les chevau-légers, l'autre moitié un peu en arrière pour la sécurité du flanc gauche (3).

---

(1) Höpfner, p. 384.
(2) *Ibid.*, p. 385.
(3) *Ibid.*

Quant au 1er bataillon de Schimmelpfennig-hussards, il fut maintenu de l'autre côté du ravin de Nerkwitz pour assurer les derrières et le flanc gauche, éclairant vers Dornburg.

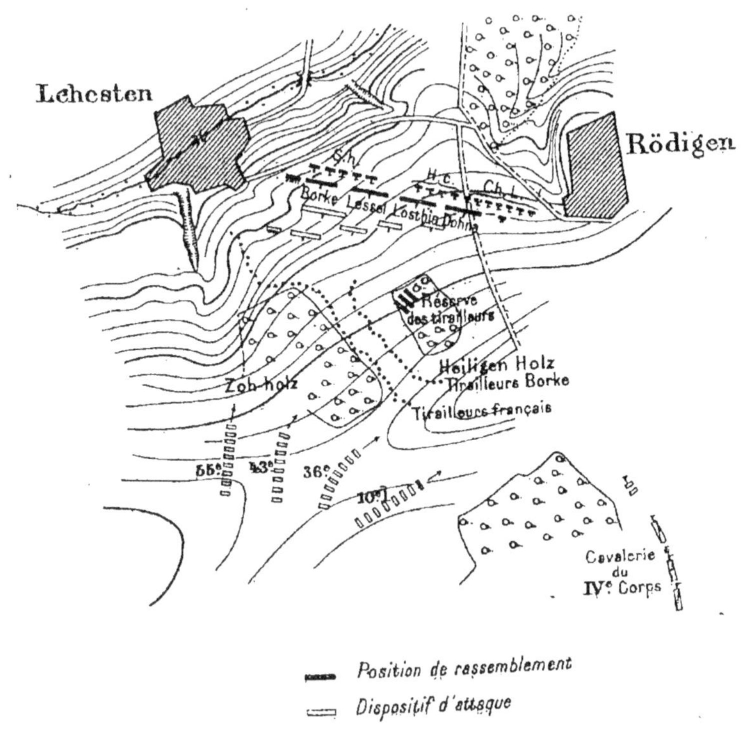

XVIII

SAINT-HILAIRE REPOUSSE HOLTZENDORF.

Le brouillard s'était levé suffisamment pour permettre à Holtzendorf de reconnaître des lignes d'infanterie française sur le plateau au-dessus du Lohholz, et il voyait nettement que la liaison était perdue avec le prince Hohenlohe, dont on pouvait découvrir des hauteurs de Nerkwitz le déploiement vers Vierzehnheiligen.

La situation du général Holtzendorf était périlleuse.

Sur le front, il voyait un ennemi très supérieur en infanterie et avait tout le désavantage du terrain. Derrière lui se trouvait un vallon ne présentant que peu de points de passage. En outre, il était exposé à se trouver pris à revers par les troupes françaises qu'il savait être arrivées à Dornburg.

Il n'avait que deux partis à prendre : chercher à rouvrir de vive force sa communication avec le Prince ou se retirer sur la rive Nord du ravin de Nerkwitz et se réunir entre Altengönne et Hermstadt aux troupes d'Hohenlohe. Ce dernier parti semblait le seul raisonnable. Il était d'ailleurs aisément praticable.

Holtzendorf choisit cependant le premier. Il résolut de combattre, et pour cela, de se porter à l'attaque en ordre oblique par échelons de bataillon, l'aile droite en avant, avec le soutien de son artillerie.

Son mouvement commença vers 10 heures dans la formation suivante :

En première ligne les tirailleurs, puis à l'aile droite le bataillon Borke, les autres bataillons en échelons à gauche à 200 pas de distance (1).

Les tirailleurs français cédèrent et reculèrent jusqu'au Lohholz, mais là, renforcés par le gros de la division Saint-Hilaire, ils s'arrêtèrent et de part et d'autre commença un combat de feux qui ne pouvait donner et ne donna aucun résultat. L'infanterie prussienne tirant avec ordre et calme, mais par salves, ne produisait aucun effet contre les tirailleurs français abrités à la lisière des bois (2).

Mais bientôt ceux-ci furent encore renforcés et la division Saint-Hilaire passa à l'offensive.

La deuxième brigade attaqua de front, tandis que le

-----

(1) Höpfner, p. 386.
(2) Von der Golz.

36ᵉ de ligne marchait dans la direction de Rödigen et qu'à sa droite le 10ᵉ léger commençait un mouvement pour tourner ce dernier village par le Sud et par l'Est (1).

A ce moment, Holtzendorf, qui constatait la supériorité des Français et concluait de l'affaiblissement de la canonnade vers Vierzehnheiligen que les troupes d'Hohenlohe devaient reculer, se déterminait à se retirer et entamait sa retraite.

Il prescrit à la batterie de 12, et au bataillon Dohna, formant le dernier échelon, de passer immédiatement le ravin de Lehesten, puis de prendre position sur l'autre rive afin de couvrir la retraite du reste des troupes, que la cavalerie reçoit en même temps l'ordre de protéger. Tandis que le 2ᵉ bataillon de Schimmelpfennig-hussards couvre le mouvement prescrit à la batterie de 12 et au bataillon Dohna, les cuirassiers et les chevau-légers de l'aile gauche se portent en avant et attaquent le 36ᵉ de ligne et le 10ᵉ léger. Reçus par une fusillade à bout portant, ils sont contraints de se retirer, laissant un grand nombre d'hommes et de chevaux sur le terrain (2).

Pendant ce temps, la batterie de 12 et le bataillon Dohna ont commencé leur mouvement, qui fait défiler le bataillon de gauche à droite derrière toute la ligne d'Holtzendorf. Dès qu'il eut dépassé le bataillon Losthin, celui-ci fit demi-tour et commença sa retraite. Les bataillons Lessel et Borke l'imitèrent successivement (3).

Alors débouche du chemin de Zwetzen l'avant-garde de la brigade de cavalerie du 4ᵉ corps français. Elle aperçoit le mouvement de retraite des Prussiens et se jette sur le bataillon Losthin, mais celui-ci fait front, la repousse et continue sa retraite (4).

---

(1) Journal des opérations du 4ᵉ corps. — Höpfner, p. 386.
(2) Höpfner, p. 387.
(3) *Ibid.*
(4) Journal des opérations du 4ᵉ corps. — Höpfner, p. 387.

Les tirailleurs du bataillon de grenadiers Borke et leur réserve évacuent alors l'Heiligenholz et se retirent vers le chemin de Nerkwitz couvrant la gauche du détachement.

Les quatre escadrons d'Holtzendorf-cuirassiers qui sont restés en avant de leur infanterie avec les chevau-légers après l'attaque infructueuse de ceux-ci contre les 36e de ligne et 10e léger, conversent ensuite et suivent lentement la retraite, par échelons, avec de grands intervalles pour couvrir la marche de l'infanterie. Les chevau-légers entament à leur tour une conversion pour se retirer (1).

Mais, à ce moment précis, le gros de la cavalerie du 4e corps (8e hussards, 11e et 16e chasseurs, 6 pièces à cheval) arrive sur le terrain, bouscule les tirailleurs prussiens qui couvrent la gauche et se lance à l'attaque des chevau-légers surpris en flagrant délit de manœuvre.

Holtzendorf ordonne à ces derniers de charger la cavalerie française et aux cuirassiers de les soutenir. Les chevau-légers parviennent à achever leur mouvement et à charger, mais ils sont si vigoureusement pris à partie par le 8e hussards, le 16e et le 11e chasseurs, qui fournissent trois charges contre eux, qu'ils s'enfuient dans le plus grand désordre, rompent deux escadrons de cuirassiers et se jettent sur les bataillons qui se retiraient vers Nerkwitz. La cavalerie française qui les poursuit pénètre avec eux au milieu de ces bataillons, qu'elle disperse en quelques instants (2).

Malgré le feu de la batterie Schulenburg, qui était passée sur la rive Nord du ravin de Lehesten, tout le corps d'Holtzendorf, à l'exception du bataillon Borke

---

(1) Journal des opérations du 4e corps. — Höpfner, p. 387.
(2) *Ibid.*, p. 388.

et du bataillon Dohna, est complètement rompu et jeté dans le ravin de Nerkwitz (1).

Le sang-froid du bataillon de grenadiers Borke le sauva. Il fit tête à la cavalerie, rejetant hors de ses rangs les cavaliers qui y pénétraient, et repoussa leurs charges par un feu à courte distance qui leur causa des pertes sensibles (2).

La majeure partie de la cavalerie d'Holtzendorf s'enfuit par le pont situé entre Lehesten et Nerkwitz, pont où le général Sanitz parvint à établir un peu d'infanterie qui arrêta la cavalerie de Soult, mais ne put l'empêcher de s'emparer du général Sanitz blessé (3).

L'infanterie s'échappa par le village de Nerkwitz. Les caissons de la batterie Hahn furent pris dans le défilé, où la cavalerie française ramassa 20 officiers, 400 prisonniers, 6 pièces et 2 étendards (4).

Parvenus au Nord de Nerkwitz près de Stiebritz, les débris d'Holtzendorf se rallièrent sur une ligne à laquelle se réunirent le bataillon Dohna et la batterie de 12 qui avaient contourné Nerkwitz par l'Ouest. Les deux batteries du détachement ouvrirent le feu sur la division Saint-Hilaire qui manœuvrait pour franchir le vallon.

Pendant que le 10ᵉ léger tournait Nerkwitz par l'Est, les 36ᵉ, 43ᵉ et 55ᵉ de ligne abordèrent le village. Le 36ᵉ, formant la tête, le traversa et au débouché Nord se déploya pour aborder la ligne prussienne. Son colonel fut tué dans cette attaque, mais les Prussiens furent rompus et la batterie de 12 fut enlevée après un court engagement. Le débouché du reste de la division était assuré.

Ce qui restait du détachement d'Holtzendorf se mit

---

(1) Höpfner, p. 388 et Journal des opérations du 4ᵉ corps.
(2) *Ibid.*
(3) *Ibid.*
(4) *Ibid.*

alors précipitamment en retraite sur le plateau de Stobra qu'il atteignit vers 11 h. 30 et où il fut rassemblé et réorganisé par son chef (1).

La division Saint-Hilaire ne le suivit pas. N'ayant pas grand'chose à redouter d'un ennemi aussi peu nombreux et qui venait d'être si vigoureusement malmené, son chef fut invité par le maréchal Soult à abandonner la poursuite d'Holtzendorf et à se rapprocher du reste de la Grande Armée, en se conformant aux termes de l'ordre pour la bataille : « Le maréchal Soult se tiendra toujours lié pour tenir la droite de l'armée. »

Tout en faisant surveiller le détachement qui venait d'être vaincu, le maréchal Soult fit changer de direction à gauche à la division Saint-Hilaire. Celle-ci se rassembla sur le plateau à l'Ouest de Nerkwitz, au Nord de Lehesten, face à Hermstadt, parallèlement au chemin de Lehesten à Stobra, le 36ᵉ à gauche, le 43ᵉ au centre, le 55ᵉ à droite ; le 10ᵉ léger en seconde ligne ; la cavalerie à l'aile droite (2).

Holtzendorf, dont les forces étaient très réduites par suite de l'échec qu'il venait d'éprouver, hésita longtemps sur ce qu'il devait faire, ne sachant s'il rejoindrait Hohenlohe par Hermstadt ou s'il ne serait pas préférable de demeurer, bien que très affaibli, comme une menace dans le flanc droit des Français. Il resta inactif à Stobra pendant un temps assez long, puis apprenant qu'une colonne de toutes armes avait franchi les ponts de Dornburg, il se décida à la retraite (3).

Il envoya à Tauentzien vers Klein-Romstadt sa cavalerie et la batterie Hahn qui du reste arrivèrent trop tard ; puis il se mit en route sur Apolda qu'il atteignit vers 2 heures de l'après-midi.

---

(1) Höpfner. I Band., p. 388.
(2) Foucart, p. 639. — Note 3.
(3) Höpfner, p. 389.

XIX

PREMIÈRE ATTAQUE DE VIERZEHNHEILIGEN

Pendant que la division Saint-Hilaire s'engageait au Nord des bois de Closwitz et de Zwetzen, le 5ᵉ corps avait continué de poursuivre Tauentzien se retirant par Krippendorf.

Nous avons vu que les bataillons de droite du corps Tauentzien, Rosen et Erichsen et les chasseurs Werner avaient évacué Lutzerode et battu en retraite sur la forêt d'Isserstedt ; que les trois bataillons de grenadiers saxons qui avaient contre-attaqué la division Suchet avaient été dispersés et obligés de s'enfuir au delà de Vierzehnheiligen ; enfin que Tauentzien lui-même, avec cinq bataillons et demi, s'était retiré dans le plus grand ordre « par lignes alternatives » sur Krippendorf.

Il traversa le vallon et le village et se reforma sur le plateau au Nord de ce vallon, la droite à Vierzehnheiligen, la gauche dans la direction du moulin à vent de Krippendorf.

En arrivant à Vierzehnheiligen, il y trouva quatre bataillons frais de sa division (1), séparés de lui précédemment, qui avaient bivouaqué pendant la nuit en avant de Kotschau. En entendant le canon, ces bataillons avaient pris les armes, s'étaient mis en route vers la gauche pour rejoindre leur général et venaient d'arriver à Vierzehnheiligen quand lui-même y parvint (2).

Il les porta à la droite du village, sur la crête qui domine le vallon qui le sépare du Dornberg.

Le général Claparède, qui suivait Tauentzien en le talon-

---

(1) 1 bataillon Maximilien, 2 bataillons Rechten, 1 bataillon Winckel.
(2) Hopfner, p. 378.

nant avec le bataillon d'élite et le 34e de ligne, arrivé à Krippendorf, occupa le village, puis, franchissant à son tour le vallon, il poussa jusque sur la hauteur du moulin et s'empara encore de 4 pièces de canon, ce qui porta à 22 le nombre de celles qui étaient tombées entre nos mains depuis le début du combat (1).

A la gauche de Claparède, une nuée de tirailleurs, qui poursuivaient les bataillons de grenadiers saxons, s'avançait dans le vallon qui s'étend de Krippendorf à la forêt d'Isserstedt. L'artillerie du 5e corps appuyait ces tirailleurs.

Assez loin en arrière, le 5e corps sur deux lignes descendait le Dornberg dans la direction de Krippendorf, par échelons de division.

L'Empereur marchait avec la première ligne.

Au moment où Claparède, après avoir traversé Krippendorf, gravissait le plateau opposé, la nouvelle ligne, que venait de former Tauentzien, apparut non seulement au Nord en face de Claparède, mais encore de part et d'autre de Vierzehnheiligen, sur le flanc gauche du 5e corps.

Napoléon ordonna aussitôt lui-même au 40e régiment d'infanterie qui suivait en échelons à gauche le 34e de ligne, de passer en première ligne et de s'emparer de Vierzehnheiligen (2).

Ainsi donc, au moment où après avoir dispersé l'aile droite de Tauentzien et repoussé son aile gauche sur Krippendorf, l'avant-garde du 5e corps franchit le ruisseau pour déboucher au Nord, les cinq bataillons et demi de l'aile gauche prussienne sont reformés sur une ligne en face de Claparède, l'aile droite appuyée à Vierzehnheiligen, tandis qu'au Sud du village sur les pentes douces

----

(1) Rapport du général Suchet. — Foucart, p. 634.
(2) *Ibid.*

qui descendent vers le vallon, viennent se ranger les quatre bataillons frais saxons, avec la batterie saxonne Bose, qui a pu, comme on sait, se retirer à temps de Lutzerode et qui ouvre le feu sur la première ligne du 5e corps.

Au Sud de ces bataillons, on ne voyait aucune troupe jusqu'à la forêt d'Isserstedt, dont la lisière était garnie de tirailleurs prussiens.

Pendant que le 40e prend sa direction sur Vierzehnheiligen, l'Empereur prescrit de constituer une grande batterie en face de l'artillerie en action au Sud du village, avec quatre pièces de 8 du 5e corps, et les quatorze pièces de la Garde impériale (1). Dès que la division Desjardins du 7e corps arrivera sur le plateau du Dornberg, son artillerie devra se joindre à cette batterie.

Le 40e se porte donc sur Vierzehnheiligen, charge avec vigueur les bataillons saxons, s'empare d'une pièce de canon, mais ne peut pénétrer dans le village (2). Ce que voyant, Tauentzien prend à son tour l'offensive contre ce régiment et contre Claparède qu'a rejoint la cavalerie du 5e corps.

Claparède, vigoureusement attaqué, est obligé d'évacuer le moulin de Krippendorf et est rejeté dans le vallon.

Le 40e soutient énergiquement les attaques réitérées de Tauentzien, parvient à les arrêter, mais, découvert sur son flanc droit, il est contraint de battre en retraite, ce qu'il fait en couvrant le mouvement rétrograde de Claparède et de la cavalerie (3).

---

(1) Rapport du commandant de l'artillerie de la 1re division du 7e corps. — Foucart, p. 663.

(2) Rapport du général Suchet.

(3) Rapport du général Suchet. — Foucart, p. 634.

Le régiment de Gettkandt-hussards, placé à l'aile gauche de Tauentzien, témoin de cet échec de l'avant-garde française, s'ébranle pour attaquer et prendre en flanc nos troupes désunies qui descendaient du plateau (1).

Mais le 1er bataillon du 34e, placé en réserve près de Krippendorf, marche sur ces escadrons, les pousse devant lui et s'élevant à leur suite sur le plateau, il parvient non loin du moulin de Krippendorf. Là, il se forme en carré, et, malgré de grosses pertes que lui inflige le canon ennemi, il se maintient sur le plateau. Nous le verrons y demeurer pendant plusieurs heures, jusqu'au moment de l'offensive générale (2).

A ce moment, la cavalerie d'Hohenlohe arrivait à hauteur de Vierzehnheiligen. Tauentzien commençait aussitôt à se retirer sur Klein-Romstadt, conformément à ses instructions précédentes, pour s'y reconstituer et s'y ravitailler en munitions.

Le prince Hohenlohe, toutefois, ne jugea pas utile de se porter à son avant-garde et de se faire orienter par Tauentzien sur la situation. Il resta auprès de l'infanterie de Grawert, comme nous le verrons plus loin.

En face de Vierzehnheiligen, si la première ligne du 5e corps venait d'éprouver un échec, les brigades Claparède et Reille avaient été seules engagées. La brigade Vedel était disponible près de Krippendorf et la division Gazan n'avait eu que le 21e léger employé à Lutzerode.

A gauche du 5e corps se constituait la grande batterie que l'Empereur avait prescrit de former.

En seconde ligne, en échelon par rapport au corps de Lannes, la Garde impériale descendait du Dornberg.

---

(1) Rapport du général Suchet. — Foucart, p. 634.
(2) *Ibid.*

Enfin la division Desjardins, du 7e corps, débouchait vers Lutzerode.

Il était près de 10 heures et le brouillard, bien qu'ayant diminué considérablement d'intensité, ne permettait pas encore d'embrasser de part et d'autre l'ensemble des dispositions.

Soudain, une vive canonnade, accompagnée d'une fusillade nourrie, se fit entendre à l'Est, derrière l'armée, dans la direction du terrain où devait se trouver la division Saint-Hilaire (1).

Au bruit de ce combat, Napoléon arrêta le maréchal Lannes, qui se préparait à reprendre l'attaque de Vierzehnheiligen. Le brouillard et les bois ne permettant pas de discerner à pareille distance ce qui pouvait se passer en arrière, l'Empereur prescrivit à la brigade Vedel de faire demi-tour et de se porter vers l'Est, dans la direction du combat (2). En même temps, il envoyait l'ordre à la division Desjardins, dont on voyait déboucher les têtes de colonne, de diriger sa deuxième brigade en arrière et à droite de la position occupée par le corps du maréchal Lannes, afin d'y remplacer la brigade Vedel (3).

Cette dernière, se dirigeant vers l'Est, se heurta entre Alten-Gonne et le Pfarrholz aux bataillons saxons Metzsch et Hundt qui, après avoir dérobé dans la brume leur retraite à la division Saint-Hilaire, se trouvaient coupés de Tauentzien par la marche du 5e corps vers le Nord, et cherchaient à le rejoindre par Alten-Gonne et les plateaux au delà du ruisseau. Ils firent face à la brigade Vedel, leur aile gauche dans la direction du

____

(1) Rapport du général Suchet.

(2) *Ibid.*

(3) Rapport du colonel commandant le 105e de ligne. — Foucart, p. 661.

Pfarrholz, qui était occupé par les deux compagnies du bataillon Pelet, chassés des bois de Closwitz et de Zwetzen par la division du 4e corps (1). Mais ils ne purent soutenir le choc et, débordés par leur gauche, ils furent obligés de battre en retraite. Les fusiliers Pelet furent plus difficiles à déloger du Pfarrholz, mais, en définitive, les deux bataillons et les fusiliers furent rompus et rejetés sur Alten-Gonne d'où les grenadiers saxons se retirèrent sur Hermstadt et Apolda, tandis que les fusiliers Pelet, très éprouvés, réussirent à gagner par le Nord Cappellendorf, où ils rejoignirent leur bataillon (2).

Après avoir dispersé ce parti, la brigade Vedel prit position sur les pentes du Dornberg, à portée du combat que livrait la division Saint-Hilaire.

XX

LA DIVISION GRAWERT ENTRE EN LIGNE.

Nous avons laissé le prince Hohenlohe à son quartier général de Cappellendorf, où pendant la nuit lui avaient été annoncés la présence des Français à Naumburg et le renforcement des troupes françaises qui s'étaient emparées du Windknollen pendant la journée.

Ces nouvelles laissèrent le Prince indifférent, et lorsque vers 6 h. 30 du matin, les premiers coups de canon furent tirés dans la direction de Cospeda, le quartier général à Cappellendorf était en plein repos. Hohenlohe faisait rédiger un rapport au Roi et s'occupait de lui expédier M. de Montesquiou.

En entendant le canon, le général saxon Zeschwitz I,

---

(1) Höpfner, p. 376. — Rapport du général Suchet.
(2) *Ibid.*

commandant à la Schnecke, fit demander des ordres au quartier général. Il lui fut répondu que les troupes devaient se tenir prêtes à rompre, mais qu'il ne fallait pas les fatiguer inutilement et qu'il y avait lieu de penser qu'aucun combat sérieux ne se livrerait ce jour-là (1).

Malgré cette réponse, la division saxonne avait pris les armes et s'était portée sur la position qu'elle occupait la veille, l'aile gauche vers la Schneke, ayant le flanc gauche appuyé au vallon d'Isserstedt ; l'aile droite faisait front, le long de la chaussée, au Schwabhaüser-Grund. A droite et en avant, bordant le vallon même, le détachement du colonel Boguslawski (2).

Devant le front furent poussés les tirailleurs des bataillons saxons, soutenus par quelques pelotons ; les batteries furent placées sur des points dominants. Enfin par le brouillard épais qui régnait, un va-et-vient incessant de patrouilles assurait la sécurité immédiate.

L'infanterie et la cavalerie de la division prussienne Grawert, la cavalerie saxonne et la brigade Dyhernn étaient tranquillement restées sous leurs tentes et dans leurs bivouacs.

Vers 7 heures, comme la canonnade augmentait sur les derrières du camp de Cappellendorf, dans la direction de Cospeda et de Closwitz, il parut urgent au général Grawert de placer sa division dans une direction qui fit au moins face à l'ennemi.

En conséquence, il fit abattre les tentes ; la cavalerie monta à cheval et le général Grawert la fit placer sur un alignement tel que l'aile gauche tendait vers Klein-Romstedt et l'aile droite vers Hohlstedt (3).

---

(1) Höpfner, p. 378.
(2) *Ibid.*
(3) *Ibid*, p. 378-379.

Quand la cavalerie eut gagné ce nouvel alignement, le général Grawert prescrivit vers 7 h. 45 à l'infanterie de prendre les armes à son tour et de venir se former sur l'emplacement de la cavalerie, qui se porterait plus en avant.

Il envoyait en même temps un officier au colonel Massenbach, chef d'état-major d'Hohenlohe, pour lui demander de rappeler le général Tauentzien sur Vierzehnheiligen. Massenbach fit répondre qu'il fallait absolument conserver le débouché d'Iéna, et que les bagages devaient être envoyés en arrière sur la route de Weimar, jusqu'à Umpferstedt (1).

Cependant Hohenlohe avait quitté son quartier général et s'était rendu à l'aile gauche du camp de l'infanterie de Grawert. Il y trouva les tentes encore debout, mais les bataillons rassemblés derrière les faisceaux. Il fit appeler le général Müffling, qui commandait la brigade d'aile droite, et lui ordonna de laisser les bataillons tranquillement au camp jusqu'à ce que le brouillard fût tombé, car il n'attendait rien de sérieux pour ce jour-là.

Pendant ce colloque, l'ordre arriva de l'aile gauche d'abattre les tentes et de rompre, ordre de Grawert immédiatement exécuté. Les bataillons prirent les armes, conversèrent à gauche par peloton et se mirent en marche. Le Prince, persuadé qu'il y avait un malentendu, mit toute sa suite en mouvement pour ramener les troupes sur place. Quelques unités revinrent sur leurs pas, ce qui fit naître un certain désordre en créant de grands intervalles entre les pelotons (2).

Le général Grawert accourut et, en s'excusant, exposa qu'il n'y avait rien autre à faire que de se hâter, sans perdre un instant, de prendre une nouvelle position, et

---

(1) Höpfner, p. 379.
(2) *Ibid.* — Lettow-Vorbeck, p. 355.

supplia le Prince de lui laisser achever le mouvement commencé, répondant sur sa tête de son opportunité.

Hohenlohe finit par y consentir, mais il résulta de ces contre-ordres une perte de temps assez considérable pour l'infanterie de Grawert, qui atteignit tardivement la place quittée par la cavalerie, place qu'on ne pouvait plus reconnaître d'ailleurs dans le brouillard qu'aux traces des pieds des chevaux (1).

Le brouillard s'était, en effet, épaissi d'une manière constante. Il était environ 8 heures.

Hohenlohe, à moitié convaincu par Grawert, envoya alors au général Rüchel, en position au Webicht près Weimar, par un officier, le billet suivant :

Je suis sur le point d'être sérieusement attaqué et j'ai dû faire rompre à gauche la division prussienne. Je prie Votre Excellence de m'envoyer de ses troupes prussiennes, ce dont Elle pourra se passer (2).

C'est sans doute à ce même moment qu'il expédia l'ordre, que Tauentzien reçut sur le Dornberg, d'avoir à se replier vers Klein-Romstedt.

Un peu auparavant, Massenbach avait envoyé un officier au général Holtzendorf pour reconnaître ce qui se passait de ce côté et en rendre compte.

Bientôt l'infanterie de Grawert approcha de l'emplacement de la cavalerie, dont le nouvel alignement était choisi de telle sorte qu'en se portant sur les plateaux de Vierzehnheiligen elle put passer entièrement au Nord de la jeune plantation de sapins, qui se trouve à l'Ouest de ce dernier village, dans la direction de Kotschau.

A l'arrivée de l'infanterie, la cavalerie prussienne se porta en avant. Le Prince se mit à sa tête et la forma en échiquier par escadron, « aussi bien pour couvrir la

---

(1) Höpfner, p. 380.
(2) Lettow-Vorbeck, p. 355-356.

marche de l'infanterie que pour recueillir le général Tauentzien (1) ».

Cette cavalerie comptait 19 escadrons, la batterie à cheval Steinwehr et la demi-batterie à cheval Stüdnitz.

Hohenlohe la porta d'abord dans le vallonnement qui descend sur Klein-Romstedt. Une partie des chevaux du régiment Henckel-cuirassiers s'y embourbèrent. Puis le Prince la devança sur la hauteur qui domine Vierzehnheiligen. De ce point, Hohenlohe pouvait apercevoir les premières lignes du corps de Lannes au pied des pentes et découvrir les réserves qui descendaient du Dornberg. A ce moment le 40e d'infanterie venait d'être repoussé, après son attaque sur Vierzehnheiligen, et Claparède d'être rejeté sur Krippendorf.

Hohenlohe, comprenant l'urgence d'amener son infanterie, voulut s'en occuper lui-même. Il chargea son aide de camp, le major Röder, de conduire la cavalerie en ligne en prescrivant d'attaquer tout ce qui se présenterait; puis il courut à l'infanterie de Grawert.

La cavalerie se porta donc en avant. En arrivant à hauteur de Vierzehnheiligen elle se partagea en deux (2).

Au Nord du village, le régiment Krafft-dragons et la demi-batterie à cheval Stüdnitz ayant à sa gauche deux escadrons de Katte-dragons; au Sud les régiments Prittwitz-dragons et Henckel-cuirassiers. En avant de ces derniers, les 250 chevaux restants du régiment Holtzendorf-cuirassiers, soutenant la batterie Steinwehr.

Dès leur apparition au Sud de Vierzehnheiligen, les escadrons reçurent des coups de canon.

Massenbach apporta aux deux régiments l'ordre de faire demi-tour et les ramena dans un pli de terrain situé en arrière et au Sud-Ouest du village. Seule,

____

(1) Höpfner, p. 380.
(2) *Ibid.*, p. 381. — Lettow-Vorbeck, p. 358.

la batterie à cheval Steinwehr resta sur la crête et répondit au feu de l'artillerie française (1).

A l'arrivée de la cavalerie, Tauentzien avait reporté son infanterie en arrière et l'avait mise en marche sur Klein-Romstedt pour l'y réorganiser et la réapprovisionner en munitions.

Au moment donc où nous sommes arrivés, Tauentzien, après avoir repoussé Claparède et le 40ᵉ de ligne, vient d'évacuer les abords de Vierzehnheiligen. L'infanterie de Grawert est encore éloignée.

Le village de Vierzehnheiligen n'est plus occupé par personne.

La cavalerie prussienne de la division Grawert est répartie des deux côtés du village. Au Nord sept escadrons prussiens, auxquels se joignent les dix escadrons de Gettkandt-hussards, soit dix-sept escadrons, avec la batterie à cheval Stüdnitz reconstituée par la rencontre de ses deux demi-batteries, dont l'une arrivait avec la cavalerie de Grawert et dont l'autre avait opéré avec Tauentzien.

Au Sud de Vierzehnheiligen, entre ce village et le petit bois sur les pentes appartenant à la principauté d'Altenbourg, dix escadrons de Prittwitz-dragons et de Henckel-cuirassiers dans l'ondulation de terrain qui part du village et se dirige vers le petit bois, la gauche au village, la droite en retrait par rapport audit bois : la batterie Steinwehr sur la crête qui domine le vallon où se forme l'armée française, ayant en arrière d'elle, comme soutien, les 250 chevaux d'Holtzendorf-cuirassiers, de sorte que pour les Français la batterie seule était visible, sur la crête, en avant de la ligne qui eut réuni le petit bois de la principauté d'Altenbourg à Vierzehnheiligen.

---

(1) Höpfner, p. 389. — Lettow-Vorbeck, p. 359.

La cavalerie saxonne, à son tour, a pris les armes. Six escadrons (régiment Polenz, deux escadrons chevau-légers Albrecht), avec la batterie à cheval Grossmann, se portent en avant au Nord et près d'Isserstedt.

Le reste de cette cavalerie, dix escadrons (régiment Kochtitzky-carabiniers et deux escadrons Albrecht) demeurent à hauteur de leur camp pour assurer la liaison avec la division Niesemeuschel, qui, ainsi que nous le verrons, se porte à la Schnecke, sur ses emplacements de la veille (1).

A ce moment, le maréchal Ney, dont le corps d'armée ne pouvait, à son estime, arriver avant midi sur le Dornberg, impatient de prendre part à l'action, accourant avec sa cavalerie et son avant-garde qui, toutes deux, avaient passé la nuit à Iéna, débouchait sur le champ de bataille.

XXI

NEY ATTAQUE LA DIVISION GRAWERT.

« Conformément aux ordres de Votre Majesté, écrit, le 19 octobre, le maréchal Ney à l'Empereur, j'avais fait toutes mes dispositions pour pouvoir prendre part à l'attaque générale qu'elle avait médité le 14 octobre sur l'armée prussienne : le corps d'armée était posté à Roda ; mon avant-garde vers Iéna.

« Dans cette position reculée, il était difficile que le corps put entrer en ligne pour l'attaque et le grand brouillard qui survint devait encore y mettre obstacle.

« Je pris donc la résolution de marcher avec mon avant-garde, composée de troupes d'élite, afin d'avoir au

---

(1) Lettow-Vorbeck, p. 359.

moins quelque part aux glorieux événements qui se préparaient (1). »

Au point du jour, en exécution des dispositions de l'ordre pour la bataille, le maréchal Ney s'était porté à l'extrémité du plateau et avait suivi le mouvement de l'armée dans sa marche vers le Nord.

Après que la division Suchet eut repoussé Tauentzien au delà de Krippendorf, se glissant avec ses faibles forces (2) entre le 5e corps et Lutzerode, il se jeta au feu droit devant lui, sans même attendre son artillerie attardée à gravir le chemin ereux qui mène du Mühlthal au plateau.

« Parvenu, dit-il, dans cette même lettre du 19 octobre, à quelque distance de Krippendorf, je trouvai une ligne ennemie établie, la droite au bois, le centre couvert par un village, et sa gauche se prolongeant sur le long rideau de hauteurs qui bordaient le champ de bataille.

« Informé que le corps du maréchal Augereau devait déboucher à ma gauche, je pensais qu'en m'établissant entre le bois et le village, toute la droite de l'ennemi pourrait être coupée et la direction du feu sur ma droite me prouvait que ce résultat serait inévitable. »

En conséquence, malgré le peu de forces dont il disposait, il résolut de faire charger sur les pièces ennemies qu'il apercevait au Sud de Vierzehnheiligen.

Celles-ci ripostaient au feu de la grande batterie française et tiraient également sur les troupes françaises aperçues plutôt que vues bien réellement à travers le brouillard.

Au Nord de Krippendorf, comme au Sud de Vierzehnheiligen, les tirailleurs du 5e corps s'étaient répandus

____

(1) Le maréchal Ney à l'Empereur. — Foucart, p. 646-647.

(2) 10e chasseurs, 3e hussards, 1 bataillon de grenadiers, 1 bataillon de voltigeurs, 25e léger.

à travers la plaine et, s'approchant individuellement de la cavalerie prussienne, tiraient de préférence sur les officiers (1).

Les pertes que le canon et ce feu de tirailleurs infligeaient aux escadrons prussiens leur causaient une impression fâcheuse et énervaient leur moral. Le major Loucy proposa alors de former une partie de la cavalerie en colonne, de se jeter avec elle sur les tirailleurs français, de les traverser, puis se déployant derrière eux, de les disperser en les prenant à revers, et de les pousser sur l'infanterie prussienne, pendant que le reste de la cavalerie prendrait pour objectif les batteries françaises très exposées. Ce projet fut écarté (2).

Cependant, à l'appel d'Hohenlohe, l'infanterie de la division Grawert qui avait, comme on sait, levé son camp et s'était formée sur l'emplacement évacué par la cavalerie, s'était mise en marche à son tour dans la même direction qu'elle, passant par conséquent au Nord de la plantation de sapins pour se porter sur Vierzehnheiligen.

Comme l'envoi de la brigade Cerrini sur le Dornberg pour appuyer Tauentzien, et celui de la brigade Sanitz vers Rödigen avaient fait disparaître la réserve du corps d'Hohenlohe, le général Grawert maintint jusqu'à nouvel ordre la brigade Dyhernn (3) en réserve sur les hauteurs au Sud de Klein-Romstedt.

Les quatre bataillons saxons qui s'étaient postés au Sud de Vierzehnheiligen quand Tauentzien y était arrivé, et qui avaient concouru à repousser l'attaque du 40e, ne

---

(1) Höpfner, p. 390.

(2) Höpfner, p. 391.

(3) Constituée avec les débris de l'ancienne avant-garde du prince Louis tué à Saalfeld. Elle comprenait, le 14 octobre, 2 bataillons régiment Xavier, 1 bataillon régiment Électeur, le 1er bataillon Clémens, le 2e bataillon Müffling, 3 escadrons de hussards saxons et la batterie d'obusiers Kotsch.

se retirèrent pas jusqu'à Klein-Romstedt avec leur général. Ils furent dirigés en seconde ligne derrière l'aile droite de la division Grawert et constituèrent la nouvelle brigade Cerrini, dont ce dernier prit immédiatement le commandement.

Quand l'infanterie de Grawert eut dépassé la plantation de sapins, c'est-à-dire fut arrivée à environ 1,000 pas de Vierzehnheiligen, le prince Hohenlohe lui fit faire halte, voulant laisser au brouillard le temps d'achever de se dissiper et désirant en outre voir l'ennemi engagé davantage dans la plaine afin d'avoir plus de champ pour utiliser l'action de sa cavalerie (1).

De sorte qu'au moment où le maréchal Ney prenait la résolution d'attaquer la batterie Steinwehr, en action au Sud de Vierzehnheiligen, c'est-à-dire un peu après 10 heures, ce village venait d'être évacué par Tauentzien, l'infanterie de Grawert s'était arrêtée à 1,000 pas environ du village, et la cavalerie prussienne déployée de part et d'autre de la localité, commençait à être ébranlée tant par le feu du canon que par celui de nos tirailleurs.

Le maréchal Ney lance donc sa cavalerie, la brigade Colbert, sur la batterie Steinwehr, le 10e chasseurs en première ligne, le 3e hussards en échelon à gauche. Les deux bataillons de grenadiers et de voltigeurs, formés en carrés, sont prêts à soutenir la cavalerie légère. Le 25e léger est maintenu en réserve (2).

Le 10e chasseurs, en colonne par escadron, dérobe sa marche à la faveur d'un petit taillis, change vivement de direction à droite et se lance à l'attaque de la batterie Steinwehr (3).

Les 250 chevaux d'Holtzendorf-cuirassiers, soutiens de

---

(1) Höpfner, p. 390.
(2) Le maréchal Ney à l'Empereur. — Foucart, p. 647.
(3) *Ibid.*

cette batterie, se jettent à la rencontre des chasseurs, mais, après une courte résistance, ils sont bousculés et font demi-tour. Ils reculent sur le régiment Henckel-cuirassiers, le mettent en désordre, et le tout s'enfuit dans la direction de l'aile droite de l'infanterie de Grawert, qui est un peu bousculée (1).

Quelques chasseurs français, qui n'étaient plus maîtres de leurs chevaux, suivirent les cuirassiers jusque sur cette infanterie, qui les fusilla et les détruisit presque tous.

Une autre fraction du 10e chasseurs se tourna contre la batterie Steinwehr, y pénétra de toutes parts, coupant les rênes des conducteurs, dispersant les servants, et emmena les caissons, laissant les pièces en place (2).

La plus grande partie du régiment se jeta sur le flanc droit du régiment Prittwitz-dragons, découvert par la débandade des cuirassiers. Mais la mêlée tourna à l'avantage des dragons, qui repoussèrent les chasseurs en leur faisant 73 prisonniers.

Cependant le régiment Henckel s'était rapidement reformé. Son colonel fit sonner la charge et le 10e chasseurs, en désordre, repoussé en tête par Prittwitz-dragons, pris en flanc par Henckel-cuirassiers, fut bousculé, rejeté sur les pentes et dans le vallon, et poursuivi jusque sur les deux carrés de voltigeurs et de grenadiers du maréchal Ney et sur la grande batterie, même jusqu'auprès de l'Empereur, autour duquel le régiment se rallia.

Mais le 3e hussards, qui avait au début prolongé à gauche le 10e chasseurs, conversant à droite se jeta sur le flanc des cuirassiers et des dragons qui ramenaient ce

---

(1) Le maréchal Ney à l'Empereur. — Höpfner, 390.
(2) Höpfner, p. 391.

dernier régiment. Couverts de mitraille par la grande
batterie française (1), reçus par les grenadiers et les
voltigeurs par un feu à 20 pas, les cavaliers prussiens
furent rompus et vigoureusement repoussés. La brigade
de cavalerie du 5e corps, amenée en toute hâte par le
général Bertrand, aide de camp de l'Empereur, débouchait à ce moment ; elle se porta au-devant de la cavalerie prussienne (2). Celle-ci, qui venait de se rallier,
marqua elle-même un mouvement en avant. La cavalerie
française démasqua l'infanterie de Ney. Les cuirassiers
et dragons prussiens se décidèrent alors à la retraite et
reprennent leur première position ; la batterie Steinwehr, bien que reconquise, ne put recommencer le feu,
ayant perdu tous ses caissons (3).

Pendant que la brigade Colbert se rassemblait, le
maréchal Ney, reconnaissant qu'il était difficile d'enlever l'artillerie ennemie « avec des hussards seulement » estima qu' « il était néanmoins de la plus grande
importance, en attendant l'arrivée de quelques renforts,
de faire des démonstrations qui empêchassent l'ennemi
de faire un mouvement offensif (4) ».

En conséquence le bataillon de voltigeurs reçut pour
objectif le village de Vierzehnheiligen, le bataillon de
grenadiers le bouquet de bois au centre, c'est-à-dire
le petit bois de la principauté d'Altenbourg, et le
25e léger, avec le colonel Jomini, entre ce bois et la forêt
d'Isserstedt.

Accueilli bientôt par le feu de la batterie à cheval
saxonne établie avec 6 escadrons, comme on sait, au

---

(1) Rapport du commandant de l'artillerie du 7e corps. — Foucart,
p. 663.
(2) Rapport du maréchal Ney.
(3) Höpfner, p. 391.
(4) Rapport du maréchal Ney. — Froucart, p. 648.

Nord d'Isserstedt (1), le 25e léger jette dans la forêt un bataillon qui pousse sur Isserstedt même, pendant que le colonel Jomini rend compte au Maréchal de la présence de forces importantes à l'Ouest et au Sud d'Isserstedt et de la forêt.

XXII

GRAWERT FAIT RECULER NEY.

A ce moment, c'est-à-dire entre 10 heures et 10 h. 30 du matin, la situation de l'armée française est la suivante :

Le 5e corps est rangé sur deux lignes en face de Vierzehnheiligen, la division Gazan en seconde ligne.

Dans la division Suchet, le 17e léger se réorganise ; il est en réserve et ne sera plus employé de la journée ; un bataillon du 34e (le 1er) est installé au moulin de Krippendorf ; le reste du régiment est en réserve. Le 40e vient d'être repoussé dans son attaque sur Vierzehnheiligen. La brigade Vedel vient d'être détachée vers l'Est au bruit du combat livré par Saint-Hilaire.

A la gauche de Lannes, une grande batterie riposte à l'artillerie prussienne (2).

La brigade de cavalerie du 5e corps a rejoint la brigade Colbert du 6e, à gauche de cette batterie.

Le maréchal Ney a poussé un bataillon sur Vierzehnheiligen, un bataillon sur le bois d'Altenbourg, et le 25e léger sur les lisières de la forêt d'Isserstedt et le village du même nom.

La division Desjardins, du 7e corps, débouche de

---

(1) Batterie à cheval Grossmann, régiment Polenz et 2 escadrons chevau-légers Albrecht.

(2) 14 pièces de la Garde, 4 pièces du 5e corps, 7 pièces du 7e.

Cospeda Lutzerode et va s'établir en face de Vierzehnheiligen.

La Garde impériale est en réserve sur les pentes du Dornberg.

A l'Est du champ de bataille, Saint-Hilaire est engagé avec Holtzendorf.

Du côté des Prussiens, Vierzehnheiligen vient d'être évacué par Tauentzien; la cavalerie d'Hohenlohe est répartie au Nord et au Sud du village; son aile droite vient d'être violemment engagée avec l'avant-garde de Ney. L'infanterie de la division Grawert est arrêtée face à l'Est, à environ 1,000 pas à l'Ouest de Vierzehnheiligen (700 mètres environ).

La division saxonne occupe la Schnecke; elle est reliée à Hohenlohe par dix escadrons établis sur le plateau entre Kotschau et Isserstedt et couverts eux-mêmes vers l'Est par six escadrons et une batterie près d'Isserstedt.

Le brouillard, qui jusqu'alors n'avait cessé de régner sur le champ de bataille tout en s'éclaircissant peu à peu à partir de 8 heures du matin, achevait également de se dissiper.

Les Prussiens purent alors distinguer devant eux des lignes de tirailleurs, suivies de petites colonnes d'infanterie, au milieu desquelles marchaient quelques pièces et quelques escadrons.

C'était l'avant-garde de Ney et la première ligne du 5e corps qui reprenaient l'offensive.

Après l'échec du 40e devant Vierzehnheiligen, il s'était produit un temps d'arrêt causé par le bruit du combat livré par Saint-Hilaire et l'envoi dans cette direction de la brigade Vedel, que devait remplacer, derrière le corps de Lannes, une brigade de la division Desjardins.

Dès que ces mesures eurent été prises et que la 2e brigade du 7e corps eut gagné, vers 10 h. 15, la place de la brigade Vedel (comme nous le verrons plus loin), au moment où se terminait l'engagement de la brigade Colbert, le 40⁰ recevait l'ordre de recommencer son attaque et le 21⁰ léger de le soutenir (1).

Ces deux régiments marchent sur Vierzehnheiligen en même temps que le bataillon de voltigeurs lancé par Ney sur le village.

Celui-ci fut occupé sans coup férir, semble-t-il, et le bataillon de voltigeurs, le 40⁰ de ligne et le 21⁰ léger s'y établirent solidement, en même temps que le bataillon de grenadiers du maréchal Ney occupait le bois d'Altenbourg et que le 25⁰ léger, dans la forêt d'Isserstedt et autour d'elle, faisait face à la division saxonne et poussait des éléments jusqu'au village même d'Isserstedt où ils s'installaient.

Notre infanterie, qui vient de pénétrer dans Vierzehnheiligen, n'en a pas plutôt atteint les lisières, qu'elle ouvre le feu sur la cavalerie prussienne qui l'entoure.

Hohenlohe, voyant les pertes que ce feu fait éprouver à sa cavalerie, et voulant éviter qu'elle se jetât sur sa propre infanterie, lui prescrit alors de se reporter en arrière et de se former, partie derrière le centre, partie derrière les ailes de la division Grawert (2).

Derrière l'aile droite, trois escadrons de Henckel-cuirassiers.

Derrière le centre, les deux autres escadrons, les cuirassiers d'Holtzendorf et un escadron de chevau-légers.

Derrière l'aile gauche, les dix escadrons de Prittwitz et Krafft-dragons, deux escadrons de Katte-dragons et les huit escadrons de Gettkandt-hussards, du corps de Tauentzien (3).

---

(1) Rapport du général Victor. — Foucart, p. 626.
(2) Höpfner, p. 392-393.
(3) Höpfner, p. 393.

En arrière de la première ligne des Français jusqu'au Dornberg, il n'y avait pas de réserves importantes visibles.

L'occasion parut favorable à Hohenlohe pour culbuter cette ligne avancée. Il s'y détermina sans hésiter.

Il passa devant le front de l'infanterie de Grawert, de la gauche à la droite, lui rappelant la vieille gloire prussienne, les actions des ancêtres, et fut accueilli partout par des vivats et des cris de « En avant » (1).

A 10 h. 30, le Prince donna le signal de l'attaque, en ordre oblique, par échelons de deux bataillons, l'aile gauche en avant pour gagner le flanc droit de l'ennemi (2).

Cette marche, qui eut lieu d'abord sous le feu de l'artillerie des régiments français qui occupaient Vierzehnheiligen, puis sous la fusillade et la mitraille réunies, s'exécuta comme sur le terrain d'exercices (3). Au début, la grande batterie française ne pouvait pas la découvrir, en raison du vallonnement.

Arrivée à portée de fusil de Vierzehnheiligen, c'est-à-dire, à 500 mètres environ du point de départ, la tête s'arrêta. Les échelons se portèrent en ligne, ce qui fut terminé entre 10 h. 50 et 11 heures.

Le brouillard s'était alors complètement dissipé. C'était le début d'une belle et chaude journée d'automne.

A ce moment l'infanterie d'Hohenlohe était tout entière en ligne et se présentait dans le dispositif suivant :

Les régiments Grawert, Zastrow, Sanitz et Hohenlohe entouraient Vierzehnheiligen, les deux premiers avec la batterie Wolframsdorf au Nord du village, les deux autres à l'Ouest.

____

(1) Höpfner, p. 393.
(2) *Ibid.*
(3) *Ibid.*

Prolongeant cette ligne vers le Sud, les bataillons de grenadiers Hahn et Sack, avec la batterie de 12 Glasenapp, faisaient plus particulièrement face à l'avant-garde de Ney.

En même temps, les bataillons Rosen et Erichsen qui, après l'évacuation de Lutzerode le matin, étaient venus se reformer à l'Ouest d'Isserstedt, reprenaient l'offensive.

Se conformant au mouvement de Grawert, ils lancent la compagnie de chasseurs Werner et deux compagnies de fusiliers Erichsen sur la forêt et se portent à l'attaque d'Isserstedt.

Derrière eux, la cavalerie saxonne (10 escadrons) restait établie à l'Ouest d'Isserstedt, avec six escadrons et une batterie près d'Isserstedt même et reliait la division Grawert à la division saxonne, toujours immobile à la Schnecke.

Derrière l'infanterie de Grawert, la cavalerie d'Hohenlohe est répartie en trois groupes : à l'aile gauche vingt escadrons (Prittwitz-Krafft-Kate-dragons et Gettkandt-hussards).

Derrière le centre, 5 escadrons (4 de cuirassiers, 1 de chevau-légers).

Derrière l'aile droite, 3 escadrons de Henckel-cuirassiers.

En outre, l'aile gauche est renforcée du demi-bataillon Kollin et de la demi-batterie à cheval Gause, du détachement d'Holtzendorf, qui s'étaient perdus le matin dans le brouillard et qui venaient de rejoindre Hohenlohe.

Enfin, comme réserves, le Prince ne disposait que de la brigade Dyhernn comptant 5 bataillons échappés au désastre de Saalfeld ainsi qu'une batterie, et maintenue près de Klein-Romstadt, et de la nouvelle brigade Cerrini, comptant 4 bataillons, qui marchait derrière l'aile droite de Grawert.

Devant Vierzehnheiligen, comme à l'avant-garde du

6e corps, les tirailleurs évitèrent le choc de l'infanterie prussienne (1).

Isserstedt est réoccupé par les bataillons Rosen et Erichsen, dont les tirailleurs suivent le bataillon du 25e léger jusqu'à la lisière Est de la forêt, où ils s'établissent.

En même temps, le bataillon de grenadiers qui occupait le petit bois d'Altenbourg, et le reste du 25e léger, se maintenaient péniblement devant les bataillons d'aile droite de Grawert et commençaient à reculer (2).

. A ce moment arrivèrent les 6 pièces de l'avant-garde du 6e corps, qui n'avaient pu déboucher que vers 10 heures sur le Windknollen (3).

Mais les pièces de 12 Glasenapp, de l'aile droite de Grawert, vinrent soutenir l'artillerie régimentaire et prirent rapidement la supériorité sur les 6 pièces françaises. Ce que voyant, le maréchal Ney ordonna un mouvement rétrograde, d'environ une portée de fusil, ce qui fut exécuté par le 25e léger, le bataillon de grenadiers et l'artillerie « avec un aplomb sans exemple ».

Quoi qu'il en soit, l'avant-garde du 6e corps s'était vue dans l'obligation d'évacuer le village et la forêt d'Isserstedt, ainsi que le petit bois d'Altenbourg.

Mais à cet instant, la 1re brigade de la division Desjardins, envoyée par l'Empereur sur la forêt d'Isserstedt, allait reprendre l'action sur le terrain que venait d'abandonner le maréchal Ney.

---

(1) Höpfner, p. 394.
(2) *Ibid*.
(3) Rapport du chef d'état-major de l'artillerie du 6e corps. — Foucart, 650.

XXIII

ARRIVÉE DE LA DIVISION DESJARDINS.

Le 13 octobre au soir, comme on sait, le 7ᵉ corps avait établi ses bivouacs sur les hauteurs qui se trouvent au Sud-Ouest d'Iéna. Son avant-garde et le maréchal Augereau passèrent la nuit à Iéna.

La 1ʳᵉ division (Desjardins) et la cavalerie bivouaquèrent près du village de Lichtenhayn avec l'état-major du corps d'armée. Le reste du 7ᵉ corps campa beaucoup plus en arrière, vraisemblablement dans la région située au Sud-Ouest des ponts de Burgau-Lobeda, car le lendemain il dut attendre, pour utiliser la route, la fin du défilé des deux divisions du 6ᵉ corps et des trois divisions de cavalerie venant de Roda.

Le 14 octobre au matin, dès les premiers coups de canon, le maréchal envoya à son corps d'armée l'ordre de se porter sur le plateau par le Mühlthal.

La 1ʳᵉ brigade gravit la montagne à travers les vignes, tandis que la 2ᵉ suivait le chemin creux, à travers les gorges du Cospedaergrund, pour donner à l'artillerie et à la cavalerie légère la possibilité de suivre son mouvement (1).

La division fut réunie vers 9 heures, sur deux lignes formées chacune d'une brigade, sur le plateau à l'Est de Cospeda, que le mouvement offensif du 5ᵉ corps et de la Garde impériale avait dégagé..

Elle suivit ensuite le mouvement général de l'armée, en exécutant un changement de front, l'aile droite en avant, la seconde brigade débordant la première de deux bataillons par sa gauche (2).

---

(1) Rapport du maréchal Augereau. — Foucart, p. 652.
(2) *Ibid.*

La division Desjardins déboucha vers 10 heures sur les pentes Nord-Ouest du Dornberg et s'établit face à Vierzehnheiligen (1).

Cinq pièces de 8 et deux obusiers de son artillerie furent appelés de suite pour renforcer la grande batterie constituée par l'Empereur (2).

La 2e brigade (Conroux) reçut l'ordre de relever la brigade Vedel, détachée vers l'Ouest, « en se portant en réserve sur la droite pour observer les mouvements de la cavalerie » qui était engagée avec le 1er bataillon du 34e sur le plateau du moulin de Krippendorf (3).

Un peu après 10 h. 30, la 1re brigade fut dirigée par Napoléon sur la forêt d'Isserstedt.

L'Empereur donna lui-même ses instructions à chacun des deux régiments qui la composaient.

Le 16e léger dut « chasser les tirailleurs qui tenaient le bois à gauche de la division et enlever la ligne formée sur le rideau à droite de ce bois (4) ». Il s'agit des tirailleurs qui ont réoccupé la forêt d'Isserstedt qu'a évacuée le 25e léger, des bataillons d'aile droite de Grawert (Hahn et Sack) et de la batterie de 12 de Glasenappe qui, à 10 h. 30, s'établissent sur le petit plateau au Nord de la lisière, sur les pentes parsemées d'arbres, entre celle-ci et le petit bois d'Altenburg.

Le 14e eut pour mission « de se porter au débouché du bois et de se maintenir à sa tête sans désemparer (5) », c'est-à-dire d'occuper la lisière Nord-Est, de s'y installer et de s'y maintenir coûte que coûte.

------

(1) Rapport du colonel commandant le 105e de ligne.

(2) Rapport du commandant de l'artillerie du 7e corps. — Foucart, p. 663.

(3) Rapport du colonel commandant le 105e de ligne. — Foucart, p. 661.

(4) Rapport du chef de bataillon commandant le 16e léger. — Foucart, p. 657.

(5) Rapport du colonel commandant le 14e de ligne. — Foucart, p. 658.

Les deux régiments rompirent par pelotons à gauche pour marcher sur le bois.

Le 16e léger s'y porta en colonnes de bataillon, la gauche en tête. Le 3e bataillon pénétra dans la forêt en tirailleurs et prit pour direction le village d'Isserstedt. Dans ce mouvement, il « masqua un moment le 1er bataillon du 14e », qui se dirigeait sur la lisière Nord du bois (1). Puis s'engagea dans la forêt un long combat qui finira par tourner à l'avantage du 3e bataillon du 16e léger. Celui-ci parviendra à s'emparer du village d'Isserstedt et à s'y installer, malgré le feu des batteries de la division saxonne Niesemeuschel. Le bataillon s'établira vers 11 h. 30 dans le village. Il y recevra l'ordre d'y attendre l'arrivée du reste de la brigade.

Les deux autres bataillons du 16e léger (1er et 2e) toujours en colonne, se portèrent en avant et à droite de la forêt d'Isserstedt, au delà de la corne Nord et se déployèrent à portée de mousqueterie de « l'artillerie ennemie et de la ligne de bataille sur ce point », vers 11 heures, ayant leur droite vers le petit bois d'Altenburg, que venait d'évacuer le bataillon de grenadiers du 6e corps (2).

Lorsque le 16e léger eut laissé le champ libre au 14e de ligne, celui-ci, précédé de ses deux compagnies de voltigeurs et formant deux colonnes de bataillon la gauche en tête, la colonne de gauche conversant non loin de Lutzerode, pénétra à son tour dans la partie Nord de la forêt d'Isserstedt pour s'établir à la tête du bois, comme l'avait prescrit l'Empereur (3).

Les compagnies de voltigeurs poussèrent devant elles quelques tirailleurs prussiens qui tenaient encore et le

---

(1) Rapport du 16e léger.
(2) *Ibid.*
(3) Rapport du 14e de ligne.

régiment vint occuper la lisière Nord-Ouest, en seconde ligne, par rapport aux 1er et 2e bataillons du 16e léger, et relié au 3e bataillon de celui-ci par ses compagnies de voltigeurs qui bordèrent la lisière Nord.

Pendant ce temps, l'infanterie de la division Grawert avait continué sa marche offensive sur Vierzehnheiligen ; l'aile gauche commençait l'enveloppement de la localité par le Nord.

« Ce fut l'unique moment, dit le colonel Höpfner, où par l'application de toutes les forces au même point, par l'enlèvement brutal de Vierzehnheiligen et un énergique emploi de la cavalerie, on eut pu, du côté des Prussiens, obtenir un succès momentané. » « Mais on manquait pour cela, écrit von der Goltz, de l'élan qui donne l'impulsion en avant. Cette manière de combattre n'était ni dans les tendances, ni dans les habitudes des Prussiens. »

Voyant qu'il ne disposait que d'une ligne mince, sans réserves sérieuses, incertain sur les forces qu'il avait devant lui, ignorant complètement les moyens à employer contre les tirailleurs français et sentant, cependant, qu'il fallait à tout prix conquérir Vierzehnleiligen, Hohenlohe, indécis et irrésolu, prit le parti de s'arrêter (1).

Cependant, le général Reille avait renforcé avec le 34e la gauche du village (2).

Les Français, embusqués dans les haies et les clôtures, faisaient un feu très vif. Leur action, ainsi que celle des tirailleurs répandus dans la plaine, jointe à celle des pièces de la grande batterie et de l'artillerie du 5e corps, infligeait à la ligne prussienne des pertes importantes, qu'aucune réserve sérieuse ne permettait de remplacer.

L'infanterie de Grawert répondit à ce feu terrible,

----

(1) Höpfner, p. 394.
(2) Rapport du général Victor, p. 628.

d'abord en poussant en avant d'elle des tireurs isolés, puis en exécutant des salves de bataillon et des feux de peloton, la plupart sans résultats, tandis que le tir des Français faisait de tels ravages que le régiment Sanitz recula un instant. Il fut toutefois ramené en ligne par le prince Hohenlohe (1).

Cependant les batteries de 12 prussiennes causaient de sérieux dommages dans notre artillerie, mais sans l'obliger à éteindre son feu, bien que plusieurs pièces fussent démontées et que plusieurs caissons fissent explosion (2).

Voyant l'aile droite de Grawert un peu en l'air, la brigade de cavalerie du 5e corps cherche à intervenir. Le général Treilhard porte le 9e hussards en avant pour tomber sur le flanc droit de la ligne prussienne. Mais les trois escadrons de Henckel-cuirassiers qui marchaient derrière cette aile droite, se jettent dans le flanc du 9e hussards et sont suivis par deux escadrons de chevau-légers saxons. Le 9c hussards, non soutenu par le 21e chasseurs, est bousculé et repoussé avec de fortes pertes (3).

C'est à ce moment que les 1er et 2e bataillons du 16e léger se déploient en face des bataillons Hahn et Sack que les chevau-légers de Polenz prolongent vers la droite. Le 14e de ligne s'installe à la lisière Nord, en arrière et à gauche du 16e, dont un bataillon occupe Isserstedt.

Les deux compagnies de voltigeurs se relient à ce bataillon en occupant la lisière.

Les deux bataillons Rosen et Crichsen, considérablement réduits par ces combats ininterrompus, se reforment sur le plateau au Nord d'Isserstedt.

-----

(1) Höpfner, p. 394.
(2) *Ibid.*
(3) *Ibid.*

C'est également à ce moment que l'officier envoyé à Rüchel rejoint le prince Hohenlohe. Il a rencontré Rüchel dans l'allée des tilleuls de Weimar, au moment où ses troupes sortaient de leur camp et il rapporte à Hohenlohe un billet du général annonçant qu'il se porte sur Cappellendorf avec la majeure partie de ses forces.

XXIV

COMBAT DEVANT VIERZEHNHEILIGEN.

Cependant, autour de Vierzehnheiligen, le combat augmentait d'intensité.

La batterie de 12 Wolframsdorf n'avait cessé de tirer sur le village. Mais les Français ne l'évacuaient pas, tenant les lisières par des nuées de tirailleurs et abritant leurs réserves derrière les murs et les granges. Le 40e de ligne, le 21e léger et le bataillon des voltigeurs du 6e corps se maintenaient opiniâtrément ainsi que le 34e qui « était établi à la gauche avec le général Reille ». Nos tirailleurs tiraient comme à la cible sur les bataillons prussiens immobiles devant eux (1).

La ligne d'Hohenlohe se rapprochait toutefois de plus en plus de Vierzehnheiligen, malgré les pertes énormes qu'elle subissait. Son feu devenait terrible et l'instant était critique, « le plus critique de la journée », dit le Rapport du 5e corps.

Le maréchal Lannes résolut d'attaquer l'aile gauche de l'ennemi. « Il marcha à la tête du 100e régiment commandé par le général Graindorge pour se porter à la droite du village, s'emparer des hauteurs qui s'y trouvent et menacer par cette manœuvre hardie le flanc

---

(1) Von der Goltz. — Resbach et Iéna.

gauche de l'ennemi pendant que les généraux Gazan et Campana, appelés avec le 103e pour soutenir cette entreprise, devaient attaquer de front l'aile gauche prussienne (1). »

Le 100e s'éleva donc par une marche de flanc vers le moulin de Krippendorf, fit ensuite à gauche et marcha sur le flanc gauche du régiment Grawert, tandis que le 103e marchait directement sur ce dernier.

Hohenlohe en voyant les débuts de ce mouvement, comprit immédiatement le danger, et fit de suite exécuter à son aile gauche une conversion et former un crochet qui fut prolongé par la cavalerie sur le plateau.

Malgré l'intensité du feu des bataillons Kollin et Grawert, de la batterie de 12 Wolframsdorf et de la demi-batterie Gause qui s'était placée en avant du régiment Kraft-dragons, les deux régiments français réussirent dans leur attaque. Le 103e bouscula les Prussiens pour donner la main au 100e (2).

Mais Hohenlohe avait couru à la cavalerie saxonne placée au Nord d'Isserstedt, et ramenait les cuirassiers de Kochtizki avec quelques escadrons des chevau-légers Albrecht et Polenz. Les 100e et 103e, encore en désordre, sont chargés de toutes parts. L'effort des trente escadrons qu'Hohenlohe vient de réunir, a raison d'eux et rétablit le combat de ce côté. Les 100e et 103e sont obligés de reculer jusqu'à leur point de départ (3).

Le régiment prussien Grawert reprend alors sa marche lente sur Vierzehnheiligen.

Toutefois ce succès local de la cavalerie ne décidait rien et il devenait urgent de mettre un terme à cette attente prolongée. L'intervention d'une réserve fraîche

---

(1) Rapport du général Victor.
(2) *Ibid.*
(3) Höpfner, p. 398.

jetée sur Vierzehnheiligen pouvait seule amener la solution.

Mais le départ de la cavalerie saxonne, amenée à l'aile gauche par Hohenlohe, avait créé un vide entre l'aile droite prussienne et les escadrons et fusiliers saxons restant près d'Isserstedt et, par suite, la division saxonne, toujours immobile sur la Schnecke. Avant tout, le général Grawert se préoccupa de remédier à cette solution de continuité; il fit prendre d'abord de plus grands intervalles entre les bataillons de l'aile droite, appela en ligne la batterie d'obusiers Kotsch, de la brigade Dyhernn. Puis il intercala les quatre bataillons de la nouvelle brigade Cerrini entre le régiment Hohenlohe et les bataillons de grenadiers Hahn et Sack, qui ont obliqué à droite pour faire face au 16ᵉ léger. Il appela en même temps la brigade Dyhernn, restée, comme on sait, près de Klein-Romstadt et lui prescrivit de se placer en échelon derrière l'aile droite (1).

Le reste des chevau-légers de Polenz et la batterie à cheval Grossmann se portèrent à hauteur de la première ligne prussienne.

Quant à la division Niesemeuschel, qui, depuis le matin, était restée immobile sur la Schnecke, hypnotisée sur le Mühlthal, le général Zeschwitz I, en voyant le mouvement de l'avant-garde du 6ᵉ corps et celui des 16ᵉ léger et 14ᵉ de ligne, avait fait porter une de ses brigades (2) ainsi que les trois batteries dont elle disposait, à environ 700 mètres au Sud-Ouest d'Isserstedt, vraisemblablement en travers du chemin qui conduit de ce village à Gross-Schwabhausen (3). Les batteries

---

(1) Höpfner, p. 398.

(2) 2 bataillons du régiment Thummel et 2ᵒ bataillon F. Auguste.

(3) Cet emplacement doit être tel qu'il nécessite une heure de marche environ pour être atteint par la droite de la division Desjardins après qu'elle aura repoussé l'aile droite de Grawert, que le bataillon français

Ernst et Haufmann se placèrent à la droite de l'infanterie, la batterie Bonniot à la gauche, ayant son flanc gauche couvert par les quatre escadrons de carabiniers saxons (1).

La brigade Nehrhorf resta sur la Schnecke et le détachement Bogulawski, qui s'était rapproché, prit position sur la chaussée, le front tourné vers le Schwabhausergrund, les fossés de la route occupés par les chasseurs de la compagnie Masars (2).

A la suite de l'échec subi par les 100ᵉ et 103ᵉ de ligne, le feu des Français qui tenaient Vierzehnheiligen sembla diminuer d'intensité. En outre, de la hauteur où se tenait Hohenlohe, on ne découvrait d'autres troupes françaises que celles qui occupaient le village ou qui étaient rangées en arrière dans le vallon (3).

Jugeant dès lors le moment favorable au dernier effort qu'il sentait nécessaire, le Prince résolut de faire attaquer Vierzehnheiligen à la baïonnette par quelques bataillons.

A ce moment, le général Grawert vint à lui et le félicita du succès qu'il venait de remporter.

Le Prince, en déclinant le compliment, lui fit part de sa résolution d'attaquer. Grawert le pria d'en différer l'exécution, lui montrant les bataillons ébranlés par leur long séjour sous le feu, ne formant qu'une seule ligne, sans qu'on put compter sur les troupes de Tauentzien ni de Dyhernn comme réserve et termina par ces mots : « Dans cette situation, nous pouvons et nous devons nous maintenir jusqu'à l'arrivée du corps du général

---

occupant Isserstedt ne puisse pas s'engager, de la lisière, avec la brigade Burgsdorf, que l'artillerie de cette brigade puisse atteindre le rassemblement de Desjardins. C'est donc à peu près où nous l'avons mis.

(1) Höpfner, p. 398.
(2) *Ibid.*
(3) *Ibid.*, p. 399.

Rüchel. Alors nous pourrons tenter de prendre le village et achever la victoire (1). »

Comme la veille, le Prince renonça à ses projets offensifs, et conféra avec le colonel Massenbach, qui lui proposa de donner le commandement de l'infanterie au général Grawert et de se précipiter sur l'ennemi avec toute la cavalerie : « Attendre, c'est la mort », aurait dit Massenbach (2).

A ce moment arriva un avis du général Zeschwitz I, qui faisait connaître que, si, de la Schnecke, il voyait bien reculer quelques fractions ennemies, il apercevait en revanche de fortes colonnes françaises en marche de Closwitz et de Cospeda sur le Dornberg et la forêt d'Isserstedt (3).

Sous l'impression de ces nouvelles, comme, d'autre part, l'affaiblissement de la canonnade aux environs de Nerkwitz semblait indiquer qu'Holtzendorf avait dû battre en retraite, il parut hasardeux de s'engager dans une mêlée incertaine et on estima judicieux d'attendre l'arrivée du corps de Rüchel.

L'ordre fut envoyé au général Zeschwitz I d'assurer l'aile droite du Prince contre les attaques de flanc, en maintenant l'occupation de la Schnecke.

Puis, en face de Vierzehnheiligen, jugeant qu'un simple bombardement ne ferait pas évacuer le village, on se détermina à suivre le conseil des artilleurs, c'est-à-dire à l'incendier. Le premier obus y mit le feu, en effet. Les Français évacuèrent bien les premières maisons, mais restèrent abrités dans les jardins, le long des clôtures et des haies. Les réserves se contentèrent de reculer (4).

---

(1) Höpfner, p. 399.
(2) Von der Goltz. — Rosbach et Iéna.
(3) Höpfner, p. 399.
(4) *Ibid.*

Voyant que l'incendie n'amenait pas l'évacuation, on suspendit le tir des obus incendiaires.

Seule, la baïonnette aurait pu conduire à un résultat décisif.

Mais, à ce moment, Napoléon qui s'est tenu jusqu'alors sur la défensive, attendant le résultat du combat livré par Saint-Hilaire et l'arrivée de ses renforts, vient d'apprendre que le corps d'Holtzendorf est défait. En même temps, il voit déboucher le 6e corps et la réserve de cavalerie.

L'Empereur va passer à l'offensive.

XXV

ATTAQUE DE LA DIVISION DESJARDINS.

Nous avons vu que la 1re brigade de la division Desjardins s'était portée sur la forêt d'Isserstedt et que vers 11 heures, le 16e léger avait déployé deux de ses bataillons entre la lisière Nord et le bois de la principauté d'Altenburg, tandis que son 3e bataillon marchait à travers bois sur Isserstedt, et que le 14e léger s'établissait en 2e ligne à la lisière. On sait aussi que la 2e brigade de la même division avait relevé, en arrière du 5e corps, la brigade Vedel, détachée dans la direction du combat livré par Saint-Hilaire.

Mais, peu après le départ de la 1re brigade, l'Empereur, sachant qu'Holtzendorf est rejeté vers Nerkwitz et que Vedel a repoussé vers le Nord les deux bataillons de grenadiers échappés au combat du matin, envoie la 2e brigade en soutien de la 1re.

« La brigade restait en panne quand Sa Majesté envoya le maréchal Duroc au général Conroux pour lui ordonner de faire faire un mouvement à sa brigade par sa gauche et de se porter à la droite d'un petit bois qui couvrait le village en feu (1). »

C'était le petit bois de la principauté d'Altenburg au Sud duquel le 16e léger se déployait en face des bataillons Hahn et Sack et de la batterie de 12 Glasenapp.

Le 105e de ligne, qui formait la gauche de la brigade, prit la tête, passa en arrière de la grande batterie du centre, se redressa ensuite à droite et marcha en ordre profond sur la droite du petit bois d'Altenburg. Ce mouvement qui représente un trajet d'environ 1,500 mètres dut lui demander environ une demi-heure. C'est donc entre 11 heures et 11 h. 15 que le 105e arrivant à hauteur du petit bois « se déploya promptement et marcha en bataille en avant de cette lisière ». En débouchant, il fut accueilli par « un feu d'artillerie et de mousqueterie très vif qui blessa le général Conroux qui était à la tête du régiment, tua et blessa beaucoup d'hommes ». C'était la nouvelle brigade Cerrini qui se trouvait en présence du 105e (2).

Le second régiment de la brigade, régiment de droite, le 44e, avait reçu de l'Empereur lui-même l'ordre de rompre par peloton à droite et de « se porter en avant en appuyant à un bois de sapins qui se trouvait à une petite distance (3) ». C'était un bouquet de bois situé en arrière de celui d'Altenburg et prolongeant vers le Nord la pointe de la forêt d'Isserstedt.

Le régiment s'établit vers 11 heures en arrière de ce petit bois où il détacha une compagnie de voltigeurs pour se couvrir et observer.

En résumé, vers 11 h. 15, la division Desjardins est en ligne en face de l'aile droite de la division Grawert, comprenant quatre bataillons de la nouvelle brigade

(1) Rapport du 105e ligne. — Foucart, p. 661.
(2) Rapport du 105e. — Foucart, p. 661.
(3) Rapport du 44e. — Foucart, p. 660.

Cerrini, les bataillons de grenadiers Hahn et Sack et la batterie Glasenapp. A droite de l'infanterie prussienne, la batterie à cheval saxonne Grossmann avec deux escadrons de chevau-légers ayant en arrière d'eux, au Nord d'Isserstedt les débris des bataillons Rosen et Crichsen chassés du village par le 3e bataillon du 16e léger. Derrière l'aile droite, trois escadrons de cuirassiers, et plus en arrière sur le plateau, cinq bataillons de la brigade Dyhernn. Entre cette aile droite et la division saxonne Niesemeuschel, un intervalle de 2 kilomètres à vol d'oiseau, où ne se trouve aucune troupe de liaison et où la 1re brigade de la division Desjardins commence à pénétrer. Cette division, en effet, vient d'occuper Isserstedt par le 3e bataillon du 16e léger. Le 14e occupe la lisière Nord de la forêt, prêt à déborder la droite de Grawert, devant laquelle se trouvent deux bataillons du 16e léger et le 105e de ligne. En réserve le 44e à 250 ou 300 mètres en arrière de ces quatre derniers bataillons. En même temps, vers 11 heures, la brigade de cavalerie du 7e corps a débouché sur le plateau de Cospeda et se trouvera entre 11 h. 15 et 11 h. 30 à la disposition de la division Desjardins.

On voit donc qu'il suffit de donner à cette division l'ordre d'attaquer pour consommer la séparation complète des divisions Grawert et Niesemeuschel, séparation que le commandement prussien semble avoir préparé, comme à plaisir.

Cet ordre d'attaquer, le 105e qui souffre beaucoup et est impatient de charger, l'envoie demander au maréchal Augereau.

Dès que ce dernier voit arriver en arrière de la division Desjardins la brigade Vedel qu'à son retour d'Alten-Gonne l'Empereur mit à sa disposition pour appuyer son attaque, il donna le signal.

A ce moment, vers 11 h. 30, Napoléon peut disposer

du 6ᵉ corps tout entier (15,000 fusils), de la 1ʳᵉ brigade de la division d'Hautpoul (1) et de la division de dragons Klein, qui ont commencé vers 11 heures à déboucher sur le Dornberg. Il sait que la division Saint-Hilaire en a fini avec Holtzendorf et qu'elle va marcher vers le champ de bataille. En comptant la Garde impériale, il dispose donc d'une réserve immédiate de 20,000 fusils et de 3,580 sabres, qui sera renforcée vers 1 heure par la division Saint-Hilaire. Il peut donc renoncer à son attitude expectante et reprendre son offensive.

Vers 11 h. 30, Augereau donne à la division l'ordre d'attaquer la droite prussienne.

Il y a lieu de remarquer, avant d'étudier cette attaque, que la forme particulière du terrain où elle va avoir lieu fera qu'elle échappera presque entièrement aux vues des troupes qui combattent devant Vierzehnheiligen. Elle se déroulera en effet sur le versant Sud du plateau allongé qui s'étend de ce dernier point à Kotschau. Le régiment Hohenlohe, qui forme la droite des huit bataillons d'infanterie de Grawert, atteint par sa droite seulement le changement de pente.

La ligne entière d'infanterie ne peut donc voir ce qui se passe sur les pentes Sud, pentes très douces puisqu'elles ne dépassent pas 2 p. 100, mais présentant une différence de 20 mètres entre le village d'Isserstedt et la lisière Nord de la forêt d'une part, et le sommet du plateau d'autre part.

En outre, le petit bois d'Altenburg et les plantations de sapins situées plus à l'Ouest sur le plateau achèvent le compartimentage de la région réservée à l'attaque de la division Desjardins.

Le 105ᵉ de ligne et les deux premiers bataillons du 16ᵉ léger attaquent droit devant eux, ayant à leur gauche

---

(1) 1ᵉʳ et 10ᵉ cuirassiers.

les trois pièces d'artillerie de la division non employées à la grande batterie centrale, et commandées par le capitaine Benoist (1).

Le 14ᵉ de ligne, prolongé par ses deux compagnies de voltigeurs, forme échelon à gauche de cette première ligne et prend de flanc le front ennemi.

Le 44ᵉ reçoit l'ordre de venir se former en réserve la droite au petit bois d'Altenburg, la gauche vers Isserstedt.

La brigade de cavalerie du 7ᵉ corps marche derrière la gauche de la division Desjardins, que suit la brigade Vedel.

Le 6ᵉ corps est rassemblé en arrière, au Nord de Lutzerode. La Garde impériale a été portée derrière le 5ᵉ corps.

Les bataillons du 16ᵉ léger et du 105ᵉ préparent leur marche par « un feu vif et bien dirigé » puis « serrant les rangs que la mitraille emportait », ils progressent en faisant alterner le feu et le mouvement (2).

Les trois bouches à feu qui accompagnent l'aile gauche du 16ᵉ léger secondent puissamment cette attaque, en prenant d'écharpe la ligne ennemie et en alliant à la fusillade un feu à mitraille très efficace.

Devant ce feu violent, la nouvelle brigade Cerrini, prise d'écharpe par les pièces françaises, subit de telles pertes qu'elle fléchit, se retire en désordre et recule jusque sur la ligne de cavalerie (3).

A l'aile droite, les chevau-légers de Polenz, assaillis tout à coup par le feu des voltigeurs du 14ᵉ, sont obligés de se retirer précipitamment vers les bataillons de

____

(1) Rapport du commandant de l'artillerie du 7ᵉ corps. — Foucart, p. 664.

(2) Rapport du 16ᵉ léger.

(3) Höpfner, p. 401.

Rosen et Erichsen, découvrant la batterie Grossmann. Celle-ci attaquée de front et de flanc par les tirailleurs du 14e, se retire hâtivement, découvre sa propre infanterie et exécute, en battant en retraite un feu en mitraille qui n'arrête pas l'attaque française. Cette attaque n'a plus alors devant elle que les bataillons Hahn et Sack et la batterie Glasenapp (1).

La première ligne, c'est-à-dire le 16e léger et le 105e « parvenue à portée de pistolet de l'infanterie prussienne, se précipita en tirailleurs. Elle enleva pied à pied et de vive force 11 pièces de canon et contraignit l'ennemi à quitter le plateau jonché de ses morts et de ses blessés (2) ».

Quelques escadrons tentent une contre-attaque, mais ils sont ramenés en désordre par le 7e chasseurs (3). Ce régiment poussant plus loin, bouscule les bataillons Rosen et Erichsen et s'empare des pièces de la batterie Grossmann, qu'il ne peut d'ailleurs emmener. Mais n'étant pas soutenu par le 20e chasseurs dont le colonel est tué au moment d'intervenir, il est mis en déroute à son tour par la cavalerie prussienne ; pour rentrer dans les lignes françaises, il passe sur le ventre des chevau-légers de Polenz (4).

A la suite de cette attaque de la division Desjardins, la droite d'Hohenlohe a dû abandonner le petit plateau qui prolonge vers le Sud le plateau situé entre Kotschau et Vierzehnheiligen. La nouvelle brigade Cerrini s'est repliée vers le Nord-Ouest, sur la plantation de sapins, les bataillons Hahn et Sack se retirent au contraire vers l'Ouest en suivant le flanc du coteau.

---

(1) Höpfner, p. 401.
(2) Rapport du 16e léger.
(3) Höpfner, p. 401.
(4) Rapport du 5e corps. — Souvenirs de Parquin. — Höpfner, p. 401.

Quatorze pièces de canon sont restées aux mains du 16e léger et du 105e.

Pendant que la première ligne de la division se rassemble, le 14e la dépassant, se met en bataille sur le plateau abandonné par l'ennemi. Les soldats retournent les pièces abandonnées par les Prussiens et épuisent les munitions des coffres (1). La gauche du régiment se relie par ses voltigeurs au 3e bataillon du 16e léger qui occupe le village d'Isserstedt. Le 44e reste en réserve, la droite au petit bois d'Altenburg, la gauche vers Isserstedt. Aussitôt arrivé, ce régiment se forme, le 1er bataillon en bataille, le 2e en colonne serrée en arrière du 8e peloton du précédent (2).

A la suite de ce combat, l'aile droite prussienne, débordée sur sa droite, est repoussée vers le Nord et rejetée sur les plantations de sapins qui couvrent le sommet du plateau.

La nouvelle brigade Cerrini, extrêmement éprouvée, est passée en seconde ligne (3) et vient se reformer au Nord des plantations, au Sud desquelles se déploie la brigade Dyhernn. Les bataillons Hahn, Sack, Rosen et Erichsen se rallient à la droite de cette brigade. Ce qui reste de la batterie Grossmann soutient bravement leur retraite. Deux pièces sont encore démontées et un caisson détruit par les pièces de la division Desjardins. La batterie Grossmann disparaît alors définitivement de la lutte.

Mais soudain, des hauteurs situées au Sud-Ouest d'Isserstedt, une grêle de boulets arrive sur le 44e. C'est l'artillerie de la brigade saxonne Burgsdorf qui prend à partie la division Desjardins (4).

---

(1) Rapport du 14e ligne.
(2) *Ibid.*
(3) Höpfner, p. 401.
(4) Rapport du 44e.

Celle-ci se reconstitue sous le feu des Saxons, attendant l'arrivée des troupes du 6ᵉ corps pour reprendre la marche en avant.

XXVI

Ainsi donc, après un violent combat, d'assez courte durée, semble-t-il, la division Desjardins, rejetant l'aile droite d'Hohenlohe vers le Nord-Ouest, s'est interposée entre elle et la division saxonne ; soumise au feu d'artillerie de cette dernière, elle attend l'ordre de reprendre la marche.

Derrière elle, le 6ᵉ corps s'avance pour occuper le terrain conquis ; à droite, derrière le 105ᵉ, se trouve la brigade Vedel.

Il est environ midi et demi.

A cette heure la division Saint-Hilaire approche du moulin de Krippendorf.

Nous avons laissé cette division se rassemblant vers 11 h. 30 sur le plateau situé au Nord-Ouest de Nerkwitz, les 36ᵉ, 43ᵉ et 55ᵉ en première ligne, le 10ᵉ léger en seconde ligne, l'artillerie dans les intervalles, la brigade de cavalerie sur le flanc droit.

Elle se mit en marche en colonnes serrées, d'abord sur Hermstedt, puis conversa à gauche pour se diriger sur le plateau du moulin de Krippendorf et la gauche d'Hohenlohe.

La dernière partie de cette marche s'exécuta sous le feu de la demi-batterie à cheval Gause, qui se trouvait, comme on le sait, à l'extrême gauche de Grawert, avec le demi-bataillon Kollin.

Cette marche à travers champs, dans les labours et les pommes de terre, sous un feu d'artillerie, ne put s'exécuter que lentement et on doit être très près de la vérité en admettant que le parcours de ces 3 kilomètres a demandé au moins une heure à la division Saint-Hilaire, et en fixant aux environs de 1 heure l'instant où elle arriva à hauteur du 5e corps.

Cela paraît d'autant plus vraisemblable qu'on sait qu'au moment où l'apparition de Saint-Hilaire et son attaque combinée avec Lannes se produisirent, le prince Hohenlohe espérait pouvoir encore se maintenir avec l'aide de Rüchel, « car il était déjà 1 heure passée ».

Nous admettrons donc que Saint-Hilaire est arrivé à hauteur du 5e corps entre 1 heure et 1 h. 15.

A son apparition, la cavalerie d'Hohenlohe ramena ses escadrons de gauche vers Hermstedt, pour s'opposer à un mouvement débordant, en même temps que la demi-batterie Gause ouvrait le feu sur la division. Bientôt un ordre de Hohenlohe fit cesser le feu à la demi-batterie Gause et la ramena à Klein-Romstedt avec le demi-bataillon Kollin (1).

Cependant bien qu'ayant assisté au succès de l'attaque de la division Desjardins, sachant que les Saxons occupaient toujours la Schnecke, voyant la brigade Dyhernn faire face à l'attaque sur son flanc droit, Hohenlohe hésitait à battre en retraite, comptant que l'arrivée de Rüchel lui permettrait de tenir le reste du jour, car il était déjà une heure passée (2).

Mais en voyant approcher la division Saint-Hilaire, l'Empereur donne l'ordre au maréchal Lannes d'attaquer la gauche de la division Grawert.

Lannes, avec les 100e et 103e de ligne, soutenus par six pièces d'artillerie de la division Gazan, se porte sur le flanc gauche du régiment Grawert que le recul de la cavalerie prussienne vient de découvrir (3).

---

(1) Höpfner, p. 402.
(2) *Ibid.*
(3) Rapport du général Victor.

« Cette manœuvre étonne les ennemis ; ils sont incertains ; leur feu se ralentit tandis que le nôtre redouble (1). »

Les pertes des Prussiens augmentent de plus en plus. Le régiment Sanitz fait le premier demi-tour. Malgré l'énergie de son chef et de ses officiers qui parviennent à le ramener en ligne, il cède de nouveau, ébranlé par les grosses pertes qu'il a subies et par l'évidence de la supériorité croissante de l'adversaire (2).

Après lui, les régiments Zastrow et Grawert font aussi demi-tour, mais leurs officiers réussissent à les ramener au feu (3).

Quand la division Saint-Hilaire, vers 1 heure, arrive à hauteur de Vierzehnheiligen, la charge est battue. Les 100ᵉ et 103ᵉ donnent l'assaut à l'aile gauche ébranlée de Grawert.

Sur tout le front des 4ᵉ et 5ᵉ corps, d'épaisses lignes de tirailleurs, suivies de colonnes, s'avancent au son des tambours et des musiques. L'attaque de Saint-Hilaire, du 100ᵉ et du 103ᵉ de ligne, entraîne la division Suchet et tout ce qui reste du 5ᵉ corps. La Garde impériale appuie le mouvement.

Malgré les efforts d'Hohenlohe et de ses officiers, la débandade du régiment Sanitz et le recul des régiments Zastrow et Grawert entraînent tout le reste de la ligne qui se retire progressivement et en continuant de faire face à l'ennemi.

Au Nord de Vierzehnheiligen, Saint-Hilaire s'est emparé de 15 pièces de canon et de nombreux prisonniers (4).

Hohenlohe dirige l'aile gauche de son infanterie sur

---

(1) Rapport du général Victor.
(2) Höpfner, p. 402.
(3) *Ibid.*
(4) Journal des opérations du 3ᵉ corps.

Klein-Romstedt où se trouve en réserve ce qui reste du corps de Tauentzien, réapprovisionné en munitions. Il cherche à constituer une nouvelle ligne, dont le corps de Tauentzien formera l'ossature, et appelle à sa droite la nouvelle brigade Cerrini, qui s'était retirée du combat avant l'assaut donné par la division Desjardins.

Cette dernière a reçu l'ordre de marcher par le Nord et l'Ouest d'Isserstedt à la rencontre de la division saxonne, que le 7ᵉ corps vient d'être chargé d'attaquer par l'Empereur.

Mais le 105ᵉ de ligne, qui forme la droite de cette division, s'est engagé avec la brigade Dyhernn. Ce régiment continuera donc à se conformer au mouvement général de l'armée, et la division Desjardins marchera contre la division saxonne avec trois régiments seulement.

En même temps que Saint-Hilaire et le 5ᵉ corps poussent sur Klein-Romstedt les régiments Sanitz, Hohenlohe, Zastrow et Grawert, le 105ᵉ éprouve, de la part des bataillons Hahn, Sack et de la brigade Dyhernn, à laquelle s'est ralliée la batterie Kotsch, une résistance énergique.

A ce moment arrivent au galop les pièces du 5ᵉ corps, qui, ne pouvant plus tirer de l'emplacement de la grande batterie du centre, dépassent l'infanterie et se portent en première ligne : « Elles démontent une partie des pièces de l'ennemi et portent dans ses rangs un désordre tel, que, pour se soustraire au feu meurtrier de notre artillerie tirant à 70 toises, ils se sont vus réduits à prendre la résolution désespérée de venir fusiller et sabrer nos canonniers à leurs pièces, ce que quelques partis d'infanterie et quelques escadrons (cuirassiers de Henckel) auraient fait sans l'arrivée de l'infanterie (1). »

---

(1) Rapport du général Foucher, commandant l'artillerie du 5ᵉ corps. — Foucart, p. 635.

La brigade Vedel, en effet, est entrée en ligne à la droite du 105e. La cavalerie de Murat est rassemblée derrière elle.

Les tirailleurs de Vedel et du 105e se jettent sur la brigade Dyhernn. Prenant en flanc la batterie Kotsch, canonnée de front, ils la forcent à la retraite. L'infanterie de Dyhernn consomme le peu de cartouches qui restent. Ces munitions sont bientôt épuisées (1).

Les régiments Xavier et Clémens se rompent alors les premiers. Le 2e bataillon Müffling et le bataillon Électeur se maintiennent plus longtemps, mais ils doivent se retirer à leur tour, en subissant des pertes considérables (2).

Sous la pression de la ligne française, la retraite des Prussiens va s'accélérant. Mais elle s'exécute dans un ordre relatif, couverte par la cavalerie. La masse d'escadrons qui s'était portée vers Hermstedt se retire en échiquier au Nord de Klein-Romstedt.

La force des choses amena la retraite de l'armée prussienne à adopter simultanément deux directions divergentes. L'aile gauche se replia sur Klein-Romstedt et sur la nouvelle ligne constituée par Tauentzien et Cerrini. Mais l'aile droite, attirée par la grande route de Weimar, la prit mécaniquement et accentua ainsi de plus en plus la dislocation de l'armée d'Hohenlohe.

A ce moment, c'est-à-dire entre 1 h. 30 et 2 heures, l'armée française, abstraction faite du 7e corps qui attaque la division saxonne, se trouve ainsi disposée :

A l'extrême droite, la division Saint-Hilaire, ayant à son aile extérieure la cavalerie légère du 4e corps (trois régiments) et la 1re brigade de la division Klein (1er et 14e dragons).

---

(1) Höpfner, p. 403.
(2) *Ibid.*

Au centre le 5e corps ; à sa gauche le 105e de ligne.

Derrière la gauche du 5e corps, Murat suit le mouvement avec le reste de la division Klein, et la 1re brigade de la division d'Hautpoul (1er et 10e cuirassiers).

En avant de la première ligne d'infanterie, derrière les tirailleurs, la cavalerie légère des 5e et 6e corps.

Comme réserve, l'Empereur peut disposer des 2e et 3e divisions du 7e corps arrivées à midi sur le Dornberg et qui marchent derrière Saint-Hilaire, de la Garde impériale derrière le centre et à l'aile gauche du 6e corps tout entier.

Cependant, la division Saint-Hilaire poussait lentement devant elle la gauche d'Hohenlohe qu'elle cherchait à déborder par le Nord.

Le 105e poursuivait la gauche qui se retirait par la route de Weimar. Ce régiment s'était même formé en colonnes, estimant n'avoir plus à craindre l'artillerie ennemie, en raison du grand nombre de pièces conquises (1).

Quant à la cavalerie légère qui suivait les tirailleurs, dès qu'elle apercevait du désordre dans les lignes ennemies, elle se précipitait sur ce point. La cavalerie prussienne, éprouvée par les grandes pertes qu'elle avait faites et ébranlée par le désordre, n'opposait qu'une molle résistance à ses entreprises. Les avantages, qu'obtenaient quelques escadrons, ne pouvaient être poursuivis, car le reste des troupes était épuisé et incapable de se reprendre (2).

En vain le prince Hohenlohe fit-il des miracles de bravoure et chercha-t-il par ses exhortations, ses menaces et son exemple à ramener la fortune sous ses drapeaux ; il était trop tard.

---

(1) Rapport du 105e.
(2) Höpfner, p. 403.

Cependant la présence de la réserve du général Tauentzien près de Klein-Romstedt eut pour résultat de permettre à la gauche prussienne de se retirer en conservant un certain ordre.

Déployés en avant du village, les bataillons de Tauentzien furent prolongés à droite par les débris de la division Grawert ; à l'extrême droite de cette nouvelle ligne, la nouvelle brigade Cerrini, formée en carrés, arrêta la cavalerie légère des 5e et 6e corps (1).

Le prince Hohenlohe confia le commandement de cette ligne reconstituée à Tauentzien et lui prescrivit de la conduire par Gross-Romstedt et Ulrichshalben sur la rive gauche de l'Ilm, où il s'arrêterait pour recueillir tout ce qu'il pourrait des troupes disloquées. Puis il courut à son aile droite.

La contenance énergique et la résistance de Tauentzien parvinrent à arrêter pendant quelque temps le mouvement des Français et permirent à une foule de fuyards de s'écouler derrière lui dans la direction de Gross-Romstedt. Mais ce ne pouvait être qu'un répit de courte durée. Bientôt débordées de toutes parts, les troupes de Tauentzien durent céder définitivement le terrain. La cavalerie légère du 5e corps se jeta sur les corps en retraite, multiplia ses charges et se trouva en fin de compte maîtresse, vers 2 h. 30, de 2,500 prisonniers, 8 drapeaux, 16 pièces, d'un grand nombre d'officiers de tous grades et de 2 généraux, pris tant auprès de Klein-Romstedt que dans la poursuite depuis Vierzehnheiligen.

Toutefois, malgré ses pertes, Tauentzien réussit à se mettre en retraite sur Gross-Romstedt couvrant les fuyards par une arrière-garde en ordre et tenant les Français en respect.

La cavalerie légère du 6e corps s'était tournée plus au

---

(1) Höpfner, p. 403 et suiv.

Sud contre les débris de la brigade Dyhernn se retirant par la grande route de Weimar et poursuivis par le 105e et la brigade Vedel. Le plus grand désordre régnait dans ces troupes, disloquées par le feu meurtrier qu'elles avaient subi pendant de longues heures et éprouvées par plusieurs jours d'infortune. Les charges réitérées de la cavalerie française ne firent que l'accroître. Les bataillons commencèrent à se rompre, les hommes s'entassèrent machinalement sur la route de Weimar, et, sans que rien put l'entraver, le mouvement de fuite se propagea de bataillon en bataillon. Les grenadiers Hahn furent des derniers à demeurer en ordre, mais ayant perdu la majorité de leurs officiers, ils se dispersèrent à leur tour.

Grâce à la présence du général Grawert, blessé d'ailleurs, le bataillon de grenadiers Sack exécuta sa retraite en ordre pendant assez longtemps, mais il finit par être entraîné dans la débandade générale.

Au début, la retraite des troupes prussiennes s'était effectuée en combattant et en conservant une certaine discipline. Mais à partir du moment où la position prise par Hohenlohe à hauteur de Tauentzien eut été forcée, c'est-à-dire vers 2 h. 30, il n'y eut plus de résistance.

L'effort considérable fourni par les troupes prussiennes depuis le matin, et dont le dernier résultat avait été d'obliger les Français à employer une heure et demie pour franchir les 2 kilomètres qui séparent Vierzehnheiligen de Klein-Romstedt, avait ébranlé tous les ressorts moraux. Ce dernier échec les détendit entièrement. Les rangs achevèrent de se désagréger et l'armée prussienne se transforma en « un ouragan de fuyards (1) ».

A l'aile gauche, l'arrière-garde constituée par Tauentzien et soutenue par presque toute la cavalerie d'Hohen-

____

(1) Höpfner, p. 403-404-405-406

lohe se retirait encore en ordre. Mais l'aile droite, sur la route de Weimar, était en pleine fuite.

« Seul un point demeurait inébranlable. C'était le bataillon de grenadiers saxons Winckel auprès duquel se trouvait le prince. Dans ces moments effrayants où l'on ne voyait partout que fuite et désordre, le bataillon présentait un aspect réconfortant. Au milieu des fuyards qui jetaient leurs armes en désespérés, au milieu du désordre sauvage de tant de milliers d'hommes qui n'obéissaient plus à aucun chef, attaqué par l'ennemi le bataillon se retirait en ordre, au pas cadencé et au son des instruments. Il avait formé un carré ouvert et chaque fois que les Français approchaient, il faisait toujours tête. Ni la cavalerie, ni les tirailleurs ne purent l'ébranler. »

Le prince Hohenlohe, en présence de l'effroyable désordre, dépêcha de tous côtés des officiers pour indiquer les directions de retraite et les points de ralliement. Il désigna les hauteurs de Liebstedt pour le rassemblement de toute l'armée, attribuant les ponts d'Ulrichshalben à l'aile gauche et ceux de Weimar à l'aile droite (1).

L'armée française, ayant forcé la deuxième position d'Hohenlohe, se porta sur la ligne Gross-Romstedt—Kotschau continuant à pousser devant elle les fuyards prussiens.

XXVII

Après le succès de son attaque contre l'aile droite de la division Grawert, la division Desjardins avait été arrêtée par le maréchal Augereau et s'était rassemblée dans l'ordre suivant :

Le 105ᵉ, à l'aile droite sur la crête du plateau, faisant

---

(1) Höpfner, p. 406.

face aux bataillons de la brigade de réserve Dyhernn. Ce régiment, comme on sait, continua l'action à la gauche du Ve corps et fut perdu pour la division Desjardins.

A sa gauche, les 1er et 2e bataillons du 16e léger et les deux bataillons du 14e de ligne occupaient le petit plateau conquis sur la droite prussienne, la gauche du 14e se reliant vers Isserstedt au 3e bataillon du 16e léger, qui occupait ce village.

En seconde ligne, la droite au petit bois de la principauté d'Altenbourg, le 44e, son 1er bataillon en bataille, le 2e en colonne serrée, derrière le 8e peloton du bataillon précédent.

En arrière de la division, le VIe corps s'ébranlait sur les pentes du Dornberg pour venir prendre possession du terrain conquis et appuyer la poursuite suivant la route de Weimar. Dès son arrivée, la division Desjardins reprendra l'offensive (1).

Dans sa position de rassemblement, elle est prise à partie par les batteries Ernst, Haussmann et Bonniot installées avec la brigade Burgsdorf de la division saxonne, au Sud-Ouest d'Isserstedt, sur les pentes Nord du plateau de la Schnecke.

Ce plateau allongé se détache, à l'Est de Kotschau, de celui qui s'étend entre ce dernier village et Vierzehnheiligen, descend d'abord vers le Sud dans la direction de Gross-Schwabhausen, puis se dirige brusquement, en formant une équerre, à l'Est vers la Schnecke. Il est constitué de manière qu'une crête, formant l'axe du plateau, isole complètement le bassin d'Isserstedt, de sorte que la brigade Burgsdorf, qui est au Sud-Ouest de ce village, et la brigade Nerhof, qui occupe la Schnecke, ne pourront pas se voir et ignoreront leurs mouvements réciproques.

Le maréchal Augereau, pendant le temps d'arrêt

---

(1) Rapport du 14e de ligne. — Foucart, p. 659.

d'environ une demi-heure que marque la division Desjardins, fait « reconnaître l'ennemi sur son extrême droite, afin de savoir s'il était prudent de l'attaquer avec aussi peu de monde (1) ».

Le maréchal escompte aussi l'entrée en ligne de sa 2ᵉ division qui ne saurait tarder. Les premiers tirailleurs de cette division s'engageaient en effet vers la Schnecke avec les Saxons.

Heudelet avait dû laisser passer les divisions des VIᵉ et IVᵉ corps ; aussi n'avait-il pu, malgré les appels réitérés d'Augereau, arriver plus tôt sur le champ de bataille. L'encombrement du Mühlthal et du défilé de Cospoda par les convois de munitions et de blessés avait encore retardé ses colonnes.

Jugeant avec justesse qu'il ne devait pas attendre sa division tout entière, il se détermina à faire filer ses troupes sur le champ de bataille à mesure de leur arrivée (2).

Dès que la tête de colonne de sa 1ʳᵉ brigade, formée uniquement du 7ᵉ léger, commença à déboucher sur le plateau de Cospoda, Heudelet poussa vers Isserstedt par la forêt le 1ᵉʳ bataillon, puis successivement les deux autres pour se relier à la gauche de la division Desjardins, couverte par les tirailleurs qui, descendant dans le vallon d'Isserstedt et le Liskauerthal, commençaient à gravir les pentes de la Schnecke (3).

On se rappelle que la division saxonne avait reçu d'Hohenlohe l'ordre de couvrir sa droite en maintenant ses positions sur le plateau de la Schnecke. En voyant se dessiner l'attaque, contre la droite de Grawert, par l'avant-garde du VIᵉ corps puis par la 1ʳᵉ brigade de la division Desjardins, le général Zeschwitz I avait porté la

<hr>

(1) Rapport du 7ᵉ corps. — Foucart, p. 656.
(2) Rapport du 7ᵉ corps.
(3) *Ibid.*

brigade Burgsdorf et les trois batteries de la division à environ 800 mètres au Sud-Ouest d'Isserstedt, en travers vraisemblablement du chemin qui conduit de ce village à Gross-Schwabhausen, les batteries Ernst et Haussmann à droite de l'infanterie, la batterie Bonniot à la gauche, ayant son flanc gauche couvert par quatre escadrons de carabiniers saxons. C'était la batterie de 12 Bonniot qui, en raison de sa plus grande portée, avait ouvert le feu à grande distance sur le rassemblement de la division Desjardins.

La brigade Nehrhof avait été maintenue sur la Schnecke, ayant des tirailleurs dans le fond du vallon d'Isserstedt, du Mühlthal et dans les bouquets de bois des pentes. Le détachement Boguslawski était venu se placer à sa droite, sur la chaussée même, face au Sud, la compagnie de chasseurs Masars occupant les fossés.

Dès que la brigade Nehrhof aperçut le mouvement des premiers éléments du 7e léger et vit les tirailleurs français, qui les précédaient, descendre des hauteurs du Flohberg dans la vallée vers la Schnecke, son chef dirigea immédiatement le 2e bataillon Niesemeuschel sur les bouquets de bois occupés déjà par les tirailleurs saxons. La gauche de ce bataillon fut en même temps renforcée des tirailleurs du bataillon de fusiliers Bevilaqua, et de quelques pièces (1).

La bataillon Boguslawski et les compagnies de chasseurs Masars et Kronhelm reçurent l'ordre de se porter au point de jonction des vallons d'Isserstedt et de Schwabhausen. Le colonel Boguslawski jeta les chasseurs sur les pentes et dans les ravins Sud du plateau, en avant de son bataillon maintenu sur la chaussée (2).

En même temps les pièces régimentaires de la brigade

---

(1) Höpfner, p. 416.
(2) *Ibid.*

Nehrhof envoyaient des projectiles avec un certain succès aux colonnes françaises qui se déroulaient sur le plateau, au débouché de Cospeda (24e et 63e de ligne, confédérés de Darmstadt et d'Usingen constituant la 2e brigade Sarrut de la division Heudelet), mais sans les arrêter dans leur marche (1).

Un combat violent s'engage presque immédiatement dans les bouquets de bois situés sur les pentes de la Schnecke, entre les tirailleurs français et les tirailleurs saxons, soutenus par le 2e bataillon Niesemeuschel, combat sanglant pour les deux partis. Bientôt de nombreux blessés sortent des bois.

Heudelet, qui voit nos tirailleurs faiblir et aperçoit en même temps le mouvement du bataillon Bevilaqua et des deux compagnies de chasseurs Masars et Kronhelm, court au 7e léger engagé à peine dans la forêt vers Isserstedt, lui fait faire un à gauche en bataille et le porte sur la route d'Isserstedt à Iéna (2). L'apparition du régiment hors de la forêt et sur leur flanc arrête net les tirailleurs Bevilaqua.

Le 7e léger sortant alors complètement de la forêt continue à marcher vers la Schnecke et commence à s'élever sur les pentes. Les tirailleurs Bevilaqua, menacés d'être coupés du plateau sont obligés de se retirer et se replient sur le gros de la brigade, déployé au-dessus de la Schnecke sur le revers Sud du plateau, par rapport à la brigade Burgsdorf.

Le 2e bataillon Niesemeuschel, découvert sur sa gauche, évacue les bouquets de bois et se retire rapidement, entraînant dans sa retraite les chasseurs du détachement Boguslawski (3).

Le 7e léger monte à l'attaque du plateau, soutenu

---

(1) Höpfner, p. 416.
(2) Rapport du 7e corps.
(3) Höpfner, p. 416.

par la brigade Sarrut qui a descendu le Flohberg en colonnes de régiment.

Les premières lignes qui apparaissent sont accueillies par des salves de bataillon et ne peuvent se maintenir.

Mais le général Zeschwitz I voit du haut de la Schnecke s'exécuter la conversion de la division Desjardins autour d'Isserstedt contre la brigade Burgsdorf. Craignant, s'il restait plus longtemps sur la Schnecke, d'être coupé non seulement d'Hohenlohe, mais encore de l'Ilm et de Weimar, il prescrivit à la brigade Nehrhof de battre en retraite rapidement.

Cet ordre s'exécuta immédiatement. La retraite s'effectua le long de la chaussée, sur les pentes Sud du plateau, hors des vues de la brigade Burgsdorf et de la division Desjardins. Elle eut lieu en un carré ouvert, dont le régiment Niesemeuschel formait la face arrière, le bataillon Bevilaqua le flanc droit, le régiment Löw la face gauche, et dont le front devait être constitué par les canons de bataillon qui furent maintenus au milieu du carré (1).

La compagnie de chasseurs Masars se déploya sur le flanc gauche et suivit le long des fossés de la route. Les fusiliers Boguslawski et les chasseurs Kronhelm couvrirent la retraite. Leur feu tint en bride les tentatives du 7e léger pour prendre pied sur le plateau. Mais bientôt le canon de la division Heudelet apparut sur la crête et accompagna la retraite de quelques salves qui eurent du succès. Les fusiliers Boguslawski et les chasseurs se retirèrent rapidement (2).

Une fois parvenu sur le plateau, le général Heudelet aperçut sur sa droite la brigade Burgsdorf aux prises avec la division Desjardins. Il arrêta alors sa division et prit ses mesures pour coopérer à ce combat.

---

(1) Höpfner, I. Band, p. 417.
(2) *Ibid.*

Profitant du répit qui lui était ainsi donné, la brigade Nehrhof ouvrit les files et continua dans le plus grand ordre, par pelotons, sa retraite sur Kotschau par la chaussée de Weimar (1).

XXVIII

Nous avons laissé la division Desjardins attendant à l'Est d'Isserstedt, sur les pentes du plateau conquis, l'arrivée des troupes du VIe corps et le résultat de la reconnaissance ordonnée vis-à-vis de la brigade saxonne Burgsdorf par le maréchal Augereau.

Cette attente dura environ une demi-heure (2).

Le rassemblement était couvert par les voltigeurs du 14e, au Nord d'Isserstedt et au village même par le 3e bataillon du 16e léger.

A l'arrivée des troupes du VIe corps (3), le maréchal prescrit au général Desjardins d'attaquer la brigade Burgsdorf, en appuyant sa gauche au village d'Isserstedt, autour duquel sa division pivotera de manière à marcher sur les Saxons du Nord au Sud, tandis qu'Heudelet qui commençait à déboucher de Cospeda, se reliant vers Isserstedt avec Desjardins, attaquera la Schnecke et la brigade Nehrhof par l'Est.

Il était un peu plus de 1 heure de l'après-midi. Le mouvement de la division Desjardins va demander une heure de marche avant que cette division puisse aborder la brigade Burgsdorf (4). Il y avait environ 2 kilomètres

---

(1) Höpfner, p. 417.

(2) Rapport du colonel commandant le 44e de ligne. — Foucart, p. 660.

(3) Rapport du colonel commandant le 14e de ligne. — Foucart, p. 658.

(4) Rapport du colonel commandant le 44e de ligne.

à franchir en formation de combat, en exécutant différents changements de front, sous le feu ininterrompu des batteries saxonnes (1). Ce n'est donc que vers 2 heures que se produisit l'attaque de la brigade Burgsdorf.

La marche de la division Desjardins eut lieu dans la formation suivante :

En première ligne les voltigeurs du 14e ;

En seconde ligne le 14e de ligne ;

Enfin en troisième ligne le 44e, ayant à sa gauche le 16e léger.

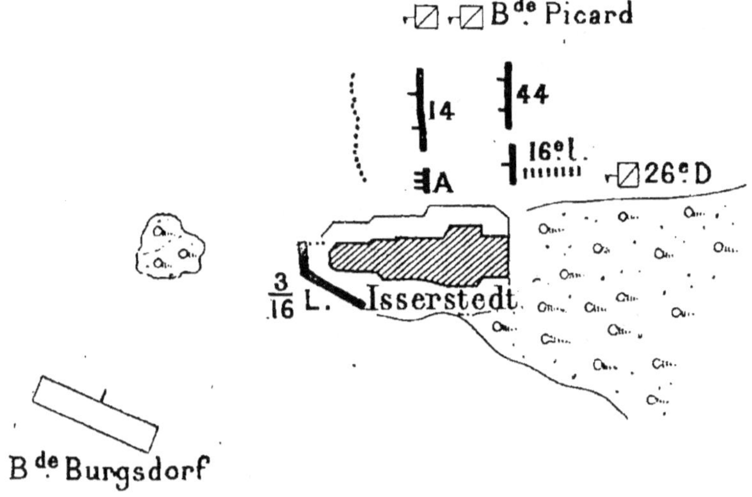

Trois régiments de la division de cavalerie Klein appuient cette attaque ; la brigade Picard à l'aile droite, le 26e dragons à l'aile gauche.

En arrivant à hauteur de l'extrémité occidentale d'Isserstedt la division conversa à gauche. Le 14e jeta ses deux compagnies de gauche dans le petit bois qui est en avant du village (7e et 8e compagnies du 2e bataillon) (2).

Quand la conversion fut achevée, toute la division

---

(1) Rapports des colonels commandant les 14e et 44e de ligne.
(2) Rapport du 14e ligne. — Foucart, p. 658.

commença à gravir les pentes du plateau sur lequel se tenait la brigade Burgsdorf.

En première ligne, de l'Ouest à l'Est, les voltigeurs du 14e, soutenus par les 7e et 8e compagnies du 2e bataillon, et ayant à leur gauche les tirailleurs du 3e bataillon du 16e léger, soutenus par la 1re compagnie de ce régiment. Cette première ligne était suivie par le 3e bataillon du 16e léger avec les 3 pièces d'artillerie de la division. En troisième ligne marchait le reste du 16e léger.

Quant au 14e de ligne, en arrivant à hauteur du petit bois situé en avant d'Isserstedt, il reçut l'ordre de gravir directement la montagne (1) accentuant de plus en plus la séparation existant entre les Saxons et Hohenlohe. Le 44e fut chargé de le soutenir.

Le 14e de ligne obliqua donc à droite vers le sommet du plateau. « Le 2e bataillon est formé en bataille le premier en colonne serrée, ordre qu'il avait pris près le bois. » La brigade de dragons Picard et la brigade légère du VIIe corps le précédaient. « Sa droite se trouvant souvent à découvert et ayant quelque cavalerie en tête sur la montagne, le régiment fut formé en colonne serrée par le général de division (2). »

Vers 2 heures, donc, la division Desjardins aborde la brigade Burgsdorf.

Les carabiniers saxons se jettent sur la première ligne, formée des tirailleurs, des 7e et 8e compagnies du 2e bataillon du 14e et du 3e bataillon du 16e léger, qu'ils chargent jusqu'à trois fois sans pouvoir arrêter le mouvement offensif. Les escadrons sont repoussés avec des pertes sensibles (3).

Malgré le feu intense des Saxons, le coteau est gravi.

---

(1) Rapport du 14e.
(2) *Ibid*.
(3) *Ibid*.

La brigade Burgsdorf, qui a vu le mouvement débordant des 14e et 44e de ligne, comprend qu'il est urgent de commencer sa retraite. Menacée par la cavalerie française, elle forme les carrés de bataillon (1).

Mais le 3e bataillon du 16e léger se précipite et, bousculant les dernières unités d'infanterie, parvient à s'emparer de 6 pièces de canon de bataillon (2). En même temps, le 26e dragons se lance sur la ligne ennemie qui se retirait.

Mais celle-ci s'arrête, le reçoit bravement et l'oblige à reculer en désordre (3).

A ce moment, arrivait sur le plateau par le Sud la division Heudelet, qui, renonçant à poursuivre la brigade saxonne Nehrhof, cherchait à donner la main à la division Desjardins. Le 7e léger tenait la tête.

Le 26e dragons, en se retirant précipitamment se jette dans les rangs du 7e léger. Mais ce régiment, bien qu'un peu bousculé, dépasse les dragons, charge à son tour les Saxons et les aborde à la baïonnette. Le 26e dragons, qui s'est rallié, charge de nouveau (4).

Les trois bataillons de la brigade Burgsdorf sont rompus de toutes parts et après une honorable résistance, entourés de tous côtés, se voient dans l'obligation de mettre bas les armes.

Les batteries Ernst, Bonniot et Haussmann avaient réussi à s'échapper. Elles atteignaient Kotschau quand la brigade de dragons Picard, les poursuivant, les aborda. La batterie Bonniot fut prise à gauche du village, la batterie Haussmann au delà et la batterie Ernst en deçà (5).

---

(1) Höpfner, p. 418.
(2) Rapport du 16e léger.
(3) Rapport du 7e corps.
(4) *Ibid.*
(5) Höpfner, p. 418.

Le général Zeschwitz I était d'abord décidé à partager le sort de ses troupes, mais, suivant enfin les conseils de son aide de camp, il se mit à la tête des 300 chevaux restants des carabiniers saxons et d'une troupe de chevau-légers d'Albrecht et réussit à se frayer un chemin à travers la brigade Picard et la brigade de cavalerie du VIIe corps qui s'emparaient des batteries, et que venait de rejoindre la cavalerie légère du VIe corps poursuivant les fuyards du centre sur la route de Weimar. Après deux combats heureux contre dragons et chasseurs, le général Zeschwitz I parvint à gagner la route de Weimar où il se réunira à son frère, commandant la cavalerie saxonne (1).

Les quatre escadrons de Bila-hussards et les deux de Gettkandt qui faisaient partie du détachement Boguslawski, sous le major prince de Solms-Braunfels étaient restés sur la hauteur au-dessus de Gross-Schwabhausen. Ces six escadrons ne s'émurent pas du combat livré sur la Schnecke et continuèrent à surveiller la direction du Sud (2).

Après la prise de la brigade Burgsdorf, le 26e dragons les prendra pour objectif. Nous verrons plus loin ce qu'il advint d'eux.

Ainsi donc, vers 2 h. 15, le VIIe corps faisait prisonnière la brigade Burgsdorf, avec le 16e léger, la division Heudelet, et le 26e dragons ; les 14e et 44e de ligne avaient abordé, en colonnes serrées, le plateau entre Isserstedt et Kotschau. Autour de ce dernier village la brigade de cavalerie du VIIe corps et la brigade de dragons Picard s'emparaient des batteries saxonnes.

De la division saxonne, il ne restait plus que la brigade Nehrhof qui, suivant la chaussée de Weimar, était encore

---

(1) Höpfner, p. 418.
(2) *Ibid.*

le long du Schwabhausergrund et se retirait en ordre, défilée aux vues du VIIe corps par la pente du terrain.

Au Nord du VIIe corps, la première ligne française, après avoir forcé à la retraite la nouvelle ligne formée par Hohenlohe à Klein-Romstedt, allait atteindre Gross-Romstedt. La cavalerie légère du VIe corps était en liaison à Kotschau avec celle du VIIe corps. La brigade Picard, après la prise des batteries, s'était ralliée en arrière de Kotschau et mise en marche pour rejoindre plus au Nord le prince Murat.

Tout à coup, vers 2 h. 30, du fond de Cappellendorf débouche une masse de cavalerie prussienne et saxonne qui refoule la cavalerie légère française. En même temps sortent du village même de Cappellendorf des bataillons d'infanterie ennemie qui se forment en échelons et s'ébranlent pour monter à l'assaut des hauteurs de Gross-Romstedt. C'est le corps de Rüchel, attendu depuis 11 heures du matin, qui entre enfin en ligne.

<h2 style="text-align:center">XXIX</h2>

A l'exception d'un régiment (1) et de deux bataillons de grenadiers (2), qui étaient restés dans Weimar, les troupes de Rüchel avaient bivouaqué au bois de Webicht en un carré ouvert ; la cavalerie avait bivouaqué ou cantonné dans les localités environnantes.

Un régiment d'infanterie (3) était demeuré à Erfurt pour en renforcer la garnison.

Un régiment d'infanterie, trois escadrons et une demi-

---

(1) Régiment Treuenfels.
(2) Bataillons de grenadiers Borstell et Hallmann.
(3) Régiment Électeur-de-Hesse.

batterie (1) avaient été poussés à l'intersection des routes de Naumbourg et de Weimar.

A Cappellendorf avaient été détachés deux escadrons de Katte-dragons pour établir la liaison avec Hohenlohe. Nous les avons vus, d'ailleurs, intervenir dans la bataille autour de Vierzehnheiligen.

Le général Rüchel, du bois de Webicht, avait entendu de bonne heure la double canonnade d'Iéna et d'Auerstedt.

Bien qu'ayant pour mission de servir de repli au duc de Weimar, jugeant que l'armée principale et celle d'Hohenlohe étaient toutes deux engagées, et désireux d'être à portée de soutenir l'une ou l'autre, suivant le cas, il résolut de se porter au point d'intersection des routes de Weimar et de Naumbourg, vers Umpferstedt (2).

Ses avant-postes reçurent l'ordre de se rassembler et de se replier sur Weimar, au bois de Webicht, où leur chef, le général Wobeser, devrait attendre de nouveaux ordres. Ajoutons tout de suite que ces avant-postes ne rejoindront pas le corps de Rüchel (3).

Celui-ci envoya ensuite au duc de Weimar l'avis de l'engagement des deux armées, puis il expédia au Roi, à Auerstedt, un officier pour s'informer de la situation et provoquer des ordres.

Des patrouilles furent lancées sur Iéna.

Les deux bataillons de grenadiers furent appelés au camp. Il ne resta plus à Weimar que le général Tschammer avec les trois bataillons du régiment d'infanterie Treuenfels.

Le général Rüchel avait, de sa propre autorité, modifié

---

(1) Régiment Tschepe, 3 esc. Katte-dragons.
(2) Höpfner, p. 395-396.
(3) *Ibid.*

l'organisation des régiments d'infanterie placés sous ses ordres. Il les avait formés en trois bataillons rangés sur deux rangs au lieu de trois, de sorte que le 1er bataillon comptait trois compagnies et un canon de bataillon; le 2e bataillon, quatre compagnies avec deux canons, et le 3e, trois compagnies avec un canon. Il en résulta que les hommes avaient ainsi tous perdu leurs chefs habituels, et marchèrent au combat sous des chefs inconnus, qui ne les connaissaient pas davantage (1).

Le général Rüchel réunit les chefs de corps et en attendant des nouvelles ou des ordres, il leur donna les indications verbales suivantes :

« Si je me déploie sur le centre, le régiment Tschepe tiendra l'aile gauche, son 3e bataillon marchera sur le flanc. Les régiments seront en échelons à 100 pas de distance, ayant chacun une division sur le flanc.....

« MM. les généraux disposeront constamment des tirailleurs auprès des batteries..... Ultérieurement nous attaquerons en échelons de régiment sur le centre.

« L'armée sera certainement brave, à hauteur des circonstances (2). »

Vers 9 heures du matin, Rüchel prescrivit au général Tschammer, à Weimar, de lui envoyer le 2e bataillon du régiment Treuenfels pour former la réserve d'aile droite, de laisser le 1er bataillon dans la ville et de couvrir avec le 3e le parc d'artillerie resté en arrière (3).

Bientôt un officier d'Hohenlohe arriva, apportant au général le premier billet du prince et le mettant au courant de la situation.

Rüchel fit prendre les armes et un peu après 10 heures, se mit en marche pour se porter sur Umpfer-

---

(1) Höpfner, p. 395-396.
(2) *Ibid.*, p. 396.
(3) *Ibid.*, p. 397.

stedt, en rompant par peloton, et suivant la chaussée, les régiments Larisch, Winning et Wedel à gauche, les régiments Strachwitz et Tschepe à droite.

Le régiment Schenck, un escadron de Kohler-hussards et la batterie de 12 Schäfer formaient la réserve de gauche. Le 2ᵉ bataillon Treuenfels, 30 cuirassiers de Bailliodz et la batterie de 12 Kirchfeld celle de droite. Les deux bataillons de grenadiers constituaient la réserve centrale.

L'avant-garde était formée par le faible régiment Bailliodz-cuirassiers, par trois faibles escadrons de Katte-dragons, ensemble 600 chevaux et la batterie à cheval Néander. Bientôt elle fut renforcée de 250 chevaux de Kohler-hussards, arrivant des avant-postes de Kranich-feld (1).

Les bagages furent envoyés à Wippach.

En entrant à Umpferstedt, Rüchel reçut un deuxième appel du prince Hohenlohe. Il répondit qu'il arrivait de suite et fit accélérer la marche.

Il est intéressant de remarquer que par la route il y a environ 9 kilomètres du bois de Webicht à Vierzehn-heiligen. Rüchel, partant de ce bois entre 10 heures et 10 h. 30, devait donc arriver sur le champ de bataille entre midi 15 et midi 45, au moment où la division Saint-Hilaire allait entrer en ligne. L'apparition de ses troupes eût permis à Hohenlohe de se dégager plus facilement et de se retirer en ordre sur la rive gauche de l'Ilm. Il est très probable que son arrivée eût évité le désastre irrémédiable.

Avec quelle lenteur a-t-il dû marcher pour n'arriver, comme nous allons le voir, qu'entre 2 heures et 2 h. 30 à Cappellendorf.

A Frankendorf, les colonnes du corps de Rüchel

_____

(1) Höpfner, p. 397.

conversèrent à gauche dans la direction de Cappellendorf.

En approchant de ce dernier village, Rüchel reçut un courrier du Roi qui le requérait de se porter sur Auerstedt et de le soutenir rapidement. Jugeant qu'il arriverait trop tard auprès de l'armée principale, mais qu'il pouvait encore soutenir à temps celle de Hohenlohe, le général continua sa marche (1).

A ce moment, le colonel Massenbach vint à sa rencontre et lui apprit que la bataille pouvait être regardée comme perdue. Rüchel lui demanda comment il pourrait venir en aide au prince : « Ietzt, nur durch Kapellendorf » répondit Massenbach en lui montrant les hauteurs au delà du village (2).

De ces hauteurs, le Sperlingsberg, descendait alors Tauentzien avec une partie de l'aile gauche d'Hohenlohe. Le reste se retirait par Gross-Romstedt et au Nord.

Rüchel envoya à Tauentzien l'ordre de s'arrêter et de rassembler tout le monde qu'il pourrait, car lui-même allait immédiatement attaquer. Puis il pénétra dans Cappellendorf. Il y trouva les bataillons de fusiliers Rühle et Rabenau, qui gardaient le quartier général d'Hohenlohe et auxquels s'était joint le bataillon de fusiliers Pelet, ravitaillé en munitions.

La réserve d'aile gauche fut placée au Nord, sur la rive gauche du Sulzbach, à l'Est de Wiegendorf, sur une hauteur, la batterie de 12 en avant, les tirailleurs dans un petit bois (3).

La réserve du centre fut maintenue derrière Cappellendorf. Celle de droite fut poussée sur la rive droite du Sulzbach, sur une hauteur située entre Cappellendorf

---

(1) Höpfner, p. 407.
(2) *Ibid.*
(3) *Ibid.*

et Kotschau, et se couvrit par ses tirailleurs et les 30 cuirassiers Bailliodz dans la direction du fond du Werlitzgrabe (1).

Le Werlitzgrabe lui-même fut occupé par le bataillon de fusiliers Sobbe.

Le corps de Rüchel franchit le Sulzbach en deux colonnes, l'une à travers Cappellendorf, l'autre à gauche du village. La colonne qui traversa Cappellendorf avait en tête les cuirassiers Bailliodz et le régiment Kattedragons (2).

Pendant que Rüchel se portait à la rencontre de l'armée française, Tauentzien passait le Sulzbach entre Gross-Romstedt et Wiegendorf et rassemblait ce qui lui restait de son corps près de ce dernier village, non loin de la réserve de gauche. Un millier de fuyards se joignit à lui (3).

En même temps, le général Zweiffel réunissait sur cette même rive gauche et un peu plus au Nord 200 hommes environ du régiment Sanitz, les restes des régiments Zastrow et Grawert, du premier bataillon Müffling, et des régiments de dragons Krafft et Prittwitz (4).

En sortant de Cappellendorf, les colonnes de Rüchel se déployèrent à droite et à gauche. La cavalerie, dès qu'elle déboucha du village, fut canonnée par de l'artillerie légère que les Français venaient d'installer sur le plateau au Sud de Gross-Romstedt, vers l'origine de Werlitzgrabe. En même temps, plus au Nord, le régiment Gettkandt-hussards descendait les hauteurs de Gross-Romstedt, poursuivi par la brigade de cavalerie

---

(1) Höpfner, p. 407.
(2) *Ibid.*
(3) *Ibid.*
(4) *Ibid.*

du IVe corps, qui, à la vue des escadrons sortant de Cappellendorf, s'arrêta et se replia sur le plateau, tandis que le régiment Gettkandt-hussards (8 escadrons) se reformait derrière l'aile gauche de Rüchel.

A peu près au même moment, entre le Sperlingsberg et les hauteurs de Kotschau, la cavalerie légère du Ve corps qui précédait le 105e de ligne et la brigade Vedel, se heurtait à la réserve d'aile droite du corps de Rüchel.

Le général Zeschwitz II qui, avec la cavalerie saxonne (4 escadrons chevau-légers Albrecht, 4 escadrons chevau-légers Polenz, 4 escadrons Kochtitzky-cuirassiers) avait suivi la retraite des Prussiens par Gross-Romstedt, fut ramené plus au Sud par Hohenlohe qui avait abandonné le bataillon de grenadiers Winckel. Le Prince le fit défiler derrière le corps de Rüchel et le plaça en soutien en arrière du flanc droit. Les quatre escadrons de carabiniers et le détachement de chevau-légers d'Albrecht qui avaient, avec le général Zeschwitz I, échappé à la prise de la brigade saxonne Burgsdorf par le VIIe corps, se réunirent alors à cette cavalerie, qui compta 16 escadrons, affaiblis il est vrai, mais ayant conservé toute leur cohésion (1).

Rüchel, avant d'attaquer, voulut céder le commandement à Hohenlohe. Le Prince refusa, disant qu'il venait d'être battu et qu'il voulait laisser au général la gloire de rétablir les affaires.

Dès que l'infanterie se fut déployée, les escadrons de cuirassiers Bailliodz et le régiment Katte-dragons démasquèrent le front et se placèrent derrière l'aile droite, près de la cavalerie saxonne, ce qui porta à 24 le nombre des escadrons réunis de ce côté. Le régiment Kohler-hussards fit de même vers la gauche, qui compta dès

____

(1) Höpfner, p. 408.

lors 12 escadrons. La batterie à cheval Néander fut partagée entre les deux masses de cavalerie. Sa demi-batterie de gauche sera désignée dans ce qui va suivre sous le nom de demi-batterie Schulz (1).

C'est vers 2 h. 30 que le premier échelon du corps de Rüchel sortit de Cappellendorf. Il était formé des régiments Alt-Larisch et Strachwitz. Se déployant sous le feu de l'artillerie légère française, il marcha vivement vers les hauteurs.

A gauche, à 100 pas de distance, le régiment Tschepe formait un second échelon, avec la demi-batterie Schulz.

A droite les régiments Winning et Wedell formaient chacun un échelon, également à 100 pas de distance (2). En outre Rüchel avait fait appel aux trois bataillons Pelet, Rühle et Rabenau et en avait constitué un quatrième échelon de droite.

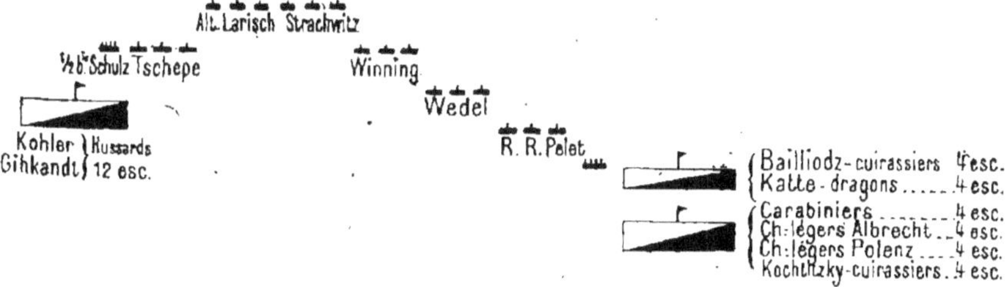

Du côté des Français, la cavalerie et l'artillerie légère étaient seules parvenues sur la crête du plateau compris entre Kotschau et Gross-Romstedt, soutenues par des tirailleurs (3).

Les gros étaient en arrière assez loin sur le plateau et n'avaient pas encore atteint le village de Gross-Romstedt que Tauentzien, comme on sait, venait seulement d'évacuer.

---

(1) Höpfner, p. 408.
(2) *Ibid.*, p. 409.
(3) Rapport du 105ᵉ de ligne.

XXX

Le déploiement du corps de Rüchel s'effectua donc sous un feu d'artillerie meurtrier, il est vrai, mais qui ne commença à faire sentir toute son action qu'à partir du moment où les troupes prussiennes apparurent sur le plateau du Sperlingsberg.

Les batteries légères françaises installées sensiblement sur le revers du plateau suivi par le chemin qui va de Gross-Romstedt à Kotschau, causaient de cruels ravages dans les rangs des Prussiens.

Après avoir parcouru un espace d'environ 500 pas, le corps de Rüchel oblique légèrement à droite pour obvier, dès le début, à toute tentative d'enveloppement de ce côté (1), dépasse par suite en partie le Werlitz-grabe, puis marche résolument sur les batteries françaises. La demi-batterie Schulz se porte crânement très en avant à gauche de la ligne et s'installa de manière à prendre d'écharpe l'artillerie ennemie (2). Celle-ci redouble l'intensité de son feu. La plupart des chefs prussiens sont mis hors de combat ou démontés. Rüchel lui-même est blessé à la poitrine. Mais les échelons prussiens continuent vaillamment leur marche dans le plus grand ordre et se rapprochent résolument du plateau occupé par les batteries.

Alors la brigade de dragons que Murat a détachée de la division Klein auprès de la division Saint-Hilaire, soutenue par la brigade de cavalerie du IVe corps, se précipite sur les régiments Alt-Larisch et Strachwitz, formant le premier échelon, ainsi que sur le deuxième

---

(1) Höpfner, p. 409.
(2) *Ibid.*

échelon de droite, constitué par le régiment Winning. Cette brigade de dragons, repoussée par le feu, est vivement ramenée par les hussards de Gettkandt et Kohler ainsi que la brigade du IVe corps qui avait manœuvré pour la soutenir (1).

Après ce succès, le corps de Rüchel continue à progresser, malgré les pertes énormes qu'il subit. Les premiers échelons, repoussant les tirailleurs qui couvraient les batteries, arrivent à 200 pas de celles-ci, quand l'artillerie française cesse le feu, amène les avant-trains et se retire.

En même temps des tirailleurs français apparaissent tout autour de Gross-Romstedt et aux lisières du village.

La demi-brigade Schulz prend aussitôt Gross-Romstedt et ces tirailleurs sous son feu et le régiment Tschepe, échelon de gauche, se dirige vers la localité et va y pénétrer quand le combat prend soudain une face nouvelle (2).

De Gross-Romstedt et du Sud du village débouchent d'épaisses lignes d'infanterie, tandis qu'au Nord une autre ligne de bataillons se développe inopinément sur le flanc gauche des Prussiens (3).

Ce sont les 55e et 43e de ligne de la division Saint-Hilaire, qui ont rejoint leurs tirailleurs et qui sortent de Gross-Romstedt, tandis que, sortant du vallon situé au Nord de ce village, le 10e léger enveloppe l'aile gauche de Rüchel. Au Sud de Gross-Romstedt, le 36e se porte en ligne à son tour.

En même temps, en face de Rüchel, sur le plateau même, une imposante ligne d'artillerie se met en batterie et foudroie les bataillons prussiens. C'est la grande

____

(1) Höpfner. — Journal des opérations du 4e corps.
(2) Höpfner, p. 409.
(3) *Ibid.*

batterie du centre, qui a continué vers l'Ouest entre le
V⁰ corps et la gauche de la Grande Armée (1).

Au Sud de cette batterie centrale, la brigade Vedel
et le 105ᵉ se portent contre l'aile droite de Rüchel.

La ligne française, dont la crête occidentale du plateau,
qu'allaient atteindre les Prussiens, masquait l'approche
aux yeux de ces derniers, leur apparaît d'un seul coup
tout entière, à portée de fusil.

Le régiment Alt-Larisch s'arrête le premier et ouvre
le feu. Les autres régiments suivent son exemple. Mais
ce combat de feux ne dure pas un quart d'heure. Écrasés
de toutes parts par un feu infernal d'infanterie et de
mitraille, les bataillons prussiens que leur artillerie,
laissée sur la rive gauche du Sulzbach, à 2,000 mètres,
ne peut pas soutenir, subissent des pertes inouïes (2).

Le régiment Larisch, décimé, ayant perdu son colonel
et presque tous ses commandants de compagnie, tour-
billonne le premier et se retire « en troupeau ».

Le régiment Strachwitz et successivement toutes les
autres unités sont obligés de suivre son exemple et
battent en retraite.

En voyant le recul des Prussiens, les Français se
précipitent. La demi-batterie Schulz est enlevée. Le
36ᵉ fournit plusieurs charges contre le régiment Winning qui, en quelques instants a perdu 17 officiers et
674 hommes (3). Plus au Sud, le 2ᵉ bataillon du 88ᵉ, commandant Cambronne, s'empare de plusieurs canons (4).

A l'extrême droite de Rüchel, la cavalerie saxonne
avait refoulé au Sud du Werlitzgrabe la cavalerie
légère du V⁰ corps. Derrière celle-ci arrivait bientôt le

---

(1) Rapports des commandants de l'artillerie des 5ᵉ et 7ᵉ corps.
(2) Höpfner, p. 410.
(3) Journal des opérations du 4ᵉ corps.
(4) Rapport de Suchet.

105e, rejoint par la brigade de dragons Picard qui venait de coopérer à la prise de la brigade saxonne Burgsdorf et de ses batteries.

Les dragons et la cavalerie du Ve corps se reportent en avant, mais un régiment de dragons, mal éclairé, est surpris par le feu du régiment prussien Wedell, en échelon à droite, qui remontait le Werlitzgrabe, et se trouve compromis (1).

Le 105e se déploie le long du bord du ravin et « fait un feu de deux rangs extrêmement roulant », qui dégage les dragons. Le régiment Wedell fait alors front contre le 105e, mais le 34e de ligne survenant à son tour à la droite du 105e et bordant le versant Nord du Werlitzgrabe, prend en flanc le régiment prussien (2).

En même temps la 1re brigade de cuirassiers a repoussé au Nord du Werlitzgrabe également, quelques escadrons de Gettkandt et Kohler-hussards qui cherchaient à couvrir la retraite des bataillons du centre et de la gauche de Rüchel. En poursuivant ces escadrons, elle vient donner sur les débris du régiment Winning qui battaient en retraite (3).

Le 4e escadron du 1er cuirassiers se jette sur ce régiment, lui fait prisonniers environ 400 hommes et s'empare d'un drapeau. Les trois autres escadrons du régiment apercevant les cuirassiers de Bailliodz courent à eux. Mais ceux-ci font demi-tour et se retirent par un des nombreux chemins qui traversent le fond boisé du Werlitzgrabe en forme de défilé. Les trois escadrons du 1er cuirassiers chargent cependant à deux reprises la queue de la colonne ennemie, mais n'ayant pu atteindre

---

(1) Rapport du 105e de ligne.
(2) *Ibid.*
(3) Rapport du général d'Hautpoul. — Foucart, p. 667.

l'arrière-garde ils n'ont comme prisonniers que 30 cuirassiers et 3 officiers (1).

Pendant que le 1ᵉʳ cuirassiers était engagé avec
cette cavalerie, le 10ᵉ cuirassiers, qui marchait en seconde
ligne pour le soutenir, apercevant le régiment Wedell
aux prises avec les 34ᵉ et 105ᵉ de ligne, fait « escadrons
à gauche » et attaque ce régiment (2).

Un escadron, lancé seul, ne peut entamer l'infanterie
prussienne, mais le colonel charge à son tour deux fois
avec trois escadrons. Le régiment Wedell est rompu à la
troisième charge. Une partie est prise par les cuirassiers. Une autre se jette dans le ravin et tombe aux
mains des dragons Picard qui se trouvaient sur l'autre
bord, à la gauche du 105ᵉ, et qui poursuivent les
fuyards prussiens. Le reste est rejeté sur Cappellendorf (3).

Les charges faites par les 1ᵉʳ et 10ᵉ cuirassiers eurent
pour résultat environ 4,000 prisonniers, 3 drapeaux et
une pièce de canon.

Mais le mouvement de la brigade Picard dans le
Werlitzgrabe à la poursuite des débris du régiment
Wedell, avait découvert le flanc gauche du 105ᵉ. Un parti
de cavalerie ennemie chercha alors à profiter de cette
circonstance et à entourer le régiment.

Le colonel fit, immédiatement, exécuter « une retraite
en échiquier par bataillon à 50 pas, raccorda sa ligne et
ordonna au 2ᵉ bataillon un changement de front oblique
en arrière sur les grenadiers et un feu de deux rangs qui
repoussa cette cavalerie (4) ».

Au Sud du 105ᵉ, le VIᵉ corps atteignait les environs

---

(1) Rapport de d'Hautpoul.
(2) *Ibid.*
(3) *Ibid.*
(4) Rapport du 105ᵉ ligne.

de Kötschau. Sa cavalerie dépassait le village à peine, quand au coude que fait à sa hauteur la grande route de Weimar, elle se trouva tout à coup en présence de la brigade d'infanterie saxonne Nehrhof, qui, on s'en souvient, avait évacué la Schnecke devant la division Heudelet du corps d'Augereau. Cette brigade marchait par pelotons, en un carré ouvert le long de la grande route, couverte à gauche par les chasseurs de Masars et en arrière par les fusiliers Boguslawski et les chasseurs Kronhelm.

A sa gauche, il se produisit tout à coup un hourra de cavalerie. Les quatre escadrons de Bila-hussards et les deux de Gettkandt-hussards qui faisaient partie du détachement Boguslawski et qui étaient demeurés, comme on le sait, en observation au-dessus de Schwabhausen, avaient été attaqués à revers par la brigade de cavalerie du VIIe corps après la prise de la brigade saxonne Burgsdorf. Les hussards bousculent cette cavalerie, la rompent et la poursuivent jusque sur les hauteurs au delà de Kotschau, où ils tombent sous le feu d'une des batteries du VIe corps, qui s'avançait au Nord de ce village sur Cappellendorf. Ils se rassemblent et se retirent sur Weimar par la chaussée.

La cavalerie du VIIe corps se rassemble de son côté vers Hohlstedt et, apercevant la brigade Nehrhof sur sa droite, elle se porte vers elle. Celle-ci voit donc apparaître en même temps sur ses deux flancs des lignes de cavalerie, celle d'Augereau sur sa gauche, la brigade Treilhard sur sa droite.

Les chasseurs Masars crient en vain aux Saxons de former les carrés. Ils se jettent alors à travers l'infanterie sur le côté droit de la chaussée et aperçoivent de ce côté la cavalerie du VIe corps contre laquelle ils veulent ouvrir le feu, quand les Saxons les arrêtent, leur criant que ce sont des Prussiens. La marche continua par pelotons. Mais quand le colonel d'un des régiments de hussards s'approcha pour reconnaître la brigade Nehrhof, les chasseurs Masars, sûrs désormais d'avoir affaire à des Français, ouvrirent avec la compagnie de chasseurs Kronhelm le feu sur cette cavalerie. Celle-ci répondit par une salve de carabines et chargea ensuite au galop. En vain les chasseurs cherchent-ils à se grouper. Ils sont renversés (1).

Les Saxons, terrifiés, font demi-tour comme au commandement, jettent leurs armes et s'enfuient à toutes jambes vers le Sud sur la chaussée, où la cavalerie française entre de toutes parts dans cette foule désarmée. Le bataillon Boguslawski, bousculé par les Saxons, cherche vainement à former le carré. Il est trop mélangé aux fuyards et subit leur sort. La brigade Nehrhof tombe tout entière aux mains des brigades de cavalerie des Ve et VIIe corps (2).

XXXI

Il était environ 3 heures et, du Nord au Sud du champ de bataille, la victoire appartenait définitivement à l'armée française.

La division saxonne était tout entière entre nos mains. Il n'y avait plus de résistance organisée nulle part, à l'exception du Sulzbach, sur la rive gauche duquel les réserves de Rüchel faisaient bonne contenance.

Le général Rüchel s'était rapidement rendu compte que tout effort serait vain pour reformer ses troupes et qu'en présence de l'écrasante supériorité numérique des Français, il était inutile d'essayer d'enrayer la retraite. Il ne songea qu'à la rendre possible, en prescrivant à sa

---

(1) Höpfner, p. 419.
(2) *Ibid.*

réserve centrale, composée de deux bataillons de grenadiers, de se rapprocher de Cappellendorf et d'occuper le village, et à sa réserve d'aile gauche de s'avancer jusqu'au Sulzbach (1).

Mais le corps tout entier de Rüchel, complètement débandé, refluait dans Cappellendorf et les grenadiers se virent dans l'impossibilité d'y pénétrer.

Laissant alors au village même leurs tirailleurs, soutenus par une compagnie, les grenadiers prirent position sur la hauteur en arrière de Cappellendorf, tandis que la réserve d'aile droite s'établit au Sud sur le ruisseau et la réserve d'aile gauche au Nord, sur le même ruisseau (2).

La cavalerie française poussait devant elle les fuyards sur Cappellendorf et faisait prisonniers des groupes entiers.

Le feu des réserves et des batteries lourdes enraya un peu cette poursuite, permit l'écoulement de la foule des fuyards à travers le village et donna le temps de réunir ce qui restait du corps de Rüchel sur les hauteurs à l'Ouest de Cappellendorf (3).

Une partie de l'aile droite (régiment Wedell, débris de Winning et fusiliers Pelet) prend sa retraite sur Weimar avec les chevau-légers Albrecht et Polenz. Les fusiliers Rühle, Rabenau, se repliant sur la rive gauche du Sulzbach, couvrent la retraite de cette fraction du corps de Rüchel, qui prend la suite des fuyards de l'aile droite d'Hohenlohe, et se retirent à leur tour (4).

Les batteries françaises, dès que la cavalerie a refoulé l'ennemi battu dans Cappellendorf, se portent sur le

---

(1) Höpfner, p. 410.
(2) *Ibid.*
(3) *Ibid.*
(4) *Ibid.*

Sperlingsberg, s'y installent et ouvrent le feu sur Cappellendorf et les réserves de Rüchel, sans grand résultat d'ailleurs.

La retraite des Prussiens, rassemblés tant bien que mal en arrière de Cappellendorf, commence dès l'ouverture de ce feu. Il est alors environ 3 h. 30 et les débris de Rüchel reçoivent l'ordre de prendre la direction d'Apolda. Déjà les généraux Tauentzien et Zweiffel qui, on s'en souvient, avaient rassemblé ce qu'ils avaient pu de l'aile gauche d'Hohenlohe près de Wiegendorf, s'étaient mis en marche dans cette même direction en voyant la mauvaise tournure que prenait l'engagement de Rüchel.

La cavalerie reçut l'ordre de couvrir la retraite, en combinaison avec les réserves qui devaient se former en carrés (1).

Il résulta de ces ordres qu'après la défaite de Rüchel, l'armée prussienne avait définitivement adopté deux directions de retraite, l'une sur Apolda (Tauentzien, Zweiffel, Rüchel) l'autre sur Weimar.

Le prince Hohenlohe s'était porté sur Weimar dans l'intention d'y rassembler son armée et de se réunir sur l'Ilm à Tauentzien et à Holzendorf. Arrivé à Umpferstedt il y trouva le général Cerrini qui y réunissait quelques troupes.

Après une tentative inutile pour revenir chercher à Frankendorf le général Rüchel blessé, Hohenlohe expédia Massenbach à Weimar pour y grouper les fuyards, remettre de l'ordre et rassembler les détachements encore constitués. Il chargea un officier de porter aux troupes débandées sur la route des indications dans ce sens. Enfin il donna l'ordre à Cerrini de se porter en arrière au Webicht, de s'y réunir au détachement du général Wobeser, qui devait s'y être porté de

____

(1) Höpfner, p. 410-411.

Weimar, par suite d'un ordre particulier préalablement envoyé. Cerrini devait prendre position au Webicht pour y recueillir Dyhernn et les Saxons, dont on ignorait le malheureux sort.

Si nous résumons ce qui vient d'être exposé, nous voyons que, vers 3 h. 30, au moment où l'armée française, après avoir rompu le corps de Rüchel, se présente devant Cappellendorf, les Prussiens se trouvent dans la situation suivante

Les généraux Zweiffel et Tauentzien battent en retraite de Wiegendorf dans la direction d'Apolda, suivis bientôt par les débris de Rüchel, groupés tant bien que mal sur les hauteurs à l'Ouest de Cappellendorf.

Ce qui reste du corps d'Hohenlohe fuit par la route de Weimar avec ce qui a pu s'échapper de l'aile droite de Rüchel.

La retraite est couverte par les deux bataillons de grenadiers de Rüchel (Borstell et Hallmann) le régiment Schenk, les 8 escadrons de Gettkandt-hussards, les 4 escadrons de Kholer-hussards, la batterie de 12 Schäfer — le 2ᵉ bataillon Treuenfels, la batterie de 12 Kirchfeld, les cuirassiers de Bailliodz, les cuirassiers Kochtitzky et les carabiniers saxons, cette dernière cavalerie sous les ordres du général Zeschwitz II — enfin par les bataillons Ruhle et Rabenau.

Sous la canonnade intense de l'artillerie française établie sur le Sperlingsberg, la ligne des réserves de Rüchel se mit en retraite à son tour, suivie par la cavalerie des IVᵒ et Vᵒ corps et par les tirailleurs.

Mais à l'aile droite de la Grande Armée, le maréchal Soult, voyant le mouvement de retraite de Tauentzien, Zweiffel et Rüchel s'orienter dans la direction d'Apolda, manœuvra pour leur couper le passage et se dirigea sur Ulrichshalben.

Les généraux prussiens, apercevant cette manœuvre et avisés, en outre, de l'intention de Hohenlohe de rassembler l'armée sur l'Ilm, se rejetèrent à gauche et marchèrent également sur Ulrichshalben.

Au centre de la Grande Armée, toute la cavalerie légère, les dragons et la 1re brigade de cuirassiers avec Murat passent en avant de la ligne et se lancent, vers 4 heures, sur la route de Weimar, accompagnés, à l'aile droite par l'artillerie légère du VIIe corps, réduite à cinq pièces, mais ravitaillée en munitions. La 2e division du VIe corps appuie cette cavalerie.

Au Nord de la route de Weimar, le Ve corps a repris son mouvement vers l'Ouest, précédé par la brigade Vedel, qui, franchissant le Sulzbach, pousse devant elle les réserves du corps de Ruchel. Bientôt ses tirailleurs occupèrent le village de Wiegendorf.

Son action avait rejeté vers le Nord les bataillons de grenadiers Borstell et Hallmann.

Les bataillons Rühle et Rabenau, se retirant à leur tour, furent rejoints sur les hauteurs à l'Ouest de Frankendorf par les bataillons Rosen et Erichsen qui, après avoir dépassé la cavalerie saxonne, établie à l'Est du village pour protéger la retraite de la droite d'Hohenlohe dont ils constituaient les derniers éléments, avaient obliqué vers le Nord. Avant cette jonction, les bataillons Rosen et Erichsen avaient reçu plusieurs charges de cavalerie, repoussées par le dernier de ces bataillons qui, formé en carré, faisait l'arrière-garde (1).

Les quatre bataillons réunis se dirigèrent sur Umpferstedt.

Le général Zeschwitz II, avec les cuirassiers et les carabiniers saxons, soit environ seize escadrons, se trouvait désormais le dernier élément de l'armée. Voyant le mouvement des tirailleurs du Ve corps sur Wiegendorf, et les progrès de la cavalerie légère de ce même corps

---

(1) Höpfner, p. 414.

d'armée sur sa gauche, il se détermina à se retirer à son tour et fit son mouvement par le Sud de la chaussée (1).

Il reçut, non loin de Frankendorf, un faux avis annonçant qu'Hohenlohe avait donné Apolda comme direction de retraite. Il fit tête de colonne à droite pour marcher sur ce point. Mais à peine avait-il franchi la chaussée qu'il fut suivi par les cuirassiers français débouchant par le Sud de Cappellendorf.

Le général Zeschwitz II fit aussitôt demi-tour et attaqua vigoureusement les cuirassiers, mais menacé d'être pris en flanc par les troupes françaises qui sortaient de Cappellendorf, il fit sonner le ralliement et se porta sur Umpferstedt, en se faisant précéder par l'ordre envoyé au bataillon Rabenau de couvrir sa retraite à travers le village (2).

Cependant le bataillon Rühle s'était laissé persuader, en arrivant au chemin d'Auerstedt, de prendre cette direction. Les trois autres bataillons continuèrent sur Umpferstedt, où le bataillon Rabenau trouva l'ordre du général Zeschwitz II.

Sous la protection du bataillon, celui-ci dépassa Umpferstedt, puis, abandonnant le bataillon à son sort, il se porta sur l'Ilm et après une courte halte à Deustedt, franchit la rivière et continua tranquillement sa retraite sur Buttelstedt (3).

A Umpferstedt, le bataillon Rabenau s'était formé en avant du village. Après le défilé de la cavalerie, les bataillons Rosen et Erichsen s'engagèrent à leur tour dans la localité. Mais les rues en étaient à ce point encombrées de voitures des bagages de l'armée d'Hohenlohe que les hommes ne pouvaient passer qu'indivi-

---

(1) Höpfner, p. 413.
(2) *Ibid.*, p. 414.
(3) *Ibid.*

duellement. Le défilé des bataillons fut donc très long.
Aussi, au moment où le bataillon Rosen sortait du village,
fut-il attaqué, avant d'avoir pu songer même à se rassembler, par la cavalerie française qui avait tourné
Umpferstedt par le Sud. Le bataillon fut enfoncé, rompu,
dispersé. Le bataillon Erichsen eut le même sort. L'un et
l'autre avaient, d'ailleurs, épuisé leurs munitions (1).

Le bataillon Rabenau s'écoula à son tour. Il en fut de
lui comme des précédents. Dès qu'il sortit en désordre
du village, il fut attaqué par la cavalerie française. En
vain son chef chercha-t-il à rassembler ses hommes et à
se jeter dans le vallon boisé du Kummergrab; il n'y put
parvenir. Cependant, groupé comme il put, le bataillon
repoussa plusieurs attaques et ce ne fut qu'après la blessure de son chef qu'il fut entamé. Bientôt il fut complètement rompu et tout ce qui n'avait pas été tué fut
pris (2).

Quand au bataillon Rühle engagé dans la direction
d'Auerstedt, il s'aperçut vite de son erreur et prit à
gauche pour gagner Weimar par Sussenborn. A peine
arrivait-il au Nord de ce village, qu'il fut attaqué par la
cavalerie du V⁰ corps, comme il se préparait à descendre
la pente boisée et escarpée du plateau. Son chef lui fit
former le carré, et le bataillon, après avoir repoussé la
charge, descendit la pente et continua sur Weimar où il
arriva heureusement.

Derrière le flot de la cavalerie française qui poursuivait les débris des Prussiens, le gros de l'armée suivait
la même direction, d'un mouvement plus lent.

Le IV⁰ corps, avons-nous dit, avait coupé la route
d'Apolda à Tauentzien et pris la route d'Ulrischshalben.

La brigade Vedel, précédant le V⁰ corps, par Cappel-

---

(1) Höpfner, p. 415.
(2) *Ibid.*

lendorf, avait continué sur Weimar à travers pays au Nord de la chaussée. Le 2ᵉ bataillon du 88ᵉ (Cambronne) appuyait la cavalerie.

Le 105ᵉ de ligne, après son engagement du Werlitz-grabe, se trouvant séparé de son corps d'armée, avait demandé des ordres au maréchal Lannes, qui le garda à la gauche de ses troupes. Il continua à se porter en avant, le 1ᵉʳ bataillon en bataille, le 2ᵉ en colonne.

Le VIᵉ corps suivait, par la chaussée de Weimar, la cavalerie de Murat.

Enfin, plus au Sud, le 44ᵉ en colonne serrée, formait l'avant-garde du VIIᵉ corps et le précédait sur Weimar, au Sud de la chaussée, à travers pays.

La Garde impériale, dès la défaite de Tauentzien à Klein-Romstedt, avait été maintenue à Vierzehnheiligen. Elle revint le soir même à Iéna, où l'Empereur passa la nuit.

XXXII

C'est à 4 heures du soir, ainsi que nous l'avons vu, que Murat, avec la division de dragons Klein et la 1ʳᵉ brigade de cuirassiers, appuyées par cinq pièces d'artillerie légère du VIIᵉ corps, entama la poursuite par la chaussée de Weimar.

A 5 heures du soir (1), après avoir fourni de nombreuses charges, pris plusieurs pièces et caissons, plusieurs drapeaux et fait « plusieurs mille prisonniers » il se présenta devant la ville (2).

De 10 heures du matin à 4 heures du soir, Weimar avait été traversé par les convois qui se dirigeaient sur Erfürt. « Au lieu de combattre sur le front, au moins

____

(1) Journal de Gœthe.
(2) Lettre de Murat à l'Empereur. — Foucart, p. 666.

10,000 hommes se traînaient à côté de cet immense serpent de chariots (1). » Puis ce fut la déroute « dans un épouvantable désordre. On entendait des cris, et au-dessus du mur de clôture (du jardin de Gœthe) on voyait s'agiter des baïonnettes (2). »

Mais, à 5 heures du soir, les abords de la ville étaient défendus.

En arrivant, à 2 heures de l'après-midi, à Weimar, le général Wobeser, venant de Merfeld, avait reçu d'Hohenlohe un ordre lui enjoignant de réunir à son détachement (3) les 1er et 3e bataillons du régiment Treuenfels, laissés dans la ville par Rüchel et de s'établir sur la rive droite au Webicht pour recueillir les troupes battues et permettre de rétablir l'ordre. Wobeser jeta les tirailleurs du bataillon Ernst et les chasseurs de la compagnie Kalkreuth dans le Webicht; le bataillon Ernst fut rangé à droite du bois, les deux bataillons Treuenfels au-dessus du bois, l'aile gauche à la chaussée. La demi-batterie à cheval Lehmann, avec un escadron de Wobeser-dragons, fut placée à environ 100 pas à droite et en avant, à la crête du versant de la hauteur de Webicht; les quatre autres escadrons de Wobeser-dragons plus à droite vers le vallon qui conduit à Weimar. Enfin, 30 dragons, vers l'Ilm, furent chargés d'éclairer le flanc droit (4).

Bientôt commencèrent à affluer les fuyards. Ils traversèrent l'Ilm sous la protection du détachement; sur la rive gauche ils prirent la route d'Erfürt.

Ainsi qu'il a été dit plus haut, le général Cerrini avait

---

(1) Fernow, bibliothécaire de la duchesse de Weimar.
(2) Notes laissées par Riemer, précepteur du fils de Gœthe.
(3) Compagnie de chasseurs Kalkreuth, bataillon de fusiliers Ernst, régiment Treuenfels, 2e bataillon, régiment Wobeser-dragons, demi-batterie à cheval Lehmann.
(4) Höpfner, p. 420.

réussi à rassembler à Umpferstedt quelques troupes saxonnes. Il les dirigea sur Weimar conformément à l'ordre que lui avait envoyé Hohenlohe et, sous le couvert du détachement Wobeser, il parvint à reconstituer une brigade avec les débris des régiments Électeur, Xavier, Clément et Maximilien, du 1er bataillon Rechten, du 1er bataillon Frédéric-Auguste et des bataillons de grenadiers Lecoq et Winckel. Il en prit le commandement et, se portant auprès du général Wobeser, il disposa ses Saxons le long du Webicht, de part et d'autre de la chaussée (1).

Massenbach, arrivé sur ces entrefaites, rassembla, en arrière de Wobeser et de Cerrini — mais sur la rive droite — tout ce qui, parmi les troupes prussiennes, n'avait ni franchi l'Ilm, ni pris la route d'Erfürt, c'est-à-dire, la majeure partie des régiments Sanitz et Grawert, le 2e bataillon Müffling, le demi-bataillon Herwarth, le demi-bataillon Kollin, les bataillons Pelet et Rühle, les compagnies de chasseurs Werner et Valentini, quatre escadrons d'Henckel-cuirassiers, et de Katte-dragons, les hussards de Bila et de Gettkandt (2).

Ce rassemblement eut donc lieu en avant du défilé formé par les ponts de Weimar. Cette disposition imprudente fut encore aggravée par l'immobilité qu'on imposa aux troupes rassemblées. On les fit attendre sur place sans même franchir les ponts. Il restait, paraît-il, de grandes quantités de pain et d'eau-de-vie, laissées à Weimar par l'armée du Roi, qu'on voulait distribuer aux troupes. Cette opération se fut faite plus aisément et plus rationnellement sur l'autre rive.

Enfin, Hohenlohe, qui était arrivé à Weimar, et son état-major délibérèrent sur la direction de retraite à

____

(1) Höpfner, p. 421.
(2) *Ibid.*

prendre. Le Prince, inquiet de la division saxonne, voulait toujours attendre de recevoir de ses nouvelles (1).

Après être demeuré une heure à discuter sans résultat, quand Hohenlohe vit qu'il était impossible de rien connaître de la division Niesemeuschel, il se détermina enfin à donner l'ordre de retraite sur Liebstedt.

Mais on avait perdu un temps précieux. Une heure plus tôt, la retraite eût pu se faire en toute sécurité le long de l'Ilm par la rive gauche, la jonction avec l'aile gauche de l'armée du Roi eût pu de même s'effectuer. Désormais tout allait se trouver compromis. Peut-être la douleur de la défaite ajoutait-elle à l'indécision d'Hohenlohe.

Quoi qu'il en soit, un peu avant 5 heures, il prescrivit la retraite qui commença aussitôt.

Soudain éclata sur la ligne du détachement Wobeser une fusillade nourrie, et on vit en même temps apparaître, arrivant à vive allure, une colonne de cavalerie sur la chaussée d'Umpferstedt et une autre colonne sur le chemin de Mellingen. C'était la cavalerie de Murat (2).

La batterie Lehmann et les pièces de bataillon ouvrirent aussitôt le feu. Mais l'artillerie française riposta (3) et une grêle de mitraille vint s'abattre sur le Webicht et sur la chaussée.

Les troupes prussiennes rassemblées par Massenbach, qui déjà rompaient pour franchir les ponts et se croyaient en pleine sécurité, furent complètement surprises. Elles se débandèrent immédiatement. Une grande partie de l'infanterie jeta ses armes, et, entraînant avec elle l'artillerie et la cavalerie, descendit à toutes jambes la hauteur et se précipita vers les ponts (4).

---

(1) Höpfner, p. 421.
(2) *Ibid.*, p. 422.
(3) *Ibid.*
(4) *Ibid.*

Toutefois l'artillerie de Wobeser tenait en respect la cavalerie française sur la chaussée.

Cependant un régiment de dragons, probablement le 14ᵉ, vient tâter la droite du détachement et se présente devant les quatre escadrons de Wobeser-dragons. Ceux-ci, malgré la défense qui leur en a été faite par leur général en raison de l'épuisement de leurs chevaux, se portent à l'attaque du 14ᵉ. Ils sont vigoureusement reçus et rejetés sur leur première position (1).

A ce moment le général Wobeser donne l'ordre à son détachement de se retirer sur Weimar.

Pendant cet engagement de cavalerie, le général Cerrini a fait rompre ses bataillons saxons et a commencé sa retraite. Mais, en arrivant sur la chaussée, les Saxons aperçurent les dragons français qui poursuivaient ceux de Wobeser, et qui, par ce mouvement, se portant sur leur gauche, menaçaient par Ober-Weimar de les couper des ponts. Ils rompirent leurs rangs et se jetèrent en désordre dans le Webicht, en arrière des bataillons Treuenfels, aux cris de : « Sauve qui peut ! » (2).

Le 3ᵉ bataillon Treuenfels, impressionné, fit demi-tour. Mais son chef l'arrêta, le remit face en tête et la retraite se poursuivit en bon ordre (3).

Quand le détachement Wobeser eut atteint les hauteurs de Webicht, l'infanterie rompit par pelotons et se retira sur Weimar, couverte par la cavalerie (4).

Les deux bataillons Treuenfels avec la demi-batterie passèrent l'Ilm les premiers ; puis ce fut le tour des dragons. Le bataillon de fusiliers Ernst ferma la marche avec les tirailleurs et les chasseurs.

---

(1) Höpfner, p. 422
(2) *Ibid.*, p. 423.
(3) *Ibid.*
(4) *Ibid.*

Comme la tête du bataillon Ernst venait de s'engager dans le défilé, un embarras suspendit le mouvement (1).

Soudain débouche au galop par la chaussée et par Ober-Weimar la cavalerie française. Elle se jette sur le bataillon, s'y enfonce, le disperse et fait plus de 10 officiers et de 250 hommes prisonniers (2).

Il est alors 5 h. 30. La cavalerie se répand dans Weimar et poursuit les débris des Saxons et des Prussiens dans les rues qui sont bientôt jonchées de cadavres et remplies de caissons, canons et bagages abandonnés.

Cependant Hohenlohe qui, en arrière de la ville, avait pu rassembler une dizaine d'escadrons, se portait sur Liebstedt, dans l'espoir d'y réunir son aile gauche et Holtzendorf, quand il apprit que l'armée du Roi avait été défaite à Auerstedt et se retirait sur Erfürt.

Pour ne pas tomber aux mains des Français, il quitta la vallée de l'Ilm et par un long détour, se rendit au château de Vippach, qu'il atteignit vers 10 heures du soir (3).

Cerrini, qui avait commencé sa retraite sur Buttelstedt, avait, en apprenant la défaite du Roi, tourné à gauche sur Kolleda (4).

Le reste du corps d'Hohenlohe fuyait sur la route d'Erfürt.

Quant à Tauentzien, il avait pu gagner Ulrichshalben. Le pont sur l'Ilm fut solidement occupé et sa cavalerie protégea le passage.

La cavalerie du IVe corps arriva encore assez à temps pour chercher à le compromettre. Elle attaqua la cavalerie de Tauentzien, fit quelque 300 prisonniers, aug-

---

(1) Höpfner, p. 423.
(2) *Ibid.*, p. 424.
(3) *Ibid.*, p. 424-425.
(4) *Ibid.*, p. 425.

menta le désordre, mais ne put réussir à franchir la rivière avant la nuit.

L'obscurité mit fin à la poursuite.

Le 105e de ligne, le 2e bataillon du 88e et l'avant-garde du VIe corps, avec le 44e de ligne, forçant la marche pour suivre la cavalerie, prirent une assez forte avance et pénétrèrent dans Weimar entre 6 h. 30 et 7 heures du soir.

Murat s'arrêta dans Weimar, faisant garder les routes d'Erfürt et de Buttelstedt par où s'était retiré l'ennemi (1).

Son quartier général et la 2e division de cuirassiers s'établirent à Weimar.

La 1re division de cuirassiers s'installa au bivouac sur la rive gauche près de Weimar.

La 1re division de dragons coucha à Ullas à 5 kilomètres de Weimar sur la route d'Erfürt (2).

Le 105e de ligne et l'avant-garde du VIe corps s'établirent au delà de Weimar, également sur la route d'Erfürt.

Le 44e du VIIe corps, arrivant derrière eux, traversa Weimar et prit la route de Naumbourg où il campa à une demi-lieue de Weimar.

A 8 heures du soir, le VIIe corps entra à son tour à Weimar et prit position, en avant de la ville, derrière le 44e, sur la route de Naumbourg (3).

Les deux divisions du VIe corps restèrent sur la rive droite de l'Ilm, la 2e division sur les hauteurs en arrière de Weimar, la 3e division derrière la 2e (4).

A la droite du VIe corps, la brigade Vedell campa sur

---

(1) Foucart, p. 665.
(2) *Ibid.*
(3) *Ibid.*
(4) *Ibid.*, p. 645.

les hauteurs à l'Est de Weimar, ayant derrière elle tout le Ve corps (1).

Quant au IVe corps, il prit position pour la nuit en arrière d'Ulrichshalben, vers Schwabsdorf, se reliant à droite avec le Ier corps d'armée et la 3e division de dragons à Apolda (2).

La cavalerie légère de la réserve de cavalerie campa à Utenbach ; la 4e division de dragons à Dornburg (3).

L'Empereur et le Grand Quartier Impérial passèrent la nuit, avec la Garde, à Iéna.

____

(1) Foucart, p. 635.
(2) *Ibid.*, p. 643.
(3) *Ibid.*, p. 665.

AUERSTEDT

I

LA PRINCIPALE ARMÉE PRUSSIENNE LE 13 OCTOBRE.

Pendant que les différents corps d'Hohenlohe et de Rüchel se faisaient tour à tour écraser le 14 octobre entre Iéna et Weimar, la principale armée prussienne, sous les ordres directs du Roi et du duc de Brunswick, éprouvait, le même jour, un échec grave à l'Est d'Auerstedt, dans sa rencontre avec le 3e corps français, commandé par le maréchal Davout.

Le 12 octobre, cette armée se trouvait établie sur le plateau d'Umpferstedt (1), tandis que l'armée d'Hohenlohe se concentrait entre Kapellendorf et Iéna, et que Rüchel se rapprochait de Weimar. Tauentzien, qui avait reçu l'ordre de se porter sur Leipzig pour assurer la sûreté de l'armée sur la rive droite de la Saale, avait été attiré à Iéna par Hohenlohe et chargé de constituer ses avant-postes de Dornburg à Burgau.

Ce même jour, 12 octobre, le Roi et le duc de Brunswick s'étaient rendus vers midi au camp de Kapellendorf, auprès d'Hohenlohe (2). Comme ils rentraient à

---

(1) Voir p. 81.
(2) Höpfner, *loc. cit.*, t. Ier, p. 318; Rapport de Scharnhorst sur la

16

Weimar, ils reçurent la nouvelle de la marche d'un corps français sur Naumburg, à laquelle succédèrent bientôt plusieurs rapports annonçant l'entrée de l'ennemi à Naumburg même (1). Aussitôt un officier supérieur reçut l'ordre de se porter en reconnaissance sur ce point avec un détachement. Mais à peine s'était-il mis en route qu'un nouveau rapport vint infirmer les premiers. Dès lors la reconnaissance parut inutile et elle fut rappelée (2).

A partir de ce moment, le grand quartier général prussien resta dans la conviction que le bruit de l'occupation de Naumburg par les Français n'était qu'une fausse nouvelle, jusqu'à ce qu'enfin, vers 11 heures du soir, il reçut un rapport, émanant d'une source sûre et annonçant d'une manière indiscutable l'entrée de l'ennemi ce même jour à Naumburg (3).

Ainsi que le remarque judicieusement Scharnhorst, « le fait qu'Hohenlohe n'avait pas laissé le corps de Tauentzien entre Dresde et l'ennemi, comme il avait été résolu et ordonné par le duc de Brunswick, et qu'il n'avait pas pris soin, après avoir attiré Tauentzien à lui, d'éclairer son flanc gauche par un détachement, entraînait ce résultat inouï que l'ennemi avait pu arriver sur les derrières de l'armée prussienne sans que celle-ci en eût rien su (4) ».

Quand on apprit l'entrée des Français à Naumburg, la surprise fut entière au grand quartier général prus-

---

bataille d'Auerstedt, s. d. (publié par G.-H. Pertz, *Das Leben des Feldmarschalls Grafen Neithardt von Gneisenau*, Berlin, Reimer, 1860, I. Band, p. 653-667 ; par V. Treuenfeld, *Beilagen zu Auerstedt und Iena*, Leipzig, Zuckschwerdt, 1893, p. 162-176).

(1) Rapport de Scharnhorst.

(2) *Ibid.*

(3) *Ibid.*

(4) *Ibid.*

sien. « Lorsque le duc, écrit Scharnhorst, reçut à 11 heures du soir, la nouvelle certaine de l'arrivée de l'ennemi à Naumburg, il arrêta aussitôt la disposition pour le passage de l'Unstrut à Freyburg et à Laucha ». Parvenu en ces points, il entendait franchir la Saale et marcher à la rencontre des Français entre la Saale et l'Elbe. Rüchel viendrait occuper près de Weimar la position abandonnée par l'armée principale et attirerait à lui le duc de Weimar, tandis qu'Hohenlohe resterait encore aux environs d'Iéna, tiendrait Dornburg et Kamburg, couvrirait le flanc de l'armée dans sa marche vers la gauche et se conformerait ensuite à son mouvement (1).

Le premier soin du duc de Brunswick, comme on le voit, fut donc, dès qu'il eut résolu de se reporter sur la basse Saale, de séparer son armée, concentrée entre Iéna et Weimar, et de la disloquer en trois fractions éloignées l'une de l'autre d'une journée de marche environ. L'idée simple de battre en retraite par le Nord, en voyant ses communications vers l'Est menacées, ne lui est pas venue. Il a préféré des combinaisons, savantes à ses yeux, dont le moindre défaut était d'exiger beaucoup de temps pour être exécutées.

La rapidité, dans le cas actuel, était question de vie ou de mort. Mais la manière dont le duc de Brunswick exerçait le commandement ne permettait pas l'exécution rapide de ce qu'il avait conçu : avant de rien entreprendre, il réunissait ses conseillers, le général von Phull, le colonel von Kleist, adjudants généraux du Roi, et le colonel Scharnhorst, son chef d'état-major, leur exposait minutieusement et discutait avec eux ses idées. Il prenait en outre l'avis de plusieurs généraux et alors seulement, il soumettait des propositions au Roi, n'y faisant figurer

---

(1) Höpfner, *loc. cit.*, t. I, p. 328 ; Rapport de Scharnhorst.

que les mesures que ces discussions lui avaient fait reconnaître pour être les meilleures.

C'est ainsi que les choses se passèrent dans la nuit du 12 au 13 octobre à Weimar (1). Aussi l'armée ne commença-t-elle son mouvement sur Auerstedt que douze heures après qu'on eut appris l'arrivée certaine de l'ennemi à Naumburg (2). Ce n'est qu'à 4 h. 30 du matin que fut écrite la lettre adressée à Hohenlohe, et convoquant le colonel Massenbach, son chef d'état-major, à Weimar (3).

Entre temps, les généraux avaient été invités à se trouver au point du jour au grand quartier général, pour y recevoir communication de la disposition arrêtée pour le 13 par le duc de Brunswick.

Celle-ci était ainsi conçue : « L'armée va exécuter un mouvement rétrograde, en partie pour se réunir au duc de Würtemberg, en partie pour recouvrer la liberté de ses communications. Dans ce but, la division Schmettau rompra immédiatement et se portera sur Kösen. Si le défilé n'est pas fortement occupé, le général Schmettau s'en emparera. Mais s'il est trop fortement tenu pour que ce but puisse être atteint, la 3e division (général Schmettau) devra masquer complètement ce défilé, de manière qu'en arrière et loin d'elle, le reste de l'armée puisse se porter sur l'Unstrut..... Les autres divisions et la réserve rompront une heure plus tard. Le prince Hohenlohe restera provisoirement encore en position, de manière que l'ennemi n'apprenne rien de nos mouvements (1) ».

Les généraux se réunirent donc, ainsi que l'ordre en

-----

(1) Rapport de Scharnhorst.
(2) *Ibid.*
(3) Voir p. 99.
(4) Rapport de Scharnhorst ; Höpfner, *loc. cit.*, t. I, p. 359.

avait été donné, au grand quartier général le 13 octobre au point du jour. Malheureusement, le seul général Schmettau, qui devait former l'avant-garde, n'y parut pas et ne s'y présenta qu'à 9 h. 30 du matin (1). Il en résulta que sa division ne put rompre qu'à 10 h. 30 environ, ce qui retarda le départ de toute l'armée. En outre l'intervalle d'une heure, prévu pour l'écoulement de chaque division avec ses bagages, se trouva insuffisant. De telle sorte que la division Kuhnheim, qui partit la dernière, ne rompit qu'à 4 heures du soir. Les troupes avaient mangé la soupe et reçu le pain pour le 14 et le 15.

C'est donc bien un intervalle de douze heures qui s'écoula entre le moment où Brunswick se résolut à se mettre en marche sur l'Unstrut et celui où l'armée prussienne entama le mouvement. Celle-ci, prenant les armes dans la nuit, eût pu commencer à s'écouler vers 3 heures du matin, comme le remarque Scharnhorst. Elle aurait atteint Auerstedt le 13 dans la matinée vers 9 heures, et, après quelques heures de repos, se fût dirigée sur Freyburg et l'Unstrut où elle serait parvenue dans la soirée, sans fatigues excessives.

En même temps, dans la journée du 13, le prince Hohenlohe se serait replié sur Auerstedt par Apolda. Les deux armées auraient été concentrées de nouveau le 13 au soir entre l'Ilm et l'Unstrut. Rüchel les eût rejointes par la rive gauche de l'Ilm, le prince de Würtemberg, par la basse Saale.

L'armée prussienne eût présenté ainsi une masse de 105,000 combattants, qui se serait trouvée dans des conditions acceptables pour livrer bataille, ayant recouvré ses communications avec l'intérieur du pays. Mais la réalisation de cette combinaison, qu'a entrevue Scharn-

---

(1) Höpfner, *loc. cit.*, t. I, p. 359.

horst, dépendait de l'utilisation intensive de quelques
heures, les dernières que la fortune laissait aux armes
prussiennes. Brunswick, pas plus que le maréchal de
Mac-Mahon à la fin d'août 1870, ne sut profiter de ce
dernier répit.

Vers 10 h. 30 du matin, le 13 octobre, la division
Schmettau, avant-garde générale de l'armée, quitta donc
son camp d'Umpferstedt et se mit en marche sur Auerstedt par la route d'Apolda. Le régiment des dragons de
la Reine avec une batterie à cheval (Graumann) formait
la tête de la division (1). Il ne semble pas que celle-ci
ait été éclairée à grande distance. Toutefois, à l'insti-
gation du prince d'Orange, le prince Guillaume de
Prusse avait envoyé dès le matin une patrouille sur
Kösen. Mais c'est l'unique mesure qui fut prise, et
encore l'envoi de cette reconnaissance n'est-il pas le fait
du commandement suprême.

Quand la tête de la division Schmettau arriva à hauteur d'Apolda, elle entendit sur sa droite une assez vive
fusillade. Le général fit faire halte et envoya des reconnaissances sur Kamburg et Dornburg. Celles-ci firent
connaître que ces deux points n'étaient pas occupés, mais
qu'à Dornburg, des vivres avaient été commandés pour
plusieurs milliers d'hommes et qu'au delà de Kamburg
elles avaient remarqué des troupes ennemies. La division
reprit alors sa marche, persuadée que cette fusillade
n'était due qu'à un léger engagement (2).

Cependant, comme la patrouille détachée par le prince
Guillaume n'avait pas reparu, une seconde reconnaissance, sous les ordres du lieutenant Böhmer, du régiment des Carabiniers du corps, avait été envoyée également sur Kösen avec l'ordre, si elle n'y trouvait pas

---

(1) Höpfner, *loc. cit.*, t. I, p. 360.
(2) *Ibid.*

l'ennemi, de pousser jusqu'à Naumburg. Cet officier s'était heurté près d'Auerstedt à une patrouille de cavalerie française, lui avait donné la chasse et fait un prisonnier (1). Il revint avec le cavalier français auprès du général Schmettau, qui écrivit alors au duc de Brunswick le rapport suivant :

« Le lieutenant Böhmer, des Carabiniers, envoyé par le prince Guillaume, revient à l'instant et ramène un prisonnier. Celui-ci rapporte que le maréchal Davout, avec sa division, forte de 16,000 hommes, s'est emparé hier de Naumburg. En outre ce général a fait hier encore passer la Saale à trois régiments de chasseurs auxquels appartient le prisonnier. L'infanterie a franchi la Saale aujourd'hui à leur suite et je la rencontrerai bientôt.

« Pendant la marche, nous avons entendu une fusillade incessante mais aucun coup de canon. L'empereur Napoléon doit être arrivé hier à Naumburg. Suivant toute apparence, les coups de fusil ont dû être échangés à l'occasion d'un fourrage (2) ».

Le duc de Brunswick, à la suite de la lecture de ce rapport qu'il fit communiquer au prince Hohenlohe, ordonna à l'armée principale de hâter sa marche et de se tenir prête à s'engager le jour même avec l'ennemi, car le Roi avait l'intention d'attaquer immédiatement.

La cavalerie des divisions fut vivement poussée en avant.

----

(1) Journal des opérations du 3ᵉ corps.
(2) Höpfner, *loc. cit.*, t. I, p. 364.

II

L'ARMÉE PRUSSIENNE PENDANT LA SOIRÉE DU 13 ET LA NUIT DU 13 AU 14 OCTOBRE.

La division Schmettau atteignit Auerstedt vers 4 h. 30 de l'après-midi. Contrairement aux ordres donnés le matin, son chef ne jugea pas utile de la pousser jusqu'à Kösen, dont il n'était plus éloigné que de 10 kilomètres.

La division s'établit au bivouac au delà d'Auerstedt, sur le versant Sud des hauteurs du Volksberg, faisant front vers le Nord-Est dans la direction de Gernstedt, l'aile droite tendant vers le Sonnenkuppe. Le régiment des dragons de la Reine couvrit l'installation de ce bivouac en se portant vers Gernstedt, où il plaça des avant-postes (1). La batterie Graumann voulut le suivre, mais elle s'égara sur les hauteurs, prit la direction d'Eckartsberga et, surprise par l'obscurité, se mit au bivouac près des bois, complètement isolée et sans soutien (2).

Le régiment des dragons de la Reine poussa des reconnaissances au delà du ravin de Poppel, au cours desquelles le lieutenant Schmettau, des Carabiniers, après avoir dépassé le village de Taugwitz, se heurta à un parti de cavalerie française qu'il prit pour une grand'-garde et qui semble avoir été l'escorte même du maréchal Davout (3). Puis le régiment disposa des vedettes le long du ravin de Poppel et de Rehehausen (4). Laissant

---

(1) Höpfner, *loc. cit.*, t. I, p. 362.
(2) *Ibid.*, p. 431.
(3) Höpfner, *loc. cit.*, t. I, p. 363 ; Rapport du maréchal Davout.
(4) Rapport du maréchal Davout.

des avant-postes à Gernstedt, le gros rejoignit le bivouac de la division Schmettau.

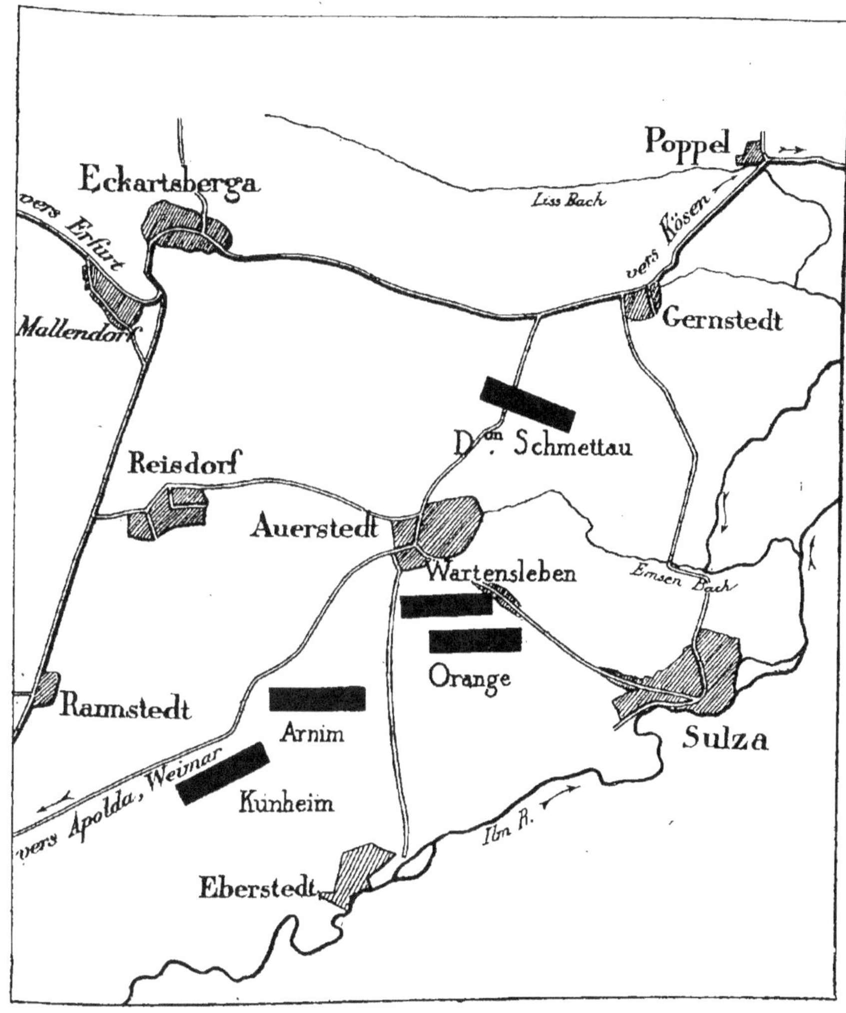

Vers 6 heures du soir, la tête du gros de l'armée principale atteignit Auerstedt. C'était la 2e division (Wartensleben) que suivait la division Orange, suivie elle-même des deux divisions de la réserve (Arnim et Kunheim).

Il faisait complètement nuit déjà quand la 2e division prit son bivouac. Elle s'installa au Sud et près d'Auerstedt, faisant front vers le Nord, sa cavalerie à gauche, appuyée à la grande route. Les tirailleurs des trois bataillons de gauche de la division furent détachés sur la ville de Sulza, et reçurent l'ordre de faire des patrouilles le long de l'Ilm et de la Saale (1).

Quand la division Orange arriva, vers 8 heures du soir, elle s'établit au bivouac derrière la précédente (2). Enfin, entre 10 heures du soir et minuit, les deux divisions de la réserve arrivèrent à leur tour et s'installèrent au Sud-Ouest d'Auerstedt. La 1re division (Arnim) s'établit à l'Est de la grande route, face au Nord, à gauche et en arrière des bivouacs des divisions Wartensleben et Orange, au Nord d'Eberstedt et à peu près à hauteur de Rannstedt et de Sulza (3).

La 2e division (Kunheim) bivouaqua au Sud de la route de Weimar, au Sud-Ouest de la précédente, entre Eberstedt et Rannstedt, le front le long de la grande route (4).

Toutes ces troupes, dans l'obscurité, se placèrent comme elles purent. Le désordre résultant de l'entrée tardive au bivouac par une nuit froide et très obscure fut considérable. Bataillons, chevaux, bagages, tout fut plus ou moins confondu. En outre, l'absence de distributions entraîna la maraude et le pillage complet des localités voisines, pillage auquel n'échappa pas le village d'Auerstedt, où venait de s'établir le grand quartier général (5).

Cette arrivée tardive fut cause également que le terrain ne put être reconnu et que le service des reconnaissances et patrouilles fut fait mollement par la cavalerie.

Les nouvelles relatives aux forces ennemies qui

---

(1) Höpfner, *loc. cit.*, t. I, p. 362.
(2) *Ibid.*
(3) *Ibid.*; Rapport de Scharnhorst.
(4) Höpfner, *loc. cit.*, t. I, p. 362 ; Rapport de Scharnhorst.
(5) Höpfner, *loc. cit.*, t. I, p. 362.

occupaient Naumburg étaient d'ailleurs contradictoires. Toutefois, il parut bientôt certain que trois régiments de chasseurs à cheval français avaient franchi le défilé de Kösen et cantonnaient dans les villages voisins ; que le défilé et le pont étaient occupés par 800 hommes d'infanterie et deux pièces ; qu'à Naumburg, il y avait environ 4,000 hommes, et qu'enfin toutes ces troupes appartenaient au corps du maréchal Davout (1).

Ces nouvelles ne modifièrent pas les résolutions où se trouvaient le Roi et le duc de Brunswick de continuer le lendemain la marche sur l'Unstrut. « Après être arrivé à Auerstedt, écrit Scharnhorst, le Duc ne songeait en aucune façon à une bataille entre Auerstedt et Kösen, et parlait avec beaucoup de détails de la position à prendre sur la rive gauche de l'Unstrut. Personne ne pressentait les grands événements du lendemain (2) ».

Dans la soirée, Brunswick arrêta la « disposition » pour la marche du 14 octobre. Le feld-maréchal Möllendorf, les généraux Kalkreuth, Schmettau, Wartensleben, Zastrow et Phull, les colonels Scharnhorst et Kleist, ainsi que les adjudants du Duc étaient présents quand les ordres qu'elle contenait furent donnés. Mais le général Blücher, qui, avec ses troupes légères, se trouvait, le 12 octobre, aux avant-postes à l'ouest de Weimar, et qui avait été appelé à Auerstedt pour former la nouvelle avant-garde de l'armée, manquait au rendez-vous, ainsi que le prince d'Orange. En conséquence, il fut prescrit que tous les généraux se réuniraient de nouveau le lendemain matin, 14 octobre, avant le jour, chez le duc de Brunswick (3).

Vers 10 heures du soir, ce dernier fit écrire au prince

---

(1) Höpfner, *loc. cit.*, t. I, p. 362.
(2) Rapport de Scharnhorst.
(3) Höpfner, *loc. cit.*, t. I, p. 364.

Hohenlohe la lettre relative à l'occupation du passage de la Saale à Dornburg et à Kamburg (1). Puis il se retira pour prendre un peu de repos.

« Le soir du 13, le duc était très affaibli. Les fatigues des journées précédentes, les angoisses et les craintes que lui inspirait la situation de l'armée, avaient épuisé ses forces. Un sommeil de quatre heures devait l'avoir réconforté le 14 au matin (2) ».

La « disposition » pour le 14 était ainsi conçue :

« L'armée se mettra demain en marche à la pointe du jour dans le même ordre qu'aujourd'hui, de sorte que la division Schmettau suive la route de Kösen. La cavalerie et l'avant-garde de cette division se jetteront avec énergie sur la cavalerie ennemie. Elles seront suivies par la 1re brigade d'infanterie, qui prendra et occupera le pont de Kösen. S'il est nécessaire, la 2e brigade la soutiendra dans cette entreprise.

« Les hauteurs qui dominent Kösen seront solidement tenues par la division Schmettau, jusqu'à ce que le reste de l'armée, au loin en arrière d'elle, ait effectué le passage de l'Unstrut. La division franchira alors cette rivière à son tour, mais fera tenir le défilé par un fort détachement jusqu'à l'arrivée des troupes du corps de Hohenlohe.

« Les 2e et 1re divisions suivront, en arrière de la division Schmettau, le chemin direct de Freyburg, passeront l'Unstrut et marcheront sur la hauteur du Randel, suivant les indications qu'elles recevront du colonel Scharnhorst, de manière que l'aile droite vienne à Freyburg et l'aile gauche à Markröhlitz, le front vers la Saale. Les chevaux de bât des deux divisions suivront la division Orange. Les travailleurs marcheront en tête.

---

(1) Voir p. 104.
(2) Rapport de Scharnhorst.

« Les deux divisions de la réserve se porteront par Eckartsberga sur Laucha, tourneront ensuite à droite sur le chemin de Freyburg et prendront une position, reconnue aux environs du point appelé Nussenberg sur la carte de Peters. Elles recueilleront l'équipage du grand quartier général, qui franchira l'Unstrut à Karsdorf.

« Tous les gros bagages de l'armée suivront cette réserve de même que les pontons du corps de Hohenlohe se dirigeront de Buttstedt sur Laucha (1) ».

Le colonel Scharnhorst, dans son rapport sur la bataille, donne de cette disposition une version un peu différente que voici :

« La 3e division prendra la chaussée qui conduit à Kösen ; la 2e et la 1re la suivront, et quand la 3e, arrivée à Fränkenau, aura fait front vers le défilé de Kösen, la 2e et la 1re marcheront loin derrière elle sur Freyburg, au delà de l'Unstrut jusqu'à la hauteur nommée Randel. Les deux divisions se disposeront de manière que l'aile droite vienne vers Freyburg, l'aile gauche vers Markröhlitz, le front vers la Saale. En tête, marcheront les travailleurs. Toute la réserve se dirigera par Eckartsberga sur Laucha, et, après le passage de l'Unstrut, tournera sur Freyburg. Là, aux environs de Stassenberg, une position sera déterminée. Tous les chevaux de bât des trois divisions suivront la 1re ; ceux de la réserve suivront celle-ci. Toutes les voitures marcheront avec la réserve. Les pontons d'Hohenlohe se porteront de Buttstedt sur Laucha (2) ».

Ces deux versions se complètent l'une par l'autre et établissent bien nettement que si le duc de Brunswick entrevoyait la possibilité d'un engagement entre Auers-

---

(1) Höpfner, *loc. cit.*, t. I, p. 363-364.
(2) Rapport de Scharnhorst.

tedt et Kösen, pour s'emparer du défilé par lequel on débouche de ce dernier point, il ne lui prêtait que peu d'importance, persuadé qu'il n'y avait à Naumburg qu'un détachement ennemi d'environ 6,000 hommes (1). Les rapports du chef des agents forestiers d'Auerstedt ne changèrent pas son opinion (2), et il persista à porter toute son attention sur le passage de l'Unstrut et sur la position à faire prendre à l'armée au delà de cette rivière.

Il n'estima donc pas indispensable de porter le soir même du 13, sur Kösen, dont elle n'était éloignée que de 10 kilomètres, la division Schmettau qui s'était arrêtée au sud de Gernstedt, contrairement aux ordres donnés. Il lui parut suffisant, pour le faire, d'attendre le lendemain matin, eu égard à la faiblesse qu'il attribuait au détachement français signalé à Naumburg.

III

LE MARÉCHAL DAVOUT LE 13 OCTOBRE.

Le 12 octobre, l'Empereur, sachant que le gros des armées prussiennes se trouve encore dans la région d'Erfurt, prépare le mouvement de conversion vers la gauche qui doit placer l'aile droite de la Grande Armée, sur les communications de l'ennemi.

Les 1er et 2e corps, flanqués à droite par la cavalerie de Murat, sont dirigés sur la région de Leipzig et de Naumburg. Murat, appuyé par le 1er corps, se portera d'abord sur Zeitz, puis de là sur Naumburg, si les renseignements recueillis signalent que l'ennemi est

---

(1) Höpfner, *loc. cit.*, t. I, p. 364.
(2) *Ibid.*

toujours du côté d'Erfurt (1). Quant au maréchal Davout, bien qu'il ne soit arrivé qu'à Mittel-Pöllnitz, il lui est ordonné de partir avec tout son corps d'armée de la position qu'il occupe, pour se diriger directement sur Naumburg, où il arrivera le plus vite qu'il pourra, en tenant toujours cependant ses troupes en situation de combattre ; il se fera précéder par toute sa cavalerie légère, qui enverra des coureurs aussi loin que possible, tant pour avoir des nouvelles de l'ennemi, que pour faire des prisonniers, arrêter les bagages et avoir des renseignements précis.

« La division de dragons du général Sahuc sera sous les ordres du maréchal Davout ; je le préviens que je fais dire au général Sahuc de se rendre à Mittel où il prendra les ordres du maréchal Davout.

« Le grand duc de Berg et le maréchal Bernadotte ont également l'ordre de se rendre sur Naumburg, mais de suivre la route de Zeitz. Le maréchal Lannes, de Neustadt se rend sur Iéna. Le maréchal Augereau se rend à Kahla ; le maréchal Soult à Géra ; le maréchal Ney à Mittel. Le quartier général impérial sera aujourd'hui à midi à Géra (2) ».

Il résulte de la lecture de cet ordre que, le 12 octobre, la Grande Armée continuera son mouvement vers le Nord, mais en mettant la main sur les passages de la Saale, de manière à se saisir des communications de l'ennemi avec Leipzig et Halle, et à le précéder sur ses lignes de retraite en vue d'une bataille décisive.

Davout ne s'y trompera pas. Naumburg, qui est le nœud des communications menacées, doit être atteint au

---

(1) Cf. Ordres de l'Empereur et du Major général (publiés par Foucart, *Campagne de Prusse (1806), Iéna*, p. 516-517-518).

(2) Berthier à Davout, Auma, 12 octobre, 5 heures matin (publiée par Foucart, *loc. cit.*, p. 519-520).

plus vite. Le 3⁰ corps y court. Il fait une marche énorme : deux divisions restent en chemin. Il n'importe ; dès le 12 au soir, le Maréchal, sa cavalerie, et sa 1ʳᵉ division se saisissent de Naumburg.

De grands résultats ont été atteints dans cette journée. La cavalerie a pris l'équipage de pont prussien entre Naumburg et Freyburg, quarante voitures de bagages et fait des prisonniers. Les magasins constitués par l'ennemi dans la ville sont entre nos mains. Enfin les renseignements recueillis sont précieux. Le Maréchal les envoie le soir même à l'Empereur.

« Tous les rapports des déserteurs, des prisonniers et des gens du pays, se réunissent à annoncer que l'armée prussienne se trouve à Erfurt, Weimar et environs. Il est certain que le Roi est arrivé hier à Weimar ; on assure qu'il n'y a point de troupes entre Leipzig et Naumburg.....

« *P.-S.* — Il me paraît constant que les troupes prussiennes se réunissent du côté de Weimar. Cette campagne promet d'être encore plus miraculeuse que celles de Marengo et d'Ulm (1) ».

La journée du 12 octobre fut donc consacrée tout entière à la marche sur Naumburg. Le soir, la 1ʳᵉ division (général Morand), passant par Ebersheim, vint bivouaquer sur les hauteurs en arrière de Naumburg. Le quartier général du maréchal Davout fut établi dans la ville (2). La 2⁰ division (Friant) bivouaqua sur la route, à 9 kilomètres environ au Sud de Naumburg, autour du village de Molau, à hauteur de Kamburg (3). Quant à la 3⁰ division (Gudin), comme il lui était impossible d'ar-

---

(1) Davout au Major général, Naumburg, 12 octobre (publiée par Foucart, *loc. cit.*, p. 531).

(2) Rapport du maréchal Davout.

(3) *Ibid.*

river le soir même dans la région de Naumburg, elle s'arrêta à 9 heures du soir à Rauschwitz, où elle passa la nuit (1).

De Naumburg, la cavalerie légère poussa des reconnaissances sur Iéna. La première de ces reconnaissances eut lieu à 6 heures du soir ; la seconde à 9 heures. « Après avoir passé le pont (2), elles rencontrèrent l'ennemi à peu de distance de la rive gauche de la Saale. La division de dragons, aux ordres du général Sahuc, poussa également des partis sur ce point et rencontra aussi l'ennemi (3) ».

Ainsi, le soir du 12 octobre, « le maréchal Davout, à la tête de la 1re division de son corps d'armée, couchait tranquillement à Naumburg, sur les derrières et à plus d'une journée de marche de tout ce qui pouvait composer l'arrière-garde de l'armée prussienne, dont l'avant-garde, forte d'une division, égarée au milieu de la forêt de Thuringe, ne savait plus comment rejoindre le corps d'armée (4) ».

Pour le Maréchal la situation est donc bien nette. L'armée prussienne est dans la région d'Iéna et Weimar. La seule chose, par suite, dont il ait à se préoccuper, c'est de compléter la saisie des communications de l'ennemi. Il tient déjà Naumburg. Il reste à s'emparer de Freyburg où la route de Weimar à Halle franchit l'Unstrut. Cette occupation fait l'objet des premiers mouvements du 13 octobre.

Tandis qu'une reconnaissance de cavalerie légère, conduite par le chef d'escadron Livremont, était poussée sur Iéna par Dornburg et la rive gauche de la Saale,

---

(1) Rapport du maréchal Davout.
(2) Pont de Dornburg.
(3) Rapport du maréchal Davout.
(4) *Ibid.*

pour chercher la liaison avec le maréchal Lannes, des
détachements de chasseurs s'étaient portés dès le matin
sur Freyburg (1). Le 1er chasseurs les appuya et vint
prendre position « en arrière de cette ville (2) ».

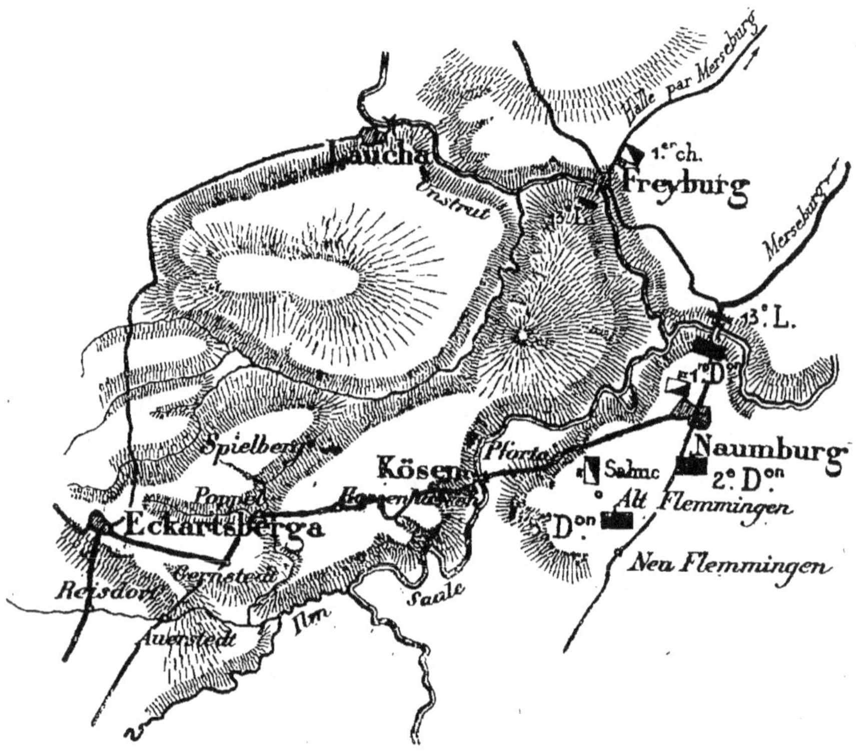

Le reste de la brigade de cavalerie du 3e corps (2e et
12e chasseurs) demeura sous Naumburg « au bivouac, la
bride au bras (3) ».

Le Maréchal avait fait soutenir le 1er chasseurs par la
1re division. Ayant reconnu la position du château de
Freyburg, qui défendait le pont de l'Unstrut sur la

---

(1) Journal des opérations du 3e corps; Rapport du maréchal
Davout.

(2) *Ibid.*

(3) *Ibid.*

route de Weimar à Halle, « il fit occuper ce château par un détachement du 13e léger, avec ordre de brûler le pont si l'ennemi s'y présentait. Le reste du régiment prit poste sur la rive gauche de la Saale pour garder le pont sur la route de Freyburg et de Merseburg. Les autres régiments de la division bivouaquèrent le long de la route, entre Naumburg et le pont de Feyburg (1) ».

La 2e division, arrivée de bonne heure dans la matinée à Naumburg, occupa la place que venait de quitter la 1re division, en arrière et à un quart de lieue de cette ville. La 3e reprit sa marche à 4 heures du matin, et arriva de très bonne heure à Neu Flemmingen, où elle s'établit au bivouac et passa le reste de la journée. La division de dragons occupait Pforta et Alt Flemmingen (2).

A son retour à Naumburg, le maréchal Davout trouva le rapport de la reconnaissance du chef d'escadron Livremont. En même temps, il entendait le canon et la fusillade dans la direction d'Iéna.

« Comme je n'ai pu aller à Iéna, disait Livremont, ayant seulement l'ordre de m'informer si le corps d'armée de M. le maréchal Lannes était à cette dernière ville, j'ai appris le contraire : l'armée prussienne a son grand camp à Eckartsberga et Weimar à 3 lieues sur la droite d'Iéna (3) ».

Pour la première fois, l'attention du Maréchal est attirée sur les directions de l'Ouest et sur la route de Weimar par Auerstedt. Il y envoie immédiatement des reconnaissances, puis il rend compte à l'Empereur que,

---

(1) Journal des opérations du 3e corps; Davout au Major général, Naumburg, 13 octobre, soir (publiée par Foucart, *loc. cit.*, p. 594-595).

(2) *Ibid.*

(3) Le chef d'escadron Livremont au général Viallannes, Abtlöbnitz, 13 octobre (publiée par Foucart, *loc. cit.*, p. 593-594).

dès la veille, sa cavalerie légère a poussé des reconnaissances sur Iéna. « Après avoir passé le pont, elles rencontrèrent l'ennemi à peu de distance sur la rive gauche de la Saale. La division de dragons aux ordres du général Sahuc poussa également des partis sur ce point et rencontra aussi l'ennemi.

« La première de ces reconnaissances a eu lieu hier à 6 heures du soir; la seconde à 9 heures du soir; aujourd'hui une nouvelle reconnaissance, faite à 10 heures du matin, prouverait que l'ennemi occupe toujours Iéna et qu'il rallie ses forces à Eckartsberga. Je vous envoie copie de cette reconnaissance; les rapports la confirment. On a entendu le canon hier soir depuis 4 heures jusqu'à 5 h. 30; aujourd'hui on l'entend; il va assez fort sur notre gauche depuis 1 heure après midi; il y a de la fusillade.

« J'envoie des partis sur Eckartsberga par Freyburg que j'occupe en force et par Kösen.

« Toute l'armée est à Naumburg. La division de dragons occupe Pforta et Flemmingen (1) ».

IV

LE MARÉCHAL DAVOUT DANS LA SOIRÉE ET LA NUIT
DU 13 AU 14 OCTOBRE.

Après avoir expédié la précédente dépêche, le Maréchal monta à cheval vers 4 heures du soir et s'avança sur la route de Naumburg à Weimar par Apolda, pour en faire la reconnaissance, ainsi que celle du débouché sur la rive gauche de la Saale, et voir par lui-même ce

(1) Davout au Major général, Naumburg, 13 octobre, soir (publiée par Foucart, *loc. cit.*, p. 592).

qu'il y avait sur le plateau dans la direction d'Eckartsberga (1).

Une patrouille de six chasseurs avait été bousculée par
un parti de cavalerie prussienne aux environs d'Auerstedt, comme on l'a vu précédemment.

Parvenu sur le plateau, près d'Hassenhausen, le Maréchal rencontra un détachement d'une trentaine de cavaliers du 1er chasseurs, ramené par un gros de cavalerie
prussienne, sans doute la reconnaissance du lieutenant
Schmettau. En arrière, au delà du vallon, Davout
voyait plusieurs escadrons. C'était le régiment des dragons de la Reine qui couvrait l'entrée au bivouac de la
3e division de l'armée du duc de Brunswick.

Après avoir rallié les chasseurs à son escorte, dont
l'apparition fit tourner bride au détachement prussien,
le Maréchal vit établir une ligne de vedettes à un demi-
quart de lieue de lui. « Par ce mouvement des Prussiens,
dit le Journal des opérations du 3e corps, il était facile de
juger qu'un grand corps de troupes se portait sur Freyburg ou sur Kösen. Dans tous les cas, il était important
de s'assurer du défilé de Kösen (2) ».

En conséquence, le Maréchal prescrivit que deux compagnies de voltigeurs du 25e de ligne se porteraient en
avant du pont de cette ville. Le deuxième bataillon du
même régiment fut chargé de garder le pont lui-même,
avec ordre, s'il était attaqué, de tenir ferme jusqu'à ce
qu'on vînt à son secours (3).

Le Maréchal arriva à 5 heures auprès d'Hassenhausen (4). C'est probablement vers 5 h. 30 que les
ordres concernant l'occupation de Kösen ont dû être
expédiés à la 3e division établie entre Alt et Neu Flem-

---

(1) Journal des opérations du 3e corps.
(2) *Ibid.*
(3) *Ibid.*
(4) Davout au Major général, Naumburg, 13 octobre, soir.

mingen, à environ 8 kilomètres d'Hassenhausen. En tenant compte des distances, du temps nécessaire aux troupes pour prendre les armes et au ralentissement de la vitesse de marche causé par la nuit qui vient à 6 heures en octobre, on peut admettre vraisemblablement que c'est seulement vers 8 heures du soir que Kösen a été occupé par les Français.

Si la division Schmettau, arrivée à 4 heures du soir à Auerstedt, avait continué sur Kösen, conformément aux ordres donnés, elle eût atteint ce point aux environs de 7 heures du soir. On voit donc qu'elle aurait occupé Kösen sans coup férir.

Il convient, d'ailleurs, d'observer que le mouvement de la division Schmettau n'eût pas échappé au maréchal qui, de Hassenhausen, l'aurait vue déboucher à 5 heures sur Gernstedt. Mais, dans ce cas, il semble difficile que le 3e corps, quelque diligence qu'ait faite son chef, ait pu amener à temps à Kösen des forces suffisantes pour empêcher la division Schmettau de se saisir du défilé et des hauteurs qui dominent Kösen.

Quoi qu'il en soit, dans les circonstances où il s'est trouvé le soir du 13 octobre, le maréchal Davout a adopté les mesures les plus sages.

Il était 5 h. 30 quand il a vu établir en face de lui des avant-postes. Sachant par ses rapports et ses reconnaissances que l'ennemi avait concentré des forces vers Eckartsberga, il était en droit de conclure, en voyant disposer la ligne des vedettes prussiennes, que ces forces entraient en stationnement (1). Il était donc à peu près certain qu'elles ne tenteraient rien sur Kösen le soir même. Il suffisait, par suite, pour la nuit, de mettre à Kösen un détachement suffisant pour garder le pont contre un parti ennemi.

---

(1) Rapport du maréchal Davout.

Quant au lendemain matin, le Maréchal, dont une division était à Flemmingen, à 4 kilomètres environ du pont, était sûr d'arriver à Kösen avant l'ennemi qui, à 5 h. 30 du soir, n'avait pas dépassé les hauteurs d'Eckartsberga, situées à 9 kilomètres environ du passage. Il était donc inutile de mettre au pont de Kösen une force d'un effectif supérieur à celui du bataillon du 25e qui y fut détaché.

En rentrant à Naumburg entre 6 h. 30 et 7 heures du soir, le Maréchal écrivit au Major général pour l'informer des incidents qui précèdent. « L'ennemi, ajoutait-il, a des vedettes dans la plaine à une demi-lieue de Kösen ; m'étant trouvé sur ce point dans ce moment, j'ai fait porter un bataillon d'infanterie sur ce point pour être maître de la tête de ce débouché.

« Toutes mes dispositions sont prises en cas d'événement (1) ».

C'est vraisemblablement après l'envoi de ce compte rendu que parvint au Maréchal la dépêche du Major général relative à l'engagement du 5e corps devant Iéna et annonçant des ordres dans le courant de la nuit. Si elle était parvenue avant le départ du compte rendu, Davout en eût fait mention. Nous savons d'ailleurs que la dépêche dont il s'agit a dû parvenir au Maréchal vers 7 h. 30, car à 8 heures du soir Bernadotte en accusa communication.

Le maréchal Berthier informait Davout que l'Empereur, arrivé à une lieue d'Iéna, venait d'apprendre la présence d'environ 50,000 Prussiens en face du maréchal Lannes. « Le Maréchal, disait-il, croit même qu'il sera attaqué ce soir. Si vous entendez une attaque ce soir sur Iéna, vous devez manœuvrer sur l'ennemi et déborder sa gauche. S'il n'y a pas d'attaque ce soir sur Iéna,

---

(1) Davout au Major général, Naumburg, 13 octobre, soir.

vous recevrez cette nuit les dispositions de l'Empereur pour la journée de demain (1) ».

Dès qu'il eut reçu cette dépêche, le maréchal Davout la communiqua immédiatement au maréchal Bernadotte, qui était arrivé dans la journée à Naumburg.

Celui-ci, chargé d'appuyer Murat avait atteint le 12 octobre Meineweh. Le 13 octobre, confirmé, ainsi que Murat, par tous les rapports reçus dans l'opinion que l'ennemi était toujours à Erfurt, il se mit, conformément aux ordres visant cette hypothèse, en marche sur Naumburg, où le 1er corps s'établit auprès de celui du maréchal Davout.

Quand arriva à Murat l'ordre de l'Empereur, daté de Géra, 9 heures du matin, lui prescrivant de se « porter, le plus tôt possible avec le corps de Bernadotte sur Dornburg », les deux généraux intéressés se concertèrent et, à 6 heures du soir, Bernadotte rendit compte, au Major général des résolutions prises : « Nous étions convenus écrit-il, de partir de suite pour nous porter sur Kamburg et sur Dornburg. Malgré l'extrême lassitude des troupes, et quoiqu'elles n'aient pas mangé la soupe, je me mets en marche dans une demi-heure et je serai rendu avant minuit à Kamburg ; je ferai reposer un peu les troupes, et demain matin avant le jour, je serai à Dornburg..... (2) ».

Le 1er corps reprit en effet sa marche, mais le maréchal Bernadotte n'avait pas encore quitté Naumburg de sa personne, quand parvint à Davout la dépêche du Major général, datée de 3 heures et annonçant des ordres dans la nuit.

---

(1) Le Major général à Davout, au bivouac, à une lieue et demie d'Iéna, 13 octobre, 3 heures soir (publiée par Foucart, *loc. cit.*, p. 586).

(2) Bernadotte au Major général, 13 octobre, Naumburg, 6 heures soir (publiée par Foucart, *loc. cit.*, p. 604).

Dès qu'il eut reçu communication de cette dépêche, Bernadotte arrêta le mouvement de son corps d'armée.

Pensant que les dispositions annoncées seront générales, « j'arrête, dit-il, mes troupes où elles se trouvent et j'attends de nouveaux ordres.

« Je suis encore avec tout mon corps dans les environs de Naumburg. Je suis prêt à exécuter les mouvements que l'Empereur ordonnera (1) ».

De son côté, le maréchal Davout fit appeler, le soir même, à Naumburg, les généraux et les commandants des différentes armes et les y retint, pour recevoir ses ordres, en conformité de ceux que l'Empereur lui avait annoncés pour la nuit. Il lui furent apportés à 3 heures du matin ; ils étaient en date du 13 à 10 heures du soir, du bivouac sur les hauteurs d'Iéna (2).

« L'Empereur qui, dans la soirée, avait reconnu une armée prussienne qui s'étendait depuis une lieue en avant et sur les hauteurs d'Iéna jusqu'à Weimar, avait le projet de l'attaquer le lendemain. Il ordonnait à M. le Maréchal de se porter sur Apolda, afin de tomber sur les derrières de cette armée. Il laissait M. le Maréchal maître de tenir la route qui lui conviendrait, pourvu qu'il prît part au combat. S. A. S. le Major général ajoutait : « Si le maréchal Bernadotte se trouve avec « vous, vous pourrez marcher ensemble, mais l'Empe- « reur espère qu'il sera dans la position qu'il lui a indi- « quée à Dornburg (3) ».

Il n'y a pas lieu de revenir sur le dissentiment qui se produisit entre Bernadotte et Davout au sujet de l'inter-

---

(1) Bernadotte au Major général, 13 octobre, Naumburg, 8 heures soir (publiée par Foucart, *loc. cit.* p. 605).

(2) Rapport du maréchal Davout.

(3) *Ibid.*

prétation des ordres de l'Empereur, dissentiment qui a été exposé en étudiant les préliminaires d'Iéna.

En ce qui concerne le 3e corps, le Maréchal décida qu'en raison de l'éloignement où se trouvait la 1re division, le mouvement commencerait par la gauche. Il devait être, en conséquence, entamé par la 3e division, dont un régiment, le 25e, avait un bataillon à Kösen. La division quitterait à 4 heures du matin son bivouac de Neu Flemmingen et marcherait par Kösen et Auerstedt sur Alpolda. Les deux autres divisions se mettraient en route à 4 h. 30 du matin et suivraient le mouvement de la 3e.

Quant à la brigade de cavalerie légère du général Viallannes, son chef était venu chez le maréchal Davout comme les autres généraux. « Il me mit dans le cas, écrit le Maréchal, de l'inviter plusieurs fois, avec beaucoup de modération, de rester. Malgré mes instances, il s'en alla à mon issu à 3 heures du matin. Lorsqu'un aide de camp m'apporta les ordres de l'Empereur, tous les généraux partirent aussitôt pour mettre en marche leurs troupes. Ce ne fut qu'à 5 heures qu'on put parvenir à trouver le général Viallannes qui me montra, dans cette circonstance, un esprit mauvais et dangereux, et beaucoup d'insolence, parce qu'il sentait qu'on avait besoin de lui. Il en est résulté que sa cavalerie, au lieu de déboucher la première, est débouchée trois heures plus tard et que je ne l'ai eue que vers les 9 ou 10 heures (1) ».

---

(1) Davout au Major général, Posen, 10 novembre (publiée par Foucart, *loc. cit.*, p. 669).

V

APERÇU DU CHAMP DE BATAILLE.

« Le terrain au delà de la Saale est élevé et offre de beaux plateaux, qui sont accidentellement coupés par quelques ruisseaux, par de petits ravins et quelques chemins creux, et sur lesquels sont répandus un grand nombre de villages. Ces plateaux sont couronnés, vers le Nord, de mamelons plus élevés et couverts de bouquets de bois. La Saale n'est point guéable ; sa rive gauche est très escarpée et couverte aussi de quelques bouquets de bois. La grande route de Naumburg à Weimar et Erfurt passe par Kösen, où il y a un pont en pierre sur la Saale. Après avoir passé cette rivière, il faut monter par une pente raide et longue sur le plateau d'Hassenhausen ; c'est ce défilé que devait franchir le 3e corps avant de parvenir sur ce plateau ; il n'y avait pas d'autre chemin pour se diriger sur Erfurt en passant par Auerstedt et Apolda, ainsi que l'Empereur l'avait ordonné. Il était donc important de se saisir de la tête du défilé afin de pouvoir se développer (1) ».

Au sortir du défilé de Kösen, à partir de l'embranchement du chemin de Fränkenau sur la grande route, celle-ci continue de s'élever pendant une demi-lieue en s'avançant vers l'Ouest, et atteint alors le point culminant de la contrée (cote 269), d'où le regard s'étend au loin de tous côtés.

Au Sud, on voit couler la Saale et l'Ilm, en contrebas de 150 mètres. Vers l'Ouest, c'est le bassin d'un petit ruisseau, le Lissbach, sous-affluent de l'Ilm. Ce bassin,

---

(1) Journal des opérations du 3e corps.

qui forme le champ clos où vont se heurter les troupes de Davout et de Brunswick, est à peu près rectangulaire.

La hauteur, cotée 269, où l'on est parvenu, une demi-lieue après être sorti du raidillon de Kösen, constitue le sommet oriental du rectangle. De ce point, en se tournant exactement vers l'Ouest, on aperçoit, suivant la diagonale, à 2 lieues de distance la petite ville d'Eckartsberga et la forêt dite de Freyburg.

De part et d'autre de cette dernière ville, l'horizon est fermé par deux chaînons de 280 à 300 mètres d'altitude. Au Nord-Ouest, ce sont les hauteurs boisées qui limitent le bassin de l'Ilm. Au Sud-Est, la crête bien accentuée, dite « la Finne », derrière laquelle est abrité le village d'Auerstedt, qui donne son nom à la bataille.

L'enceinte du bassin est complétée par deux contreforts issus de la cote 269, l'un qui court du Nord-Est au Sud-Ouest, le long de la Saale et de l'Ilm; l'autre qui descend mollement vers le Nord et se relève brusquement pour se souder aux collines boisées mentionnées plus haut.

Le Lissbach s'échappe du bassin, dans l'angle Sud, par une diagonale entre « la Finne » et la crête qui borde l'Ilm.

Le village d'Hassenhausen, autour duquel vont se livrer les combats les plus acharnés, se trouve au pied de la hauteur 269, qui le domine de 20 mètres à peine.

Serpentant autour de la diagonale Nord-Sud du rectangle, court le ruisseau (Kochelbach et Lissbach) le long duquel se cachent les villages que les combattants se sont disputés : Spielberg, Benndorf, Poppel, Taugwitz, Rehehausen.

De nombreux vallons, tous orientés du Nord-Est au Sud-Ouest, sillonnent le bassin et le compartimentent en autant de cases limitant les vues des combattants.

Le plus important de ces vallons, par son étendue comme par sa situation, est celui au fond duquel se trouve Hassenhausen. Il est entouré d'une sorte de fer à cheval, constitué au Sud par la crête qui borde la Saale, et au Nord par un contrefort détaché de la cote 269 vers Taugwitz et Poppel.

Ainsi les Français, venant de Kösen, et ayant atteint la crête 269, avaient l'avantage du terrain. Ils devaient le conserver et rester maîtres de la situation à Hassenhausen en agissant sur les deux branches du fer à cheval. En outre, le ravin de Rehehausen divise en deux parties, invisibles l'une de l'autre, le plateau qui s'étend au Sud d'Hassenhausen.

Le chemin, qui, de Spielberg, conduit par Hassenhausen au confluent de l'Ilm et de la Saale, marque assez exactement le changement de pente des plateaux. A l'Est de ce chemin, la région située entre lui, Punschrau et les points 269 et 266, peut être embrassée par une vue d'ensemble. A l'Ouest, au contraire, le terrain s'incline en longs glacis jusqu'au ruisseau sur lequel il tombe en pentes raides. « Tous ces glacis, dit un témoin oculaire de la bataille, qui se trouvent le long des ruisseaux, sous l'influence de la chute des eaux commencent en pente douce vers le haut, ainsi qu'un peu de connaissance du terrain le fait pressentir, et deviennent plus raides vers le bas. Les troupes, et surtout la cavalerie, éprouvaient ce désavantage qu'après avoir franchi avec un peu de désordre la partie raide des glacis, elles se voyaient obligées de se former en quelque sorte sous la mitraille et la fusillade (1) ».

____

(1) *Bemerkungen und Beschreibung der Schlacht bei Auerstedt obweit Iena von einem unpartheiischen Augenzeugen* (einen Königl. Preussischen Offizier), *der bei Auerstedt selbst mit gefochten hat,* Zweite Auflage, 1807.

Sur la rive occidentale du Lissbach, les caractères du terrain sont analogues.

Le village de Gernstedt, bâti au pied de la grande crête d'Eckartsberga, est à l'origine d'une cuvette inclinée vers l'Est, dont les bords, aboutissant à Taugwitz et Rehehausen, prolongent en quelque sorte les branches du fer à cheval qui entourent Hassenhausen. De telle sorte qu'au milieu de la cuvette rectangulaire formée par le bassin du Lissbach, se trouve une partie plus profonde, dont les villages d'Hassenhausen et de Gernstedt occupent les extrémités ; elle est limitée d'une part par les crêtes qui, du point 269, aboutissent à Taugwitz et Rehehausen, et, d'autre part, par les crêtes qui, sur la rive droite du ruisseau, partent des mêmes points et se réunissent, à l'Ouest de Gernstedt, à la grande crête d'Eckartsberga.

Il résulte de ces caractères du terrain que la possession d'Hassenhausen était indispensable à qui voulait déboucher de Kösen et conserver la disposition de ce passage ; mais que cette possession était elle-même subordonnée à l'occupation des crêtes qui dominent le village et qu'en raison des changements de pente qui conduisent au Lissbach, les préparatifs d'attaque venant de l'Ouest pouvaient être dissimulés dans la vallée, et les troupes déboucher soudain à 700 ou 800 mètres du village sans avoir été vues jusque-là.

Il en résultait encore que les mouvements latéraux des colonnes devaient échapper aux vues, et qu'à la condition de tenir Hassenhausen, le terrain devait amener naturellement le maréchal Davout à rechercher la solution par les extrémités de son front, les lignes du sol se trouvant disposées comme à dessein pour préparer l'enveloppement des troupes amoncelées devant Hassenhausen, au centre du bassin.

Les deux ailes du 3e corps devaient donc s'orienter

naturellement, l'un vers Lissdorf et Eckartsberga, l'autre sur Sonnendorf, le Sonnenberg et Rehehausen.

L'action de cette dernière, en raison du terrain, devait précéder celle de l'aile droite, et la crête qui, de Sonnendorf, s'étend par le Sonnenberg (Sonnenkuppe) jusqu'à l'Emsenmühle, devait permettre de prendre d'écharpe et à revers les troupes déployées en arrière de Rehehausen et sur l'extrémité de la grande crête de « la Finne », au Tamselberg. Le versant Sud de cette crête pouvait même être battu par le canon du Sonnenberg (Sonnenkuppe).

On peut donc pressentir que, lorsque le 3e corps prendra l'offensive, la droite des Prussiens devra battre en retraite la première et que l'aile gauche française sera maîtresse du Tamselberg avant que l'aile droite ait pu vaincre les dernières résistances de l'armée ennemie.

C'est en effet ainsi que les événements se passèrent. Seul l'état de fatigue extrême où se trouvait le 3e corps le soir du 14 octobre, l'empêcha de tirer entièrement parti du succès de son aile gauche.

VI

PRÉLIMINAIRES DE LA BATAILLE.

Entre 3 et 4 heures du matin, le 14 octobre, le maréchal Davout, après avoir reçu les ordres de l'Empereur, donnait les siens pour porter le 3e corps d'armée sur Apolda, par Kösen et Auerstedt (1). « Vu l'éloignement où se trouvait la 1re division, le mouvement se fit par la gauche (2) ».

La 3e division partit donc à 4 heures du matin de son

---

(1) Journal des opérations du 3e corps.
(2) Voir p. 266.

bivouac de Neu Flemmingen (1) et prit le chemin qui va directement de ce dernier point à Kösen (2). A 6 heures, l'avant-garde de la division, composée du 25ᵉ de ligne, précédé lui-même d'un escadron du 1ᵉʳ chasseurs, franchissait le pont de Kösen, que le gros abordait à 6 h. 30 (3).

La 2ᵉ division quitta, à 5 heures du matin, les bivouacs qu'elle occupait en arrière de Naumburg (4). Arrivée près du pont de Kösen, elle prit, sans intervalles, la gauche de la 3ᵉ division (5), qui venait de déboucher du chemin de Flemmingen.

Il s'était élevé, une demi-heure avant le jour, un brouillard si épais qu'il ne permettait pas de distinguer les objets à portée de pistolet. Aussi, le Maréchal ordonna-t-il à son premier aide de camp, le colonel Burke, de se porter en avant avec un détachement de l'escadron de chasseurs et d'engager une échauffourée pour se procurer des renseignements certains sur la position de l'ennemi (6). Le colonel traversa Hassenhausen et Taugwitz, et, vers 7 heures du matin (7), se heurta tout à coup dans Poppel, à de la cavalerie ennemie, qu'il fit insulter à coups de pistolet.

C'était une pointe du régiment des Dragons de la

---

(1) Le général Gudin au maréchal Davout, Naumburg, 17 octobre 1806 (Publié par M. Ch. de Mazade, *Correspondance du maréchal Davout*, t. I, p. 284-287).

(2) Croquis manuscrit joint au Journal historique du 3ᵉ corps.

(3) Le général Gudin au maréchal Davout, Naumburg, 17 octobre 1806 ; Journal des opérations du 3ᵉ corps.

(4) Le général Friant au maréchal Davout, Freyburg, 17 octobre 1806 (Publié par Foucart, *loc. cit.*, p. 687-689).

(5) *Ibid.*

(6) Journal des opérations du 3ᵉ corps.

(7) Rapport du colonel Charbonnel, chef d'état-major de l'artillerie du 3ᵉ corps, sur la bataille du 14 octobre, Friedrichsfeld, 26 octobre 1806 (Publié par Foucart, *loc. cit.*, p. 691-693).

Reine, qui précédait la division Schmettau. Celle-ci devait, aux termes de la « disposition » pour le 14 arrêtée par Brunswick (1), se porter sur Kösen, s'emparer du pont et couvrir le mouvement de flanc de l'armée prussienne, défilant sur deux colonnes en arrière d'elle pour gagner l'Unstrut et franchir cette rivière : les divisions Wartensleben et Orange à Freyburg, les divisions Kunheim et Arnim, de la réserve, à Laucha.

En raison de l'absence du général Blücher et du prince d'Orange, le 13 au soir, à la réunion des généraux chez le duc de Brunswick, rendez-vous avait été pris de nouveau chez ce dernier pour le lendemain 14 à la pointe du jour (2).

Cette seconde conférence eut lieu comme il avait été prescrit, mais les nouvelles de la nuit n'ayant rien appris de nouveau, le duc maintint simplement ses dispositions de la veille au soir, pour franchir l'Unstrut à Freyburg et à Laucha. Il les communiqua aux généraux assemblés, et comme, cette fois encore, le prince d'Orange n'était pas présent, un officier supérieur, le major Rauch, fut chargé de lui porter les ordres. Le duc de Brunswick rappela à plusieurs reprises aux généraux qu'il était nécessaire que les divisions, pendant la marche, se suivissent immédiatement et qu'on ne prît que les intervalles minima (2). Là-dessus, le vieux feld-maréchal von Möllendorf parla de l'attaque de l'ennemi, mais il parut à tous, suivant Scharnhorst, n'avoir pas compris le duc de Brunswick (4).

Une nouvelle avant-garde, en remplacement de celle du duc de Weimar « égarée dans la forêt de Thu-

---

(1) Voir p. 252.
(2) *Ibid.*, p. 251.
(3) Höpfner, *loc. cit.*, t. I, p. 429.
(4) Rapport de Scharnhorst.

ringe (1) », devait être constituée par le détachement de Blücher, prélevé sur les troupes légères des trois premières divisions.

Blücher était arrivé à Auerstedt vers 2 heures du matin et s'était aussitôt rendu chez le Roi, qui dormait. Ce que voyant, le général s'installa dans une grange pour y passer le reste de la nuit (2). Celles de ses troupes qu'il avait pu amener, bivouaquèrent le long de la grande route, sous les ordres du général Oswald, à proximité des divisions de la réserve.

Lorsque, à la conférence du 14 au matin, Blücher apprit le rôle d'avant-garde qui lui était destiné, il envoya un officier au général Oswald pour lui prescrire de tout faire afin de « se porter, aussi vite que possible, en tête de la colonne en marche (3) ». Il se rendit ensuite, de sa personne, en tête de la division Schmettau.

Conformément aux dispositions adoptées par le duc de Brunswick, celle-ci devait rompre à 6 heures du matin. Son chef poussa en pointe 100 chevaux des Dragons de la Reine. Cette pointe devait être suivie par quatre escadrons du 2ᵉ bataillon du même régiment et par la batterie à cheval Graumann. Cette dernière manquait à l'appel, s'étant, comme on a vu précédemment, égarée dans la nuit, et installée au bivouac près des bois d'Eckartsberga (4). Deux autres escadrons de Dragons furent chargés de couvrir les flancs. Un soutien fut donné au 2ᵉ bataillon des Dragons de la Reine, chargé de précéder la division. Il comprenait les tirailleurs de quelques bataillons et le 2ᵉ bataillon du régiment Alvensleben, remplaçant les grenadiers Schack qui, ayant

---

(1) Rapport du maréchal Davout.

(2) Höpfner, *loc. cit.*, t. I, p. 429-430.

(3) Bericht Blüchers (*Kriegs-Archiv des Generalstabes*) (Cité par Lettow-Vorbeck, *loc. cit.*, t. I, p. 286).

(4) Voir p. 248.

bivouaqué fort loin, n'étaient pas arrivés (1). Le reste du régiment de Dragons, c'est-à-dire quatre escadrons du 1ᵉʳ bataillon, devait marcher avec la brigade de cavalerie von Bünting, en queue de l'infanterie de la division (2). L'infanterie du gros devait suivre l'avant-garde à un quart d'heure de distance, par sections par la gauche (3).

Le reste de l'armée se tint également prêt, à partir de 6 heures. Comme à la division Schmettau, la cavalerie de la division Wartensleben devait suivre son infanterie. La cavalerie de la division Orange devait, au contraire, précéder la sienne, ce qui, au cas où la cavalerie serait appelée en dehors de la colonne, devait produire, entre cette division et la division précédente, un intervalle double de celui qui séparerait les divisions Schmettau et Wartensleben (4).

Un escadron du régiment Leib-Cuirassiers et le bataillon de grenadiers Knebel furent désignés pour former l'arrière-garde. Entre celle-ci et la queue de l'infanterie devaient marcher les colonnes de ponts légers qui étaient attachés à chaque bataillon ainsi que les chevaux de bât des divisions (5).

Comme le duc de Brunswick, vers 6 heures du matin, allait monter à cheval à Auerstedt, l'officier qu'il avait envoyé la veille à 10 heures du soir au prince Hohenlohe, revint de Kapellendorf et lui communiqua ce dont le prince l'avait chargé.

La nouvelle de l'arrivée d'une lettre de Napoléon parut à Brunswick d'une si grande importance qu'il des-

---

(1) Höpfner, *loc. cit.*, t. I, p. 430-433.
(2) Lettow-Vorbeck, *loc. cit.*, t. I, p. 385.
(3) Höpfner, *loc. cit.*, t. I, p. 430.
(4) *Ibid.*
(5) *Ibid.*

cendit de cheval et mena l'officier chez le Roi auquel celui-ci fit son rapport. Une longue conversation politique eut lieu ensuite, entre le duc et le souverain, au sujet du message, à la suite de laquelle le Roi et le duc de Brunswick montèrent à cheval et se rendirent à la division Schmettau dont ils rejoignirent la tête, comme elle arrivait sur les hauteurs situées entre Auerstedt et Gernstedt (1).

La division avait rompu vers 6 heures du matin, au moment même où le brouillard commençait à régner (2). Un peu auparavant, comme le bruit avait couru de la présence de cavaliers ennemis sur le flanc gauche, vers le bois d'Eckartsberga, un officier supérieur s'était porté dans cette direction avec des fractions de l'escadron des Dragons de la Reine désigné pour fournir le service de sûreté sur la gauche de la colonne.

Cet officier ne trouva pas les Français, mais rencontra sur les hauteurs la batterie Graumann, qu'il ramena sur la chaussée ; elle arrivera assez à temps pour rejoindre l'avant-garde, à l'Est de Taugwitz (3).

Les tirailleurs réunis du régiment Malschitzky furent donnés comme soutien à l'escadron de dragons chargé de la sûreté immédiate sur le flanc droit et reçurent l'ordre de patrouiller dans les défilés de l'Emsbach, du Lissbach et de l'Ilm vers Sulza (4).

L'avant-garde de la division Schmettau se mit donc en marche, composée, comme il vient d'être dit, d'une

---

(1) Rapport de Scharnhorst.

(2) Höpfner, *loc. cit.*, t. I, p. 431.

(3) *Ibid.*

(4) Bericht des Regimentskommandeurs Obersten v. Raumer [3. Infanterie-Regiment Malschitzky (Nr. 28)], Oppersdorf bei Neisse, 15. April 1808 (*Urkundliche Beiträge und Forschungen zur Geschichte des preussischen Heeres, herausgegeben vom grossen Generalstabe*, V. Heft, p. 118-120).

pointe de 100 Dragons de la Reine et d'un gros formé de
quatre escadrons du 2ᵉ bataillon de Dragons (500 chevaux), de la batterie Graumann et d'un soutien d'infanterie comprenant les tirailleurs réunis de quelques bataillons et le 2ᵉ bataillon Alvensleben. Le gros de la division
suivait, lentement, à un quart d'heure de distance. Mais
comme les circonstances ne paraissaient pas présenter
de danger, le feld-maréchal von Möllendorf, qui accompagnait le Roi, prescrivit au général Schmettau de
supprimer cette distance et de suivre immédiatement
l'avant-garde (1).

Comme celle-ci continua sa marche sans interruption,
l'infanterie du gros de la division fut dans l'obligation
d'accélérer l'allure. Dès ce moment, il commença à se
produire un certain désordre et il se créa des intervalles
entre les unités.

Cependant Blücher avait rejoint le Roi et le duc
de Brunswick à la tête de la division Schmettau.
Le duc lui fit connaître que quelques régiments de cavalerie ennemie avaient dû franchir le défilé de Kösen et
qu'il le chargeait de les repousser. Il mit, à cet effet, à sa
disposition, les régiments de cavalerie prussienne les
plus rapprochés, c'est-à-dire le régiment des Dragons de
la Reine et les régiments de la division Schmettau (brigade Bünting, comprenant les cuirassiers Bünting et
Heising) (2).

En vain le général Schmettau fit-il entendre les pro-
testations les plus vives, en se voyant ainsi privé de sa
cavalerie au moment de marcher à l'ennemi. L'ordre du
duc fut maintenu et les régiments de cuirassiers Heising
et Bünting, qui se trouvaient à la gauche de l'infanterie,

---

(1) Höpfner, *loc. cit.*, t. I, p. 431.
(2) Lettow-Vorbeck, *loc. cit.*, t. I, p. 385 et suiv. ; Höpfner, *loc.
cit.*, t. I, p. 432.

furent avisés, ainsi que le 1er bataillon des Dragons de la Reine, qui les suivait, d'avoir à doubler cette infanterie au trot pour se mettre à la disposition du général Blücher (1).

Il y avait environ un quart d'heure que le gros de la division Schmettau s'était mis en marche, c'est-à-dire que sa tête débouchait sur le plateau situé entre Auerstedt et Gernstedt, quand les cent chevaux de la pointe d'avant-garde se heurtèrent, dans Poppel, au détachement du colonel Burke, qui engagea l'affaire à coups de pistolet (2).

Immédiatement attaqué par les dragons prussiens, le colonel Burke fut rejeté en arrière de Poppel et reforma sa troupe sur la hauteur, au delà de Taugwitz. Au débouché de ce village, la pointe des Dragons de la Reine, appuyée par le 2e bataillon du régiment (4 escadrons) attaqua de nouveau le détachement français, qui soutint le choc et fit quelques prisonniers, dont un major (3). Le colonel Burke, ayant rempli sa mission, se replia, par la chaussée de Hassenhausen, au delà du village, à environ un kilomètre à l'Est, où il rencontra la tête de la division Gudin, à laquelle il se rallia (4).

La pointe des Dragons de la Reine suivit aussi la chaussée, au trot, à distance derrière lui. Elle fit reconnaître le village de Hassenhausen, puis elle s'y engagea résolument. Le 2e bataillon des Dragons de la Reine (colonel Zieten), appuyant le mouvement de la pointe, s'arrêta à l'entrée Ouest de Hassenhausen, où

---

(1) Lettow-Vorbeck, *loc. cit.*, t. I, p. 385 et suiv.; Höpfner, *loc. cit.*, t. I, p. 432.

(2) Voir p. 272.

(3) Höpfner, *loc. cit.*, t. I., p. 432 ; Journal des opérations du 3e corps.

(4) Journal des opérations du 3e corps.

arriva, à ce moment, derrière lui, la batterie à cheval Graumann (1).

Pendant ce temps, Blücher avait été rejoint par les régiments de cuirassiers Heising et Bünting et par le 1er bataillon des Dragons de la Reine. A leur tête, il franchit le défilé de Poppel, où il prescrivit à deux escadrons de dragons de rester en réserve. Il fit ensuite déployer sa cavalerie au Nord de Taugwitz, à intervalle d'escadron. Un ordre du duc de Brunswick vint alors lui enlever le régiment de cuirassiers Bünting pour différents services de reconnaissance, de sorte qu'il ne resta à Blücher que sept escadrons, cinq du régiment Heising et deux des Dragons de la Reine. Avec ces faibles forces, il se mit cependant en mouvement, prenant pour direction la longue crête qui conduit de Poppel et Taugwitz au plateau situé au Nord de Hassenhausen, entre ce village et Spielberg, et à la route de Kösen. Il repoussa devant lui des patrouilles de chasseurs à cheval français, qui s'étaient montrées depuis quelques instants et qui disparurent dans le brouillard épais (2). Parvenu vers la naissance du petit vallon qui descend à Poppel, et à peu près au Nord de Hassenhausen, qu'il ne pouvait apercevoir dans la brume, Blücher arrêta ses escadrons et chercha à s'orienter.

A ce moment, il entendit le canon sur sa droite. Il se porta aussitôt en avant avec une faible escorte pour reconnaître l'ennemi (3).

Sur ces entrefaites, le soutien d'infanterie donné à la cavalerie de l'avant-garde avait atteint Poppel. Les tirailleurs se déployèrent de part et d'autre de la route, au débouché du village, sur la rive droite du ruisseau;

---

(1) Höpfner, *loc. cit.*, t. I, p. 433.
(2) *Ibid.*
(3) Lettow-Vorbeck, *loc. cit.*, t. I, p. 386-387.

le 2⁰ bataillon Alvensleben se forma à gauche de la chaussée (1). Mais, comme le brouillard intense qui régnait dans les fonds en interdisait la vue d'une manière absolue, il sembla périlleux au duc de Brunswick de s'avancer ainsi à l'aventure : « Marcher en avant est une chose qui demande réflexion. On ne sait ce qu'on a devant soi », dit-il à son chef d'état-major, le colonel Scharnhorst. Celui-ci s'offrit alors pour aller voir ce qu'il y avait sur le plateau en avant de Kösen et pour rapporter des renseignements certains (2).

Le duc accepta, et Scharnhorst, après avoir franchi le Lissbach et traversé Poppel, laissant Taugwitz sur sa droite, se porta vers l'Est à travers champs, en se dirigeant sur le plateau situé entre Hassenhausen et Spielberg (3).

En même temps, le duc de Brunswick arrêta la division Schmettau, afin d'attendre les renseignements (4). Il pouvait être 7 h. 30 du matin. C'était le moment où la pointe des Dragons de la Reine pénétrait dans Hassenhausen. La tête du gros de la division Schmettau se trouvait alors encore en arrière de Poppel à quelques centaines de mètres de ce village.

VII

PREMIER ENGAGEMENT AUTOUR DE HASSENHAUSEN.

L'avant-garde de la division Gudin, composée d'un escadron de chasseurs et du 25⁰ de ligne, avait franchi

---

(1) Höpfner, *loc. cit.*, t. I, p. 433.
(2) Rapport de Scharnhorst.
(3) *Ibid.*
(4) Höpfner, *loc. cit.*, t. I, p. 433 ; Lettow-Vorbeck, *loc. cit.*, t. I, p. 386

le pont de Kösen à 6 heures du matin et la tête du gros
de la division à 6 h. 30 (1).

En sortant du long défilé de deux kilomètres environ,
où passe la route qui mène de Kösen à Auerstedt par
Hassenhausen, c'est-à-dire, en arrivant auprès de la
bifurcation de cette route avec le chemin de Punschrau,
la division Gudin prit la formation suivante :

Le 25ᵉ de ligne, qui déboucha à cette bifurcation vers
6 h. 45, un peu après que la tête de division eut franchi
le pont, se forma en colonne à droite de la chaussée, sur
laquelle marchèrent toutes les pièces de bataillon de la
brigade (2). Le colonel Burke avait pris les devants
avec son détachement de chasseurs. Le reste de l'escadron précédait le 25ᵉ et fournissait des patrouilles.
A mesure que les régiments débouchèrent, ils sortirent
de la route, qu'ils abandonnèrent à l'artillerie, et se
formèrent en colonne, de part et d'autre de la chaussée,
le 85ᵉ et le 21ᵉ à gauche, le 12ᵉ à droite (3).

Quand le colonel Burke, battant en retraite avec son
détachement, annonça l'approche de la cavalerie ennemie, le Maréchal donna l'ordre au général Gauthier de
se mettre promptement en état de recevoir la charge en
faisant former le carré au 25ᵉ de ligne (4).

Comme le 1ᵉʳ bataillon de ce régiment arrivait à un
millier de pas de Hassenhausen, il commença à apercevoir le village. « Le brouillard, dit Scharnhorst, permettait dans certains endroits de voir à 1,000 ou
1,500 pas ». Les pièces qui étaient sur la chaussée se
portèrent aussitôt en ligne, en se déployant sur la route

---

(1) Journal des opérations du 3ᵉ corps ; Rapport du général Gudin.
(2) L'artillerie de la brigade Gauthier, dit le Journal des opérations
du 3ᶜ corps.
(3) Journal des opérations du 3ᵉ corps ; Rapport du général Gudin.
(4) Journal des opérations du 3ᵉ corps.

et au Nord « aux flancs du 25ᵉ régiment (1) » ; au moment où la pointe des Dragons de la Reine déboucha du village par le chemin creux qui le borde au Sud, elles l'accueillirent par une volée de mitraille (2).

Cette artillerie était établie sur la chaussée et au Nord, non loin et en avant du petit plateau coté 269,7. « Elle semblait, dit Höpfner, être à environ 700 pas au delà et à gauche du débouché du village, sur une faible hauteur. Autant qu'on pouvait le découvrir à travers le brouillard, elle était couverte à droite et à gauche par des colonnes d'infanterie (3) ». Le 2ᵉ bataillon du 25ᵉ régiment se portait, toujours en colonne, à droite et à hauteur du 1ᵉʳ. A gauche des pièces, le 85ᵉ s'avançait dans une formation analogue pour arriver à hauteur du 25ᵉ.

La pointe des dragons prussiens, ainsi surprise par l'artillerie française, s'arrêta dans le chemin creux qui lui servit d'abri momentanément (4).

Au bruit du canon, le colonel Zieten, qui était resté à l'entrée de Hassenhausen avec le 2ᵉ bataillon des Dragons de la Reine et la batterie Graumann, prit le galop avec ses escadrons et ses pièces, traversa à cette allure le village et déboucha à son tour dans le chemin creux. Les escadrons se formèrent au Sud de la route, tandis que la batterie, utilisant un passage existant dans le talus, réussissait à sortir du chemin creux et se déployait au Nord, sous les feux du canon et des tirailleurs français (5).

Pendant ce temps le 25ᵉ avait formé ses carrés.

Les artilleurs prussiens parvinrent à mettre en batte-

---

(1) Rapport du général Gudin.
(2) *Ibid.*
(3) Höpfner, *loc. cit.*, t. I, p. 433.
(4) *Ibid.*, t. 1, p. 434.
(5) Lettow-Vorbeck, *loc. cit.*, t. I, p. 386.

rie, malgré leurs pertes, et commencèrent un feu rapide à mitraille, qui obligea les carrés du 25ᵉ à se déplacer (1). Mais la batterie Graumann ne put soutenir longtemps ce combat inégal. Elle subit en quelques instants, en servants et en chevaux, des pertes si considérables qu'il lui devint même impossible de songer désormais à amener les avant-trains (2).

A ce moment « deux compagnies de grenadiers et une de voltigeurs du 25ᵉ, conduites par le capitaine Lagoublais, aide de camp du général Gauthier, soutenues par le détachement du 1ᵉʳ chasseurs du capitaine Hulot, se précipitèrent sur la batterie prussienne (3) ». En vain le capitaine Graumann tenta-t-il de s'opposer à la retraite. Sa batterie lâcha pied. Les artilleurs prussiens ne réussirent à emmener que trois pièces, en en abandonnant cinq aux Français (4).

En voyant l'attaque et la défaite de leur batterie, dont le chemin creux les séparait, en butte eux-mêmes au feu des tirailleurs ennemis, les escadrons du colonel Zieten firent demi-tour et se replièrent sur Hassenhausen. L'infanterie française s'y jeta à leur suite et poussa vigoureusement dragons et artilleurs confondus à travers le village, où une pièce, dont la roue se brisa, tomba encore entre nos mains (5).

Les trois compagnies de grenadiers et de voltigeurs du 25ᵉ, après avoir traversé Hassenhausen, pénétrèrent dans les boqueteaux qui couvrent vers l'Ouest la tête de ce village et s'y établirent (6). Elles poussèrent en

---

(1) Höpfner, *loc. cit.*, t. I, p. 434.
(2) *Ibid.*
(3) Journal des opérations du 3ᵉ corps ; Rapport du général Gudin.
(4) Höpfner, *loc. cit.*, t. I, p. 434.
(5) *Ibid.*
(6) Croquis manuscrit joint au Journal des opérations du 3ᵉ corps.

avant d'elles de nombreux tirailleurs qui s'avancèrent jusqu'au Lissbach (1).

Après ce premier succès, le 25ᵉ de ligne se porta en avant, ses deux bataillons en colonne, sur le petit plateau qui domine Hassenhausen au Nord (2). En même temps, le 85ᵉ recevait l'ordre de prendre sa direction à gauche du village.

Le colonel Scharnhorst, parti en reconnaissance (3), venait à peine, vers 8 heures, de dépasser Hassenhausen, quand il se heurta à l'improviste au 25ᵉ qui s'avançait tambours battants. Le colonel retourna « rapidement et diagonalement en arrière (4) », pour chercher Blücher et lui faire part de ce qu'il venait de voir. Il le rencontra presque aussitôt.

Blücher, qui s'était porté en reconnaissance en avant de ses escadrons, était arrivé de son côté à 50 pas du 25ᵉ, doit il avait pris la ligne, dans la brume, pour une haie. En raison de l'impossibilité de voir au loin et du défaut d'artillerie, il ne songea pas à attaquer l'infanterie française avec les sept escadrons dont il disposait (5).

Il envoya son « adjudant » au duc de Brunswick pour lui rendre compte qu'il débordait la droite ennemie et le prier de lui envoyer de la cavalerie, et surtout plus de troupes, moyennant quoi, il se faisait fort d'amener une décision (6).

Puis il continua sa reconnaissance sur le flanc de la division Gudin. Bientôt ne voyant pas revenir son adjudant, qui avait essuyé le feu des tirailleurs français et

(1) Höpfner, *loc. cit.*, t. I, p. 437.
(2) Journal des opérations du 3ᵉ corps.
(3) Voir *supra*, p. 280.
(4) Rapport de Scharnhorst.
(5) Höpfner, *loc. cit.*, t. I, p. 435.
(6) Lettow-Vorbeck, *loc. cit.*, t. I, p. 387.

avait été tué par eux, il dépêcha un second officier, qui parvint à rencontrer le duc de Brunswick (1).

Ce dernier, estimant périlleux de s'engager dans le brouillard, avait arrêté la marche de la division Schmettau (2). Mais sur les instances du vieux maréchal von Möllendorf, le Roi prescrivit de reprendre le mouvement en avant, n'admettant pas l'idée qu'on pût se trouver en présence de forces ennemies importantes (3).

Au bruit du canon de Hassenhausen, l'ordre fut donné d'accélérer l'allure et la cavalerie des divisions suivantes fut appelée en avant. Les hommes, pleins d'ardeur, rendirent l'exécution de cet ordre facile (4). Ils jetèrent tout ce qui n'était pas nécessaire au combat. La marche devint de plus en plus rapide. Bientôt tout se mit à courir.

On aura une idée de l'aspect que devait présenter alors la division Schmettau, avec des intervalles entre ses unités, se hâtant vers l'Est, entre Gernstedt et Poppel, en lisant le rapport du bataillon de grenadiers Krafft. « Le bataillon, y est-il dit, dut courir de toutes ses forces, pendant plus d'une demi-heure, situation qui fut aggravée par ce fait qu'une foule de voitures, qui se trouvaient à la batterie Stankar, sortirent de la route pendant la marche. Il en résulta subitement entre la batterie et le bataillon un intervalle que celui-ci dut combler ». Ce n'est d'ailleurs qu'à Poppel, où elle s'arrêta, que ce malheureux bataillon put rejoindre la batterie, qui, comme toute la division « marchait au trot (5) ».

----

(1) Höpfner, *loc. cit.*, t. I, p. 435.
(2) Voir *supra*, p. 280.
(3) Höpfner, *loc. cit.*, t. I, p. 437.
(4) *Ibid.*
(5) Bericht des Kommandeurs Majors v. Krafft (4. Grenadier-Bataillon Krafft), Berlin, 30. Juli 1808 (*Urkundliche Beiträge, loc. cit.*, V. Heft, p. 120-123).

Le duc de Brunswick et le Roi avaient pris les devants, mais sans pouvoir rien découvrir au loin dans le brouillard épais de la vallée. Bientôt cependant, dans le vallon de Taugwitz, se montrèrent des tirailleurs français, soutenus par de petites fractions ennemies et se dirigeant vers le Lissbach (1).

A ce moment, vers 8 h. 15, arrivait à Taugwitz l'infanterie de l'avant-garde. En même temps, les Dragons de la Reine et les débris de la batterie Graumann, chassés de Hassenhausen, apprenaient au duc de Brunswick l'échauffourée dont ils étaient victimes et la présence autour de ce dernier village de beaucoup d'infanterie française (2).

Le Roi ordonna alors aux tirailleurs de l'avant-garde de chasser les tirailleurs ennemis du vallon de Taugwitz.

La première attaque ne réussit pas. Elle fut reprise avec l'appui de 20 tirailleurs du bataillon de grenadiers Krafft (3). Le 2ᵉ bataillon Alvensleben la soutint.

En même temps, le bataillon Krafft reçut l'ordre de déboîter de la colonne à droite de Poppel et de soutenir les Dragons de la Reine qui avaient été repoussés de Hassenhausen (4). Ce bataillon aborda le Lissbach vers son confluent avec le ruisseau de Hassenhausen et se mit en devoir de franchir le vallon. En présence de ce mouvement, les tirailleurs français fort malmenés, d'ailleurs, par les tirailleurs prussiens, se replièrent sur Hassenhausen et les hauteurs.

Le duc de Brunswick donna alors, vers 8 h. 30, à la division Schmettau, l'ordre de franchir le Lissbach au Nord-Est de Poppel et de se déployer la droite vers la chaussée. En même temps, il faisait reconnaître le

---

(1) Höpfner, *loc. cit.*, t. 1, p. 437.
(2) *Ibid.*
(3) Bericht des 4. Grenadier-Bataillons Krafft.
(4) *Ibid.*

vallon entre Poppel et Rehehausen pour savoir en quels points il pouvait être franchi par l'infanterie (1).

Pendant ce temps, l'officier envoyé par Blücher s'était porté dans la direction de Gernstedt et d'Auerstedt, cherchant de la cavalerie. Rencontrant le général Wartensleben sur les hauteurs situées entre ces deux villages, il lui demanda, au nom de son chef, la cavalerie de sa division (brigade von Quitzow). Wartensleben la refusa. L'officier de Blücher revint alors près du duc de Brunswick, qui expédia l'ordre au général Wartensleben d'envoyer sa cavalerie au général (2). Devant cet ordre formel, Wartensleben s'exécuta, mais il conserva deux escadrons de cuirassiers Quitzow pour le service de sa division.

Avec le régiment de cuirassiers Reitzenstein, la batterie à cheval Merkatz et les trois escadrons restants de cuirassiers Quitzow, le général Quitzow se porta au trot sur Poppel. En passant près de la division Schmettau, qui commençait à franchir le Lissbach pour se déployer, il se vit retenir par cette division les trois derniers escadrons de son propre régiment de cuirassiers, si bien qu'il ne put amener à Blücher que la batterie à cheval Merkatz et les cinq escadrons de cuirassiers Reitzenstein (3).

La batterie, soutenue par deux escadrons de ce dernier régiment, prit immédiatement position au Sud de Spielberg et ouvrit le feu sur un détachement de cavalerie qu'elle aperçut à petite distance dans la brume. C'était l'escorte de Blücher, le général lui-même et le colonel Scharnhorst (4). L'erreur put être heureusement

---

(1) Höpfner, *loc. cit.*, t. I, p. 437.
(2) *Ibid.*, p. 439.
(3) *Ibid.*
(4) Rapport de Scharnhorst.

réparée sans grandes pertes, et Scharnhorst quitta Blücher qui se disposait à attaquer l'infanterie française. Il pouvait être entre 8 h. 45 et 9 heures.

Le 25ᵉ de ligne avait continué sa marche à droite de Hassenhausen et venait de dépasser le chemin qui mène de ce village à Spielberg, si bien que la cavalerie prussienne, réunie autour de ce dernier point, se trouvait presque en arrière de la première ligne française.

Mais, depuis 8 h. 30, le brouillard se dissipait peu à peu et permettait d'apercevoir la concentration des escadrons prussiens en arrière de la droite du 25ᵉ, en même temps que les mouvements autour de Poppel de la division Schmettau.

« Le Maréchal, voyant sa droite débordée par la cavalerie prussienne, craignant même d'en être tourné et enveloppé et voulant concentrer ses forces, ordonna au général Petit de se porter au secours du 25ᵉ avec le 21ᵉ, et de se faire suivre en échelon par le 12ᵉ. Le Maréchal fit en même temps avancer les dix pièces d'artillerie de la division Gudin (1) ».

A ce moment, la tête de la division Friant atteignait la bifurcation du chemin de Punschrau avec la chaussée de Kösen. Le Maréchal lui envoya l'ordre de se former face à l'Ouest, en colonne serrée par bataillon, la gauche à la grand'route, à la distance de 300 ou 400 toises, ce qui devait placer la division Friant entre Punschrau et la cote 269,7 (2).

Ce fut sous un feu violent de la batterie à cheval prussienne Merkatz que s'exécutèrent les ordres du Maréchal, en ce qui concerne la division Gudin (3). Blücher put distinguer dans la brume le mouvement des carrés

---

(1) Journal des opérations du 3ᵉ corps.
(2) *Ibid.*
(3) *Ibid.*

formés par les 21ᵉ et 12ᵉ de ligne ; « sa vieille ardeur ne put se contenir plus longtemps et il se jeta avec ses dix escadrons sur l'ennemi (1) ».

Le 25ᵉ de ligne, dont les deux bataillons étaient déployés, forma son bataillon de droite en carré. Le 21ᵉ, en arrière du 25ᵉ, avait son bataillon de droite en carré, son bataillon de gauche en colonne. Enfin, le 12ᵉ, derrière le centre, formait un carré de régiment (2). Dans les carrés, l'artillerie était aux angles (3).

D'après l'ordre de Davout, les carrés déjà formés reçurent avec calme, « à bout portant, ces nombreux escadrons, tandis que le Maréchal, le général Gudin, les généraux Gauthier et Petit se portaient tantôt dans un carré et tantôt dans un autre. Pas un seul bataillon ne fut entamé, quoique le général Blücher revînt sans cesse à la charge (4) ».

Il semble, d'après Höpfner, que Blücher ait formé toute sa cavalerie sur une seule ligne, trois escadrons de cuirassiers Reitzenstein à l'aile droite.

Au début, tout alla bien. Les chasseurs à cheval français qui n'avaient cessé depuis le matin de tirailler avec la cavalerie prussienne, en flanquant la colonne, se replièrent sur leur infanterie. Une partie d'entre eux put seule être rejointe et il en résulta un combat à l'arme blanche, au cours duquel le général Reitzenstein fut blessé, et qui empêcha cette partie de la ligne de se porter en même temps que le reste à l'attaque des carrés d'infanterie française (5). Arrivé à distance favorable, Blücher fit sonner la charge. Mais, à ce moment, l'aile

---

(1) Lettow-Vorbeck, *loc. cit.*, t. I, p. 389.

(2) Croquis manuscrit joint au Journal historique du 3ᵉ corps.

(3) Rapport du colonel Charbonnel, chef d'état-major de l'artillerie du 3ᵉ corps, Friedrichsfeld, 26 octobre 1806.

(4) Journal des opérations du 3ᵉ corps.

(5) Höpfner, *loc. cit.*, t. I, p. 443.

droite du régiment de cuirassiers Heising tomba dans la ligne de tir de la batterie à cheval Merkatz, qui la couvrit de mitraille. Les hommes se crurent attaqués de tous côtés et il ne fut pas possible de maintenir l'ordre. Le commandement : « Kehrt Euch ! », employé alors aussi bien pour faire front que pour faire demi-tour, se fit entendre. Le désordre se mit dans la ligne prussienne, qui tourna bride tout entière et se reporta près de Spielberg (1).

Blücher parvint cependant à remettre de l'ordre dans ses escadrons, harangua les hommes et recommença l'attaque. Combien de fois revint-il à la charge? Il est impossible de l'établir. Le Journal des opérations du 3ᵉ corps dit que ce fut « sans cesse », et ce que l'on sait de l'énergie de Blücher permet de croire qu'il recommença jusqu'à l'épuisement des forces de ses cavaliers et de ses chevaux. Il en dut être ainsi, en effet, car seule une série d'efforts inouïs demandés en un temps très court par Blücher à ses escadrons permet de comprendre que cette cavalerie disparaisse totalement de la bataille et soit incapable de la moindre action pendant tout le reste de la journée.

« Enfin, après une perte énorme, lui-même ayant eu son cheval tué et n'ayant que le temps de prendre celui d'un trompette, Blücher fut entraîné avec toute sa cavalerie, dans un désordre complet jusqu'à Eckartsberga (2) ». En vain se plaça-t-il, un étendard à la main, au milieu du village de Spielberg. Le flot des fuyards le dépassa à droite et à gauche. Ni ses efforts ni ceux de ses officiers ne purent aboutir. Le tout se reporta sur les hauteurs boisées au Nord-Ouest de Spielberg, où les escadrons se reformèrent un peu au hasard. Le plus

---

(1) Höpfner, *loc. cit.*, t. I, p. 443.
(2) Journal des opérations du 3ᵉ corps.

gros rassemblement fut constitué par les cuirassiers Reitzenstein, qui avaient le moins souffert, et auxquels se réunirent un peu plus tard les trois escadrons de cuirassiers Quitzow, arrêtés au passage par le général Schmettau.

VIII

PREMIER DÉPLOIEMENT DES PRUSSIENS.

Il était à peu près 9 h. 15 du matin quand la cavalerie prussienne, renonçant à la lutte, se retira, complètement disloquée, dans la direction d'Eckartsberga.

Pendant le combat de cette cavalerie, le colonel Scharnhorst était revenu aussitôt en arrière pour mettre le duc de Brunswick au courant de ce qu'il avait découvert. Il trouva le Roi et le duc auprès de Taugwitz, occupés à faire déployer la division Schmettau (1).

Vers 8 h. 30 du matin, cette division, qui venait de reprendre sa marche et dont la tête entrait à Poppel, avait reçu l'ordre de franchir le Lissbach en avant de ce village et de se déployer, la droite à la chaussée qui mène à Hassenhausen (2). Les tirailleurs de l'avant-garde, renforcés par ceux du bataillon Krafft, et soutenus par le 2ᵉ bataillon Alvensleben, avaient dépassé Taugwitz et refoulé les tirailleurs français dans le vallon et au delà. Comme on peut s'en rendre compte, la division Schmettau allait donc se déployer vers la gauche, sur sa tête, formée près de Taugwitz, par le bataillon Alvensleben.

C'était le moment où le 25ᵉ de ligne français, dépas-

---

(1) Rapport de Scharnhorst.
(2) Voir p. 286.

sant Hassenhausen, arrivait en avant du chemin qui relie ce village à Spielberg. Le Maréchal portait en ligne à sa hauteur l'artillerie de la division Gudin, tandis que sous la menace de la cavalerie de Blücher, qui se concentrait sur le flanc droit de cette division, en même temps que se déployait en tête la division Schmettau, il appelait les 21e et 12e en soutien du 25e.

L'artillerie à pied s'établit en avant du front, répartie en trois batteries, aux ailes et au centre, et fut renforcée par deux pièces de 8 et un obusier, servis par une demi-compagnie à cheval du 5e régiment (1). Dès qu'elle aperçut sur les pentes près de Taugwitz, les premiers éléments de la division Schmettau, qui se déployait, c'est-à-dire le régiment Alvensleben, cette artillerie ouvrit le feu.

La marche si mal réglée et si rapide des Prussiens avait essaimé leurs bataillons. Ils ne pouvaient donc arriver en ligne que successivement et à des intervalles irréguliers. En outre, quand les premiers projectiles français commencèrent à les atteindre, les bataillons effectuèrent leur déploiement de plus en plus loin. Il en résulta la formation de lignes successives et une longue suite de mouvements sous le feu (2), avant que la division Schmettau pût se former sur deux lignes, la droite vers Taugwitz.

La batterie de 12 Röhl se porta en ligne avec l'aile droite. Quant à la batterie Stankar, derrière laquelle avait couru le bataillon de grenadiers Krafft, elle fut en arrivant à Poppel, rattachée au régiment Malschitzky, formant la gauche, après l'envoi du dit bataillon au Sud de Taugwitz. Il est probable qu'après avoir perdu du

---

(1) Rapport du colonel Charbonnel, chef de l'état-major de l'artillerie du 3e corps, Friedrichsfeld, 26 octobre 1806.

(2) Bericht des 3. Infanterie-Regiments Malschitzky (Nr. 28).

temps à se porter de Poppel auprès du régiment, elle tenta vainement de franchir le vallon marécageux, dut revenir à Poppel pour passer le pont, car elle ne rejoignit la gauche de la division que près de trois quarts d'heure après.

La division Schmettau présentait donc un front de quatre bataillons et se développait sur deux lignes entre Taugwitz et le petit vallon marécageux, dit Mertschengrund, qui sépare en deux parties le terrain compris entre le ruisseau de Hassenhausen et celui de Spielberg. En avant d'elle s'élevait un glacis libre et découvert dont le 25e de ligne français occupait la crête. Les trois escadrons de cuirassiers Quitzow que le général Schmettau avait arrêtés et conservés près de lui, se formèrent en troisième ligne, mais restèrent près de Poppel, sur la rive droite du ruisseau.

Quand le dernier bataillon Malschitzky eut terminé son déploiement, le duc de Brunswick, sans attendre qu'il fut arrivé en ligne, se porta au Sud de Taugwitz pour examiner les hauteurs de la rive gauche (1). Les désignant de la main, il s'écria : « Voici la clef de la victoire; si nous occupons ces hauteurs avec de l'infanterie et de l'artillerie, la victoire est à nous (2) ».

Il prescrivit aussitôt que la division Wartensleben prendrait ces hauteurs comme objectif, que la division Schmettau attendrait l'arrivée de la division Wartensleben pour attaquer, que la division Orange viendrait se former en réserve, à sa disposition derrière le centre de la ligne formée par les deux précédentes, et qu'enfin les divisions de la réserve, qui n'avaient pas encore quitté les environs d'Auerstedt, se porteraient sur le champ de bataille, au lieu de marcher sur Laucha, suivraient le

---

(1) Rapport de Scharnhorst; Lettow-Vorbeck, *loc. cit.*, t. 1, p. 391.
(2) Lettow-Vorbeck, *loc. cit.*, t. 1, p. 391.

mouvement de la division Orange et s'établiraient en réserve générale en arrière de Gernstedt (1).

En outre, le duc de Brunswick, constatant la présence de nombreux tirailleurs français sur le Lissbach, avait fait appeler le bataillon de grenadiers Krafft et lui avait donné l'ordre de chasser les tirailleurs ennemis : c'étaient ceux du 85ᵉ de ligne qui s'étaient portés au Sud de Hassenhausen.

Il était alors environ 9 heures du matin. A ce moment, Blücher attaquait avec ses dix escadrons le flanc droit du 25ᵉ de ligne et de la division Gudin.

La division Schmettau, aussitôt formée, se porta en avant, tambours battants. Mais à peine avait-elle fait 80 pas qu'elle reçut l'ordre de s'arrêter. Cet ordre, conforme aux nouvelles instructions de Brunswick, « nous fut d'autant plus pénible, dit le rapport du régiment Malschitzky, que notre confiance était plus grande de chasser l'ennemi de ces hauteurs intéressantes et qu'on pouvait admettre avec évidence qu'il n'aurait pas résisté (2) ».

A la marche en avant, succéda un combat d'artillerie qui dura jusqu'à l'entrée en ligne de la division Wartensleben.

Le capitaine von Boyen, chargé de diriger cette division sur les hauteurs situées au Sud de Hassenhausen, la rencontra peu après 9 heures, comme ses premiers éléments traversaient Gernstedt. Abandonnant la chaussée, la division se porta directement vers l'Est, à travers champs, pour aborder le Lissbach entre Taugwitz et Rehehausen, qu'elle atteignit de 9 h. 30 à 9 h. 45.

En même temps, le bataillon de grenadiers Krafft avait traversé le vallon et s'était dirigé sur le village de Has-

---

(1) Höpfner, *loc. cit.*, t. I, p. 440-441.
(2) Bericht des 3. Infanterie-Regiments Malschitzky (Nr. 28).

senhausen, s'engageant violemment avec le 85ᵉ de ligne. Le mouvement de la division Wartensleben pour se porter des environs de Gernstedt sur le Lissbach, dont la vallée devait la dérober aux vues des Français, eut donc lieu pendant le combat du 85ᵉ avec le bataillon Krafft et les charges furieuses et réitérées de Blücher.

On comprend, dès lors aisément que, même sans le brouillard, qui n'était pas encore entièrement dissipé, il dut complètement échapper aux yeux des Français. L'attention du 85ᵉ, luttant d'ailleurs dans le vallon même de Hassenhausen, était absorbée par le combat qu'il soutenait. Celle du Maréchal et de ses généraux était concentrée tout entière sur le danger qui se montrait sur le front et le flanc droit de la divison Gudin, où les attaques de Blücher coïncidaient avec le déploiement de la division Schmettau.

Il était nécessaire de préciser nettement cette importante circonstance pour faire comprendre comment la division Friant fut appelée tout entière à l'aile droite, et comment le 85ᵉ put être, ainsi que nous le verrons plus loin, complètement surpris par la division Wartensleben.

Quant au bataillon de grenadiers Krafft, qui avait reçu l'ordre de couvrir la droite de la division en chassant les tirailleurs du 85ᵉ, descendus jusqu'au Lissbach, au Sud de Taugwitz, il éprouva de grosses difficultés à franchir les prairies et le fond du ruisseau. Il lui fallut passer une digue qui, seule, permettait de traverser les prés marécageux, puis un fossé bourbeux, que ne purent franchir ses canons. Après une grande perte de temps, il parvint à se former sur la rive Est du Lissbach, se déploya sur une seule ligne et, chassant devant lui les tirailleurs français, il se porta bravement en avant. Le brouillard, qui commençait à se lever sur les plateaux, régnait encore fortement dans le vallon de Hassenhausen, dont le bataillon suivait le versant Sud. A peine pouvait-on discerner les objets à 50 pas. Il n'était pas possible de distinguer la position des Français (1).

Aussi le bataillon n'avait-il pas fait 200 pas qu'il fut surpris par les feux des fractions que le 85e avait postées dans un chemin creux et qu'en raison de ce fait les grenadiers n'avaient pu apercevoir. Ceux-ci n'en furent pas ébranlés d'abord. Ils ripostèrent par des feux de bataillon. Mais le feu bien ajusté des Français leur causa instantanément des pertes sensibles. En outre, la supériorité numérique de l'adversaire apparaissait clairement aux Prussiens. Les jeunes soldats, qui composaient exclusivement le bataillon, impressionnés par les pertes subies et par le nombre de leurs ennemis, commencèrent à faire demi-tour. Bientôt tout le bataillon lâcha pied et se rejeta en arrière. A environ 60 pas, une dépression du terrain le déroba heureusement aux feux du 85e et permit aux officiers de le rassembler et de le remettre en ordre (2).

L'approche de la division Wartensleben raffermit les courages, et le bataillon Krafft reprit l'offensive. Cette fois, le brouillard en s'éclaircissant donna aux deux pièces de 8 du 85e la possibilité d'intervenir. Elles couvrirent de mitraille les grenadiers prussiens. Mais ceux-ci, qui voyaient s'élever sur les pentes les bataillons de la division Wartensleben, supportèrent ce feu d'artillerie avec courage et marchèrent résolument à l'ennemi.

L'engagement avait commencé peu après 9 heures, et il devait être environ 9 h. 30 quand le bataillon Krafft renouvela son attaque. Le 85e régiment d'infanterie français était alors posté le long d'un chemin creux

---

(1) Bericht des 4. Grenadier-Bataillons Krafft; Höpfner, *loc. cit.*, t. I, p. 449 ; Lettow-Vorbeck, *loc. cit.*, t. I, p. 394.
(2) Bericht des 4. Grenadier-Bataillons Krafft.

parallèle à la vallée du Lissbach, à 500 mètres environ à l'Ouest de Hassenhausen, au Sud du ruisseau, sur le versant du vallon, faisant face au bataillon qui venait du Sud de Taugwitz. Il ne pouvait donc rien découvrir des mouvements de la division Wartensleben qui, franchissant le Lissbach entre Taugwitz et Rehehausen, allait déboucher inopinément sur son flanc gauche.

Avant d'étudier l'entrée en ligne de la division Wartensleben, qui eut lieu sur la gauche du 85e vers 9 h. 45, il est nécessaire d'exposer ce qui s'était passé au 3e corps depuis qu'il avait repoussé la cavalerie de Blücher.

IX

TEMPS D'ARRÊT DE LA DIVISION SCHMETTAU ET DÉPLOIEMENT DE LA DIVISION WARTENSLEBEN.

Au moment où Blücher se lançait à l'attaque de la division Gudin, la première ligne de celle-ci était formée, en avant du chemin de Hassenhausen à Spielberg, par le 25e de ligne, dont le premier bataillon était en carré et le deuxième déployé. Ce régiment avait sur son front et sur ses ailes toute l'artillerie de la division, qui était aux prises avec celle de la division Schmettau.

En arrière du 25e et à peu près sur le chemin de Spielberg, le 21e était dans une formation analogue. Enfin, en arrière de ce dernier, le 12e avait constitué un carré de régiment. Au Sud-Ouest de Hassenhausen, le long d'un chemin creux, à 500 mètres environ en avant du village, le 85e, avec deux pièces de 8, était isolé et tenait tête au bataillon de grenadiers Krafft.

A 300 ou 400 toises de la division Gudin, le général Friant commençait à former ses bataillons en colonne serrée, appuyant sa gauche à la grand'route.

Pendant les charges de Blücher, le maréchal Davout

appela la division Friant à l'aile droite de Gudin. Puis, lorsque la cavalerie prussienne eut commencé à se retirer précipitamment, le Maréchal ordonna au 111e, qui marchait en tête de la division Friant, de se porter à la droite du 25e (1). Le reste de la division marcha dans la direction de Spielberg. En même temps, il réunit en une seule batterie les pièces de 12 qui suivaient Friant, en leur prescrivant de venir s'établir en arrière de Hassenhausen, où elles prirent position, à environ 400 mètres au Nord de la grand'route (près du chemin de Hohndorf), en retrait par rapport au village et le dominant, ainsi que le vallon et les deux plateaux qui l'environnent (2).

La situation, malgré la défaite de la cavalerie prussienne, semblait encore menaçante, particulièrement sur le flanc droit.

En voyant le résultat néfaste des charges de Blücher, la batterie à cheval Merkatz s'était portée hardiment en avant, de 150 pas environ et, reprenant son feu, causait de fortes pertes aux Français (3).

En même temps, la division Schmettau s'étendait sur sa gauche. Elle paraissait avoir l'intention de déborder l'aile droite française, mais en réalité, elle n'avait pris qu'une simple mesure de sûreté. Comme son aile gauche, appuyée au ruisseau marécageux du Mertschengrund, était dominée par la hauteur qui sépare ce vallon de celui de Spielberg, l'ordre fut donné au 2e bataillon du régiment Malschitzky d'occuper cette hauteur au delà du vallon et de faire tenir le village de Benndorf par ses tirailleurs.

L'ordre fut immédiatement exécuté et, à défaut des

----

(1) Journal des opérations du 3e corps.
(2) Rapport du colonel Charbonnel, chef d'état-major de l'artillerie du 3e corps, Friedrichsfeld, 26 octobre 1806.
(3) Höpfner, *loc. cit.*, t. I, p. 444.

tirailleurs, envoyés dès le matin vers Sulza, Benndorf fut occupé par la compagnie d'aile gauche (1).

Cependant le 111ᵉ avait commencé son mouvement, en carré par bataillon. Quand il vit la défaite de la cavalerie prussienne, il rompit ses carrés et se forma en colonne. Mais il tomba alors sous le feu de la batterie prussienne Merkatz et il dut se déployer (2).

A ce moment, le 108ᵉ, qui tenait la tête du gros de la division Friant, débouchait de Punschrau, suivi des 48ᵉ et 33ᵉ de ligne. Le Maréchal lui donna l'ordre d'enlever la batterie Merkatz.

Les tirailleurs du 108ᵉ, se suspendant aux étriers des chasseurs à cheval qui couvraient le flanc de la division Gudin, purent, sans être aperçus du soutien de cuirassiers Reitzenstein (deux escadrons), qui se tenait à droite et en arrière de la batterie, se jeter sur les derrières de celle-ci et l'aborder brusquement, concurremment avec les chasseurs.

En même temps, le 2ᵉ bataillon du 108ᵉ l'attaquait de flanc, tandis que quatre compagnies du 25ᵉ léger y pénétraient de front. Les deux escadrons de cuirassiers se précipitèrent aussitôt sur les assaillants, mais ils ne sauvèrent pas la batterie, dont une seule pièce put être emmenée et dont tout le personnel fut dispersé (3). Les cuirassiers durent se retirer par Spielberg qu'occupa derrière eux le 1ᵉʳ bataillon du 108ᵉ de ligne. Les chasseurs français, après les avoir poursuivis, continuant leur course, descendirent la rive gauche du Mertschengrund et se trouvèrent tout à coup en présence de l'aile gauche de la première ligne de la division Schmettau.

---

(1) Bericht des 3. Infanterie-Regiments Malschitzky (Nr. 28).

(2) Rapport du général de brigade Grandeau, commandant le 111ᵉ régiment à l'affaire du 14, Niederholtzhausen, 15 octobre 1806 (Publié par Foucart, *loc. cit.*, p. 689-690).

(3) Journal des opérations du 3ᵉ corps ; Höpfner, *loc. cit.*, t. I, p. 444.

De ce côté, la batterie de 12 Stankar venait d'arriver et s'était installée en avant de la gauche de la division. Mais le départ du 2ᵉ bataillon Malschitzky avait isolé cette batterie. Les cavaliers français l'assaillirent de toutes parts, si bien qu'elle dut faire feu en avant, en arrière et sur les côtés (1). Le 1ᵉʳ bataillon Malschitzky accourut et la dégagea en s'emparant de 15 chasseurs et de 10 chevaux.

Poursuivant leurs avantages, les chasseurs traversèrent la première ligne d'infanterie sans que, dans leur surprise, les bataillons eussent l'idée de leur tirer un seul coup de fusil (2). Ils passèrent ainsi au travers des deux lignes, mais quand ils aperçurent au delà du vallon les trois escadrons de cuirassiers Quitzow qui soutenaient la division Schmettau (3), ils changèrent de direction à gauche, longèrent le ruisseau et se rapprochèrent de la chaussée. Là, ils s'arrêtèrent; faisant face à l'Est, ils cherchèrent à regagner les lignes françaises, poursuivis de loin par les cuirassiers, qui avaient fini par s'ébranler et perdirent un temps appréciable à la traversée du vallon. Ils franchirent de nouveau, mais en sens inverse, la seconde ligne prussienne qui, cette fois, perdit contenance et ouvrit sur eux un feu vif qui n'en blessa que quelques-uns, mais porta presque entièrement dans la première ligne qui se mit à son tour en désordre et salua les chasseurs d'une volée de coups de fusil. Il n'en revint guère que la moitié (4).

Les trois escadrons de cuirassiers Quitzow essayèrent de les poursuivre, mais reçus à coups de canon par les

---

(1) Bericht des 3. Infanterie-Regiments Malschitzky (Nr. 28).

(2) Höpfner, *loc. cit.*, t. I, p. 445-446; Lettow-Vorbeck, *loc. cit.*, t. I, p. 390.

(3) Voir p. 287.

(4) Höpfner, *loc. cit.*, t. I, p. 445-446; Lettow-Vorbeck, *loc. cit.*, t. I, p. 390.

Français, ils n'insistèrent pas, démasquèrent le front et se retirèrent par le Nord vers les hauteurs boisées entre Lissdorf et Gössnitz, où ils se rallièrent au reste de la cavalerie de Blücher (1). De telle sorte que la division Schmettau se trouva, derechef, privée de cavalerie.

En entendant cette fusillade, le duc de Brunswick, qui se trouvait à environ 600 pas au Sud de Taugwitz, tout surpris, donna l'ordre au colonel Scharnhorst de se rendre sur-le-champ à la division Schmettau. « Portez-vous donc rapidement par là, lui dit-il, et voyez ce qu'il y a. Je vous rends responsable de tout ce qui se passera de ce côté (2) ».

Après les dissentiments survenus dans les derniers jours entre lui et son général, Scharnhorst considéra cet ordre comme un moyen de l'éloigner de la personne du duc. Aussi demeura-t-il pendant toute la bataille à l'aile gauche, où, après la blessure du général Schmettau, il prit la direction du combat, malgré la présence des deux généraux de brigade. De sorte que Scharnhorst, pendant toute la durée du jour, fut séparé du quartier général, circonstance qui pesa d'autant plus lourdement sur les événements que le duc de Brunswick ne devait pas tarder à être mortellement blessé (3).

La première mesure que prit Scharnhorst, fut d'envoyer un officier d'état-major pour amener à tout prix de la cavalerie à la division Schmettau (4). Il était alors aux environs de 9 h. 30.

Sur ces entrefaites, l'ordre d'attaquer fut apporté à la division de la part du Roi. La division Wartensleben

---

(1) Höpfner, *loc. cit.*, t. I, p. 445-446 ; Lettow-Vorbeck, *loc. cit.*, t. I, p. 391.

(2) Rapport de Scharnhorst.

(3) Lettow-Vorbeck, *loc. cit.*, t. I, p. 391.

(4) Höpfner, *loc. cit.*, t. I, p. 446.

venait en effet de franchir le Lissbach et se déployait au Nord de Rehehausen.

Cette division avait quitté le bivouac qu'elle occupait au Sud d'Auerstedt, dès que les premiers coups de feu avaient été échangés à Poppel (1). Ses premiers éléments entraient à Auerstedt au bruit du canon qui accueillait la pointe de dragons à Hassenhausen. La traversée du village présentait certaines difficultés. Les deux chemins venant du Sud, qui y pénétraient, se réunissaient au pont sur l'Emsbach, de l'autre côté duquel ils s'écartaient de nouveau. Toutefois, un gué facile qui se trouvait à l'Ouest et à proximité du pont eût dû permettre de franchir le ruisseau sur deux points à la fois et d'utiliser par suite, deux itinéraires différents (2).

L'infanterie de la division avait pris le chemin de gauche et la cavalerie celui de droite. Quelques bataillons avaient déjà passé le pont, quand la tête de la cavalerie s'y présenta. A ce moment fut transmis l'ordre de pousser la cavalerie en avant.

L'infanterie refusa de se laisser couper et ne consentit pas davantage à utiliser le gué (3). La cavalerie essaya alors de franchir le pont en même temps qu'elle. Ce fut d'abord le régiment de cuirassiers Reitzenstein et la batterie à cheval Merkatz, puis le régiment de cuirassiers Quitzow. Les cavaliers, puis les pièces, s'engagèrent successivement sur le pont, si bien que l'infanterie qui, au début, n'était partagée qu'en fractions encore groupées, se trouva bientôt peu à peu complètement disloquée. Les hommes, persistant à vouloir passer, grimpèrent sur les voitures, sur les parapets du pont, sur les talus du che-

----

(1) Höpfner, *loc. cit.*, t. I, p. 446.
(2) *Ibid.*; Lettow-Vorbeck, *loc. cit.*, t. I, p. 391-392.
(3) Höpfner, *loc. cit.*, t. I, p. 438; Lettow-Vorbeck, *loc. cit.*, t. I, p. 392.

min en déblai. De l'autre côté du pont, dans Auerstedt même, le désordre et l'encombrement s'accrurent de la présence des chevaux et des équipages du quartier général du Roi, qui étaient répandus dans toutes les rues qu'ils embarrassaient, si bien que, toutes les unités étant disloquées, mélangées, il fallut rallier tout le monde à la sortie d'Auerstedt. Comme on peut le penser, cela demanda un temps considérable. Puis, comme des ordres arrivaient successivement pour faire accélérer le mouvement, les unités partaient dès qu'elles étaient à peu près formées, et s'échelonnèrent ainsi le long de la chaussée d'Auerstedt à Gernstedt (1).

Mais si l'infanterie fut disloquée par la cavalerie, elle gêna suffisamment le passage des escadrons des cuirassiers Quitzow pour que le général Wartensleben put conserver à sa division, à l'insu du chef de sa cavalerie, les deux derniers escadrons du régiment (2). Les trois premiers devaient être retenus auprès de la division Schmettau (3).

Il était environ 9 heures quand le général Wartensleben reçut, à Gernstedt, l'ordre de porter sa division sur les hauteurs situées au Sud de Hassenhausen.

À la suite de cet ordre, la 1re brigade, Wedell, après avoir traversé Gernstedt, abandonna la chaussée, fit tête de colonne à droite et se déploya face à l'Est, la droite au ruisseau de Gernstedt, la gauche se dirigeant au Sud de Taugwitz. Il y avait de grands intervalles entre les bataillons et les régiments. Aussi le déploiement fut-il assez long.

La 2e brigade, Renouard, abandonna la chaussée avant d'atteindre Gernstedt, passa au Sud du village, et

---

(1) Höpfner, *loc. cit.*, t. I, p. 438 ; Lettow-Vorbeck, *loc. cit.*, t. I, p. 392.

(2) *Ibid.*

(3) Voir p. 287.

comme des ordres successifs répétaient d'accélérer l'allure et d'attaquer, la brigade, bien que n'apercevant aucun ennemi, se forma cependant en ordre oblique, par échelons de deux bataillons (1).

La division Wartensleben franchit ensuite le Lissbach, entre Taugwitz et Rehehausen, la brigade Renouard près de cette dernière localité, le régiment Louis-Ferdinand à proximité de Rehehausen, le régiment Duc-de-Brunswick au village même. Une partie des canons de bataillon s'embourba dans la vallée ; quelques-uns réussirent cependant, dans la matinée, à se tirer d'affaire, mais ils ne rejoignirent leur corps qu'au milieu de la bataille (2). Après avoir traversé le vallon, la division se déploya tout entière et reprit sa marche vers l'Est. Il pouvait être alors un peu plus de 9 h. 30.

Les deux escadrons de cuirassiers Quitzow protégèrent le déploiement. Le flanc droit fut couvert en avant de Rehehausen par le régiment de dragons Irwing, qui, seul des troupes légères de Blücher, avait pu se frayer un passage dans Auerstedt, encombré par la division Orange, et qu'un adjudant du Roi amena à la division Wartensleben (3).

En arrière de cette division, la division Orange avait reçu du duc de Brunswick l'ordre de se rapprocher du centre de la ligne formée par les divisions Wartensleben et Schmettau et d'y rester, en réserve, à sa disposition (4).

Par suite de la poussée hâtive et désordonnée des troupes des premières divisions, de l'appel en tête de

---

(1) Höpfner, *loc. cit.*, t. I, p. 440 ; Lettow-Verbeck, *loc. cit.*, t. I, p. 392.

(2) Höpfner, *loc. cit.*, t. I, p. 440 ; Lettow-Vorbeck, *loc. cit.*, t. I, p. 391.

(3) *Ibid.*

(4) Höpfner, *loc. cit.*, t. I, p. 440.

l'armée de la cavalerie et de l'artillerie à cheval, et de l'arrivée, au milieu de tout ce désordre, de détachements isolés des troupes de Blücher, la division Orange, qui aurait dû suivre sans intervalles la division Wartensleben, en était séparée, en réalité, par une distance d'environ une heure.

La cavalerie avait à peine traversé Auerstedt qu'elle reçut l'ordre, émanant sans doute du duc de Brunswick, de se porter en avant au trot et de se joindre à la fraction de la division Wartensleben, qui marchait sur Rehehausen.

Le prince Guillaume de Prusse, qui commandait cette cavalerie, n'avait auprès de lui que le régiment Leib-Carabiniers et la batterie à cheval Willmann, car le second régiment de sa brigade, Leib-Cuirassiers, avait pris, par erreur, le chemin de Sulza. Il exécuta l'ordre avec les carabiniers et la batterie. Quant au régiment Leib-Cuirassiers, il le fit rappeler et lui fit prescrire de couvrir le flanc gauche de la division (1). Puis il se porta sur le Lissbach pour rejoindre la division Wartensleben.

Ainsi donc, quand, après 9 h. 30, le roi de Prusse donne l'ordre d'attaquer à la division Schmettau, la situation est la suivante autour de Hassenhausen :

La division Gudin a le 25ᵉ au Nord et en avant du village, avec toute son artillerie. Les 12ᵉ et 21ᵉ sont en réserve, en arrière du 25ᵉ. Au Sud et en avant de Hassenhausen, le 85ᵉ est engagé avec le bataillon Krafft, auquel il vient d'infliger un échec.

Le 111ᵉ, de la division Friant, est déployé sur la droite du 25ᵉ. Le 108ᵉ occupe Spielberg. Les 48ᵉ et 33ᵉ arrivent en arrière de ce village.

La brigade de cavalerie Viallannes a débouché à son

____

(1) Höpfner, *loc. cit*, t. I, p. 440.

tour du défilé de Kösen et se porte à la droite du 3e corps.

Enfin, en arrière et un peu au Nord de Hassenhausen, les pièces de 12 du corps d'armée, en batterie sur une faible hauteur, peuvent battre le village et tous ses abords.

La division Wartensleben, précédée par deux escadrons de cuirassiers Quitzow et cinq escadrons de dragons Irwing, que le prince Guillaume de Prusse appuiera bientôt avec cinq escadrons de carabiniers et une batterie à cheval, commence à s'élever, sans être vue des Français, sur les pentes du versant oriental du Lissbach et va déboucher à l'improviste sur le flanc gauche et presque sur les derrières du 3e corps.

X

ATTAQUE DE LA DIVISION SCHMETTAU ET ENTRÉE EN LIGNE DE LA DIVISION WARTENSLEBEN.

C'est donc aux environs de 9 h. 30 du matin que l'ordre d'attaque fut apporté, de la part du roi de Prusse, à la division Schmettau. Celle-ci se mit en marche par échelons, la gauche en avant et toujours sur deux lignes (1).

A ce moment, « bien que les Français se fussent formés de manière que Hassenhausen fût leur centre, dit Scharnhorst, je ne voyais aucune ligne de troupes ennemies (2) ». Le terrain masquait en effet l'infanterie française. Mais, en s'élevant sur les pentes des glacis, la division Schmettau, déjà en butte au tir de l'artillerie

---

(1) Höpfner, *loc. cit.*, t. 1, p. 447.
(2) Rapport de Scharnhorst.

des Français, découvrit bientôt leurs bataillons et tomba sous leur feu.

Pour provoquer un nouveau mouvement en avant, il fut nécessaire de porter la seconde ligne dans les intervalles de la première, ce qui eut lieu vers 10 heures. Le brouillard était alors presque tombé. « Devant notre front, dit Scharnhorst, l'ennemi avait entouré notre aile gauche par des groupes isolés de tirailleurs. A certaines places, il y avait des batteries qui tiraient (1) ».

Ces différentes impressions du chef d'état-major de Brunswick concordent pleinement avec les formations qu'indiquent les plans manuscrits établis par les soins du 3ᵉ corps français. La ligne française était constituée par des bataillons que le terrain défilait plus ou moins aux vues et qui étaient séparés par de larges intervalles où se trouvaient des batteries. Sur le front, il n'y avait qu'un nombre restreint de tirailleurs ; sur l'aile, au contraire, comme de coutume, le nombre en était important.

La ligne prussienne, au contraire, présentait une suite de bataillons très rapprochés les uns des autres. Les batteries se trouvaient sur les ailes (batteries de 12, Röhl et Stankar). Entre les bataillons, il n'y avait que les pièces régimentaires. Quant aux tirailleurs, on se rappelle qu'ils avaient été préalablement groupés, placés à l'avant-garde et finalement utilisés dans le vallon de Taugwitz. La division Schmettau ne disposait donc pas de ses tirailleurs (2).

La ligne française opposée à la division prussienne était, en réalité, déployée entre Hassenhausen et Spielberg. Elle présentait un front de cinq bataillons, avec les trois batteries de la division Gudin et une partie de l'artillerie de la division Friant. C'étaient, du Sud au

---

(1) Rapport de Scharnhorst.
2) Bericht des 3. Infanterie-Regiments Malschitzky (Nr. 28).

Nord, les deux bataillons du 25e, les deux bataillons du 111e et le 2e bataillon du 108e. Le 1er bataillon de ce dernier régiment occupait Spielberg. Derrière l'aile droite, le général Friant, à qui le Maréchal, en voyant les mouvements des Prussiens, avait recommandé de ne pas se laisser déborder, avait ordonné à la brigade Kister (48e et 33e) de se former en échelon. Derrière l'aile gauche, les 21e et 12e de ligne étaient en réserve. Enfin, la brigade de cavalerie Viallannes approchait de Spielberg.

A peine la division Schmettau venait-elle de se former sur une seule ligne et la batterie de 12 Stankar avait-elle pris sa place à gauche, que le général Viallannes lança un de ses régiments sur cette aile. Les chasseurs, qui longeaient le vallon marécageux du Mertschengrund, furent accueillis à coups de mitraille, à une centaine de pas, par la batterie qui avait réservé son feu jusque-là. Ils furent obligés de se retirer (1).

Mais ce léger succès passa inaperçu, car, en approchant de la ligne française, l'infanterie prussienne découvrit devant et sur sa gauche les bataillons du 111e, qui formaient le front vers Spielberg et que l'inclinaison du terrain lui avait dérobés jusque-là.

Fortement ébranlées par le feu supérieur d'artillerie qu'elles subissaient, les troupes prussiennes devenaient inquiètes et mollissaient. Un nouvel effort de leurs officiers les reporta en avant (2).

« Une colonne ennemie de quelques bataillons et escadrons, écrit Scharnhorst, se portait en même temps par Spielberg et Zäckwar dans notre flanc gauche et notre dos ». C'étaient les deux bataillons du 108e, qui, partant des environs de Spielberg, cherchaient, par une

---

(1) Rapport de Scharnhorst; Höpfner, *loc. cit.*, t. I, p. 451.
(2) Höpfner, *loc. cit.*, t. I, p. 451.

conversion à gauche, à se placer sur le flanc de la division Schmettau. En outre, la brigade Viallannes, à leur droite, tentait, par la rive Nord du ruisseau marécageux de Zäckwar, de gagner les derrières des Prussiens, tandis que les tirailleurs du 108e, se glissant dans la vallée, allaient, jusqu'à Benndorf, chasser la compagnie détachée en ce point par le 2e bataillon Malschitzky et s'étendre ensuite jusqu'à Poppel.

Enfin, derrière le 108e, la brigade Kister se portait sur la droite de Spielberg, mais ce mouvement la rapprocha des bois, dont elle se trouva bientôt à portée de canon. Des vedettes et tirailleurs ennemis se montrèrent à la lisière, débris de la cavalerie Blücher, qui se rassemblait plus à l'Ouest. Leur présence donna de l'inquiétude au général Friant, qui détacha quatre compagnies de voltigeurs pour éclairer sa droite et fouiller les bois. Le capitaine du génie Ménissier en eut le commandement.

Ce fut vraisemblablement vers 10 heures que se produisit le mouvement du 108e sur la gauche de la division Schmettau. Les mouvements de la brigade Kister purent, d'autre part, prendre un temps assez considérable, car ce n'est qu'après l'entrée en ligne, vers 11 heures, de la division Orange, que son action se fera sentir.

Revenons à l'apparition du 108e et de la cavalerie sur le flanc gauche de la division Schmettau. « Je dis aux troupes inquiètes, écrit Scharnhorst, que cette colonne était perdue, car notre réserve allait la couper. Là-dessus, le 2e bataillon Malschitzky, qui était resté au delà du ruisseau marécageux (Mertschengrund), se rapprocha de l'aile gauche, repassa le ruisseau et se plaça en potence à cette aile, le front au vallon. Quand l'ennemi s'approcha du ruisseau, il se forma en carré (1) ».

-----

(1) Rapport de Scharnhorst.

Il semble donc bien, quoique les rapports français n'en parlent pas, que les deux bataillons du 108ᵉ vinrent sur les bords du Mertschengrund. Sans doute auraient-ils tenté quelque action vigoureuse de ce côté sur la ligne prussienne, sans réserve, quand « je ne sais par suite de quelles circonstances, dit Scharnhorst, la colonne ennemie, qui s'approchait déjà de Poppel, se retira jusqu'à Spielberg, après un temps très court (1) ».

Les circonstances qui échappaient à Scharnhorst et qui déterminèrent la retraite subite du 108ᵉ, n'étaient autres que l'apparition, à l'Ouest de Poppel, de la 1ʳᵉ brigade de la division Orange, concordant avec la déroute du 85ᵉ de ligne, surpris par le débouché de la division Wartensleben, et l'abandon complet de Hassenhausen par ce régiment.

La division Wartensleben avait abordé le Lissbach entre Taugwitz et Rehehausen, la brigade Wedell à gauche de la ligne, la brigade Renouard à droite, son régiment de droite traversant Rehehausen (2).

Après avoir franchi la vallée, la division se déploya sous les yeux du Roi et du duc de Brunswick, puis, entre 9 h. 45 et 10 heures, elle commença à gravir les pentes qui mènent sur le plateau au Sud de Hassenhausen. A sa gauche, le bataillon de grenadiers Krafft, qui avait été si rudement repoussé par le 85ᵉ de ligne et qui était venu se rassembler sur le versant du vallon, aperçut le mouvement de la division Wartensleben qui, en raison de la disposition du terrain, échappait aux vues du 85ᵉ. Il reprit courage à cette vue, et se reporta vigoureusement en avant, malgré les feux combinés de mousqueterie et d'artillerie des Français (3).

---

(1) Rapport de Scharnhorst.
(2) Voir p. 303-304.
(3) Bericht des 4. Grenadier-Bataillons Krafft.

A ce moment, le régiment de dragons Irwing, qui précédait la droite de la division Wartensleben, ayant franchi le ruisseau à Rehehausen et pris le chemin de Kösen, débouchait sur le plateau, en arrière du 85° et sur son flanc gauche. En même temps, les lignes pleines de la division Wartensleben, dissimulées jusque-là par le terrain, commencèrent soudain à apparaître sur la crête du moulin située au Sud du village (1).

En voyant la situation du 85ᵉ, isolé, à 500 mètres environ en avant de Hassenhausen, les officiers du régiment de dragons Irwing supplièrent leur colonel d'attaquer. Celui-ci hésitait, quand le major Iagow (adjudant d'aile), prenant le commandement, à la demande de plusieurs officiers, lança le régiment à la charge, au moment où le 85ᵉ, sous le coup de la surprise causée par l'apparition soudaine de toute la division Wartensleben sur son flanc gauche, commençait à flotter et à battre en retraite (2). Le bataillon de grenadiers Krafft, qui soutenait, depuis la reprise de son offensive, un meurtrier combat de feux, se lança également à l'attaque du régiment français. Il en bouscula les derniers éléments et s'empara d'un capitaine, de deux lieutenants et d'une trentaine d'hommes (3).

A la vue des dragons au galop, le 85ᵉ se débanda et s'enfuit vers Hassenhausen dans le plus grand désordre. « La retraite rapide de l'ennemi sur le village de Hassenhausen, pendant laquelle il jetait fusils, sacs et chapeaux, fut complète sur ce point ». Le bataillon Krafft poursuivit les Français jusqu'auprès de Hassenhausen (4). En dehors du village, les dragons se jetaient sur tout ce

---

(1) Höpfner, *loc. cit.*, t. I, p. 447 ; Lettow-Vorbeck, *loc. cit.*, t. I, p. 394.

(2) Höpfner, *loc. cit.*, t. I, p. 448.

(3) Bericht des 4. Grenadier-Bataillons Krafft.

(4) *Ibid.*

qui ne s'y était pas réfugié. Ils sabrèrent un bon nombre d'hommes et firent quantité de prisonniers. Une partie même des hommes du 85e, complètement affolés, seraient venus, suivant Höpfner (1), se jeter dans les lignes de la division prussienne, en cherchant à se sauver.

Quoi qu'il en soit, la majeure partie du régiment traversa Hassenhausen. « L'ennemi s'enfuit à travers Hassenhausen (2) », précise le rapport du bataillon Krafft. A l'Est du village, les unités encore constituées furent formées à la hâte en un carré, ouvert vers le Nord, et auquel vinrent se joindre successivement les hommes débandés (3).

Malheureusement pour les armes prussiennes, la poursuite des isolés du 85e avait mis les dragons en un tel désordre qu'ils étaient hors d'état de fournir la nouvelle charge qui eût achevé sans doute la défaite du régiment français. Celle que tenta le major Iagow, avec ce qu'il put réunir de dragons, échoua à 50 pas du carré à peine formé. Les chevaux étaient à bout de souffle (4).

A ce moment précis, arriva, on ne sait pourquoi, une partie du régiment de cuirassiers Beeren, de la division Kunheim de la Réserve. Le carré du 85e était encore ouvert. Une attaque immédiate avec les escadrons de tête, que les autres eussent soutenus, avait des chances de succès. Mais le colonel voulut déployer tout son monde sur une seule ligne, qu'il fit en outre prolonger par quelques escadrons de cuirassiers Bünting, qui l'avaient suivi. Si bien que le moment favorable était passé quand les cuirassiers s'ébranlèrent.

---

(1) Höpfner, *loc. cit.*, t. I, p. 448.
(2) *Der Feind floh durch Hassenhausen.*
(3) Höpfner, *loc. cit.*, t. I, p. 448; Lettow-Vorbeck, *loc. cit.*, t. I, p. 394.
(4) *Ibid.*

Le carré du 85ᵉ avait eu le temps de se constituer complètement. L'attaque échoua. Elle ne fut pas renouvelée, la cavalerie prussienne manquant d'artillerie pour entamer le carré. Dans cet engagement, le régiment de dragons Irwing avait perdu, tant en tués qu'en blessés, 8 officiers, 182 hommes et 200 chevaux (1).

En arrivant auprès du village de Hassenhausen, sur les talons du 85ᵉ, le bataillon de grenadiers Krafft s'arrêta. « Il ne pouvait pas tirer tout le fruit de cet avantage si chèrement conquis, sans se mettre lui-même en désordre et sans s'exposer au danger d'être complètement coupé, s'il poursuivait plus en avant, sans aucun soutien, découvert sur ses deux flancs, et quand ses pièces se trouvaient encore en arrière, occupées à franchir le fossé marécageux dont il a été parlé (2) ». Au lieu de se jeter dans le village sans défenseurs, de s'y accrocher désespérément et d'y tenir au besoin jusqu'au dernier homme, en attendant l'arrivée imminente de la division Wartensleben, il s'arrêta en dehors et fit prier deux ou trois escadrons, qui se trouvaient sur la droite, de poursuivre l'ennemi.

Les hésitations du bataillon Krafft donnèrent le temps au maréchal Davout de ressaisir Hassenhausen et de rétablir le combat.

XI

COMBAT DES DIVISIONS SCHMETTAU ET WARTENSLEBEN
AUTOUR DE HASSENHAUSEN JUSQU'A 10 H. 30.

Il pouvait être alors environ 10 heures. A la faveur des charges des dragons Irwing et des cuirassiers, la

---

(1) Höpfner, *loc. cit.*, t. I, p. 448; Lettow-Vorbeck, *loc. cit.*, t. I, p. 394.

(2) Bericht des 4. Grenadier-Bataillons Krafft.

division Wartensleben avait continué sa marche d'une manière presque ininterrompue. Le 85ᵉ, isolé à l'Est du village, allait être écrasé. Le village de Hassenhausen était évacué et, par une heureuse chance, les grenadiers du bataillon Krafft ne s'y étaient pas établis.

Le maréchal Davout jeta les deux derniers régiments de la division Gudin au-devant des troupes de Wartensleben. « Pendant que le 12ᵉ régiment se portait à la gauche et en arrière de Hassenhausen, le 21ᵉ régiment, sous les ordres du colonel Dufour, s'y établissait en avant, occupant le village par son centre (1) ». Les chemins creux qui bordent Hassenhausen à l'Ouest et au Sud, les talus de la chaussée autour du village et à l'Est, se remplirent donc tout à coup de fantassins français qui ouvrirent un feu violent sur la division Wartensleben. Celle-ci qui, en abordant les plateaux, faisait front à l'Est, conversait à gauche pour marcher sur Hassenhausen et le flanc gauche du 3ᵉ corps. Seuls, de cette division, le bataillon de grenadiers Alt-Braun et la batterie de 12 von Heuser, dont la marche avait été retardée, ne participaient pas à l'attaque (2).

Le bataillon de grenadiers Krafft, qui avait perdu déjà le tiers de son effectif et qui se trouvait trop éloigné de la division Schmettau pour pouvoir la rejoindre, se retira devant les bataillons du 21ᵉ qui débouchaient de Hassenhausen et se réunit à la division Wartensleben (3).

Celle-ci progressait par échelons, l'aile gauche en avant, et conversait en avançant l'épaule droite (4).

Dès que les bataillons de gauche entrèrent dans la zone battue par les défenseurs de Hassenhausen, ils

---

(1) Le général Gudin au maréchal Davout, Naumbourg, 17 octobre 1806.

(2) Höpfner, *loc. cit.*, t. I, p. 449.

(3) Bericht des 4. Grenadier-Bataillons Krafft.

(4) Höpfner, *loc. cit.*, t. I, p. 444.

éprouvèrent subitement des pertes sérieuses. Sous le feu violent qui les accueillit, ils ripostèrent sans commandement, et entamèrent un tir individuel qui se généralisa si vite qu'il ne fallut pas songer à l'arrêter. Instinctivement la marche fut suspendue. Mais le tir des bataillons d'aile gauche prussiens demeura sans effet devant Hassenhausen, car les Français étaient couverts jusqu'au cou par les chemins creux, les maisons, les talus et les haies (1). L'instant était critique. La brigade Wedell était immobilisée.

Le vieux maréchal von Möllendorf, animé de l'esprit d'offensive des guerres frédériciennes, courut à la brigade Renouard et ordonna au régiment Prince-Louis-Ferdinand de s'emparer du village de Hassenhausen, que venait d'occuper peu auparavant le 21ᵉ de ligne (2).

Le régiment s'ébranla avec résolution, mais, arrivé à 200 pas environ du village, il dut s'arrêter, ouvrit le feu, et, subissant de grosses pertes en quelques instants, fit demi-tour en désordre. Il se replia jusqu'au delà de la ligne formée par le reste de la division. Là, il fut rassemblé et revint ensuite reprendre sa place de bataille (3).

En même temps, les efforts des officiers réussissaient à faire exécuter un nouveau bond à la division Wartensleben. Mais, sous les pertes qu'occasionnaient la mitraille et la fusillade, les bataillons ne purent avancer longtemps sans répondre. La ligne s'arrêta d'elle-même et le feu reprit (4).

Ici, comme devant Vierzehnheiligen, c'étaient les Prussiens, exposés à découvert, qui subissaient les plus fortes pertes. Leurs rangs s'éclaircissaient, et les inter-

----

(1) Höpfner, *loc. cit.*, t. I, p. 449.
(2) Voir p. 314.
(3) Höpfner, *loc. cit.*, t. I, p. 449.
(4) *Ibid.*

valles augmentaient entre les bataillons. Bientôt un certain flottement se fit sentir, accompagné du recul de quelques unités. Les officiers parvinrent toutefois à rétablir l'ordre, et le combat de feux continua, entremêlé d'attaques énergiques de régiment ou de bataillon, malheureusement isolées, non soutenues, et qui, sans but d'ensemble et sans cohésion, étaient successivement repoussées, sans autre résultat que d'accroître les pertes (1).

A la droite de la division Wartensleben, une masse de cavalerie prussienne s'était rassemblée. C'était le régiment Leib-Carabiniers et la batterie à cheval Willmann, sous les ordres du prince Guillaume de Prusse, ainsi que les régiments de dragons Irwing, de cuirassiers Beeren et Bünting. En arrière et à droite, venaient d'arriver le 1er bataillon de hussards de Blücher et quelques escadrons de hussards de Würtemberg, ayant encore plus en arrière d'eux et plus à droite entre Rehehausen et la Saale, quatre escadrons de Gardes du Corps et des fractions de cuirassiers Beeren, Heising, Bünting, Quitzow et des Dragons de la Reine. Au total, trente escadrons environ, en partie déployés, en partie en colonne, masse de cavalerie, à qui, pour agir utilement, il ne manquait que de l'ordre et un chef (2).

En voyant déboucher, à la droite de l'infanterie prussienne, la première ligne de la cavalerie, le 12e de ligne, qui s'était porté à l'Est de Hassenhausen à la gauche du carré du 85e, se forma également aussitôt en carré (3).

---

(1) Bericht des Regimentskommandeurs Obersten von Elsner [3. Infanterie-Regiment Herzog von Braunschweig (Nr. 21)], Quedlinburg, 2. Mai 1808 (*Urkundliche Beiträge*, *loc. cit.*, V. Heft, p. 110-112).

(2) Höpfner, *loc. cit.*, t. I, p. 455 ; Lettow-Vorbeck, *loc. cit.*, t. I, p. 397.

(3) Rapport du colonel Vergès, commandant le 12e régiment, sur la bataille du 16 octobre (Publié par Foucart, *loc. cit.*, p. 685).

A ce moment, arrivaient enfin à la droite de la division Wartensleben, le bataillon de grenadiers Alt-Braun et la batterie de 12 Heuser. Celle-ci ouvrit immédiatement le feu sur le 12ᵉ de ligne, en même temps que l'infanterie de l'aile droite de la division prussienne le prenait comme objectif. Ce brave régiment se maintint sous ce feu meurtrier, qui lui tua et blessa beaucoup d'officiers et de soldats, parmi lesquels le colonel et les chefs des deux bataillons (1).

En voyant échouer toutes les attaques partielles tentées contre Hassenhausen, le duc de Brunswick, qui se tenait non loin de l'aile gauche, près de la chaussée, se porta auprès du dernier bataillon de la division Wartensleben de ce côté, les grenadiers Hanstein, et leur prescrivit de s'emparer du village (2). Aussitôt après avoir donné cet ordre, il se renversa, atteint d'une balle en pleine figure. A partir de ce moment fatal, dit Lettow-Vorbeck, disparut toute direction d'ensemble (3). Dans l'entourage du duc, il n'y avait personne qui eut été orienté ni sur la situation générale ni sur les ordres donnés jusqu'alors. Le chef du grand état-major se trouvait sur une autre partie du champ de bataille et ne pouvait soupçonner à quel point sa présence eût été nécessaire. Scharnhorst, en effet, n'apprit que beaucoup plus tard la blessure du duc de Brunswick : « Dans ces conditions, chaque général fit ce qu'il voulut. Chaque adjudant et officier d'état-major donna des ordres, ce qui nuisit tout particulièrement au bon emploi de la cavalerie. La confusion à cet égard avait déjà commencé, car le régiment de cuirassiers Beeren, qui s'était

----

(1) Rapport du colonel Vergès, commandant le 12ᵉ de ligne.

(2) Höpfner, *loc. cit.*, t. I, p. 450; Lettow-Vorbeck, *loc. cit.*, t. I, p. 394.

(3) Lettow-Vorbeck, *loc. cit.*, t. I, p. 396.

porté en soutien du régiment de dragons Irwing, appartenait à la Réserve (1) ».

Cependant, malgré la blessure du duc de Brunswick, bien que le général Wartensleben fût démonté et que le général Wedell eût été grièvement blessé, le combat, à la droite prussienne, prenait une tournure favorable.

Le 12e de ligne, en butte aux feux d'infanterie et d'artillerie de l'aile droite de la division Wartensleben, subissant des pertes sensibles, battit la charge et marcha à l'ennemi. Mais, bien qu'activement soutenu par la batterie de 12 installée en arrière et au Nord-Est du village, il fut obligé de s'arrêter ; se jetant dans un petit ravin, près de la cote 256, il s'y abrita et y tint ferme, en attendant d'être soutenu (2).

Cependant la division Wartensleben se rapprochait de plus en plus de Hassenhausen, faisant évacuer les chemins creux qui le bordent aux tirailleurs français, de sorte que, du côté Sud, le village était presque investi (3). Les trois batteries de 12 de la division soutenaient puissamment le mouvement, et provoquaient des pertes de plus en plus sensibles aux 21e, 85e et 12e de ligne.

Tout dépendait maintenant de l'arrivée de troupes fraîches prussiennes avant que l'adversaire ait pu recevoir des renforts. Malheureusement, l'infanterie de la division Orange était encore trop éloignée (4). Et cependant il suffisait d'un dernier effort pour enlever Hassenhausen. Le maréchal Davout n'avait plus un seul bataillon disponible en arrière du village. Un moment, on put croire que ce dernier était conquis. En effet, certains éléments des troupes de l'aile droite de la division Schmettau y pénétrèrent soudain par le Nord et par-

---

(1) Lettow-Vorbeck, *loc. cit.*, t. I, p. 396.
(2) Rapport du colonel Vergès, commandant le 12e de ligne.
(3) Lettow-Vorbeck, *loc. cit.*, t. I, p. 393.
(4) *Ibid.*

vinrent jusqu'à la chaussée. Le 21ᵉ, surpris et déjà
ébranlé par le feu de la division Wartensleben, dut évacuer toute la partie Ouest de Hassenhausen, jusques et y
compris le clocher. Mais il se maintint énergiquement
dans les dernières maisons à l'Est (1).

Il allait être 10 h. 30.

Pendant ce combat de la division Wartensleben, la
division Schmettau avait repris sa marche en avant. Les
troupes, que l'apparition de la cavalerie française et du
bataillon du 108ᵉ sur la rive Nord de Mertschengrund
avait inquiétées (2), commencèrent à reprendre confiance quand elles virent la retraite de ces bataillons et
escadrons. Comme, en outre, la batterie de 12 de la
droite n'hésita pas, à ce moment, à se rapprocher de
l'adversaire, toute la ligne suivit l'impulsion et se porta
résolument en avant. Alors commença un feu violent de
mousqueterie et de mitraille (3).

Le général Schmettau, deux fois blessé, venait d'être
emporté du champ de bataille ; le colonel Scharnhorst
commandait désormais la division : « Je me trouvais,
écrit-il, dans une situation pénible, car il n'y avait ni
infanterie ni cavalerie en soutien de l'aile gauche. J'en-
voyai le lieutenant von Oppen chercher de la cavalerie,
car aussi loin que je portasse les yeux, je n'en voyais
aucune à l'aile gauche (4) ». Outre le lieutenant von
Oppen, Scharnhorst détacha de nombreux officiers pour
réclamer, soit de la cavalerie, soit un soutien.

Et cependant, la conduite et la tenue des troupes
étaient dignes des plus grands éloges, bien que les

---

(1) Höpfner, *loc. cit.*, t. I, p. 453 ; Journal des opérations du 3ᵉ corps ;
Rapport du général de brigade Grandeau, commandant le 111ᵉ régiment à l'affaire du 14, Niederholtzhausen, 15 octobre 1806.

(2) Voir p. 309.

(3) Rapport de Scharnhorst.

(4) *Ibid.*

rangs comptassent une forte proportion d'hommes de recrue : « L'ensemble, dit le même Scharnhorst, ressemblait à une manœuvre de Potsdam, tant on distinguait nettement les combattants des deux côtés. Dans les six grandes batailles auxquelles j'ai assisté, je n'ai jamais vu un combat plus régulier (förmlicheres), un front présentant plus de cohésion, et un feu plus général sur tout le front (1) ».

Mais, dans ce combat rapproché, l'aile gauche de la division Schmettau souffrait particulièrement. Elle était, en effet, soumise non seulement aux feux de front de la ligne française, mais son flanc gauche était entouré de tirailleurs et servait d'objectif à l'artillerie de la division Friant. Un certain désordre commença à se manifester à cette aile.

A ce moment, aux environs de 10 h. 30, la brigade du prince Henri de Prusse (division Orange) arrivait en soutien de la division Schmettau (2).

XII

LA BRIGADE HENRI DE PRUSSE SOUTIENT LA DIVISION SCHMÉTTAU.

D'après les ordres donnés, pour la bataille, par le duc de Brunswick, la division Orange devait se former en arrière du centre, où elle demeurerait à la disposition du commandement (3).

En réalité, cette division, qui eût dû suivre sans interruption la division Wartensleben, en était, comme on a vu, séparée par un intervalle de près d'une lieue, inter-

---

(1) Rapport de Scharnhorst.
(2) *Ibid.*
(3) Voir p. 304.

valle créé par la poussée hâtive vers l'avant des troupes précédentes et de l'appel au combat de toute la cavalerie.

La division Orange sortait donc, à peine, d'Auerstedt quand la division Wartensleben atteignit Gernstedt, par sa tête, vers 9 heures. Sa 1re brigade (prince Henri de Prusse) avait fermé le passage à travers Auerstedt aux troupes légères de Blücher qui, sous le commandement du général Oswald, cherchaient à gagner la tête de l'armée, en exécution des ordres de son général.

Désespérant d'y réussir, en raison du défilé incessant des divisions à travers Auerstedt, le général Oswald accepta la proposition que lui fit le major Hacke, adjudant du prince Henri, de couvrir la droite de l'armée sur l'Ilm et du côté de Sulza (1). Il prit, avec son détachement (2), position en avant de la ville, sur les hauteurs de l'Emsbach et de l'Ilm. Au cours de la bataille, le général Oswald sera renforcé par le général Hirschfeld avec les Gardes, 3 escadrons des hussards de Würtemberg et une batterie de 12, auxquels se joindra dans la soirée, le 2e bataillon des hussards de Blücher.

L'encombrement qui régnait à Auerstedt, pendant l'écoulement des divisions Wartensleben et Orange, avait obligé les divisions de la Réserve à attendre que le village fût dégagé.

La cavalerie de la Réserve, au contraire, sous la conduite personnelle du général Kalkreuth, contourna le village par le Nord, et, à travers les jardins, atteignit l'Emsbach. Elle le passa à gué et parvint à rejoindre la division Wartensleben qui franchissait les hauteurs

---

(1) Höpfner, *loc. cit.*, t. I, p. 440-441.
(2) Bataillons de fusiliers Oswald, Greiffenberg et Koch, et bataillon de tirailleurs de Weimar, deux escadrons des hussards de Würtemberg, demi-batterie à cheval Schorlemmer.

situées au Nord-Est d'Auerstedt. Elle s'arrêta au pied de ces hauteurs et s'y forma en colonnes d'escadron (1).

Quant à l'infanterie de la Réserve, comme il était évident que le désordre régnant dans le village d'Auerstedt lui en interdirait la traversée pendant encore longtemps, un officier d'état-major proposa au général Arnim, qui commandait depuis le départ du général Kalkreuth, de la porter par Reisdorf sur Eckartsberga, où elle serait toute disposée pour amener une décision sur le flanc droit des Français. Mais le général Arnim refusa, ne voulant pas s'éloigner des ordres reçus. Il écarta de même l'idée de faire traverser Auerstedt à l'artillerie, tandis que l'infanterie eût contourné le village par l'Ouest et par le Nord, en suivant l'itinéraire adopté par la cavalerie à travers les prairies et en passant le ruisseau à gué (2). Les deux divisions de la Réserve restèrent donc immobiles en arrière d'Auerstedt, attendant que le village fût dégagé pour y pénétrer à leur tour.

Quant à la division Orange, son chef s'était efforcé de diminuer autant que possible l'intervalle qui séparait ses troupes de la division Wartensleben. Dès que son infanterie eut été remise en ordre au sortir d'Auerstedt, il la fit marcher à travers champs, prenant sa direction sur Taugwitz (3).

A peine la tête de la division eut-elle dépassé d'environ 2,000 pas le village d'Auerstedt qu'elle rencontra le duc de Brunswick blessé qu'on emmenait du champ de bataille. Le roi de Prusse arriva immédiatement après et se plaignit hautement de ce que la division ne fût arrivée plus tôt. Il ordonna au prince d'Orange de sou-

---

(1) Höpfner, *loc. cit.*, t. I, p. 441.
(2) *Ibid.*, p. 442.
(3) *Ibid.*, p. 453.

tenir avec tout son monde l'aile gauche des troupes engagées, lui recommandant de prendre de bonne heure sa formation.

Bien qu'on fût encore sur le revers des hauteurs qui séparent Auerstedt de Gernstedt et que, par suite, on ignorât la distance à laquelle on se trouvait de l'ennemi, la division, avec l'approbation du Roi, dut se former sur trois lignes, « afin de pouvoir, dès son arrivée, mener, avec des soutiens convenables, l'attaque contre l'aile droite de l'ennemi (1) ». En outre, le Roi avait personnellement ordonné au bataillon de grenadiers Rheinbaben de se porter rapidement sur Poppel. Le bataillon se détacha du reste de la division et, prenant la route, se dirigea sur Poppel au pas de course, accompagné du prince Henri en personne, et laissant en arrière ses canons de bataillon, que six pièces de la batterie de 12 Riemer, renversées dans un fossé, avaient empêchés de suivre.

Quant au reste de la division, il se hâta de gravir les hauteurs et commença son déploiement au Nord de Gernstedt en s'orientant sur Poppel. Ce mouvement n'était pas encore achevé quand arriva un nouvel ordre du Roi, prescrivant de renforcer à la fois les deux ailes de la première ligne. La brigade du prince Henri continua donc son mouvement sur Poppel, tandis que la brigade Lutzow, déployée à droite de la première, recevait du prince d'Orange, pour point de direction, un arbre visible sur la hauteur au delà de Rehehausen (2).

La division exécuta ces mouvements à travers les champs boueux, à une allure assez vive, puisqu'au dire du rapport du régiment Wartensleben, elle n'aurait mis qu'une heure pour atteindre les hauteurs de Hassenhausen. Cette marche causa d'ailleurs aux troupes une

---

(1) Höpfner, *loc. cit.*, t. I, p. 454.
(2) *Ibid.*

fatigue extrême. Les hommes avaient passé la nuit au bivouac, l'estomac vide, sans eau-de-vie. En outre, la marche en ligne présentait de nombreuses difficultés et nécessitait de fréquents arrêts en raison de la nature coupée du terrain, arrêts qui obligeaient les bataillons qui les avaient subis à accélérer l'allure pour rattraper le reste des troupes.

La division Orange, pour exécuter le second ordre du Roi, s'était formée en ligne, ses deux brigades accolées, la batterie de 12 de chaque brigade entre les deux régiments (1).

Un peu avant 10 h. 30 du matin, le bataillon Rheinbaben atteignit Poppel, sous la conduite personnelle du prince Henri. Il s'y heurta aux tirailleurs du 108e de ligne, qui, après avoir chassé de Zäckwar la compagnie du régiment Malschitzky qui occupait ce point, avaient gagné Poppel par Benndorf et qui étaient soutenus par deux escadrons. Les grenadiers chassèrent les Français du village à la baïonnette, mais quand ils en sortirent, ils furent surpris par une violente fusillade des tirailleurs du 108e, et se rejetèrent en désordre, à travers Poppel, sur le 2e bataillon du régiment Puttkamer, envoyé pour les soutenir (2).

Mais bientôt, le reste de la brigade approchant de Poppel, les tirailleurs français battirent en retraite sur Benndorf et Zäckwar. Le régiment Puttkamer put alors disposer de ses deux bataillons et reprit son mouvement vers l'Est, en retard, grâce à ces incidents, sur le régiment Ferdinand.

Le bataillon Rheinbaben resta en arrière, au delà de

---

(1) Bericht der Sekondleutnants Frhrn. von Eberstein 1. und 2. vom 2. Infanterie-Regiment Graf Wartensleben (Nr. 59), 8. Juli 1807 (*Urkundliche Beiträge, loc. cit.*, V. Heft, p. 112-118).

(2) Höpfner, *loc. cit.*, t. I, p. 459.

Poppel ; il fut chargé de défendre ce point contre les entreprises futures de l'ennemi, mais ses canons ne le rejoignirent pas et il demeura dépourvu d'artillerie (1).

Cependant, les quatre bataillons de la brigade du prince Henri franchirent le Lissbach ; déployés au Nord de la chaussée de Taugwitz à Hassenhausen, ils se portèrent, par régiments successifs, derrière la division Schmettau.

« Je vis d'abord, dit Scharnhorst, le régiment Ferdinand en marche en arrière ; près de la ligne, au moment précis où se produisit un désordre dans la ligne de l'aile gauche. Je donnai l'ordre au lieutenant-colonel von Böhmke de se porter dans l'intervalle qui venait de se produire en cet endroit, ce qui se fit aussi régulièrement qu'il est possible, sous la mitraille, dans une pareille situation. Le régiment se comporta très bien. Les bataillons qui avaient été ébranlés se remirent en ordre et revinrent sur la ligne, qui, sous l'impulsion de l'aile droite, se reporta en avant (2) ».

A l'aile droite, en effet, vers 10 h. 30, certains éléments avaient pénétré dans Hassenhausen, jusqu'à la chaussée. Le 21ᵉ, qui occupait la localité, dut en abandonner le clocher, mais se maintint énergiquement dans les maisons situées à l'Est, tout en continuant à résister au Sud aux efforts de la division Wartensleben, qui menaçait de plus en plus de déborder la ligne formée par ce régiment, le 85ᵉ et le 12ᵉ de ligne (3).

A ce moment, la tête de la 1ʳᵉ division (Morand) arrivait au pas de course. Le maréchal Davout lui avait envoyé l'ordre de s'appuyer de suite à la gauche de la division Gudin. « Le 13ᵉ léger, avec deux pièces de 4, tenait la

---

(1) Höpfner, *loc. cit.*, t. I, p. 459.
(2) Rapport de Scharnhorst.
(3) Voir p. 318 et 319.

tête des colonnes. Le général d'Honnières, qui conduisait ce régiment, eut ordre de faire marcher un des bataillons serré en colonne et l'autre déployé, et de se diriger sur le clocher de Hassenhaussen que la 3e division venait d'abandonner en repliant un peu sa gauche (1) ».

Le 13e léger pénétra dans le village et le fit évacuer aux Prussiens. « Mais ce régiment, emporté par son ardeur, s'isola trop du reste de la division ». Pris à partie, en débouchant de Hassenhausen, par la batterie d'aile droite de la division Schmettau, par celles de la division Wartensleben, il fut obligé de battre en retraite et il revint prendre position à gauche et en arrière du village, à la hauteur de la division Gudin (2).

Mais si Hassenhausen était reconquis, la retraite du 13e léger avait enflammé l'ardeur de l'aile droite de la division Schmettau qui se rapprocha encore de la ligne française. Celle-ci faisait subir à ses éléments qui occupaient la crête au Nord de Hassenhausen des pertes sérieuses ; il se créait de nouveaux intervalles entre les unités. Le régiment Puttkamer, à son tour, dut se porter en ligne, où il prit place dans un vide que les pertes et le désordre avait produit.

« Mais il n'y avait aucun soutien pour l'aile gauche, ni infanterie ni cavalerie (3) ». Scharnhorst envoya alors de nouveaux officiers chercher des renforts et particulièrement de la cavalerie, « estimant que le moindre renforcement de cette aile entraînerait vraisemblablement le gain de la bataille (4) ».

Sur ces entrefaites, quelqu'un lui amena environ

---

(1) Journal des opérations du 3e corps d'armée.
(2) *Ibid.*
(3) Rapport de Scharnhorst.
(4) *Ibid.*

120 chevaux des Dragons de la Reine, débris de trois escadrons. Il les plaça derrière un intervalle séparant deux bataillons d'infanterie. « Mais leur brave chef, écrit Scharnhorst, fit encore davantage. Il se jeta avec son escadron, déjà bien faible, sur l'ennemi, laissant sur sa gauche une batterie française, et renversa tout (1) ». Les braves dragons, non seulement bousculèrent les tirailleurs français et reprirent les pièces de la batterie Merkatz abandonnées le matin, mais envahirent également la batterie française qui se trouvait sur leur gauche. Le feu de la droite de la ligne française fut un instant suspendu (2).

Derrière les dragons, dont il ne revint que 50, la gauche prussienne s'était hâtée de se porter en avant. La batterie d'aile gauche Stankar vint prendre position non loin du point où se trouvaient les pièces abandonnées de la batterie Merkatz.

De sorte qu'à ce moment, vers 11 heures, le village de Hassenhausen était entouré de toutes parts (3). La division Gudin reculait lentement devant la division Schmettau. Toute son artillerie et celle de la division Friant, répartie également en trois batteries, étaient en ligne. « Les Français, dit Höpfner, avaient formé des carrés dans la plaine, dans la direction de Punschrau ». « L'ennemi, écrit Scharnhorst, avait formé les carrés ». Un bataillon du 21ᵉ, le 25ᵉ de ligne et le 2ᵉ bataillon du 111ᵉ, se trouvaient entre Hassenhausen et l'origine du Mertschengrund. Le 1ᵉʳ bataillon du 111ᵉ était au Nord du vallon. Les deux bataillons du 108ᵉ, autour de Spielberg, étaient établis sur la gauche de la division Schmettau qu'entouraient leurs tirailleurs. Les deux régi-

____

(1) Rapport de Scharnhorst.

(2) Höpfner, *loc. cit.*, t. I, p. 452; Lettow-Vorbeck, *loc. cit.*, t. I, p. 393.

(3) Höpfner, *loc. cit.*, t. I, p. 453.

ments de la brigade Kister (48e et 33e), en colonne l'un en arrière de l'autre, étaient encore l'un au Nord et l'autre derrière le village, tandis que leurs quatre compagnies de voltigeurs fouillaient les bois sur leur droite.

La brigade de cavalerie Viallannes, en avant et sur la droite de ces deux régiments, se trouvait au Nord du ruisseau de Zäckwar. Ce village était occupé par nos tirailleurs.

Il suffisait d'un effort, sembla-t-il au colonel Scharnhorst, pour conquérir la victoire. « Dix escadrons de cavalerie et une batterie à cheval, écrit-il, eussent vraisemblablement décidé de la bataille en notre faveur. Peut-être cinq escadrons eussent-ils suffi ! Mais comme il n'y avait aucun soutien, et comme l'ennemi se trouvait tout à fait sur notre flanc gauche et dans notre dos, à Spielberg et à Zäckwar, il me parut dangereux de pousser plus avant avec une aussi faible ligne (1) ».

Les réserves, en effet, sont trop loin. Il n'y a pas un escadron à la division Schmettau. En vain Scharnhorst demande-t-il de la cavalerie. En vain sent-il l'impérieuse nécessité de poursuivre son avantage. N'ayant pas une réserve, pas un cavalier, voyant son flanc et ses derrières menacés par les troupes de Friant, il ne lui parut pas possible de continuer son offensive avec une simple ligne mince. La division Schmettau s'arrêta donc.

A ce moment, vers 11 heures, la division Morand entrait en ligne à la gauche de Gudin. Son arrivée allait décider de la victoire en faveur du maréchal Davout.

---

(1) Höpfner, *loc. cit.*, t. 1, p. 453 ; Rapport de Scharnhorst ; Rapport du général de brigade Grandeau, commandant le 111e régiment à l'affaire du 14, Niederholtzhausen, 15 octobre 1806 ; Croquis manuscrits joints au Journal historique du 3e corps d'armée.

XIII

ENTRÉE EN LIGNE DE LA DIVISION MORAND.

« Dès que la 1re division fut sur le terrain, le Maréchal alla avec le général Morand se mettre à sa tête. Le général Morand avait, par ordre, laissé le 2e bataillon du 17e à la garde du pont de Kösen. Le reste de sa division marchait sur la gauche du plateau de Hassenhausen en colonne par division, à distance de peloton (1) ». Vers 10 h. 30 du matin, le 13e léger, après avoir repris et dépassé Hassenhausen, s'était trouvé en présence de forces supérieures et avait dû se replier à gauche et en arrière du village (2). Vers la même heure, le reste de la division avait débouché du défilé de la route de Kösen et, ayant atteint la hauteur 269,7, avait obliqué à gauche pour appuyer sa droite à la division Gudin.

La division Wartensleben, entourant Hassenhausen par le Sud, faisait face au Nord et présentait ainsi son flanc droit à l'attaque de la division Morand. Celle-ci, prenant pour direction générale de son mouvement la crête marquée par les cotes 269,7 et 266, ne disposait entre la grande route et les pentes qui mènent à la Saale que d'un espace restreint. Le terrain qu'elle avait à parcourir était tel qu'il ne lui devait être possible de se déployer tout entière qu'après être arrivée au Sud de Hassenhausen.

La brigade de tête (général Debilly, 51e et 61e de ligne), quittant la grande route vers la cote 269,7, obliqua donc vers la gauche, ses bataillons en colonne à grande

---

(1) Journal des opérations du 3e corps d'armée.
(2) *Ibid* ; voir p. 326.

distance. En seconde ligne, le général Brouard, avec le 30ᵉ régiment, suivit le mouvement, dans la même formation, de manière à présenter ses têtes de colonnes vis-à-vis les intervalles de la première ligne. A sa gauche, le 1ᵉʳ bataillon du 17ᵉ côtoyait les pentes qui descendent vers la Saale.

Par ordre du Maréchal, l'artillerie s'était établie au centre de la division (1). Enfin, sur le flanc gauche et sur les pentes mêmes, jusqu'à la Saale, une nuée de tirailleurs français remontait la vallée. Prenant une certaine avance sur la division, ils arrivèrent bientôt sur le versant Est de la hauteur cotée 266, à laquelle s'appuyait la droite de la division Wartensleben, en face du 12ᵉ de ligne (2).

La cavalerie prussienne, qui se trouvait réunie au nombre d'une trentaine d'escadrons derrière l'aile droite prussienne (3), ne dépassait pas cette même hauteur ; ses premiers éléments étaient nettement en arrière de la crête du mamelon (4).

Il y avait là, le prince Guillaume de Prusse avec le Leib-Carabiniers et la batterie à cheval Willmann. Plus à droite, et toujours derrière la hauteur, on voyait le 1ᵉʳ bataillon des hussards de Blücher et cinq escadrons des hussards de Würtemberg. Plus en arrière encore, entre le vallon de Rehehausen et les pentes de la Saale, se tenaient quatre escadrons de Gardes du Corps, et des fractions des régiments de cuirassiers Beeren, Heising, Bünting, Quitzow, des dragons de la Reine, etc..... Enfin derrière la droite de la division Wartensleben, et soumis au feu d'artillerie, se trouvaient le régiment de dragons Irwing et celui de cuirassiers Beeren.

---

(1) Journal des opérations du 3ᵉ corps d'armée.
(2) Höpfner, *loc. cit.*, t. I, p. 456.
(3) Voir p. 316.
(4) Höpfner, *loc. cit.*, t. I, p. 455-456.

Cette masse d'escadrons, agglomérée sans direction, sans chef, était, partie en colonne, partie déployée, suivant ce que chacun avait jugé bon. Des officiers d'état-major cherchèrent soit à trouver un général pour la conduire, soit à coordonner les efforts qui allaient être faits. Ce fut en vain.

Quand les tirailleurs français qui suivaient les pentes de la Saale atteignirent la hauteur 266, ils conversèrent pour entourer la droite prussienne. A la requête d'un officier supérieur, les hussards de Blücher détachèrent contre eux leurs quatrièmes pelotons. Les tirailleurs furent assaillis à l'improviste et rejetés après quelques efforts, sur un bouquet de bois, où le combat s'immobilisa (1).

A ce moment, on voyait les bataillons français descendre la hauteur 269,7 et s'avancer dans le col qui la sépare de celle qui défilait la cavalerie prussienne aux vues. Le major Knesebeck pria alors le prince Guillaume de provoquer une attaque d'ensemble, le moment lui paraissant favorable pour surprendre les Français avant qu'ils n'eussent pu découvrir la présence des escadrons prussiens.

En même temps, un autre officier supérieur d'état-major, haranguant les hussards de Blücher, les avait déterminés à se jeter sur les trois bataillons français les plus rapprochés d'eux. Bien que privés de leurs quatrièmes pelotons, les hussards, déployés par escadron avec des intervalles, se mirent aussitôt en mouvement. Le prince Guillaume vint se placer à leur tête en leur criant : « En avant, hussards ! ». La hauteur fut gravie au galop et descendue à la charge (2).

En voyant surgir inopinément sur la hauteur 266 les

---

(1) Höpfner, *loc. cit.*, t. I, p. 455-456.
(2) *Ibid.*, p. 456.

escadrons de hussards, la première ligne de la division Morand parut surprise. Les tirailleurs rejoignirent rapidement et les carrés se formèrent, l'artillerie aux angles. Ils laissèrent les hussards arriver à 60 ou 80 pas et les reçurent par un feu nourri de mousqueterie et de mitraille (1). Le prince Guillaume fut blessé et son cheval tué. Cette première charge des hussards fut repoussée.

Une seconde attaque échoua de même. De plus de 300 chevaux, les hussards n'en ramenèrent pas 150. Presque tous les officiers furent blessés, contusionnés ou démontés (2).

Cependant le prince Guillaume, remontant à cheval, courut au régiment Leib-Carabiniers, lui criant d'attaquer à son tour. Puis, épuisé par cet effort, il s'évanouit et dut être emporté.

Les carabiniers se lancèrent immédiatement à l'attaque, mais celle-ci eut lieu en désordre et fut repoussée avec pertes.

On appelait à grands cris l'artillerie à cheval, sentant bien que sans son appui on ne pourrait venir à bout d'une infanterie en ordre, soutenue par du canon. Bientôt fut amenée la batterie Willmann, qui ouvrit le feu à la distance d'un millier de pas. Mais comme elle ne paraissait pas produire d'effet, elle se rapprocha hardiment à 600 mètres des Français. Un des carrés, pris par elle pour objectif, dut se retirer sur les pentes derrière un pli de terrain qui le défilait à moitié (3).

Dès que la batterie Willmann eut commencé son tir, la cavalerie prussienne reprit ses attaques. Il y eut là plusieurs charges successives des cuirassiers, des Gardes

---

(1) Journal des opérations du 3ᵉ corps; Rapport du colonel Charbonnel, chef d'état-major de l'artillerie du 3ᵉ corps, Friedrichsfeld, 26 octobre 1806.

(2) Höpfner, *loc. cit.*, t. I, p. 456.

(3) *Ibid.*, p. 457.

du Corps, des dragons de la Reine, des hussards. Bref tout ce qu'il y avait de cavalerie réunie sur le plateau tenta, avec une bravoure digne d'éloges, mais sans aucune direction, d'arrêter, par des attaques incessantes, le mouvement de la division Morand et d'entamer ses carrés. Tous ces efforts isolés, sans cohésion ni combinaison d'aucune sorte, ne pouvaient réussir et, au bout de peu de temps, cette brave et infortunée cavalerie, épuisée et décimée, dut renoncer à la lutte. Ses unités, mélangées et considérablement réduites, se retirèrent successivement par Sonnendorf et à travers l'Emsbach sur Auerstedt, où la majeure partie se rassembla.

La division Morand reprit alors son mouvement ; son artillerie ouvrit le feu sur la droite de la division Wartensleben, que la retraite de la cavalerie prussienne venait de découvrir, tandis que les tirailleurs répandus à sa gauche, sur les pentes de la Saale, poussaient résolument en avant et parvenaient jusqu'à Rehehausen.

Les troupes de Wartensleben commencèrent à s'ébranler sous ce feu d'artillerie. Fâcheusement impressionnées par la défaite de leur cavalerie et par l'apparition de forces françaises imposantes sur leur flanc droit, elles s'inquiétèrent. Leurs attaques contre les troupes qui défendaient Hassenhausen mollirent, puis cessèrent tout à fait. Elles reculèrent petit à petit, et, le mouvement s'étendant de proche en proche, la division Wartensleben conversa lentement en arrière, sur son aile gauche, qui resta appuyée à la chaussée, faisant face à la fois à la gauche de Gudin et à la division Morand (1).

Mais chacune des deux brigades de la division prussienne opéra en réalité cette conversion pour son compte. Dans l'une et l'autre, en raison des pertes considérables déjà subies, les unités s'étaient resserrées sur leur cen-

____

(1) Höpfner, *loc. cit.*, t. 1, p. 457.

tre. Des intervalles s'étaient créés. Le mouvement de recul rapprocha dans chaque brigade les bataillons les uns des autres, si bien que la division Wartensleben, quand elle se fut redressée et eut fait face à l'Est, se trouva l'aile gauche à la chaussée, à 400 mètres à l'Ouest de Hassenhausen, et sa brigade d'aile droite sur le versant Sud du ravin qui mène à Rehehausen, avec un intervalle assez considérable entre les deux brigades (1).

Ce mouvement de recul, toutefois, n'eut pas lieu sans retours offensifs, et la bravoure montrée par les troupes prussiennes pendant toute cette journée permet d'affirmer que les efforts signalés dans le rapport du régiment Duc-de-Brunswick (2) pour s'opposer à l'offensive de la division Morand n'ont pas dû être isolés. La lenteur des progrès de cette division en constituerait, s'il était besoin, une nouvelle preuve.

La division Wartensleben se trouvait donc en deux fractions, séparées par un intervalle important, quand la brigade Lutzow, de la division Orange, déboucha à son tour sur le plateau.

On se rappelle que la division Orange se déployait au Nord de Gernstedt, avec mission d'appuyer la division Schmettau, quand lui parvint l'ordre du Roi de soutenir à la fois les deux ailes (3). La brigade Lutzow avait alors, après le déploiement, été orientée sur le Lissbach, ayant pour point de direction un arbre situé au-dessus de Rehehausen.

Cette marche, à travers les champs boueux, avait été assez lente, si bien que, tandis que la brigade du prince Henri pouvait franchir le ruisseau à Poppel vers 10 h. 30,

---

(1) Höpfner, *loc. cit.*, t. I, p. 458.
(2) Bericht des 1. Infanterie-Regiments Herzog von Braunschweig (Nr. 21).
(3) Voir p. 323.

la brigade Lutzow n'aborda le Lissbach que sensiblement plus tard.

Les régiments Möllendorf et Wartensleben passèrent le ruisseau au Nord de Rehehausen, des fractions d'infanterie et l'artillerie à travers le village. L'infanterie dut chasser de Rehehausen les tirailleurs français qui y avaient pénétré (1).

Au delà du ruisseau, la brigade se déploya de nouveau. A droite du chemin creux qui suit le ravin, marchèrent un bataillon du régiment Möllendorf et la batterie de 12 Lehmann; le reste de la brigade au Nord du chemin creux (2). Le déploiement eut lieu sous le feu des tirailleurs français qui, par le ruisseau de Hassenhausen d'une part et par la Saale d'autre part, avaient réussi à gagner le Lissbach (3). Mais la brigade Lutzow, sans se laisser émouvoir, ne répondit pas à leur feu et tranquillement commença à gravir la hauteur. Il devait être alors près de 11 h. 30.

Quand environ vingt minutes plus tard, la brigade Lutzow arriva à hauteur de la division Wartensleben, trouvant en face d'elle l'intervalle qui en séparait les deux brigades, elle s'y intercala (4).

La division Morand était encore en arrière de la hauteur 266, ayant des tirailleurs dans les coupures du terrain et deux batteries devant son front (5). Mais la gauche de la division Gudin s'était portée résolument en avant, dès qu'elle avait vu le mouvement de recul de la division Wartensleben. Le 24ᵉ de ligne, qui occupait Hassenhausen, avait déployé son 1ᵉʳ bataillon à la gau-

---

(1) Höpfner, *loc. cit.*, t. I, p. 458.

(2) *Ibid.*

(3) Bericht des 2. Infanterie-Regiments Graf Wartensleben (Nr. 59).

(4) Höpfner, *loc. cit.*, t. I, p. 458.

(5) *Ibid.*

che du village ; le 12e de ligne avait porté un bataillon à la gauche de celui du 21e, conservant son second bataillon en deuxième ligne. Enfin, le 13e léger, sur deux lignes également, cherchait à prolonger le 12e régiment (1). Entre le bataillon du 21e et le 12e de ligne une batterie de deux pièces de 8 et une de 4 du 7e à pied appuyait le mouvement qu'accompagnait également une demi-batterie du 5e à cheval (2).

La brigade Lutzow, débouchant du ravin de Rehehausen entre les deux fractions de la division Wartensleben, se porta au-devant des troupes de la division Gudin qui sortaient de Hassenhausen et du terrain situé en arrière du village (3). Les tirailleurs français, repoussés par les bataillons du régiment Wartensleben, démasquèrent, en se retirant, une batterie qui, couvrant de mitraille l'infanterie prussienne, lui fit éprouver de grosses pertes. Les pièces des régiments prussiens ripostèrent immédiatement et, soutenues par celles de la batterie de 12 Lehmann, parvinrent à réduire au silence, pendant environ dix minutes, la batterie française (4). Profitant de cette circonstance, le régiment Wartensleben se porta tambour battant à l'attaque de celle-ci.

Mais avant que le régiment n'atteignit la batterie, une ligne d'infanterie, le 61e de ligne suivant toute vraisemblance, sortit d'un chemin creux où elle était abritée, et, en se déployant, accueillit par une violente fusillade, les bataillons prussiens. Ceux-ci perdant beaucoup d'officiers, firent halte et il s'engagea en cet endroit, au

---

(1) Croquis manuscrits joints au Journal historique du 3e corps d'armée.

(2) Rapport du colonel Charbonnel, chef d'état-major de l'artillerie du 3e corps, Friedrichsfeld, 26 octobre 1806.

(3) Höpfner, *loc. cit.*, t. I, p. 458.

(4) Bericht des 2. Infanterie-Regiments Graf Wartensleben (Nr. 59).

Sud de Hassenhausen, un long combat de feux, avec des fluctuations continuelles des deux infanteries opposées (1).

La division Wartensleben avait suivi le mouvement de la brigade Lutzow (2). Mais cette offensive, comme on vient de le voir, fut rapidement arrêtée. Les tirailleurs français entourèrent le flanc droit de la brigade Lutzow, comme celui de la division Wartensleben.

Les pertes, sous un feu destructeur de mitraille et de mousqueterie, furent si importantes que la brigade Lutzow fondit rapidement. Mais, grâce aux efforts des officiers, elle se maintint en ordre. De sorte qu'aux environs de midi, la ligne prussienne présentait au Sud-Ouest de Hassenhausen l'aspect d'une série de groupes plus ou moins éloignés les uns des autres et combattant chacun pour son propre compte.

Au Nord de Hassenhausen, il en était à peu près de même.

Les divisions Wartensleben et Schmettau se trouvaient déjà trop épuisées au moment de l'entrée en ligne de la division Orange, pour que l'intervention de celle-ci pût produire la décision que l'on demande à une réserve. Cette division ne recueillit que des débris, incapables d'offensive, et qui n'étaient plus maintenus en ligne qu'au prix des plus grands efforts.

XIV

SITUATION DES DEUX ARMÉES VERS MIDI.

Vers midi, la situation des deux armées est la suivante :

---

(1) Bericht des 2. Infanterie-Regiments Graf Wartensleben (Nr. 59); Journal des opérations du 3ᵉ corps d'armée.
(2) Höpfner, *loc. cit.*, t. I, p. 458.

Le 3e corps français a ses trois divisions en ligne. Hassenhausen, qui n'est plus menacé par suite du recul de la division Wartensleben et des pertes subies par la droite de la division Schmettau, n'est plus occupé que par des tirailleurs et des éléments légers, voltigeurs et grenadiers. Au Nord du village, le 25e sur deux lignes, ayant devant son front et à ses ailes l'artillerie de la division Gudin, est prolongé par le 111e. Un bataillon du 21e soutient ces deux régiments. Le reste de la division Friant, qui a vu l'un de ses régiments, le 108e, lutter longtemps en avant de Spielberg contre la gauche prussienne, commence, en liaison avec la brigade de cavalerie Viallannes et couvert du côté des bois par quatre compagnies de voltigeurs, à tourner la gauche de la division Schmettau et s'oriente sur les villages de Zäckwar et Benndorf. Derrière Hassenhausen, le 85e est en réserve, et la batterie de 12 continue à soutenir la défense du village. Au Sud, c'est d'abord un bataillon du 21e de ligne, puis le 12e, sur deux lignes, et le 13e léger dans la même formation. A la gauche de ce dernier régiment, la division Morand s'est entièrement déployée, dans l'ordre suivant : 61e, 51e, 30e et 17e de ligne (1 bataillon). Ces quatre derniers régiments sont encore en carrés ; les carrés des 51e, 30e et 17e forment deux lignes en échiquier. Des tirailleurs prolongent la division jusqu'à la Saale (1).

Du côté des Prussiens, la division Schmettau et la brigade du prince Henri de Prusse (division Orange) se sont arrêtées au Nord de Hassenhausen après avoir repoussé la division Gudin, le colonel Scharnhorst ayant estimé sagement qu'il était impossible de pousser plus avant avec une ligne mince, sans aucun soutien, ayant

---

(1) Cf. pour cette formation du 3e corps, les croquis manuscrits joints au Journal des opérations.

son flanc gauche menacé par la division Friant. La division Wartensleben a reculé au Sud-Ouest de Hassenhausen ; sa brigade de gauche est appuyée à la chaussée, à 400 mètres environ de Hassenhausen ; sa brigade de droite s'est groupée au Sud du ravin de Rehehausen. La brigade Lutzow, de la division Orange, s'est intercalée entre les deux brigades précédentes. Son régiment de gauche a attaqué les troupes françaises débouchant au Sud de Hassenhausen ; il vient de se heurter au 61e de ligne. Son régiment de droite, Möllendorf, encadrant la batterie de 12 de la brigade, a débouché du ravin de Rehehausen ; en face de lui, arrivent en ligne les carrés du 51e et du 30e de ligne. Un escadron des Gardes du Corps accompagnait le régiment Möllendorf et la batterie Lehmann.

Derrière cette première ligne, qui ne pouvait déjà plus que se défendre, il n'y avait rien. Qu'étaient devenues les deux divisions de la Réserve ?

Il a été dit déjà que le général Oswald, avec les troupes légères de Blücher (1) reconnaissant l'impossibilité de se placer en tête de l'armée, avait assumé la mission de couvrir le flanc droit en occupant les passages de l'Ilm à Sulza. Le général Oswald, en conséquence, s'était porté sur les hauteurs entre Emsbach et Ilm, au Nord-Ouest de Sulza, avec son infanterie et son artillerie. Le régiment des hussards de Würtemberg, tout entier, se joignit à lui et détacha trois escadrons à Sulza, où arriva à son tour entre 11 h. 30 et midi le 2e bataillon des hussards de Blücher, qui était resté à Mellingen, aux avant-postes le 13 jusqu'au soir et n'avait atteint Auerstedt le 14 qu'à 11 heures du matin (2).

---

(1) Bataillons de fusiliers Oswald, Greiffenberg et Koch, bataillon de tirailleurs de Weimar, demi-batterie à cheval Schorlemmer.

(2) Le 1er bataillon avait rejoint la cavalerie du prince Guillaume (Lettow-Vorbeck, *loc. cit.*, t. 1, p. 398).

Cinq escadrons des hussards de Würtemberg franchirent ensuite l'Emsbach et se réunirent à la cavalerie du prince Guillaume de Prusse (1).

Bien qu'à Sulza et au Nord, il n'y eut pas trace d'ennemis, le général von Kunheim, commandant la 1re division de Réserve, vint appuyer le général Oswald avec la brigade d'infanterie de la Garde (2), de telle sorte que huit bataillons, huit escadrons et seize pièces échappèrent ainsi, dès 11 heures, à la direction supérieure.

Il résulta de ces mouvements que, vers 10 heures, quand la Réserve suivit la division Orange, elle ne comprenait plus que quatorze bataillons, quinze escadrons et quatre batteries ; le régiment des dragons de la Reine et la batterie à cheval qui faisaient partie de la division Arnim avaient, en effet, été poussés en pointe de l'armée sur Hassenhausen (3).

On se souvient également qu'en présence de l'encombrement qui régnait à Auerstedt, le général Kalkreuth s'était mis à la tête de la brigade de cavalerie restante, et, contournant le village par l'Ouest et le Nord, avait passé l'Emsbach en amont, puis s'était établi sur les hauteurs à l'Ouest de Gernstedt (4). De la brigade de cavalerie, qui l'avait suivi, le régiment de cuirassiers Beeren s'était porté au delà du Lissbach en soutien du régiment de dragons Irwing qui précédait la division Wartensleben. Le régiment des Gardes du Corps franchit à son tour le ruisseau à la suite du prince Guillaume de Prusse, laissant toutefois un de ses escadrons à la brigade Lutzow, de la division Orange. De sorte que la cavalerie

____

(1) Voir p. 330.

(2) Lettow-Vorbeck, *loc. cit.*, t. I, p. 399. — Bataillon de grenadiers de la Garde, régiment du Corps (un bataillon), régiment de la Garde (deux bataillons), batterie de 12 Faber.

(3) Voir p. 274 et 276.

(4) Voir p. 321-322.

de la Réserve se trouvait réduite aux cinq escadrons du régiment de gendarmes.

Le régiment Leib-Cuirassiers, rappelé de Sulza, dont il avait pris, la direction par erreur (1), fut sur ces entrefaites porté au Nord pour couvrir le flanc gauche de la division Orange.

Cependant ce qui restait de la Réserve, c'est-à-dire une brigade (quatre bataillons, une batterie) de la division Kunheim, dix bataillons et deux batteries de la division Arnim, avait rompu vers 10 heures du matin et s'était engagé dans Auerstedt à la suite de la division Orange. La hauteur de Gernstedt fut gravie dans le même désordre et la même hâte que par les unités précédentes. Arrivé là, comme on ne pouvait pas discerner la marche du combat, on commença, vers midi, à se déployer sur la gauche, de manière que l'aile droite fît face à Gernstedt et que l'aile gauche se prolongeât vers les bois qui couronnent les hauteurs d'Eckartsberga. Les troupes furent maintenues en arrière de la crête, hors des vues des Français. Le déploiement exigea à peu près une heure. Le 1er bataillon Arnim ayant été envoyé en arrière pour escorter les bagages du Roi se rendant à Frankenhausen, c'était encore une masse de treize bataillons et de trente-deux pièces qui, intervenant à temps dans la lutte, eût pesé d'un poids décisif (2).

Mais au moment où la Réserve se déployait sur les hauteurs d'Eckartsberga, les divisions Schmettau, Orange et Wartensleben, à bout de forces, étaient sur le point d'abandonner le terrain qu'elles avaient péniblement conquis et si chèrement acheté.

Le major Hacke, adjudant du prince Henri de Prusse, s'était rendu compte, dès son arrivée sur la ligne de la

---

(1) Voir p. 305.
(2) Höpfner, *loc. cit.*, t. I, p. 462.

division Schmettau, que la lutte en ce point aurait une issue nécessairement malheureuse, si de nouvelles troupes fraîches n'y arrivaient bientôt (1). Sur le conseil du colonel Scharnhorst, le major se rendit en arrière, et, après avoir reporté sur la ligne de combat quelques bataillons qui s'en étaient retirés, il gagna les hauteurs situées à l'Ouest de Gernstedt, sur lesquelles le Roi s'était établi après la blessure du duc de Brunswick et d'où il suivait de loin les péripéties de la bataille.

Après en avoir obtenu l'autorisation du Roi, le major Hacke dirigea sur Gernstedt le bataillon de grenadiers Knebel, que la division Orange avait laissé à la garde des chevaux de main, ainsi que le bataillon de grenadiers Gaudy, qui tenait la tête de la 2e division de la Réserve. Son intention était de réunir ces deux bataillons aux grenadiers Rheinbaben, gardant, comme on sait, à Poppel, la ligne de retraite de la division Schmettau, et de les porter en renforts de cette division (2).

Sur ces entrefaites, le Roi, qui ne pouvait plus se dissimuler que le combat autour de Hassenhausen prenait une tournure désavantageuse, prescrivit ou approuva l'envoi de troupes de la Réserve en soutien des deux ailes.

Il ordonna personnellement au prince Auguste de prendre le commandement des grenadiers Knebel et Gaudy et de se porter sur Poppel, en les faisant soutenir par son propre bataillon de grenadiers (3).

En même temps, le régiment du Roi (2 bataillons) était dirigé sur Rehehausen. « C'était, dit Lettow-Vorbeck, une demi-mesure trop tardive », car les troupes qu'on envoyait ainsi allaient se heurter à celles qui se

---

(1) Höpfner, *loc. cit.*, t. I, p. 462.
(2) *Ibid.*
(3) Lettow-Vorbeck, *loc. cit.*, t. I, p. 400.

retiraient et ne pouvaient leur servir que de repli.
« Comme le déploiement de quatorze bataillons avec leur
artillerie demandait une heure, il eût fallu que la décision de se porter en avant eût été prise avant que ce
déploiement fût terminé, faute de quoi on arriva trop
tard (1) ».

Le prince Auguste, en prenant le commandement des
grenadiers, ordonna au bataillon Gaudy de rester à
Gernstedt en réserve « afin d'être assuré de sa retraite à
travers ce village (2) ». Puis il marcha sur Poppel, en se
mettant à la tête du bataillon Knebel, que suivait son
propre bataillon.

Comme il en approchait, le bataillon de grenadiers
Rheinbaben venait d'en être chassé par le 108e de ligne
français.

XV

RETRAITE DE L'AILE DROITE PRUSSIENNE.

Nous avons laissé la brigade Lutzow, de la division
Orange, au Sud de Hassenhausen, quand, vers midi,
elle venait de lancer son régiment de gauche (régiment
Wartensleben) à l'attaque d'une batterie française, et
quand l'intervention du 61e de ligne venait de faire
échouer cette attaque. Au mouvement en avant du régiment prussien succéda un combat de feux de pied ferme,
qui fut soutenu de part et d'autre par l'artillerie.

Quand les 51e et 30e de ligne furent arrivés à la gauche et à hauteur du 61e, les trois régiments se portèrent
à leur tour à l'attaque de la brigade Lutzow et de ce qui
restait de la division Wartensleben.

---

(1) Lettow-Vorbeck, *loc. cit.*, t. I, p. 400.
(2) Höpfner, *loc. cit.*, t. I, p. 462.

« Le 61e (général Debilly) avançait à la tête du ravin qui conduit à Rehehausen... Le choc fut terrible ; on était à portée de pistolet ; la mitraille ouvrait les rangs qui aussitôt se resserraient. Chaque mouvement du 61e était dessiné sur le terrain par les braves qu'il y laissait (1) ». Au Sud, le 51e marchait sur la batterie de 12 de la brigade Lutzow. L'escadron des Gardes du Corps qui avait accompagné cette brigade se jeta sur le régiment français, en même temps que le régiment Möllendorf, sortant du ravin par le chemin de Rehehausen, se portait à l'attaque. « Le 51e, quoique foudroyé par l'artillerie prussienne », reçut cette double charge avec intrépidité, en même temps que le 2e bataillon du 30e s'élançait sur la batterie et dans le flanc du régiment Möllendorf (2) ».

La brigade Lutzow commença alors à plier. Il était à peu près midi et demi (3).

La division Morand tout entière se porta en avant. Les troupes confondues de l'aile droite prussienne entamèrent alors ce mouvement de recul que rien ne devait plus arrêter. De toutes parts, les bataillons chancelaient. Les Français accentuaient leur pression, poussant les Prussiens sur le vallon du Lissbach. Deux bataillons prussiens, entraînés par leurs officiers, se reportèrent tout d'un coup en avant, et leur retour offensif donna pour quelques instants un peu d'air à la ligne qui se retirait hâtivement. La plupart des pièces d'artillerie étaient restées sur le terrain. Les brigades Lutzow et Renouard étaient entièrement mélangées. La brigade Wedell qui s'appuyait à la chaussée, à quelques centaines de mètres de Hassenhausen, dut à son tour suivre le mouvement

---

(1) Journal des opérations du 3e corps d'armée.
(2) *Ibid.*
(3) *Ibid.*

de retraite, qui bientôt fut général à l'aile droite, et s'effectua à travers le vallon de Rehehausen où l'ordre se rompit complètement, car le village était obstrué par des pièces renversées, ce qui entraîna l'abandon des autres (1).

A la gauche de la brigade Wedell, le bataillon de grenadiers Hanstein se maintint en position le plus longtemps possible et ne se retira qu'après que son flanc droit, découvert par le recul de sa brigade, eût été attaqué par les tirailleurs français. Il se rallia alors à l'aile gauche, à la brigade du prince Henri de Prusse.

Pendant que la brigade Lutzow et la division Wartensleben étaient repoussées par la division Morand, le régiment du Roi s'était porté sur Rehehausen, conformément à l'ordre de Sa Majesté. Il avait traversé le village et commencé son déploiement au delà du Lissbach quand il aperçut le mouvement de retraite de l'aile droite. En présence du désordre qui y régnait, son chef se rendit compte que son intervention ne pourrait être utile que pour recueillir les troupes désagrégées. Il fit donc faire demi-tour à son régiment, traversa rapidement le village et prit position sur la rive droite du Lissbach, les pièces du régiment battant la sortie de Rehehausen (2).

La division Morand, au début, poursuivit avec énergie son succès, mais bientôt la pression qu'elle exerçait sur l'ennemi diminua d'intensité. Le 13e léger, le 61e et le 51e de ligne suivirent seuls, avec une partie de l'artillerie, les Prussiens qui se retiraient; ceux-ci, ayant un peu plus d'air, en profitèrent pour franchir le Lissbach et purent se rassembler, tant bien que mal, sur l'autre rive.

Ce répit dans la poursuite était dû à l'apparition sur le

---

(1) Höpfner, *loc. cit.*, t. 1, p. 460.
(2) *Ibid.*, p. 463.

Sonnenberg (1) d'une fraction des troupes qui s'étaient réunies, comme on sait, sur le flanc droit de l'armée prussienne, à Sulza. Sur les hauteurs qui dominent la ville au Nord, se tenaient les quatre bataillons des Gardes, la batterie de 12 Faber et trois escadrons de hussards de Würtemberg (2). Le bataillon de fusiliers Koch couvrait le flanc droit, ayant un détachement au pont de l'Ilm et faisant des patrouilles au delà de la rivière. Le bataillon de fusiliers Oswald et les chasseurs de Weimar occupaient le moulin d'Ems et le fond du ruisseau. Les chasseurs tenaient en outre le Lindenholz sur le versant de la hauteur située au Nord-Ouest de Sulza. Enfin le bataillon de fusiliers Greiffenberg occupait le Sonnenberg et le bois qui s'y trouve (3).

Le maréchal Davout, qui avait vu la position prise par les Gardes au delà du Lissbach et celle du bataillon Greiffenberg, avait, quand les divisions prussiennes eurent entamé leur retraite, ordonné au général Morand de laisser le gros de sa division marcher avec la division Gudin sur Rehehausen et Taugwitz et de se porter sur Sonnendorf et le Sonnenberg, tandis qu'à l'autre extrémité du champ de bataille, le général Friant attaquerait le flanc gauche des Prussiens (4).

Morand, se faisant précéder par l'artillerie à pied de sa division, se porta donc sur le Sonnenberg avec le 30ᵉ de ligne et le 1ᵉʳ bataillon du 17ᵉ (5).

Après avoir dépassé Sonnendorf, il fit canonner le bataillon Greiffenberg, que son infanterie attaqua en entretenant un feu vif sur le front, tandis qu'une partie des

---

(1) Les cartes allemandes dénomment le mamelon coté 234,2, soit Sonnenberg, soit Sonnenkuppe.

(2) Voir p. 339.

(3) Höpfner, *loc. cit.*, t. I, p. 469.

(4) *Ibid.*; Journal des opérations du 3ᵉ corps d'armée.

(5) Journal des opérations du 3ᵉ corps d'armée.

unités entourait le flanc droit des Prussiens. De ce côté, la surprise fut complète. Les fusiliers furent débordés, bousculés et rejetés de la hauteur sur le bois, où ils résistèrent honorablement jusqu'à ce qu'enfin, accablés par le nombre, ils pussent se retirer sur l'autre rive du Lissbach, ayant perdu environ trois cents hommes tant tués, que blessés et fait prisonniers (1).

Le général Morand fit établir aussitôt une batterie sur le Sonnenberg, qui non seulement canonna les Gardes royaux établis de l'autre côté de l'Emsbach, mais « déborda et prit en flanc l'armée prussienne (2) ».

Pendant ce temps ses tirailleurs poussaient jusqu'au fond du vallon. La batterie prussienne de 12 Faber et la demi-batterie à cheval Schorlemmer répondirent au feu des Français.

Dans le fond du vallon les chasseurs de Weimar et les fusiliers, après un vif combat, eurent le dessus. Les tirailleurs français s'étendirent alors vers leur gauche, pour chercher un passage plus près de l'Ilm, mais les fusiliers prussiens les suivirent et furent relevés dans le fond du vallon par des détachements des Gardes, que les quatre bataillons voulurent soutenir en descendant la hauteur. La batterie française du Sonnenberg obligea les bataillons des Gardes à reprendre leur position (3).

De ce côté, le combat d'infanterie se transforma en un combat traînant de tirailleurs. Seule la batterie du Sonnenberg continuait le feu, et prenant de flanc, d'écharpe ou à revers les plateaux et hauteurs qui s'étendent de Rehehausen à Auerstedt, couvrait de projectiles tout ce qui passait à sa portée, et en particulier les débris de la division Wartensleben.

---

(1) Höpfner, *loc. cit.*, t. I, p. 470.
(2) Journal des opérations du 3° corps d'armée.
(3) Höpfner, *loc. cit.*, t. I, p. 470.

Cependant le 13e léger, les 61e et 51e de ligne avaient atteint le Lissbach aux environs de Rehehausen, précédés par l'artillerie à cheval placée en avant du centre de la division (1). Trouvant le régiment du Roi établi sur la rive droite du Lissbach, cette artillerie prit position au-dessus de Rehehausen, mais la violence de son feu ne parvint pas à ébranler le régiment prussien, dont la ferme contenance arrêta la poursuite pendant un temps suffisant pour permettre à la division Wartensleben de se dégager.

XVI

RETRAITE DE L'AILE GAUCHE PRUSSIENNE.

Que s'était-il passé à la division Schmettau pendant la défaite de l'aile droite?

Cette division avait dû s'arrêter au Nord de Hassen-hausen, étant hors d'état de continuer son offensive, sans soutien ni cavalerie, et ayant déjà des bataillons ennemis sur son flanc gauche (2). La brigade Henri de Prusse, de la division Orange, qui avait contribué au dernier effort de la division Schmettau, était tout entière en ligne. Le colonel Scharnhorst, qui dirigeait le combat de ce côté, ne pouvait disposer d'aucune réserve. Il était, en outre, dans l'ignorance de ce qui se passait à l'aile droite. « Le feu, dit-il, était redevenu très vif ; les troupes qui se trouvaient près de Hassen-hausen souffraient considérablement. Personne ne pouvait dire comment cela allait à l'aile droite, ni où étaient

---

(1) Rapport du colonel Charbonnel, chef d'état-major de l'artillerie du 3e corps, Friedrichsfeld, 26 octobre 1806.

(2) Voir p. 327.

les autres troupes et la Réserve. Le prince Henri était bien venu à l'aile gauche et était resté auprès des troupes pour les animer, mais il n'était pas renseigné sur les mouvements des autres troupes. Tout ce que j'avais vu, c'était la marche en avant de l'aile droite. Bientôt nous aperçûmes nos troupes de l'aile droite reculer par groupes isolés, que l'ennemi poursuivit ensuite de son feu.

« Au début, à cause du peu de troupes que je voyais des deux côtés, j'ai cru à un combat isolé ; mais l'un après l'autre les bataillons commencèrent à se retirer près de la chaussée..... Je dus bientôt prescrire la retraite aux régiments à qui, peu auparavant, je disais qu'ils allaient sauver la monarchie prussienne. Mais ils demeurèrent immobiles et la retraite eut lieu successivement par l'aile droite (1) », qui se replia dans la direction de Taugwitz.

La retraite des troupes de l'aile gauche, en effet, eut lieu au début dans le plus grand calme, mais bientôt l'intervention de la division Friant l'accéléra singulièrement.

Cette division avait prolongé la division Gudin vers le Nord (2). Le 111ᵉ de ligne s'était déployé à la droite du 25ᵉ et avait reculé en même temps que lui. Le 108ᵉ de ligne n'avait pas abandonné les environs de Spielberg, si bien que la division Schmettau dans sa marche vers l'Est, au Nord de Hassenhausen, avait le 111ᵉ en face de sa gauche et le 108ᵉ sur son flanc. La brigade Kister (48ᵉ et 33ᵉ) avait d'abord formé échelon en arrière et à droite de Spielberg, mais, quand les quatre compagnies de voltigeurs détachées par elle sur son flanc droit eurent atteint les bois, la brigade se porta à l'Ouest de Spielberg. L'artillerie de la division, divisée en trois

---

(1) Rapport de Scharnhorst.
(2) Voir p. 305.

batteries (1), se déploya le long du ruisseau de Benndorf et commença à entourer de feux la gauche de la division Schmettau. Le 48e de ligne couvrait la droite des batteries (2).

Vers midi, conformément aux ordres du Maréchal, la division Friant se porta en avant, ayant devant elle au pied des hauteurs la brigade Viallannes, et sa droite à proximité de ces mêmes hauteurs boisées, où elle avait jeté les quatre compagnies de voltigeurs qui chassèrent devant elles ce qui restait encore de la cavalerie de Blücher et le régiment Leib-cuirassiers. Le 48e, qui tenait cette droite, ayant reçu la mission de protéger l'artillerie de la division, « en continuant la marche dans la même direction qu'on avait suivie », se porta droit devant lui en aveugle et se jeta, sans hésiter, « dans les forêts sur les hauteurs de la droite de l'armée. Il les traversa, n'ayant vu dans cette partie que quelques éclaireurs à cheval de l'ennemi dont trois furent pris (3) ».

Cependant quand, entre 1 heure et 1 h. 30, il se trouva dans la région de Gössnitz, son colonel, « n'ayant pas reçu d'instructions et voyant qu'en continuant la même marche il s'éloignait de plus en plus du champ de bataille », finit par s'arrêter et se disposait à envoyer demander des ordres quand il fut rejoint par un aide de camp qui courait à sa recherche.

Très surpris de ne pas recevoir la mission de couper la retraite à l'armée ennemie, comme il s'y attendait, le colonel obtempéra à l'ordre de rejoindre qu'apportait l'aide de camp, mais ce ne fut qu'à 3 heures que le

---

(1) Rapport du colonel Charbonnel, chef d'état-major de l'artillerie du 3e corps, Friedrichsfeld, 26 octobre 1806.

(2) Rapport du colonel Barbanègre, commandant le 48e, sur l'affaire du 14 (publié par Foucart, *loc. cit.*, p. 690-691).

(3) *Ibid.*

48ᵉ et son chef, le brave Barbanègre, reparurent sur le champ de bataille (1).

Toutefois, le faux mouvement du 48ᵉ avait jeté le trouble dans le haut commandement prussien. A l'annonce qu'une colonne ennemie se dirigeait par la vieille route de la forêt contre le flanc gauche de l'armée, il parut évident à tous dans l'entourage du Roi que les Français voulaient s'emparer de Lissdorf et, de là, faire un détachement sur Eckartsberga pour menacer la gauche.

Les escadrons du régiment Gendarmes, de la Réserve, furent immédiatement envoyés en reconnaissance. En même temps, pour parer à la menace supposée et dans le but de donner une issue favorable au combat de Hassenhausen qui n'était pas encore décidé (il n'était pas encore alors midi 30), ainsi que pour assurer la retraite sur Laucha, l'adjudant aide-major Iagow proposa au général Kalkreuth de porter une partie de la Réserve d'abord sur Lissdorf, puis sur les hauteurs boisées situées au Nord de Spielberg.

Le général n'ayant pas répondu à la proposition et s'étant rendu à l'aile droite de la Réserve, le major Iagow, de sa propre autorité, porta le régiment Zenge sur Lissdorf, dans l'espoir que les autres troupes le suivraient. Mais comme ce mouvement resta isolé, il dut renoncer à son entreprise et ramener le régiment sur la ligne de la Réserve (2).

Cependant le général Friant, voyant le 48ᵉ disparaître sur les hauteurs boisées, avait poussé vivement le 108ᵉ sur la droite de son artillerie et sur Poppel. Ce régiment se mit alors en marche, accompagné par la 6ᵉ compagnie de sapeurs du génie, en descendant la rive droite

---

(1) Rapport du colonel Barbanègre, sur l'affaire du 14.
(2) Höpfner, *loc. cit.*, t. 1, p. 464.

du ruisseau de Benndorf que ses tirailleurs, comme on sait, n'avaient cessé d'occuper.

La division tout entière suivit le mouvement en avant du 108ᵉ : l'artillerie et le 33ᵉ par la même rive, le 111ᵉ par la rive gauche, poussant devant lui l'aile gauche de la division Schmettau que l'artillerie canonnait de l'autre rive (1).

A peu près vers 1 heure, le 108ᵉ arriva devant Poppel et, après un vif combat, en chassa et rejeta dans la direction de Gernstedt le bataillon de grenadiers Rheinbaben qui l'occupait (2).

Les troupes de la division Schmettau, qui jusqu'alors avaient tenu ferme et dont la retraite s'était effectuée avec un certain ordre, en entendant le bruit de ce combat en arrière d'elles, se crûrent tournées. Elles se débandèrent, ne songèrent plus qu'à la fuite et se précipitèrent vers Taugwitz. Mais la retraite allait leur être coupée à Poppel par le 108ᵉ, quand le prince Henri de Prusse 'arriva à son tour devant cette localité. Les quatre bataillons de sa brigade, bien qu'ayant éprouvé des pertes considérables, étaient restés rassemblés et n'avaient cédé le terrain que lentement. A leur tête, le prince Henri attaqua Poppel par l'Est.

En même temps, le prince Auguste de Prusse arrivait devant Poppel, venant de Gernstedt avec le bataillon Knebel et son propre bataillon de grenadiers (3). Des essaims de tirailleurs du 108ᵉ se jetèrent à la rencontre des grenadiers. Les tirailleurs prussiens détachés en avant des bataillons ne suffisant pas, le prince Auguste, réunissant les bataillons Knebel et Rheinbaben, qu'il fit soutenir par le troisième rang de ses grenadiers, attaqua

---

(1) Croquis manuscrits joints au Journal historique du 3ᵉ corps.
(2) Höpfner, *loc. cit.*, t. I, p. 461.
(3) Voir p. 343.

Poppel par le Sud à la baïonnette, pendant que le prince Henri y pénétrait par l'Est.

Sous ces efforts réunis, le 108ᵉ fut obligé d'évacuer le village, où s'engouffrèrent les bataillons débandés de la division Schmettau. Grâce à l'énergie des princes Auguste et Henri de Prusse, le gros de cette division et la brigade Henri, de la division d'Orange, purent franchir le défilé et prendre la route d'Auerstedt (1).

Pendant ce temps, la division Friant entourait Poppel : le 108ᵉ et le 33ᵉ de ligne ainsi que toute l'artillerie déployés au Sud de Benndorf, sur la rive droite du Lissbach, le 111ᵉ sur la rive gauche.

En même temps, sur l'ordre du Maréchal, la division Gudin marchait sur Taugwitz avec le 25ᵉ et le 21ᵉ, soutenus par le 85ᵉ, par le Nord de la chaussée, tandis que le 12ᵉ de ligne la reliait au Sud du ruisseau de Hassenhausen au 13ᵉ léger, qui formait l'extrême droite de la division Morand (2).

En voyant approcher la division Gudin, la division Friant reprit l'offensive. Le 108ᵉ se jeta de nouveau dans Poppel où passaient les derniers éléments de la division Schmettau. « Il enlevait un drapeau et plusieurs pièces à l'ennemi, et faisait un grand nombre de prisonniers, pendant que la 6ᵉ compagnie de sapeurs, commandée par le capitaine Pradeau, s'avançait au pas de course sur la grande route, tournait le même village, s'ouvrait un passage à coups de baïonnette au milieu de la colonne ennemie, imposait par son audace aux Prussiens qui voulaient secourir les compagnies coupées près du ruisseau de Poppel, et faisait mettre bas les armes à plus de 1,000 hommes (3) ».

---

(1) Höpfner, *loc. cit.*, t. I, p. 461.
(2) Croquis manuscrits joints au Journal historique du 3ᵉ corps.
(3) Journal des opérations du 3ᵉ corps d'armée.

XVII

DÉPLOIEMENT DE LA RÉSERVE. — LE ROI DE PRUSSE ORDONNE LA RETRAITE.

L'armée française avait donc atteint le Lissbach, vers 2 heures.

A midi 30, l'armée prussienne avait commencé à plier. A 1 heure, elle entamait son mouvement de retraite en évacuant les hauteurs de Hassenhausen. Mais ici, comme à Iéna, elle recula en combattant, et ce n'est qu'entre 1 h. 30 et 2 heures que la retraite des divisions de première ligne se changea en déroute.

Des environs d'Eckartsberga, où se tenaient le roi de Prusse et le général Kalkreuth, on s'aperçut dès 1 heure de la fâcheuse tournure que prenait le combat, et la Réserve reçut ordre de se porter en avant et de couronner le plateau. Mais, ainsi qu'on l'a vu déjà, c'est à cette seule démonstration que se borna l'intervention de la Réserve, si l'on en excepte toutefois l'envoi sur Poppel des bataillons de grenadiers du prince Auguste et le détachement du régiment du Roi sur Rehehausen.

Vers 2 heures donc, quand le 108e de ligne et la 6e compagnie de sapeurs se furent rendus de nouveau et définitivement maîtres de Poppel, la situation générale était la suivante :

A l'aile droite française, le 48e était égaré dans les bois au Nord du champ de bataille. La division Friant venait de s'emparer de Poppel et commençait à se former au delà du Lissbach. La division Morand se heurtait par son centre (13e léger, 61e et 51e) au régiment du Roi à Rehehausen, et sa gauche (30e et 1er bataillon du 17e), occupant le Sonnenberg, couvrait de feux d'artillerie de front, d'écharpe et d'enfilade, l'aile droite prussienne. La division Gudin, qui n'avait été mise en mouvement par le Maréchal qu'après les deux autres divisions, atteignait Taugwitz. La brigade Viallannes était à l'aile droite, n'ayant pas eu encore l'occasion d'intervenir sérieusement.

Du côté des Prussiens, il y avait deux colonnes de troupes mélangées et confondues, qui battaient en retraite sur Auerstedt. La colonne Schmettau suivait la grande route ; la colonne Wartensleben se portait directement de Rehehausen sur Auerstedt. En face du Sonnenberg, les huit bataillons de Gardes et fusiliers des généraux Kirchfeld et Oswald tenaient tête à la gauche de la division Morand, tandis que le régiment du Roi à Rehehausen et les quatre bataillons de grenadiers du prince Auguste, entre Poppel et Gernstedt, couvraient la retraite des divisions de première ligne. La Réserve, déployée au Nord de la route d'Auerstedt, couronnait le plateau, et ses batteries commençaient à canonner les pentes (1).

Bientôt le régiment Gendarmes, envoyé reconnaître la colonne française signalée au Nord des bois, fit savoir qu'il n'y avait de ce côté qu'un régiment d'infanterie et quelques unités de cavalerie (2).

La Réserve reçut l'ordre alors de prendre les dispositions suivantes : le bataillon de grenadiers Schlieffen vint occuper avec deux compagnies la hauteur du château d'Eckartsberga et avec les deux autres la hauteur qui, sur le même plateau, domine Auerstedt. Le régiment Zenge, formé sur deux rangs, dut se placer sur la hauteur dont le versant conduit à Lissdorf, le front vers le village, les tirailleurs à gauche dans un petit bois, nommé Puckholz. Le bataillon de grenadiers Hülsen occupa un bosquet plus à droite, vers la hauteur Am

---

(1) Höpfner, *loc. cit.*, t. I, p. 464 ; Journal des opérations du 3ᵉ corps.
(2) Höpfner, *loc. cit.*, t. I, p. 465.

Gericht. A droite du bataillon, s'établit la batterie de
12 Bychelberg, qui pouvait tirer sur les pentes entre
Lissdorf et Gernstedt.

A un intervalle assez considérable, appuyant leur
gauche au point où le chemin d'Eckartsberga à Gernstedt franchit la hauteur, se déployèrent, face à ce dernier village, la batterie à cheval Scholten, le 2e bataillon
Arnim et le bataillon de grenadiers Osten. Le régiment
Pirch resta en réserve avec la batterie Heiden.

Mais avant qu'aucune de ces troupes eût fait un seul
mouvement pour prendre les positions ci-dessus indi-
quées, le Roi, impressionné par la tournure qu'avait
prise le combat, donna l'ordre de la retraite (1).

En entendant cet ordre, Blücher qui se trouvait
auprès du Roi, le supplia de lui permettre de se jeter
sur l'ennemi avec toute la cavalerie, convaincu qu'il
obtiendrait d'importants résultats. Le Roi y consentit, et
Blücher donna immédiatement des ordres pour grouper
entre Eckartsberga et Auerstedt les escadrons épars que
l'on apercevait encore dans la plaine. Mais quand Blücher regarda autour de lui, il ne vit à proximité que le
régiment Leib-cuirassiers, qui s'était rassemblé après
avoir couvert la gauche de la brigade Henri de Prusse,
de la division Orange, et le 1er bataillon de ses hussards,
à peine dix escadrons. Un ordre du Roi prescrivit alors
de renoncer à cette attaque (2).

Pendant ce temps, les troupes de la Réserve avaient
gagné les emplacements qui leur avaient été assignés.

Le Roi s'était reporté au point culminant d'Eckartsberga et examina de nouveau la situation.

Des superbes escadrons qui existaient le matin, il en

---

(1) Höpfner, *loc. cit.*, t. I, p. 465 ; Lettow-Vorbeck, *loc. cit.*, t. I,
p. 402.
(2) Höpfner, *loc. cit.*, t. I, p. 465.

restait dix rassemblés. Le régiment Gendarmes était encore dans la région des bois. Le reste était dispersé sur tout le champ de bataille. Derrière le régiment du Roi, en arrière de Rehehausen, se tenaient seuls groupés quelques escadrons, débris de la cavalerie de l'aile droite, dont la majeure partie s'était retirée sur Auerstedt. Des cinq divisions de l'armée, trois étaient complètement désagrégées, incapables d'aucune résistance.

La Réserve comptait à peine 10,000 hommes, la division Kunheim ayant été engagée déjà en trois fractions, les Gardes vers Sulza, les grenadiers à Poppel, le régiment du Roi à Rehehausen. Ce dernier, canonné en tête par l'artillerie du centre de la division Morand et en flanc par celle que cette division avait établie sur le Sonnenberg, avait dû abandonner Rehehausen et reculait sur les pentes, dans la direction d'Auerstedt. Les grenadiers du prince Auguste, chassés de Poppel, recueillis par le bataillon Rabiel, battaient en retraite et, dépassant Gernsledt, se dirigeaient sur l'intervalle qui séparait la batterie Bychelberg de la batterie à cheval Scholten (1). Les Gardes, au Nord de Sulza, n'avaient pas changé de position.

« Réellement, dit Lettow-Vorbeck, dans de pareilles circonstances, tenter de se porter une fois encore à la rencontre de l'ennemi devait paraître au Roi une entreprise téméraire. Son cœur n'était pas orienté vers une pareille audace. Timide et indécis comme il était, il fit donner l'ordre de la retraite (2) ».

Le projet du Roi était de faire prendre aux troupes le chemin de Sommerda par Buttstädt, sous la protection d'une arrière-garde occupant les hauteurs d'Eckarts-

---

(1) Höpfner, *loc. cit.*, t. I, p. 466; Journal des opérations du 3e corps.
(2) Lettow-Vorbeck, *loc. cit.*, t. I, p. 404.

berga, et de diriger également sur Sommerda les corps de Hohenlohe, de Ruchel et du duc de Weimar (1).

L'arrière-garde devait être constituée à gauche par la brigade Malschitzky vers Eckartsberga, à droite par le régiment Pirch. La brigade Zenge, de la division Arnim, à l'exception de ce dernier régiment, entamerait la retraite.

En conséquence, le régiment Pirch se porta à environ 500 pas sur la droite de la brigade Malschitzky et se déploya face au Sonnenberg, faisant avec cette brigade un angle saillant vers l'ennemi. Le reste de la brigade Zenge (bataillon Osten, 2e bataillon Arnim et batterie Heiden), suivi de la brigade de grenadiers du prince Auguste, se porta plus à droite et en arrière, de manière à se rapprocher de la direction d'Auerstedt. Dans l'intervalle séparant ces dernières troupes du régiment Pirch fut placé le régiment Leib-cuirassiers (2).

Il devait être environ 3 heures quand tous ces mouvements eurent reçu leur complète exécution.

Jusqu'alors le Roi ne s'était expliqué avec personne, sauf avec le général Zastrow, sur la direction à donner à la retraite. Un officier de l'état-major proposa le point d'Artern, mais le Roi s'imagina que cette localité pouvait être occupée déjà par l'ennemi. N'ayant aucune connaissance du sort des corps de Hohenlohe et de Ruchel, il résolut, en conséquence, de ne pas se retirer sur Sommerda, mais sur Weimar, afin de se réunir sur l'Ettersberg au prince de Hohenlohe et de recommencer la bataille le lendemain. Il donna des instructions dans ce sens, puis, quittant le champ de bataille, il se dirigea sur Auerstedt. Un de ses adjudants revint en arrière, porter au général Kalkreuth l'ordre de diriger la retraite (3).

---

(1) Lettow-Vorbeck, *loc. cit.*, t. I, p. 400.
(2) Höpfner, *loc. cit.*, t. I, p. 466.
(3) *Ibid.*, p. 466-467.

XVIII

LE 3ᵉ CORPS ATTAQUE LA POSITION D'ECKARTSBERGA.
RETRAITE DÉFINITIVE DE L'ARMÉE PRUSSIENNE.

Pendant ce temps, le 3ᵉ corps français avait franchi le ruisseau de Poppel-Rehehausen.

A l'extrême gauche, autour du Sonnenberg, le 30ᵉ de ligne et le 1ᵉʳ bataillon du 17ᵉ étaient toujours immobilisés en face de la brigade des Gardes, en position sur la rive gauche de l'Emsbach, au Nord de Sulza. La division Morand, à l'exception de ces trois bataillons, avait passé le Lissbach, autour de Rehehausen, grâce à l'appui que lui avait prêté la batterie du Sonnenberg. A sa droite, les divisions Gudin et Friant, à la suite des violents combats de Poppel, avaient également franchi le ruisseau.

Quand, vers 3 heures, les trois divisions furent déployées au pied des hauteurs de Gernstedt, le maréchal Davout porta le 3ᵉ corps à l'attaque de la dernière position prussienne.

La division Morand reçut comme objectifs les hauteurs qui s'élèvent entre Gernstedt et Auerstedt, puis ce village lui-même.

Le Maréchal se porta ensuite à la division Gudin et lui prescrivit de marcher sur les hauteurs d'Eckartsberga, tandis que la division Friant, par Lissdorf, s'élèverait sur le flanc gauche de la ligne prussienne.

Il résulte de la forme du terrain que, de Rehehausen aux plateaux qui dominent Auerstedt, la distance est beaucoup moins considérable que de Poppel à Eckartsberga. La division Morand devait donc les atteindre la première et l'action de la gauche française précéder celle du centre et de l'aile droite.

En même temps que la division Morand se mettait en

mouvement, le général Kalkreuth avait ordonné d'exécuter dans les conditions prévues la retraite sur Auerstedt et Reisdorf (1).

La brigade de grenadiers du prince Auguste et la brigade Zenge, prêtes, comme on sait, à entamer la retraite, tournèrent aussitôt à droite vers Auerstedt et vinrent se former, de nouveau, sur la hauteur située à 500 mètres environ en avant du village. De sorte qu'à la droite des régiments Pirch et Leib-cuirassiers, jusqu'à l'Emsbach, il n'y eut plus sur les plateaux aucune troupe prussienne.

A l'extrême droite, quand arriva l'ordre de la retraite, les fusiliers Greiffenberg et les chasseurs de Weimar se retirèrent pas à pas en remontant la hauteur de Sulza, suivis par les tirailleurs français et activement canonnés (2). Ils furent recueillis sur le plateau par les Gardes, qui avaient formé les carrés, et commencèrent leur retraite en bon ordre sur Auerstedt. Le feu des Français ayant tué quelques chevaux et servants des pièces prussiennes, le reste des artilleurs s'enfuit en abandonnant les canons. Les tirailleurs français se jetèrent sur eux, mais le 1er bataillon des Gardes fit front. Ses tirailleurs se précipitèrent sur l'ennemi, en même temps qu'un peloton des hussards de Würtemberg le repoussa et reprit les pièces (3).

Derrière les tirailleurs, le 30e de ligne et le 1er bataillon du 17e avaient franchi le ruisseau. En voyant les Gardes battre en retraite, le 30e avait laissé le 1er bataillon du 17e soutenir seul les tirailleurs. Le 2e bataillon du 30e, restant sur la rive droite de l'Emsbach, sur la hauteur, appuyait du feu de ses pièces l'assaut par le

---

(1) Höpfner, *loc. cit.*, t. I, p. 467.
(2) *Ibid.*, p. 470.
(3) *Ibid.*, p. 471.

gros de la division Morand des hauteurs qu'évacuait l'extrême droite prussienne. L'artillerie qui accompagnait le 1er bataillon du 17e et le 2e bataillon du 30e prenait à revers le versant des hauteurs sur Auerstedt et canonnait ce village. Le 1er bataillon du 30e, au contraire, avait franchi l'Emsbach et gravissait les hauteurs à la gauche de sa division. De telle sorte qu'au moment où les brigades de grenadiers Auguste de Prusse et Zenge se formèrent sur la crête qui couvre Auerstedt à 500 mètres environ du village, les hauteurs furent couronnées par la division Morand depuis le Volks-Berg jusqu'aux plateaux situés au Nord de Sulza, dans l'ordre suivant de la droite à la gauche, 13e léger, 61e, 51e, 30e, 1er bataillon du 17e (1).

Toutes les pièces régimentaires ouvrirent aussitôt le feu sur les troupes réunies autour d'Auerstedt et sur le village lui-même. Elles furent soutenues par quatre pièces du 7e à pied réunies à l'artillerie à cheval sur le plateau au Nord-Est d'Auerstedt et par deux autres pièces du 7e à pied qui accompagnaient les bataillons du 17e et du 30e (2). En même temps, les 12e et 21e de ligne, formant la gauche de Gudin, débouchaient de Gernstedt.

Sous le feu de l'artillerie de la division Morand, les grenadiers Auguste et la brigade Zenge se retirèrent sur Auerstedt. La batterie de 12 entama le mouvement; les grenadiers suivirent, puis la brigade Zenge.

Le feu des Français causait des pertes sensibles à ces troupes; le désordre s'y mit, qu'accrut encore la traversée d'Auerstedt encombré par les canons et les voitures de toutes sortes. Le village finit par être incendié, la partie Est par les obus des Français, et la partie Nord

---

(1) Croquis manuscrits joints au Journal historique du 3e corps.

(2) Rapport du colonel Charbonnel, chef d'état-major de l'artillerie du 3e corps, Friedrichsfeld, 26 octobre 1806.

par les Prussiens pour couvrir leur retraite (1). De ce côté la poursuite s'arrêta sur les hauteurs qui dominent Auerstedt. La division Morand, épuisée par la marche de la nuit succédant à une période de marches forcées, par les pertes cruelles qu'elle avait subies et par les efforts qu'elle avait fournis dans cette journée, était incapable d'aller plus loin.

Au centre, la retraite des grenadiers et de la brigade Zenge avait découvert le flanc droit des régiments Leib-cuirassiers et Pirch, et celui de la batterie Scholten. Les cuirassiers avaient déjà fait demi-tour quand leur chef, qui avait d'abord pensé que la lassitude de ses chevaux interdisait une attaque, revint sur sa décision et voulut charger les Français. Mais le terrain difficile le fit immédiatement renoncer à ce projet, et il battit en retraite. Le régiment Pirch ne se retira que lorsque la ligne française ne fut plus qu'à une centaine de pas de distance. Accompagné de la batterie Scholten, que les difficultés du terrain n'empêchaient pas de rester au feu, il fit front de nouveau, tira une salve et reprit ensuite, avec la batterie, sa retraite sur Auerstedt. Mais comme le village était en feu, il franchit l'Emsbach en amont, au milieu des jardins, et se réunit aux autres troupes qui se rassemblaient, comme nous le verrons plus loin, au delà du village, hors de portée des canons français (2).

A l'aile droite du 3e corps, la division Gudin avait atteint par sa gauche, formée du 12e de ligne, le point de croisement des chemins d'Eckartsberga et d'Auerstedt; les 21e, 85e et 25e de ligne sur une ligne, au Nord du 12e, se prolongeaient dans la direction de Lissdorf, d'où débouchait le 111e.

Le reste de la division Friant se portait, par le Nord

---

(1) Höpfner, *loc. cit.*, t. 1, p. 467.
(2) *Ibid.*

du bois qui s'étend entre Lissdorf et Eckartsberga, sur la gauche de la ligne prussienne. Le 48ᵉ tenait la tête, suivi du 33ᵉ, dont les deux bataillons étaient séparés par la brigade Viallannes, et du 108ᵉ de ligne (1).

Le 111ᵉ et une partie de l'artillerie de la division Friant engagèrent un combat de feux à distance avec les Prussiens, sans grand résultat. Les tirailleurs du régiment Zenge étaient opposés au 111ᵉ, occupant, comme on sait, le Puckholz. Mais le nombre des tirailleurs français augmentant sans cesse, les tirailleurs prussiens, bien que renforcés d'une compagnie, durent céder et évacuer le bois. Peu à peu la ligne des tirailleurs français s'étendit vers le Nord, à mesure des progrès de la division Friant. Bientôt le 48ᵉ arriva au Nord d'Eckartsberga.

A ce moment, le général Pétit, avec 400 hommes des 12ᵉ et 21ᵉ de ligne, attaquait le bataillon Hülsen, qui tenait dans un petit bois la droite du régiment Zenge, et le rejetait sur ce régiment.

Cependant, aucun ordre de retraite n'était encore parvenu à la brigade Malschitzky. Son chef, s'apercevant du départ du régiment Pirch et sentant que s'il s'obstinait plus longtemps il courait à un désastre, prit sur lui d'ordonner au bataillon Hülsen et au régiment Zenge de faire demi-tour et de se replier sur Eckartsberga, où les troupes se mélangèrent (2).

C'est alors que le 48ᵉ déboucha au Nord de ce dernier village et attaqua, le 1ᵉʳ bataillon tout entier en tirailleurs, soutenu par le 2ᵉ bataillon en colonne serrée (3). Le 33ᵉ suivait le 48ᵉ, tandis que par le bois les 108ᵉ et 111ᵉ attaquaient de front.

------

(1) Croquis manuscrits joints au Journal historique du 3ᵉ corps.

(2) Höpfner, *loc. cit.*, t. I, p. 468; Journal des opérations du 3ᵉ corps.

(3) Le général Friant au maréchal Davout, Freyburg, 17 octobre 1806.

Le régiment Zenge et les grenadiers en désordre se rejetèrent, confondus, sur Reisdorf. Le bataillon de grenadiers Schlieffen, en position sur la hauteur du château, commença sa retraite en bon ordre, mais il fut bientôt gagné par le désordre général (1).

Les 108e et 111e poussèrent à travers Eckartsberga jusqu'au château et au bois qui se trouvaient en arrière du village. Un grand nombre de prisonniers, 20 pièces de canon tombèrent entre nos mains (2).

Pour les mêmes motifs que la division Morand, les divisions Gudin et Friant ne dépassèrent pas les hauteurs d'Eckartsberga. Seuls, les tirailleurs descendirent dans la vallée, sur le ruisseau. La brigade de cavalerie Viallannes les précédait. A Reisdorf, quatre pièces de bataillon qui avaient pu s'échapper, une compagnie de grenadiers et le régiment Gendarmes couvrirent la retraite à travers le village et l'Emsbach. Au delà du ruisseau, la déroute fut complète.

Plus au Sud, le village d'Auerstedt, en feu, fut gardé par le bataillon de grenadiers Knebel et un détachement de tirailleurs de Weimar. En arrière du village, ce qui s'était rassemblé des divisions de la Réserve se forma à droite et à gauche de la chaussée de Weimar. Les débris des divisions de première ligne s'y rassemblèrent également. Une grande partie de la cavalerie se forma devant le front, le reste sur l'aile droite vers l'Ilm (3).

Les troupes, dans cette situation, se reposèrent quelque temps ; il n'y avait pas de poursuite.

Vers 4 h. 30, le Maréchal arrêta son corps d'armée.

La retraite de l'armée prussienne ne commença pas de suite, et on put donner un peu de repos aux troupes

---

(1) Höpfner, *loc. cit.*, t. I, p. 468.

(2) Journal des opérations du 3e corps d'armée ; Le général Friant au maréchal Davout, Freyburg, 17 octobre 1806.

(3) Höpfner, *loc. cit.*, t. I, p. 468 et 471.

avant de leur faire entreprendre cette marche de nuit qui devait achever de les ruiner.

« Le Maréchal, dit le Journal des opérations du 3e corps, ne put poursuivre aussi vigoureusement qu'il l'aurait désiré. Cependant, d'après ses ordres, le général Viallannes, qui, avec ses trois régiments, n'avait cessé de harceler l'ennemi sur la droite jusqu'à la hauteur d'Eckartsberga, continua de le poursuivre toujours à droite, afin de le rejeter à gauche vers la Saale et vers Apolda, point indiqué par S. M. l'Empereur. Le général Viallannes, tout en ramassant des canons et un bon nombre de prisonniers, vint bivouaquer la nuit avec ses trois régiments jusqu'à Buttstädt, à 4 lieues du champ de bataille et pour ainsi dire pêle-mêle avec les débris de l'armée prussienne. Le 2e bataillon du 17e, qui avait été préposé à la garde du pont de Kösen, fut rappelé et envoyé avec les avant-postes ; ils ramassèrent aussi un grand nombre de pièces d'artillerie et de prisonniers ».

Le 3e corps et le Maréchal bivouaquèrent sur le champ de bataille : la division Friant à Eckartsberga et sur les plateaux au Nord-Ouest du village ; la division Gudin sur les plateaux entre Eckartsberga et la chaussée d'Auerstedt à Gernstedt ; la division Morand entre cette chaussée et le confluent de l'Emsbach et du Lissbach.

Ces bivouacs étaient couverts, au Nord-Ouest vers Burgholzhausen, par le 33e de ligne ; au centre, de Reisdorf inclus à Auerstedt inclus, par le 21e de ligne, un bataillon du 85e et un bataillon du 13e léger, ce dernier à Auerstedt même ; enfin, à gauche, le 51e et le 2e bataillon du 17e de ligne occupaient les hauteurs au Nord de Sulza (1).

L'armée prussienne avait perdu 47 officiers tués et

---

(1) Croquis manuscrits joints au Journal historique du 3e corps.

221 blessés. Le chiffre des pertes en hommes n'a pu être établi. Celui de 15,000, donné par le maréchal Davout (1), semble exagéré. Il correspondrait, en effet, comme le remarque justement Lettow-Vorbeck, à 40 p. 100 de l'effectif. En revanche, le chiffre de 3,000 prisonniers et de 115 pièces de canon perdues est accepté par les auteurs allemands.

De leur côté, les trois divisions du 3ᵉ corps français perdirent tant en tués que blessés, 252 officiers et 6,600 hommes environ. « En y ajoutant les pertes de la cavalerie, de l'artillerie, du génie et de l'état-major, écrit le maréchal Davout, il y eut environ le tiers du 3ᵉ corps mis hors de combat (2) ».

---

(1) Journal des opérations du 3ᵉ corps d'armée.
(2) *Ibid.*

CONCLUSIONS

I

A Saalfeld, à Auerstedt et à Iéna, les Français ont remporté la victoire. Mais, bien qu'ils fussent commandés par des hommes tels que Lannes, Davout et Napoléon, et bien qu'à Iéna même, ils eussent la supériorité numérique, cette victoire ne fut conquise qu'au prix d'une lutte acharnée.

La preuve de cet acharnement se trouve d'abord dans le chiffre des pertes subies par la Grande Armée. La division Suchet, par exemple, eut, le 14 octobre, un tiers environ de son effectif hors de combat. L'avant-garde du 6e corps perdit le cinquième du sien. Enfin, le corps du maréchal Davout était réduit d'un tiers le soir du même jour (1). Elle se trouve aussi dans la durée de la lutte, qui fut environ de dix heures à Auerstedt et à Iéna.

Pour que la victoire ait été aussi chèrement disputée, il a fallu que dans les actions partielles, dans les engagements élémentaires, là où les unités tactiques font du combat de front, il y ait eu à peu près équilibre entre les deux adversaires, tant pour le courage que pour la manière d'utiliser les différentes armes.

Ce qu'on peut donc affirmer dès maintenant, c'est que, pas plus à Auerstedt qu'à Iéna ou Saalfeld, le soldat prussien n'a démérité.

L'acharnement de la lutte au cours de ces batailles

---

(1) Suchet à Lannes, Weimar, 15 octobre 1806 (Foucart, *loc. cit.*, p. 635); Ney à l'Empereur, Nordhausen, 19 octobre 1806 (*Ibid.*, p. 650); Journal des opérations du 3e corps d'armée.

prouve que la thèse soutenue par le général von der Goltz, après tant d'autres, dans ses ouvrages : *Rosbach et Iéna* et *d'Iéna à Eylau*, d'après laquelle la valeur de l'armée prussienne aurait subi une éclipse en 1806 pour se retrouver tout entière en 1807, est parfaitement inexacte. Les troupes ont mérité les mêmes éloges à Iéna et Auerstedt qu'à Eylau ou à Leipzig. A partir de 1807, c'est le commandement seul qui a changé.

Mais, dans le combat de front, celui que mènent les petites unités, la valeur morale n'est pas tout. Il faut mettre également en ligne de compte la manière d'employer les différentes armes, c'est-à-dire la tactique élémentaire.

Nous touchons ici à un point très controversé, qui n'a été étudié jusqu'ici que très superficiellement et qui mérite d'être élucidé. Ainsi que nous l'avons dit déjà, nous pouvons affirmer dès maintenant que la tactique élémentaire de l'infanterie prussienne ne la plaçait pas, *a priori*, dans une situation d'infériorité très prononcée vis-à-vis de l'armée française. Sinon, la victoire de celle-ci eût été plus facile, la lutte n'aurait pas duré si longtemps ni coûté des pertes aussi cruelles.

Dans le combat de Saalfeld, au cours des batailles d'Iéna et d'Auerstedt, les lignes de combat se présentent de part et d'autre sous la forme de bataillons déployés, échangeant des coups de fusil avec la ligne adverse, séparés par des intervalles où se trouvaient des batteries ou des pièces régimentaires et progressant lentement à la faveur des feux combinés de mousqueterie et de mitraille. Quand ils se trouvaient hors de portée de fusil de l'adversaire, ces bataillons, du côté français, étaient couverts sur leur front par des tirailleurs qui allaient jusqu'à la ligne ennemie et qui, lorsqu'ils étaient rejoints par leur bataillon et que celui-ci ouvrait le feu, se retiraient sur les flancs qu'ils protégeaient et reliaient aux unités voisines.

Du côté des Prussiens, certains bataillons se couvrent de tirailleurs, d'autres n'en font point usage.

Existait-il à ce sujet, en 1806, une différence de doctrine ? Les tirailleurs avaient-ils en partie disparu de l'armée prussienne, où ils étaient en usage à la fin du siècle précédent? Il n'en est rien, et nous allons indiquer comment était entendue cette question des tirailleurs dans les deux armées.

En ce qui concerne les Français, nous ne saurions mieux faire que de renvoyer le lecteur à l'ouvrage écrit par le colonel Marbot en réponse aux *Considérations sur l'Art de la guerre* du général Rogniat. C'est l'exposé le plus complet de la doctrine de guerre de la Grande Armée qui nous ait été laissé par un témoin oculaire, énergique et éclairé, acteur lui-même dans toutes ses campagnes.

Le colonel Marbot divise les tirailleurs en deux catégories bien distinctes : *tirailleurs de marche et de combat*, et *tirailleurs en grande bande*.

Les premiers agissent en liaison avec leur bataillon, qu'ils éclairent en marche et qu'ils couvrent pendant le combat. Ils ont leur origine dans les piquets que les bataillons détachaient autrefois en avant pour se protéger. « Ces tirailleurs, dit Marbot, servent à repousser les premiers postes de l'ennemi, et à sonder, pour ainsi dire, sa position. Mais leur but principal est d'aller porter le désordre dans la ligne ennemie, ce qui leur est facile si on les en laisse trop approcher..... Ils désolent l'ennemi, qui se voit forcé, pour les éloigner de ses masses, d'envoyer après eux d'autres tirailleurs dont le but est de les repousser sur la troupe attaquante et de chercher à leur tour à porter le désordre dans ses colonnes. C'est ainsi que les tirailleurs des deux partis, voulant protéger leur propre ligne et incommoder celle de l'ennemi, se neutralisent mutuellement et ne décident rien ; car c'est du choc des masses que dépend le sort du combat, et dès qu'elles se joignent, les tirailleurs deviennent inutiles, même embarrassants, et il faut les faire rentrer en ligne (1) ».

Les *tirailleurs de combat* sont donc bien des éléments subordonnés à l'action des bataillons, dont ils préparent l'attaque, qu'ils éclairent et relient entre eux. Leur action ne peut jamais aller jusqu'à la décision.

Les *tirailleurs en grande bande*, au contraire, « forment un *corps principal* dont le but est d'enlever ou de défendre une position, ou de tourner les flancs de l'ennemi (2) ».

En face de positions renforcées par la fortification et garnies de bonnes troupes dont l'attaque de front ne pouvait manquer de causer de fortes pertes, « dans la guerre de la Révolution, plusieurs généraux français employèrent, pour de pareilles attaques, et toujours avec succès, les grandes bandes de tirailleurs. Ces généraux, persuadés qu'il n'y a pas de position qu'on ne puisse tourner, pas de montagne escarpée qu'on ne puisse gravir, et sachant que des hommes éparpillés peuvent facilement grimper au milieu des obstacles de tous les genres sur des coteaux qui seraient impraticables pour des troupes marchant en colonne ou en ligne, ces généraux, dis-je, lâchaient en tirailleurs, sur un ou les deux flancs de la position qu'il voulaient enlever, un bataillon, un régiment et quelquefois même une brigade entière, tandis qu'une autre, formée en colonne, hors de la portée du canon, menaçait le front des retranchements (3) ».

Les tirailleurs en grande bande étaient donc bien un

---

(1) Marbot, *Remarques critiques sur l'ouvrage de M. le lieutenant général Rogniat, intitulé : Considérations sur l'Art de la guerre*, p. 59-60.
(2) *Ibid.*, p. 65-66.
(3) *Ibid.*, p. 61.

corps principal, c'est-à-dire se suffisant à lui-même, pouvant mener une action jusqu'au bout, chargé de combattre dans des terrains que ne pouvaient parcourir les unités à rangs serrés. C'était l'extension du principe qui avait amené la création des troupes légères, et il est juste de remarquer que les actions de tirailleurs en grande bande ont été plus spécialement réservées à ces troupes pendant les guerres de la Révolution. Cependant, le cas échéant, les troupes de ligne étaient employées à cet usage aussi bien que les demi-brigades légères.

Mais, les tirailleurs en grande bande étaient l'exception sur les champs de bataille, et, sur les plateaux de la Saale, où se sont livrés les combats de 1806, ni les circonstances ni le terrain n'en nécessitaient l'emploi. Aussi, n'en constate-t-on l'utilisation qu'une seule fois, c'est le soir de la bataille d'Auerstedt, où, pour attaquer la position escarpée d'Eckartsberga, le 1er bataillon du 48e fut détaché tout entier en tirailleurs sur la gauche de la ligne prussienne (1).

A cela près, pas de tirailleurs en grande bande, ni d'un côté ni de l'autre. Par contre, il ressort de l'étude détaillée des batailles d'octobre 1806 que l'emploi des tirailleurs de marche et de combat fut constant de part et d'autre.

En Prusse, un ordre de Cabinet du 3 mars 1877 avait prescrit que « pour avoir en campagne dans les compagnies un certain nombre de tirailleurs qui pussent remplir le service de patrouilles, sans qu'il fût nécessaire de prélever des détachements sur les bataillons de fusiliers », 10 hommes par compagnie seraient exercés au service de tirailleurs. En outre, pour provoquer une sorte d'émulation dans la troupe, « nul ne pourrait être

---

(1) Voir p. 363.

nommé sous-officier, sans avoir été tirailleur pendant quelques années (1) ».

« Comme le montrent les lignes précédentes, la pensée fondamentale de ces prescriptions n'était en aucune manière de provoquer une modification dans la tactique d'infanterie existante. Les tirailleurs n'étaient créés que pour donner plus d'autonomie aux régiments et bataillons isolés en campagne et les doter de quelques organes capables d'assurer la sûreté en marche, les avant-postes, et de remplir tous les autres devoirs du service en campagne, réservés jusqu'alors principalement aux troupes légères (2) ».

Mais, dès 1789, le rôle tactique des tirailleurs était envisagé d'une manière plus large. Le 26 février de cette année, parut, en effet, une instruction spéciale, imprimée, complétant et développant le principe du règlement d'après lequel « les tirailleurs devaient apprendre à combattre entièrement comme des chasseurs à pied (3) ». Les exercices à faire exécuter aux tirailleurs, aussi bien en ce qui concernait le service d'avant-postes et de patrouilles que celui de sûreté des colonnes en marche ou de « chaîne » en avant d'une position, formaient un gros programme où l'on voit apparaître la conception nouvelle de faire combattre les tirailleurs en liaison avec leur bataillon. « Quand un régiment ou un bataillon, y est-il dit, se porte en avant pour enlever un poste, les tirailleurs peuvent se répartir à environ cent pas en avant du front, avancer ensuite en précédant leur bataillon, pour causer par leur feu un certain dommage à l'ennemi et le mettre en désordre avant l'arrivée du bataillon. Mais, quand le ou plusieurs batail-

----

(1) *Urkundliche Beiträge, loc. cit,*, V. Heft, p. 77.
(2) *Ibid.*, p. 78.
(3) *Ibid.*, p. 81.

lons parviennent à portée de fusil de l'adversaire, les tirailleurs se retirent sur les deux côtés et suivent le bataillon ou régiment dont ils peuvent ainsi couvrir les flancs (1) ». L'instruction s'exprime d'une manière analogue en ce qui concerne leur rôle dans une action défensive.

Toutefois, il ne semble pas que cette conception nouvelle soit entrée dans les mœurs. Les tirailleurs, créés pour suppléer l'infanterie légère et pour en faire le service auprès des bataillons et régiments, furent assimilés à cette infanterie dans la plupart des esprits.

« Dans une petite guerre, dans des combats de détail en pays boisé ou de montagne, dans des escarmouches d'avant-garde ou dans les avancées des camps retranchés ou positions fortifiées, le combat en ordre dispersé de l'infanterie légère trouvait son emploi normal. Dans ces conditions, elle pouvait combattre les Croates et les Pandours, mais il n'y avait aucun plan pour elle dans une grande attaque de bataille (2) ».

Les tirailleurs, que l'opinion générale assimilait à l'infanterie légère, furent donc utilisés de la même manière qu'elle. « C'est pourquoi l'armée prussienne ne parvint pas à établir une liaison convenable entre le combat à rangs serrés et l'ordre dispersé, bien que les avantages d'une telle liaison non seulement eussent été mis en lumière par les guerres de la Révolution et les succès du général Bonaparte, mais auparavant déjà, signalés par des soldats éclairés, comme le maréchal de Saxe (3) ».

L'historien allemand ajoute encore cette remarque, qui correspond exactement à ce que nous a enseigné l'étude des précédentes batailles : « Là où ils furent employés,

______

(1) *Urkundliche Beiträge, loc. cit.*, V. Heft, p. 82.
(2) *Ibid.*
(3) *Ibid.*, p. 82-83.

dans les guerres de la Révolution comme en 1806 et en 1807, les fusiliers s'étaient montrés à la hauteur de leurs adversaires. Mais il résulta du nombre restreint de leurs bataillons et d'une fâcheuse répartition des troupes que non seulement l'infanterie légère qui accompagnait l'armée fit totalement défaut dans les combats décisifs, mais qu'il fut en outre maintes fois nécessaire de retirer aux régiments leurs tirailleurs pour remplacer les troupes légères qui manquaient. La principale armée prussienne, à Auerstedt, n'avait que trois bataillons de fusiliers prussiens sur vingt-quatre ; de plus ces trois bataillons, ainsi que celui des chasseurs de Weimar, se trouvaient en queue de l'armée. C'est pourquoi les tirailleurs de la division Schmettau, par exemple, furent détachés dès le début pour le service d'avant-garde et de patrouilles de flanc. La plupart d'entre eux se trouvèrent, au cours de la bataille, dans l'impossibilité de rejoindre leurs corps. A maintes reprises on constitua de semblables détachements de tirailleurs pour couvrir des batteries, occuper un bois, ce qui eut, la plupart du temps, cet effet que les troupes, en entrant au combat, n'avaient plus aucun tirailleur auprès d'elles (1) ».

Dans un mémoire du 13 juin 1807, daté de Soissons, où il se trouvait en captivité, le prince Auguste de Prusse résume ainsi son jugement sur les tirailleurs :

« On a méconnu, en grande partie, leur but tactique. On les a employés comme troupes légères ou bien on les a considérés comme une pépinière de sous-officiers. Il suffit pour s'en convaincre d'étudier d'une part l'instruction pour leurs exercices et d'autre part leur emploi dans les deux guerres contre les Français et dans la plupart des exercices du temps de paix. Ce n'est qu'en cas de nécessité que les tirailleurs doivent être utilisés comme

---

(1) *Urkundliche Beiträge, loc. cit.*, V. Heft, p. 83-84.

troupes légères ; ils ne doivent jamais être séparés de leur bataillon. Ils sont par excellence destinés à agir en liaison avec l'infanterie de ligne et, par l'effet de leur feu, à en préparer l'attaque et à la soutenir (1) ».

Les Prussiens possédaient donc bien, ainsi que nous le savions déjà, des tirailleurs. Leur nombre était de 10 et un sous-officier par compagnie, ce qui donnait un chiffre de 40 à 50 par bataillon, comme en France.

En 1803, le général von Pelet, commandant la brigade de fusiliers de la Basse-Silésie, en doubla le nombre dans son bataillon, en utilisant pour les armer les carabines de ses 48 sous-officiers. Cette mesure fut étendue en 1804 et 1805 aux deux autres bataillons de sa brigade (Rühle et Rabenau), ainsi qu'aux bataillons de la Garde et au régiment du Roi, puis en 1806 aux sept autres brigades de fusiliers (2).

Mais les tirailleurs prussiens, jusqu'à la fin de 1806, furent considérés plutôt comme de l'infanterie légère que comme des tirailleurs de combat, ce qui eut pour conséquence de les distraire presque toujours de leur bataillon au moment de la bataille. Aussi le prince Auguste de Prusse termine-t-il son rapport de 1807 en disant : « C'est le défaut de troupes légères qui a fréquemment causé ce mauvais emploi des tirailleurs, et il y a là une nouvelle preuve de la nécessité d'utiliser comme tirailleurs les hommes du troisième rang (3) ».

La pensée d'utiliser le troisième rang au service de tirailleurs n'était pas nouvelle. Les Autrichiens, dans les Pays-Bas, avaient constitué, dès 1794, à l'armée de Cobourg, avec le troisième rang, une division (4) parti-

---

(1) *Urkundliche Beiträge, loc. cit.*, V. Heft, p. 84.
(2) *Ibid.*, p. 78.
(3) *Ibid.*, p. 84.
(4) Deux compagnies.

culière placée en arrière de chaque bataillon, qui leur permettait d'opposer à l'ennemi des fronts plus larges en assurant mieux la protection des flancs et d'avoir, en même temps, à leur disposition des réserves mobiles derrière les premières lignes (1).

En Prusse, l'idée fut plus lente à se développer ; il fallut les enseignements de la défaite pour qu'elle acquit droit de cité. Et cependant, en 1791, le duc de Brunswick, dans son *Instruction pour mon régiment*, avait donné, pour former des pelotons avec le troisième rang, des prescriptions détaillées semblables à celles qui furent rendues réglementaires de 1812 à 1876. En 1797, le prince de Hohenlohe, dans son *Instruction pour l'inspection de Basse-Silésie*, avait consacré un long article à la constitution d'une réserve par bataillon au moyen du troisième rang. En juillet 1798, le feld-maréchal von Möllendorf rédige pour les régiments de Berlin une *Instruction sur la formation d'une seconde ligne au moyen du troisième rang*, et à cette instruction avait succédé un ordre analogue du Roi en date du 2 mai 1802 (2).

L'instruction du prince de Hohenlohe disait notamment au paragraphe 22 : « Il y a de nombreux cas à la guerre où il y a nécessité ou avantage à attaquer l'ennemi au moyen des tirailleurs, soit qu'il attaque lui-même de cette manière, soit que l'on se voit obligé ou que l'on trouve son avantage à se défendre ainsi. En ce qui concerne la question de savoir si cette sorte de combat est spéciale à l'infanterie légère et aux tirailleurs de l'infanterie de ligne, l'expérience montre que les troupes de ligne ne peuvent pas être toujours présentes et que le nombre des tirailleurs de l'infanterie de ligne n'est pas assez considérable pour attaquer ou se défendre de

---

(1) *Urkundliche Beiträge, loc. cit.*, V. Heft, p. 86.
(2) *Ibid.*, p. 88.

cette manière. Le troisième rang de cette dernière infanterie pourrait être, au besoin, employé à cet usage (1) ».

Au moment de la mobilisation de 1805, un ordre de Cabinet du 5 octobre prescrivit à toute l'armée de constituer avec le troisième rang une réserve par bataillon, mesure qui fut appliquée fréquemment pendant l'hiver 1805-1806. Cet ordre ne parlait pas de l'emploi du troisième rang dans le combat dispersé. Mais c'était une pratique établie dans l'inspection de Hohenlohe et qui ne fut pas d'ailleurs limitée à cette inspection. Elle fut appliquée encore à Berlin, par exemple, aux bataillons de grenadiers du prince Auguste et dans d'autres garnisons, mais, en général, à l'exception des fusiliers et des chasseurs à pied, de pareilles innovations demeurèrent isolées. La masse de l'infanterie s'arrêta à mi-chemin. La Garde reçut, comme on sait, un nombre double de tirailleurs. Les autres corps de troupes en restèrent aux vieux errements (2).

Ce n'est que le 20 novembre 1807, par un ordre de Cabinet, qu'il fut prescrit à l'armée prussienne d'employer le troisième rang tout entier en tirailleurs. Les anciens tirailleurs disparaissent complètement (3).

Cet ordre forme, en ce qui concerne cette question des tirailleurs, la base du règlement de 1812 dont certaines prescriptions subsisteront encore en 1866 et 1870.

Il est donc bien nettement établi qu'en 1806, au moment de l'ouverture de la campagne, la grande masse de l'armée prussienne ne considérait les tirailleurs que comme les suppléants de l'infanterie légère et que, dans la majeure partie de l'infanterie, on ne les faisait pas combattre en liaison avec la ligne. C'est également ce

----

(1) *Urkundliche Beiträge*, *loc. cit.*, V. Heft, p. 89-90.
(2) *Ibid.*, p. 91.
(3) *Ibid.*, p. 92.

qui ressort indiscutablement de l'étude détaillée du combat de Saalfeld et des deux grandes batailles de 1806.

Mais on constate également que si, en terrain découvert, le défaut d'emploi de leurs tirailleurs en liaison avec eux-mêmes a rendu plus coûteux aux bataillons prussiens leurs efforts pour progresser, l'absence de ces tirailleurs ne les a pas empêchés de nous tenir solidement tête et de nous résister vigoureusement jusqu'à ce que l'action de nouvelles troupes françaises sur les points faibles de leur ligne ou sur les flancs les ait obligés à céder.

La tactique élémentaire en usage chez les Prussiens était donc très suffisante pour se mesurer avec la nôtre. Pour qu'il y ait eu presque équilibre entre les deux armées, il faut, comme il a été dit au début, que les différences entre les tactiques élémentaires de l'une et de l'autre n'aient pas été très considérables.

La presque totalité des historiens militaires fait donc erreur en admettant qu'il existait une grande différence entre la tactique des Français et celle des Prussiens, et en disant que les premiers faisaient usage d'un ordre profond consistant en des colonnes précédées de tirailleurs, tandis que les seconds en étaient encore à l'ordre linéaire.

En réalité, il ressort de l'étude de Saalfeld, Iéna et Auerstedt, que les Français n'ont utilisé la colonne que comme formation préparatoire de combat et pour manœuvrer sur le champ de bataille, hors de la portée du canon. Sous le feu d'artillerie, les colonnes se déployaient. Elles se déployaient au plus tard pour entrer dans la zone des feux d'infanterie, et le combat de front, dans les trois batailles, offre uniformément l'aspect de deux lignes de bataillons, plus ou moins soutenus par des réserves, déployés à portée de fusil en face les uns des autres et qui se fusillent pendant des heures.

En ce qui concerne les formations à rangs serrés, les deux armées en sont donc à peu près au même point.

Peut-être y a-t-il plus de raideur chez les Prussiens, plus de souplesse et d'aptitude manœuvrière chez les Français. En ce qui concerne les tirailleurs, ceux-ci en font un emploi plus constant, plus raisonné, plus habile que les Prussiens, ce qui s'explique aussi bien par leur plus grande expérience de la guerre que par des idées préconçues.

Aussi, s'il est complètement inexact de prétendre qu'il y eut en présence, en 1806, deux tactiques absolument différentes, il ne serait pas plus vrai de dire que Français et Prussiens pratiquaient la même tactique.

Il y avait à l'avantage des Français une légère différence qui a contribué certainement, bien qu'accessoirement, aux succès des 10 et 14 octobre, mais qui serait loin de suffire à les expliquer. Le secret de la victoire se trouve plutôt dans l'habileté avec laquelle les généraux français savaient plier leurs dispositions au terrain et aux circonstances, utiliser les localités, jouer de leurs réserves et combiner leurs efforts.

Les Prussiens, au contraire, soit que leurs chefs eussent été mal choisis, soit que l'expérience de la guerre leur eût fait défaut, agirent avec maladresse, irrésolution et d'une manière décousue.

Lorsqu'on songe que les vaincus de 1806 sont ceux-là qui nous ont infligé nos revers de 1813, 1814 et 1815, et que l'on voit à Iéna et Auerstedt l'attitude énergique des vieux survivants de la véritable époque frédéricienne, tels que le feld-maréchal von Möllendorf, on ne peut s'empêcher de penser que la même armée, conduite par des hommes de cette trempe, eût pu prétendre à une tout autre fortune.

II

Nous venons de voir que s'il n'y avait pas entre les formes tactiques en usage dans les deux armées des différences assez tranchées pour peser d'un poids décisif, en revanche il en existait d'assez considérables dans la manière d'utiliser les localités, de plier les dispositions au terrain et aux circonstances, de combiner les efforts et d'employer les troupes.

Dans les temps modernes, les localités n'ont commencé à jouer un rôle important qu'à partir de l'apparition du fusil, c'est-à-dire à dater du moment où l'infanterie devint l'arme prépondérante. Ce rôle a grandi à mesure que se perfectionnait l'armement. La défense des localités, qui se faisait auparavant à l'intérieur, s'est reportée à la lisière, puis à l'extérieur, si bien qu'aujourd'hui on peut concevoir la bataille comme une série d'actions livrées autour et à propos des localités.

En 1806, les deux armées n'envisagent évidemment pas d'une manière semblable le rôle des localités à la guerre. Les Français se saisissent des villages et les utilisent pour la manœuvre ; les Prussiens, au contraire, semblent les fuir. On dirait que ces derniers, dans une bataille rangée, considèrent les localités comme une gêne, tandis que les Français les regardent comme des points d'appui indispensables.

Le fait le plus caractéristique est l'abandon du village de Vierzehnheiligen par les troupes de Tauentzien, dès l'arrivée de la cavalerie de Hohenlohe, sans que personne dans l'armée prussienne songe à les y maintenir jusqu'à l'entrée en ligne de la division Grawert ou à jeter dans le village cette dernière infanterie. Si bien que Vierzehnheiligen, que le 40ᵉ de ligne n'avait pu arracher à Tauentzien, fut occupé sans coup férir par ce régiment, le 21ᵉ de ligne et le bataillon de voltigeurs du 6ᵉ corps. Quand les Français l'eurent occupé, les Prussiens s'ébranlèrent pour le reprendre. Il eût été plus simple de le conserver.

Si l'on rapproche ce fait des dispositions prises le

10 octobre par le prince Louis, qui n'occupa aucune des localités jalonnant son front et qui ne plaça à Saalfeld même qu'un faible détachement, sans avoir la pensée de manœuvrer autour de ces points d'appui ; si on le rapproche également de cet autre fait que ni Rüchel, dans la deuxième partie de la bataille d'Iéna, ni l'armée principale prussienne à Auerstedt n'ont occupé ou utilisé de localité, il semble bien qu'on se trouve en présence d'un système.

Et cela surprend d'autant plus que les troupes légères prussiennes ne paraissent pas professer pour les localités le même éloignement que les troupes de ligne.

Qu'on se rappelle, en effet, les opérations du bataillon Pelet, des chasseurs Valentini, des bataillons Rühle, Rabenau, Rosen et Erichsen, soit à Saalfeld, soit à Iéna, soit dans les combats du 12 et du 13, et l'on reconnaîtra que ces troupes légères faisaient des localités un usage que l'infanterie de ligne ignorait complètement. Nous retrouvons ici la même séparation, si tranchée, que nous avons remarquée déjà chez les Prussiens entre les troupes légères et les troupes de ligne à propos des tirailleurs. Aux premières, les combats de postes, en dehors de la bataille rangée. Suivant le mot déjà cité de l'historien allemand, « il n'y avait pas de place pour elles dans une grande attaque de bataille ».

Celle-ci était réservée aux troupes de ligne, et il n'est pas sans intérêt de rappeler ici l'opinion qu'émettait Clausewitz, témoin oculaire des événements de 1806, sur l'état d'esprit qui régnait à ce sujet dans l'armée prussienne. « Le général Tauentzien, avec un instinct tout prussien, écrit-il, chercha la plaine et crut ne pouvoir rien faire de mieux que d'abandonner aux Français les pentes difficiles et incommodes de la vallée de la Saale et de se reporter en arrière sur le terrain plan du plateau pour pouvoir diriger une nouvelle attaque en échelons sur l'ennemi ; car on avait cent fois enseigné, recommandé et prêché, qu'à la guerre il était toujours préférable d'attaquer ; que l'attaque procurait de grands avantages et que cette manière de combattre convenait tout particulièrement aux troupes prussiennes ; — l'attaque en échelons était en quelque sorte la plus haute expression de la tactique prussienne, celle avec laquelle Frédéric II avait battu les Autrichiens à Leuthen ; une semblable manœuvre devait donc être employée dans les cas les plus critiques et celui-ci en était un (1) ».

Toutes réserves faites sur l'abandon par Tauentzien des pentes du plateau, si discuté par les auteurs allemands, il semble que l'obsession de l'attaque en échelons ait dominé les esprits prussiens dans les batailles de 1806. Il n'y a qu'une seule exception : le vieux Möllendorf, sentant la nécessité impérieuse d'enlever Hassenhausen, lança un régiment tout entier sur ce village sans se préoccuper d'échelonnement. Hors ce fait, il ne fut pas une attaque qui n'ait eu lieu en échelons.

On peut donc admettre avec toute vraisemblance que les lignes de Clausewitz sont l'expression exacte des idées directrices de l'armée prussienne. Un sentiment réel d'offensive animait les troupes de cette armée. Mais ses manifestations se résumaient toutes dans l'ordre oblique pour la majorité des officiers, qui avaient conservé la lettre, sans l'esprit, des traditions frédériciennes.

L'esprit du vieux Fritz n'était pas dans l'ordre oblique, mais bien dans l'idée d'offensive, dans la résolution de mordre et la volonté de vaincre. Pour lui, l'ordre oblique n'était qu'un moyen. L'armée prussienne n'avait gardé que le moyen et avait perdu l'esprit qui inspirait les actes du grand Roi.

L'ordre oblique ne pouvait se développer qu'en ter-

---

(1) Clausewitz, *Nachrichten* (cité par von der Goltz, *Rossbach und Iéna*, p. 14).

rain découvert, dépourvu d'obstacles. Dès lors, les localités ne pouvaient être qu'une gêne ; leur présence devait rompre le dispositif. Aussi voyons-nous les troupes prussiennes n'en tenir compte dans leurs déploiements que pour les éviter. L'instinct tout prussien dont parle Clausewitz les ramenait à la plaine nue où l'attaque en échelons pouvait se développer comme sur un terrain d'exercices.

Si l'adversaire se jette dans une localité et prétend la défendre, c'est tant mieux. L'attaque en échelons favorisera l'investissement, et l'ennemi ne pourra manquer de succomber sous la puissante concentration des feux du bataillon. C'est là toute l'histoire, à la conclusion près, des attaques fournies par les Prussiens contre Vierzehnheiligen et Hassenhausen.

C'était cependant par ardeur guerrière, par désir d'arriver le plus promptement possible à la solution et par confiance dans leur propre force que les Prussiens évitaient les localités. Aussi, cherchaient-ils le terrain découvert où l'on peut monter des attaques en masse et où la victoire, quand on l'obtient, est plus décisive qu'en terrain coupé.

Les Français avaient, sur l'emploi des localités, des idées fort différentes. Elles constituaient pour eux, sur la ligne de combat, des points d'appui autour desquels ils entendaient manœuvrer. Mais, s'ils s'empressaient de s'en saisir, ils avaient aussi grand soin de ne les occuper qu'autant qu'il était nécessaire pour leur permettre de jouer le rôle auquel ils les destinaient.

Les nombreux documents que nous avons mis à contribution au sujet des combats livrés autour de Hassenhausen permettent de saisir sur le vif la manière dont les Français concevaient à cette époque l'utilisation des villages.

On se rappelle que l'avant-garde du 3ᵉ corps, en arrivant devant Hassenhausen, repoussa les dragons de la

Reine, s'empara de leur artillerie et jeta dans la localité les trois compagnies de grenadiers et de voltigeurs qui s'étaient emparées de la batterie. Celles-ci poussèrent leurs tirailleurs jusqu'à la lisière des boqueteaux qui couvraient le village vers l'Ouest. Le gros de la division Gudin ne s'engagea pas dans le village à la suite de ces compagnies, mais, remarquant la situation de Hassenhausen au fond d'un léger vallonnement, son chef porta un régiment d'infanterie de chaque côté sur les crêtes qui dominent le vallon. Pendant toute la première partie de la bataille, la garnison de Hassenhausen ne comporta que les trois compagnies de grenadiers et de voltigeurs. Quand la division Wartensleben apparut subitement au Sud-Est du village et que le 85ᵉ, surpris, se débanda et découvrit Hassenhausen, le 21ᵉ de ligne y fut jeté, mais il l'occupa « par son centre », les tirailleurs aux lisières, les bataillons en dehors. A l'intérieur, un réduit fut organisé dans les maisons situées le plus à l'Est. C'est devant lui que vint un peu plus tard expirer l'effort des unités de la division Schmettau qui avaient pénétré dans Hassenhausen.

A ce moment, la division Morand entrait en ligne. Son régiment de tête, le 13ᵉ léger, fut lancé sur le village dont il chassa les Prussiens. Entraîné par son ardeur, il le dépassa, mais, devant le feu des bataillons ennemis qui l'entouraient, le régiment dut rétrograder. Il ne s'arrêta pas dans la localité ; il se replia en arrière d'elle et y demeura en réserve. Hassenhausen continua donc à n'être occupé que par des tirailleurs aux lisières et par la garnison de son réduit. Le 13ᵉ léger, derrière le village, était prêt à balayer de nouveau les unités ennemies qui auraient pu y pénétrer.

A Vierzehnheiligen, les choses se passèrent de manière analogue. Les documents français sont muets à ce sujet, mais, suivant Höpfner, les lisières étaient tenues par des nuées de tirailleurs ; des réserves étaient en arrière,

abritées derrière de gros murs ou des granges. Plus en
arrière encore, les régiments du 5e corps étaient éche-
lonnés. A mesure que se rapprocha la division Grawert,
le 34e de ligne au Sud, puis les 100e et 103e au Nord du
village, intervinrent dans le combat.

Comme on le voit le principe est unique. Des tirailleurs, plus ou moins nombreux suivant le cas, tiennent
la lisière. Avec un réduit solide, ils forment l'amorce sur
laquelle se jettera l'ennemi. En arrière du village, une
réserve est prête à y pénétrer en colonne pour en chasser
l'envahisseur, mais reviendra prendre sa place primitive
quand son action sera terminée. La défense véritable
n'est pas dans la localité, mais sur ses flancs où manœuvre le reste des troupes. Les combats livrés autour de
Hassenhausen et de Vierzehnheiligen sont d'ailleurs
conduits suivant les mêmes principes que ceux de Tel-
nitz et de Sokolnitz, en 1805.

En résumé, les différences dans la manière d'utiliser
les localités dans le combat étaient aussi profondes que
possible entre les deux armées : l'une n'en faisait aucun
usage, l'autre, non seulement en avait compris l'importance, mais les employait d'une façon particulièrement
habile. Cette divergence et l'art avec lequel les généraux français se servaient des points d'appui expliquent l'usure considérable des troupes prussiennes
autour de Vierzehnheiligen et de Hassenhausen.

Cette usure extrême a contribué incontestablement
d'une manière importante à la défaite. Mais il semble,
cependant, bien difficile d'admettre qu'elle en ait été la
cause prépondérante. Il suffit, pour s'en rendre compte,
d'imaginer ce qu'eût été la bataille d'Iéna si le corps
d'Holtzendorf, celui de Rüchel et la division saxonne eussent combattu côte à côte avec la division Grawert et agi
avec ensemble, et ce qu'eût pu être celle d'Auerstedt
si les divisions de la Réserve eussent été engagées en

temps utile aux côtés des divisions Wartensleben et Schmettau.

Il convient aussi de ne pas oublier que, malgré cette usure, les troupes prussiennes n'ont pas cédé sur le front, et que les attaques latérales des Français, auxquelles le commandement prussien n'avait rien à opposer, ont été la cause déterminante de la retraite.

Une répartition différente des troupes eût produit certainement de tout autres résultats. L'armée prussienne eût été, peut-être, battue quand même, mais il est probable que, dans ce cas, sa défaite eût été limitée et que le désastre eût pu être évité.

C'est donc, avant tout, à la médiocrité du commandement supérieur que doit être attribuée l'issue fatale pour la Prusse de la campagne de 1806.

Sans nous attarder aux indécisions, aux discussions et aux demi-mesures qui ont précédé la détermination prise par le duc de Brunswick dans la soirée du 10 octobre de se rapprocher de l'Elbe, nous allons examiner brièvement les dispositions adoptées par les généraux prussiens dans les trois journées qui précédèrent la bataille.

Le soir du 12 octobre, les armées du Roi et de Hohenlohe se trouvaient, l'une à Kapellendorf, l'autre à Weimar. Rüchel, à Bechstedt, était à une petite marche. La Saale était tenue par les troupes de Tauentzien.

A l'exception des corps du duc de Weimar et du prince de Würtemberg, l'armée prussienne était tout entière concentrée. Dans la nuit même du 12 au 13 octobre, elle se resserra encore par l'appel et l'arrivée de Rüchel à Weimar. De sorte que, de ce dernier point à Iéna, l'armée était échelonnée sur une vingtaine de kilomètres. Elle pouvait, tout entière, être engagée dans la même journée sur le même champ de bataille.

Concentration excessive assurément. Cette masse n'est pas articulée. Mais, chose plus grave, le haut commandement n'est encore déterminé ni à combattre ni à se retirer. Il hésite et attend les événements, sans avoir réfléchi à la conduite à tenir dans les divers cas qui pouvaient se présenter.

L'apparition des Français sur la Saale et l'annonce de leur entrée à Naumburg forcent Brunswick à prendre subitement un parti. Comprenant le péril de sa situation, il se résout à se retirer sur la basse Saale et l'Elbe avec toute l'armée, en appelant à lui le prince de Würtemberg, pour faire ensuite face aux Français, échapper à leur manœuvre enveloppante, recouvrer la liberté de ses communications et livrer bataille avec le maximum de forces qu'il lui est désormais possible de réunir.

Cette décision si justifiée demandait une prompte exécution. L'apparition des Français au Sud d'Iéna, le long de la Saale et vers Naumburg, rendait la retraite urgente. Le 13, elle était encore possible sans combat ; mais toute perte de temps devait rapprocher l'armée prussienne du désastre irrémédiable. Il fallait donc que l'armée se portât, le 13 octobre, tout entière, dans la région d'Auerstedt. Il y avait, à l'époque, sur les deux rives de l'Ilm et sur les plateaux d'Apolda, assez de routes et de chemins pour permettre un mouvement de ce genre. Quelques mesures de sûreté devant Iéna, Kamburg et Naumburg eussent suffi pour la dérober à l'Empereur.

Le 13 dans la soirée, Rüchel, Hohenlohe et l'armée principale pouvaient camper dans la région d'Auerstedt ; et le 14, soit écraser le maréchal Davout, si celui-ci avait, dans cette situation hypothétique, attaqué aussi franchement qu'il l'a fait dans la réalité, ce qui paraît fort improbable de la part d'un homme de guerre de cette valeur, soit franchir l'Unstrut en toute sécurité et gagner ainsi une ou deux marches sur le gros de l'armée française. Le 15 octobre, rejoint peut-être par le prince de Würtemberg, le duc de Brunswick pouvait reprendre la campagne dans de nouvelles conditions.

Au lieu d'agir avec la promptitude qu'exigeaient les

circonstances, le commandement prussien perdit un temps considérable. Cette faute fut aggravée par le retard inexplicable du général Schmettau. En outre, on crut nécessaire de recourir à une combinaison de marches échelonnées des différentes parties de l'armée, si bien que celle-ci, concentrée étroitement le 12 dans la soirée, se trouva le 14 au matin, de nouveau divisée et répartie entre trois éléments de force inégale, distants les uns des autres d'une journée ou d'une demi-journée de marche : l'armée du Roi à Auerstedt, celle de Hohenlohe à Kapellendorf, Rüchel à Weimar. Et comme si cette mesure ne suffisait pas, le prince de Hohenlohe divisa à son tour, le 13 octobre, sa propre armée en plusieurs éléments qu'il isola soigneusement les uns des autres. Le 14 au matin, la répartition de ses troupes ne fut pas modifiée.

Quand l'armée française l'attaqua, le prince songea bien à réunir ses forces, mais il se contenta d'essayer d'attirer à lui ses lieutenants, sans prendre aucune mesure pour faciliter, rendre possible cette réunion. Il accepta la bataille passivement, sans faire aucune combinaison, sans réserves, abdiquant toute initiative, et fit si bien que son armée qui, réunie, n'eût pas été jusqu'à midi inférieure en nombre aux troupes françaises, fut écrasée par parties successives, et que le corps de Rüchel fut à son tour englobé dans le désastre.

En ce qui concerne l'armée du Roi, la division d'avant-garde, qui avait pour mission de se saisir, en fin de marche, du défilé de Kösen, s'arrêta de sa propre autorité, le 13 au soir, un peu au delà d'Auerstedt et laissa, sans s'en inquiéter davantage, le 3e corps français s'emparer du pont.

Le duc de Brunswick n'eut pas la pensée de porter cette division le soir même à Kösen, et, le lendemain matin, quand il donna ses ordres, bien qu'il connût l'occupation de Naumburg par le maréchal Davout et qu'on lui eût même signalé la présence de l'Empereur en ce lieu, il ne songea pas un instant à l'éventualité d'une bataille; sauf la division Schmettau, qui devait servir de flanc-garde, il orienta toute l'armée sur l'Unstrut. A 15 kilomètres de l'ennemi, la grande affaire pour lui n'est pas de se battre, mais de passer une rivière. Et pourtant le vieux feld-maréchal von Möllendorf avait parlé d'attaquer l'ennemi; mais il avait paru ridicule !

Hâtons-nous de dire cependant que, dès les premiers coups de fusil, l'instinct guerrier reparut chez le duc de Brunswick, et qu'il donna des ordres d'ensemble pour la bataille.

La division Schmettau, qui se trouvait en première ligne, dut attendre que la division Wartensleben fût arrivée à sa hauteur. Ces deux divisions réunies devaient se porter ensemble à l'attaque des hauteurs de Hassenhausen. La division Orange les appuierait. Enfin, les deux divisions de la Réserve furent appelées sur les plateaux à l'Ouest de Gernstedt, à la disposition du commandement.

Ces dispositions préparatoires paraissent sages, et il est à présumer que le duc de Brunswick, s'il eût vécu, eût fait de ses troupes ainsi réparties un usage plus rationnel que celui qui en a été fait. Sa disparition fut, dans tous les cas, un très grand malheur pour l'armée prussienne. Chacun donna des ordres. Les divisions de la Réserve demeurèrent inactives. En outre, les mesures insuffisantes prises pour l'écoulement des troupes ne permirent pas à la division Orange d'intervenir à temps dans le combat et d'avoir d'autre action que celle de combler les vides de la première ligne.

Bref, à la suite de la blessure du duc de Brunswick, la direction imprimée au combat du côté prussien aboutit à ce résultat paradoxal de faire battre par 26,000 braves environ une armée de 46,000 hommes également braves et usant de procédés tactiques à peu près analogues.

Dans la première partie de la bataille, seules les divisions Schmettau et Wartensleben furent engagées, soit 15,000 fusils contre un effectif sensiblement égal des Français. L'entrée en ligne de la division Orange ne changea pas l'équilibre des forces, en raison des pertes considérables subies par les divisions précédentes et de l'arrivée de la division Morand. La Réserve enfin, soit environ 12,000 fusils, assista inutile à la bataille.

En résumé, l'armée royale d'Auerstedt, comme celle de Hohenlohe à Iéna, fit battre successivement tous ses éléments.

Remarquons enfin que, dans chacune des grosses unités, tout, du côté prussien, fut sacrifié au premier choc. Derrière les échelons, nulle réserve.

Du côté des Français, au contraire, nous voyons une soigneuse concentration ; un échelonnement, au début, en profondeur ; des forces qui se déploient successivement pour présenter une ligne de feux aussi étendue que celle de l'adversaire ; une économie extrême sur le front, des distances qui permettent de manœuvrer sur le champ de bataille, enfin un jeu de réserves ménagées parcimonieusement, mais dépensées jusqu'au dernier homme quand il s'agit d'une décision.

C'est donc bien dans la manière d'utiliser les éléments dont les chefs des deux armées disposaient, plutôt que dans des différences de valeur ou d'instruction entre ces éléments qu'il faut chercher les causes de la défaite de l'armée prussienne. C'est, avant tout, l'indécision du haut commandement et l'oubli des grands principes de la guerre frédéricienne qui ont perdu cette armée.

On ne saurait mieux comparer l'état d'esprit qui régnait alors en Prusse qu'à celui qui animait l'armée française à la veille de la guerre de 1870. Des deux côtés, les troupes étaient très braves et capables des plus grands efforts. Mais, des deux côtés aussi, le haut commandement s'était immobilisé dans des idées inexactes, exclusives du mouvement et de la volonté de chercher la bataille.

Les défaites, pour qui sait les méditer, comportent de précieux enseignements.

De part et d'autre, ce sont les mêmes chefs, vaincus de 1806 ou de 1870, qui ont procédé à la réorganisation de l'armée et lui ont révélé les principes qui avaient donné la victoire à leurs adversaires.

Les plus braves soldats ne font de bons généraux que s'ils doublent leurs qualités guerrières de connaissances étendues qui les préparent à la direction des troupes au milieu des éventualités de la guerre. Mack et Bazaine en sont la preuve la plus triste et la plus évidente.

Et si l'on se reporte à l'époque du premier Empire, on constate qu'à l'exception de Davout et de Masséna, les maréchaux, soldats de fortune, se sont montrés incapables de commander en chef, n'ont subi isolément que des échecs ou ont fait échouer les manœuvres de Napoléon.

Une dernière conclusion peut être tirée de ces *Études tactiques sur la Campagne de 1806* : ce qu'il importe avant tout d'organiser et d'instruire dans une armée, c'est le commandement. La valeur d'une armée réside tout entière dans celle de ses cadres et de ses généraux. Le soldat se bat toujours bien ; mais ses efforts seront toujours stériles si la direction manque d'habileté.

Pour commander, il faut savoir. Ceux-là seuls qui savent sont capables d'agir utilement, de concevoir et d'exécuter les choses simples qui, seules, réussissent à la guerre. Et c'est dans ce sens que doit être pris ce mot si profond de Napoléon : « L'art de la guerre est un art simple et tout d'exécution ».

ERRATA

Page 126, 9ᵉ ligne à partir du bas, et page 176 et suivantes · *au lieu
de* « Desjardins » *lire* « Desjardin ».

— 188, ligne 5, *au lieu de* « Crichsen », *lire* « Erichsen ».

— 198, ligne 8, *au lieu de* « 7ᵉ corps », *lire* « 4ᵉ corps ».

— 198, ligne 14, *au lieu de* « la gauche », *lire* « la droite ».

— 202 à 240, *au lieu de* « IVᵉ, Vᵉ, VIᵉ, VIIᵉ corps », *lire* « 4ᵉ, 5ᵉ,
6ᵉ, 7ᵉ corps ».

— 221, ligne 14, *au lieu de* « demi-brigade », *lire* « demi-batterie ».

— 211, ligne 15, *au lieu de* « ces tirailleurs », *lire* « ses tirailleurs ».

Croquis nᵒ 5 de la bataille d'Iéna :

Au lieu de « 7ᵉ Lig. », *lire* « 7ᵉ Lég. ».

Au lieu de « $\frac{3}{16}$ », *lire* « $\frac{3}{16^e\ \text{Lég.}}$ ».

Au lieu de « Nehrhf », *lire* « Nehrhof ».

Au lieu de « Tavenzien », *lire* « Tauentzien »

TABLE DES MATIÈRES

CARTES ET CROQUIS HORS TEXTE

Opérations avant Saalfeld.

Campagne de Saxe (octobre 1806). — Iéna et ses environs.

COMBAT DE SAALFELD :

    Croquis n° 1. -- Situation vers 9 heures ;
    Croquis n° 2. — Situation vers 10 h. 30 ;
    Croquis n° 3. — Situation vers 11 h. 30 ;
    Croquis n° 4. -- Situation vers 1 heure.

Combats au Sud d'Iéna (12 et 13 octobre 1806), d'après un plan manuscrit de l'époque (1/31,000ᵉ).

BATAILLE D'IÉNA :

    Croquis n° 1. — Bivouacs de Tauentzien, du 5ᵉ corps et de la Garde impériale (1/25,000ᵉ) ;
    Croquis n° 2. — Engagement du 5ᵉ corps et de Tauentzien (1/25,000ᵉ) ;
    Croquis n° 3. — Situation vers 10 heures (1/25,000ᵉ) ;
    Croquis n° 4. — Situation vers 11 heures (1/25,000ᵉ) ;
    Croquis n° 5. — Situation vers 1 heure (1/25,000ᵉ) ;
    Croquis n° 6. — Situation entre 1 h. 30 et 2 heures (1/25,000ᵉ).

BATAILLE D'AUERSTEDT :

    Le champ de bataille d'Auerstedt (1/25,000ᵉ) ;
    Croquis n° 1 (calque). — Situation entre 9 heures et 9 h. 30 du matin (1/25,000ᵉ) ;
    Croquis n° 2 (calque). — Situation entre 10 h. 30 et 11 heures du matin (1/25,000ᵉ) ;
    Croquis n° 3 (calque). — Situations entre midi et 1 heure et entre 1 heure et 2 heures (1/25,000ᵉ) ;
    Croquis n° 4 (calque). — Situation vers 3 heures soir (1/25,000ᵉ).

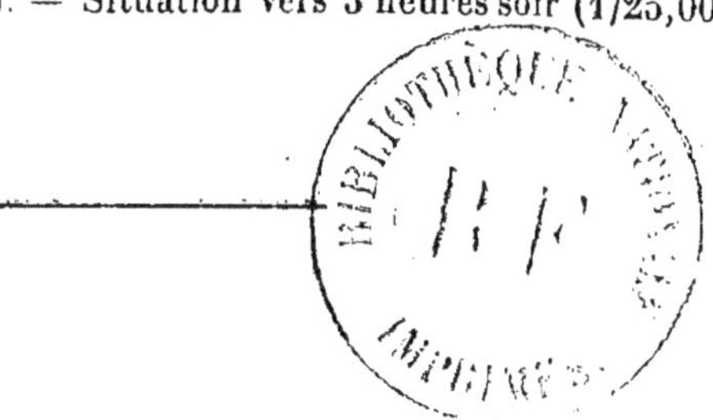

PARIS. — IMPRIMERIE R. CHAPELOT ET Cᵉ, RUE CHRISTINE, 2.

9 782019 955687